广西高等院校重点教材

东南亚经济与贸易

（修订版）

主　编　高　歌　廖万红

副主编　朱振东　李湘君　陈　倩　蒙晓霞

参　编　黄成亮　钟明容　林　竞　戴海霞

中南大学出版社
www.csupress.com.cn

·长沙·

高歌，男，中山大学世界经济专业硕士，经济学教授，高级国际商务师，硕士生导师，原广西民族大学商学院副院长、广西大学 MBA 导师、东盟研究院缅甸所所长，广西知名东盟专家、中国国际贸易促进委员会商事/投资调解员、中国国际贸易广西国际经济贸易学会副会长。曾在广西外经贸系统工作 20 多年，任广西外经贸厅进出口处处长，到过 20 多个国家和地区从事国际商务活动，有丰富的对外经贸活动经验。承担国家社科一般基金项目、省级重大课题和一般课题多项。获广西社科优秀成果二等奖 3 次、三等奖 4 次，获全国商务发展研究成果著作类优秀奖 1 次。

廖万红，女，广西大学国际贸易专业硕士，副教授。1992 年以来一直在广西民族大学进行国际贸易实务、外贸单证实务等国际贸易专业课程的教学工作，系国际贸易系主任。研究成果获广西社科优秀成果三等奖。与其他老师合作，带领学生多次在全国国际贸易专业比赛中获奖。在 2009 年和 2016 年《东南亚经济与贸易》出版时担任副主编，2020 年该教材修订时担任主编。

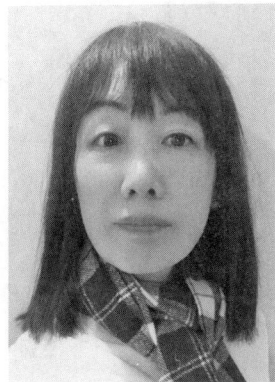

修订说明

　　本书首次出版于 2009 年，当年就获得了广西教育厅批准的"广西高校重点教材"立项，并成为校精品课程使用教材，现已有 6 所以上院校采用本书上课。2016 年，本书在中南大学出版社修订出版。近几年，国际环境不断变化，东盟一体化进程加快，东盟各成员国经济快速发展，自贸区协议不断增多（CPTTP、与欧盟或欧亚联盟签订的自贸区协定、RCEP 等），尤其是在"一带一路"的推动下，中国与东盟以及各成员国的经贸往来有了更大发展，其中与越南和马来西亚的贸易额均突破了 1000 亿美元大关。中国是东盟第一大贸易伙伴，东盟先后超过日本、美国成为中国第二大贸易伙伴。为了更好地适应这门课程的教学工作，编者再次对本书进行了修订。

　　修订本书时遇到的最大困难是新资料缺乏，幸亏有商务部网站提供的 2020 年版的对外投资国别指南，特别是我国驻东盟国家经商处提供的大量资料。这些资料对修订本书的帮助很大，在此特对他们的工作表示崇高的敬意！同时，本书在修订过程中还参考了其他作者的成果，在此一并表示感谢！

　　本书既可以作为教材使用，也可供政府相关部门和企业了解东盟经贸发展近况，不仅可以用于培训，还可以成为拓展东盟经贸合作的"好参谋"！

　　为了达到更好的教学效果，在听取了任课老师的意见后，本次修订对有关章节做了较大改动。但是，由于教材编写难以赶上形势发展，编写水平与实际要求也有差距，修订中难免有不妥或疏漏之处，敬请批评指正！

广西民族大学经济学院教授　　高歌

2020 年 12 月 30 日

目 录

第一章 东南亚地区与东南亚国家联盟 ························ (1)

    第一节 东南亚地区 ······································ (1)

    第二节 东南亚国家联盟 ·································· (6)

    第三节 东盟自由贸易区建设的制度措施 ·············· (12)

    第四节 东盟经济发展 ···································· (17)

第二章 东南亚次区域合作 ·································· (23)

    第一节 次区域合作概念 ·································· (23)

    第二节 东盟内部次区域合作 ······························ (24)

    第三节 大湄公河次区域合作 ······························ (29)

第三章 东盟与对话伙伴国 ·································· (51)

    第一节 东盟与中国 ······································ (51)

    第二节 东盟与中国的经贸合作 ·························· (57)

    第三节 东盟与美国和加拿大 ······························ (60)

    第四节 东盟与欧盟和俄罗斯 ······························ (64)

    第五节 东盟与澳大利亚和新西兰 ···················· (70)

    第六节 东盟与日本、韩国和印度 ···················· (74)

    第七节 东盟地区论坛和东亚峰会 ···················· (82)

第四章 新加坡 ·· (89)

    第一节 国情概况 ·· (89)

    第二节 经贸发展 ·· (91)

    第三节 贸易和投资管理 ·································· (99)

    第四节 中新经贸发展 ···································· (102)

第五章 文 莱 ·· (106)

    第一节 国情概况 ·· (106)

第二节 经贸发展 …………………………………………………………… (108)

第三节 贸易和投资管理 …………………………………………………… (113)

第四节 中文经贸发展 ……………………………………………………… (118)

第六章 马来西亚 …………………………………………………………… (124)

第一节 国情概况 …………………………………………………………… (124)

第二节 经贸发展 …………………………………………………………… (127)

第三节 贸易与投资管理 …………………………………………………… (138)

第四节 中马经贸发展 ……………………………………………………… (141)

第七章 泰 国 ……………………………………………………………… (146)

第一节 国情概况 …………………………………………………………… (146)

第二节 经贸发展 …………………………………………………………… (148)

第三节 贸易和投资管理 …………………………………………………… (153)

第四节 中泰经贸发展 ……………………………………………………… (159)

第八章 印度尼西亚 ………………………………………………………… (165)

第一节 国情概况 …………………………………………………………… (165)

第二节 经贸发展 …………………………………………………………… (167)

第三节 贸易和投资管理 …………………………………………………… (173)

第四节 中印经贸发展 ……………………………………………………… (176)

第九章 菲律宾 ……………………………………………………………… (182)

第一节 国情概况 …………………………………………………………… (182)

第二节 经贸发展 …………………………………………………………… (184)

第三节 贸易和投资管理 …………………………………………………… (189)

第四节 中菲经贸发展 ……………………………………………………… (194)

第十章 越 南 ……………………………………………………………… (198)

第一节 国情概况 …………………………………………………………… (198)

第二节 经贸发展 …………………………………………………………… (200)

第三节 贸易和投资管理 …………………………………………………… (206)

第四节 中越经贸发展 ……………………………………………………… (216)

第十一章 柬埔寨 …………………………………………………………… (221)

第一节 国情概况 …………………………………………………………… (221)

第二节 经贸发展 …………………………………………………………… (223)

第三节 贸易和投资管理 …………………………………………………… (228)

第四节 中柬经贸发展 ……………………………………………………… (231)

第十二章 老 挝 ……………………………………………………………（235）

    第一节 国情概况 …………………………………………………（235）

    第二节 经贸发展 …………………………………………………（237）

    第三节 贸易和投资管理 …………………………………………（244）

    第四节 中老经贸发展 ……………………………………………（247）

第十三章 缅 甸 ……………………………………………………………（251）

    第一节 国家概况 …………………………………………………（251）

    第二节 经贸发展 …………………………………………………（253）

    第三节 贸易和投资管理 …………………………………………（261）

    第四节 中缅经贸发展 ……………………………………………（267）

第十四章 东帝汶 ……………………………………………………………（272）

    第一节 国情概况 …………………………………………………（272）

    第二节 经贸发展 …………………………………………………（274）

    第三节 贸易和投资管理 …………………………………………（278）

    第四节 中东经贸发展 ……………………………………………（280）

第一章　东南亚地区与东南亚国家联盟

【本章导读】

　　随着经济全球化的深入发展，生产国际化、资本国际化和市场国际化进一步加深，区域合作发展成为一种重要的形式。本章简述了东南亚地区的基本概况，介绍了东南亚各国经济社会文化特点，介绍了东南亚国家联盟的概念、合作领域和发展历程等，重点介绍了东盟区域一体化组织的合作机制、内容和发展动向。

【学习目标】

　　本章要求学生熟悉东南亚国家地区在地理上的概念，了解东南亚地区各国的基本国情特征；了解东南亚国家联盟的区域一体化组织，重点掌握东盟区域一体化的合作制度及东盟共同体的基本情况和发展动向。

第一节　东南亚地区

一、东南亚地区简况

　　东南亚是第二次世界大战后期才出现的一个新的地区名称。东南亚地区共有 11 个国家：越南、老挝、柬埔寨、泰国、缅甸、马来西亚、新加坡、印度尼西亚(以下简称印尼)、文莱、菲律宾、东帝汶。世界各国习惯把越、老、柬、泰、缅五国称为东南亚的"陆地国家"或"半岛国家"，而将马、新、印尼、文、菲、东帝汶六国称为东南亚的"海洋国家"或"海岛国家"。东南亚面积约 449 万平方千米，人口约 6.55 亿(见表 1–1)。

　　东南亚各国都有自己悠久的历史，且都是新兴国家。除新加坡和文莱外，东南亚各国均属发展中国家。东南亚各国都是多民族的国家。东南亚地区有 90 多个民族，其中人口较多的有爪哇族、京族、傣族、缅族、高棉族、佬族、苏禄族等，语系有印地语系、汉藏语系、南亚语系、南岛语系等。东南亚地区是世界上华侨、华人最多的地区，有华侨、华人 3000 多万。

表1-1　东南亚地区国家基本概况

国别	首都	人口/万	面积/平方千米	人口密度/(人/每平方千米)
新加坡	新加坡	563.87	669.4	8423
马来西亚	吉隆坡	3263.7	329749	99
泰国	曼谷	6960	513115	136
菲律宾	大马尼拉	10729.5	299700	358
印尼	雅加达	26807	1904443	140
文莱	斯里巴加湾	43	5765	71
越南	河内	9600	329556	405
老挝	万象	712.3	236800	30
柬埔寨	金边	1628.9	181000	90
缅甸	内比都	5433.9	676552	80
东帝汶	帝力	138.7	14874	93

注：根据新华社和中国驻东盟使馆商务处的资料汇集。

二、地理环境

(一) 地理位置

东南亚的地理位置非常重要，连接亚洲、非洲和大洋洲三大洲，太平洋和印度洋两大洋。其中最重要的有两个海峡，即马六甲海峡和龙目海峡，战略位置十分重要。

马六甲海峡位于马来半岛与苏门答腊岛之间，连接南海和安达曼海。海峡西北东南走向，长805千米，可通行20万吨海轮。海峡每年通过的船只约10万艘次，其中大部分是油轮，是世界上最繁忙的航道之一。马六甲海峡扼太平洋和印度洋之咽喉，是连接亚、非、欧、澳四大洲的重要海上通道，有两洋"战略走廊"之称，也是北太平洋沿岸国家通往孟加拉湾、阿拉伯海、红海、地中海最短航路的必经之地，太平洋西岸国家与南亚、西亚、非洲东岸、欧洲等沿海国家之间的航线也多经过这里。马六甲海峡沿岸的国家有印尼、新加坡和马来西亚，其中新加坡位于马六甲海峡的最窄处，交通位置尤其重要。

龙目海峡位于印尼龙目岛与巴厘岛之间，长约80千米，水深一般在200米以上，最深达1306米，波斯湾与远东间20万吨级以上的巨轮均取道于此，再经望加锡海峡北上。

(二) 自然环境

东南亚位于东经93度至141.5度，北纬25度至南纬10度，跨越赤道，大部分为热带和亚热带地区。一方面，它是亚洲纬度最低的地区，是亚洲的赤道部分；另一方面，它正扼亚澳之间的过渡地带，并在气候和生物界均有明显的反应。这种地理位置使东南亚具有湿热的气候，并形成繁茂的热带森林。东南亚在构造地形上可分为两大单元，一是比较稳定的印度—马来地块，二是地壳变动比较活跃的新褶皱山地。东南亚具有赤道多雨气候和热带季风气候,自然植被以热带雨林和热带季风林为主,可分为以下两个亚区。

1. 中南半岛区

本区面积约210万平方千米,包括越、老、缅、柬、泰、马、新七国。地形结构比较特殊,山川多南北纵走并相间排列,半岛基部地势较高,地形结构如掌状。气候属大陆性热带季风气候,向南伸出的马来半岛为赤道多雨气候。全年多雨的马来半岛和中南半岛的多雨海岸为热带雨林景观,有干、湿季的中南半岛为热带季风林景观,雨量较少的内部平原和河谷为热带草原景观,中南半岛基部为山地混合林,北部湾和暹罗湾等沿岸分布着红树林。

2. 东南亚岛屿区

东南亚岛屿区又称马来群岛区,面积约250万平方千米,包括大巽他群岛、努沙登加拉群岛、马鲁古群岛和菲律宾群岛等,主要属于菲律宾、印尼、文莱、东帝汶。相对于中南半岛,该区属于不安定区域。该区高峻的地形支离破碎,位于太平洋和地中海—喜马拉雅造山带的火山地震带的会合带,火山、地震活动非常活跃。大巽他群岛属海洋性赤道多雨气候;菲律宾群岛属海洋性热带季风气候,主要为热带雨林景观。

(三) 自然资源

东南亚是全球自然资源最丰富的地区之一。热带农作物非常丰富,是世界重要的稻米产地,也是世界上天然橡胶的著名产地。泰、缅、越被称为世界三大米市;泰、马、印尼等国的橡胶、棕榈油、咖啡、椰子、胶合板和藤条等在世界上有着重要地位。该地区的甘蔗、麻、木薯、烟草、热带水果、热带花卉等经济作物在世界上也有重要地位,还有丰富的矿产资源。除老挝外,东南亚的海洋资源也十分丰富(见表1-2)。

表1-2　东南亚各国主要自然资源情况

国家	主要自然资源情况
新加坡	资源比较匮乏,主要工业原料、生活必需品须进口。岛上保留有部分原生植物群
马来西亚	主要农产品有棕榈油、橡胶、可可、木材和胡椒等,是世界第二大棕榈油及相关制品的生产国和出口国、世界第三大天然橡胶出口国
泰国	主要有钾盐、锡、钨、锑、铅、铁、锌、铜、钼、镍、铬、铀等,还有重晶石、宝石、石油、天然气等。其中钾盐储量4367万吨,居世界首位;锡的总储量约150万吨,占世界总储量的12%,居世界首位;石油总储量2559万吨;褐煤蕴藏量约20亿吨;天然气蕴藏量约3659.5亿立方米;森林覆盖率20%
菲律宾	铜、金、铬、镍和钴的主要生产国和出口国
印尼	自然资源丰富,盛产棕榈油、橡胶等农林产品,其中棕榈油产量居世界首位,天然橡胶产量居世界第二位。主要矿产资源有石油、天然气、锡、铝、镍、铁、铜、锡、金、银、煤等,储量均非常丰富
文莱	油气资源丰富,已探明原油储量为14亿桶,天然气储量为3900亿立方米。除石油以外,其他矿产资源较少。林业资源丰富,森林覆盖率达70%以上,86%的森林保护区为原始森林

续表1-2

国家	主要自然资源情况
越南	资源丰富,种类多样。已探明石油、天然气、煤炭可采储量分别达2.5亿吨、3000亿立方米和38亿吨。此外,已探明铁矿13亿吨、铝土矿54亿吨、铜矿1000万吨、稀土2200万吨、铬矿2000万吨、钛矿2000万吨、锆矿450万吨、镍矿152万吨、高岭土2000万吨。盛产大米、玉米、橡胶、椰子、胡椒、腰果、咖啡等。森林面积约1000万公顷。渔业资源丰富,沿海有1200种鱼、70种虾,仅北部湾就有900种鱼,盛产红鱼、鲐鱼、鳖鱼等。中部沿海、南部东区沿海和暹罗湾等海域,每年的海鱼产量都可达到数十万吨
老挝	有金、铜、锡、铅、钾、铜、铁、金、石膏、煤、盐等矿藏。迄今得到少量开采的有锡、石膏、钾盐、煤等。水力资源丰富。森林面积约900万公顷,全国森林覆盖率约42%,产柚木、酸枝、花梨木等名贵木材
柬埔寨	盛产柚木、铁木、紫檀、黑檀、白卯等高级木材,并有多种竹类。木材储量约11亿多立方米。森林覆盖率达61.4%,主要分布在东、北和西部山区。矿藏主要有石油、天然气、金、铁、铝土等。水资源丰富,洞里萨湖为东南亚最大的天然淡水湖,素有"鱼湖"之称。西南沿海盛产鱼虾
缅甸	矿产资源主要有锡、钨、锌、铝、锑、锰、金、银等,宝石和玉石在世界上享有盛誉。石油与天然气资源主要分布在缅甸中部和沿海地区。渔业资源丰富。具有经济价值的石斑鱼、鲳鱼、龙虾、黄鱼、带鱼、鲨鱼、比目鱼、鲫鱼、虎虾、琵琶虾等,820万公顷的内陆江湖内也有大量淡水鱼虾。缅甸水产档次高、品质优,适宜海水、淡水养殖
东帝汶	主要矿藏有金、锰、铬、锡、铜等,帝汶海有储量丰富的石油和天然气资源

注:资料源自中国驻东盟成员国使馆经商参处。

三、政体与宗教信仰

(一)政体类型

东南亚国家的政治体制是多种多样的,当今世界的基本政治体制类型都可以在东南亚国家找到。在东南亚11个国家中,除了越南和老挝实行社会主义制度外,其他9个国家实行的是资本主义制度。

1. 人民代表制国家——越南、老挝

(1)越南。越南1945年宣布独立后,1946年颁布了第一部宪法。越南最近一部宪法是1992年颁布的。宪法规定,越南共产党是越南国家和社会的领导力量。目前越南实行共产党一党执政制,该党成立于1930年。

(2)老挝。1945年10月12日,老挝宣布独立。老挝的政治体制与越南类似,执政党为老挝人民革命党。

2. 议会共和制国家——新加坡、东帝汶

(1)新加坡。1965年8月9日,新加坡从马来西亚联邦独立出来,同年12月,颁布了新加坡宪法。宪法规定,总统为国家元首,由国会选举产生;新加坡的国会是一院制;新加坡实行立法、行政、司法三权分立，立法机构由议会和总统组成；内阁是新加坡行政权力的执行机构，由总理、副总理、各部部长组成，总统委任国会中多数党领袖做总理。根据总理提名，总统任命内阁部长、最高法院院长、法官、总检察长。总理、部长都必须是国会议员。新加坡是一个城市国家，没有地方政府。新加坡虽然是一个多党制国家，但一直都是人民行动党一党独大，人民行动党一直是新加坡的执政党。

（2）东帝汶。该国从印尼分出，于 2002 年正式诞生。2002 年 3 月 22 日颁布的《东帝汶民主共和国宪法》规定，东帝汶由总统、国民议会、政府和法院组成国家权力机关。总统通过直接选举产生，是国家元首和武装力量的最高统帅，任期 5 年，只连任一届；国民议会由 52～65 名议员组成，由选民直接选举产生，任期 5 年，代表全体公民行使立法、监督、政治决策权；政府是国家最高行政机关，由总理、各部部长和国务秘书组成。总理作为政府首脑，由议会选举中得票最多的政党或占议会多数的政党联盟指定，由总统任命；法院代表人民行使司法管辖权，职权独立。

3. **总统共和制国家——印尼、菲律宾、缅甸**

（1）印尼。从 1945 年 8 月 17 日独立以来，印尼虽然先后颁布了 3 部宪法，目前使用的是 1945 年宣布独立时制定的宪法。印尼的国家机构包括人民协商会议、总统、国会（人民代表会议）、最高评议院、最高法院、审计署等。印尼代议制度的特色是同时实行人民协商会议制度和人民代表会议制度。人民协商会议是印尼的最高权力机构，由 700 人组成，其中 500 名为国会议员，另 200 名由总统指定的 135 名地方代表和 65 名社会和群众组织代表组成。人民协商会议的主要任务是制定和修改宪法，制定国家的基本方针政策，选举和罢免 5 年任期的正副总统。总统既是国家元首，又是政府首脑，并兼武装部队最高统帅。总统及其领导下的内阁向人民协商会议负责，不向国会负责。人民代表会议是印尼的立法机关，负责日常的立法工作，实际上与国会差不多。

（2）菲律宾。菲律宾 1946 年 7 月 4 日独立。总统由全国选民选举产生，任期 6 年，不能连选连任。菲律宾的立法机构是国会，由参众两院组成。两院均有立法权，但众议院的权力更大，有关拨款、税收等重要法案均由众议院提出。

（3）缅甸。它是由军政府向总统制转变的国家。1948 年 1 月 4 日独立后，缅甸曾经一度实行议会制。1962 年，副总理兼国防部长奈温发动军事政变，成立以奈温为首的"革命委员会"，解散议会，终止执行宪法。1988 年奈温辞职，以缅甸国防军总参谋长苏貌为主席，组成"国家恢复法律和秩序委员会"接管全国政权。1997 年，丹瑞把"国家恢复法律和秩序委员会"改为"国家和平与发展委员会"。2008 年，缅甸全民公决通过了《缅甸联邦共和国宪法》。依据新宪法，缅甸国名改为缅甸联邦共和国，首都为内比都，实行总统制，总统为国家元首和政府首脑。三军总司令为各武装力量的最高统帅，军队在各级议会中拥有 25% 非经选举产生的议会代表席位。

4. **君主制国家——泰国、柬埔寨、马来西亚和文莱**

（1）泰国。1932 年，泰国国民党发动政变，使泰国君主制发生了重大变化。泰国此前是实行君主专制，此后则建立了英国式君主立宪制。经过多次修改的宪法规定，国王是国家元首，兼武装部队统帅和宗教最高护卫者。国王根据国会提名任命内阁总理，再根据总理提名任命各部部长。国会由上、下议院组成，是国家的立法机构。国家的行政机构是内阁，内阁总理享有实权，对国会负责。泰国的法院代表国王行使司法权，但受政府的司法部和司法委员会管辖和监督，并且其业务是独立的。最高法院的判决是最终判决，如果被告不服，可向国王上书恳求减免刑罚。

（2）柬埔寨。1953年11月9日独立。1970年朗诺政变前，柬埔寨一直是个君主制国家，政变后实行总统共和制。1993年大选后，柬埔寨又恢复成君主立宪制国家，被人们称为"柬埔寨第二王朝"。

（3）马来西亚。1957年8月31日独立。与泰国和柬埔寨不同，马来西亚是一个联邦制国家，由9个苏丹州和4个州组成，因此象征国家最高权力的马来西亚国家元首是在9个世袭苏丹中轮流选举产生的。国家最高元首拥有最高的立法、行政、司法权，并兼联邦武装部队总司令，可根据议会提名任命总理等。联邦议会、内阁和最高法院分别是马来西亚的最高立法、行政、司法机构。

（4）文莱。1984年1月1日完全独立。文莱是绝对君主制国家。其最大的特点就是君主拥有绝对的权力。文莱宪法规定，世袭的苏丹为国家元首，拥有立法、行政、司法全部权力。苏丹本人兼任首相和国防大臣，拥有实权的财政大臣、外交大臣均由亲王担任。

（二）宗教信仰

东南亚国家的宗教信仰也是多种多样的。泰国、缅甸、老挝和柬埔寨四个国家以佛教为主；马来西亚、文莱和印尼主要信奉伊斯兰教；菲律宾和东帝汶主要信仰天主教；而儒家文化则在越南和新加坡占主要地位。

第二节　东南亚国家联盟

1967年8月，印尼、新加坡、泰国、菲律宾四国外长和马来西亚副总理在曼谷举行会议，发表了《东南亚国家联盟成立宣言》（即《曼谷宣言》），正式成立东南亚国家联盟（Association of Southeast Asian Nations，ASEAN），简称东盟。1984年文莱独立后立即加入东盟。1995—1999年，越南、缅甸、老挝、柬埔寨先后加入东盟。东盟秘书处设在印尼首都雅加达。

一、主要机构

根据《东盟宪章》，东盟的主要机构有：

（1）首脑会议：就东盟发展的重大问题和发展方向做出决策，每年举行两次。

（2）东盟协调理事会：由东盟各国外长组成，是综合协调机构，每年举行两次会议。

（3）东盟共同体理事会：包括东盟政治安全共同体理事会、东盟经济共同体理事会和东盟社会文化共同体理事会，负责协调其下设各领域工作，由担任东盟主席的成员国的相关部长担任主席，每年至少举行两次会议。

（4）东盟领域部长会议：负责加强各相关领域合作，支持东盟一体化和共同体建设。

（5）东盟秘书长和东盟秘书处：负责协助落实东盟的协议和决定，并且监督落实。

（6）东盟常驻代表委员会：由东盟成员国指派的大使级常驻东盟代表组成，代表各自国家与东盟秘书处和东盟协调理事会等机构开展工作。

（7）东盟国家秘书处：指东盟在各成员国的联络点。

（8）东盟政府间人权委员会：负责促进和保护人权与基本自由的相关事务。

(9)东盟基金会：负责与东盟相关机构合作，支持东盟共同体建设。

(10)东盟附属机构：包括各种民间和半官方机构。

东盟标记见图 1-1，东盟旗见图 1-2。

图 1-1 东盟标记

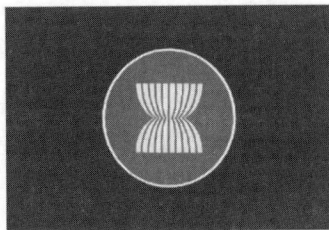

图 1-2 东盟旗

二、宗旨和目标

《东南亚国家联盟成立宣言》确定的宗旨和目标是：

(1)以平等与协作精神，共同努力促进本地区的经济增长、社会进步和文化发展；

(2)遵循正义、国家关系准则和《联合国宪章》，促进本地区的和平与稳定；

(3)促进经济、社会、文化、技术和科学等问题的合作与相互支援；

(4)在教育、职业和技术及行政训练和研究设施方面互相支援；

(5)在充分利用农业和工业、扩大贸易、改善交通运输、提高人民生活水平方面进行更有效的合作；

(6)促进对东南亚问题的研究；

(7)同具有相似宗旨和目标的国际和地区组织保持紧密和互利的合作，探寻与其更紧密的合作途径。

三、发展动态

2007 年 11 月 20 日，各国领导人在新加坡举行的第 13 届首脑会议上签署了《东盟宪章》。这是东盟成立 40 年来第一份具有普遍法律意义的文件，已于 2008 年 12 月正式生效。该宪章就东盟的战略目标、原则、地位以及构架等做了明确规定，提出东盟要致力于维护并加强本地区和平、安全与稳定，以及经济一体化建设；继续坚持不干涉内政的基本原则；尊重各成员国的独立、主权、平等、领土完整和民族特性；坚持用和平手段解决纷争。其主要内容为：

(1)维护和促进地区和平、安全和稳定，并进一步强化以和平为导向的价值观；

(2)通过加强政治、安全、经济和社会文化合作，提升地区活力；

(3)维护东南亚的无核武器区地位，杜绝大规模杀伤性武器；

(4)确保东盟人民和成员国与世界和平相处，生活于公正、民主与和谐的环境中；

(5)建立一个稳定、繁荣、极具竞争力和一体化的共同市场和制造基地，实现货物、服务、投资、人员、资金自由流动；

（6）通过相互帮助与合作减轻贫困，缩小东盟内部发展鸿沟；

（7）在充分考虑东盟成员国权利与义务的同时，加强民主，促进良政与法律，促进和保护人权与基本自由；

（8）根据全面安全的原则，对各种形式的威胁、跨国犯罪和跨境挑战做出有效反应；

（9）促进可持续发展，保护本地区环境、自然资源和文化遗产，确保人民高质量的生活；

（10）通过加强教育、终生学习以及科学技术领域的合作，开发人力资源，提高人民素质，强化东盟共同体意识；

（11）为东盟人民提供适当的就业机会、社会福利和公正待遇，提高其福利和生活水平；

（12）加强合作，为东盟人民营造一个安全、没有毒品的环境；

（13）建设一个以人为本的东盟，鼓励社会各界参与东盟一体化和共同体建设进程，并从中受益；

（14）增强对本地区丰富文化和遗产的认识，促进东盟意识；

（15）在一个开放、透明和包容的地区架构内，发展与域外伙伴的关系与合作，维护东盟的主导力量、中心地位和积极作用。

各国领导人在这次会上还签署了三项协议：东盟产品贸易协定（ASEAN Trade in Goods Agreement，ATIGA）、东盟全面投资协定（ASEAN Comprehensive Investment Agreement，ACIA）和东盟服务业框架协议（ASEAN Framework Agreement on Services，AFAS）。

第14届东盟首脑会议于2009年2月在泰国召开，签署了《东盟共同体2009—2015年路线图宣言》，东盟政治与安全、社会与文化蓝图，食品与能源安全协定，以及《东盟一体化第二阶段行动计划》等多项合作文件。这标志着东盟进入宪章阶段和一体化发展阶段。在这次会议上，还诞生了东盟"盟歌"——《东盟之路》（*The ASEAN Way*）。

【拓展阅读】

东盟之路

> 高高举起我们的旗帜，像天一样高；
> 拥抱我们心中的自豪；
> 东盟紧密团结如一体，内省自身，放眼全世界；
> 以和平为起点，以繁荣为目标。
> 我们敢于梦想，我们乐得分享。
> 共同为东盟，我们敢于梦想；
> 我们乐于分享，因为这就是东盟之路。

四、东盟共同体（ASEAN Community）

2003年，第9届东盟领导人会议发表了《东盟协调一致第二宣言》（亦称《第二巴厘宣言》），宣布于2020年建成东盟共同体，其三大支柱分别是东盟政治安全共同体、东盟经济共同体和东盟社会文化共同体。2007年，第12届东盟领导人会议签署了《关于加速于2015年建立东盟共同体的宿务宣言》《东盟经济共同体蓝图》。2009年，第14届东盟领导人会议签署了《东盟政治安全共同体蓝图》《东盟社会文化共同体蓝图》《东盟共同体 2009—2015 年路线图宣言》。2010 年，第 17 次东盟领导人会议通过了《东盟互联互通总体规划》。2015 年 11 月，第 27 届东盟峰会上签署、通过了一系列文件，包括《关于建成东盟共同体的 2015 吉隆坡宣言》《东盟 2025：携手前行》等，规划了东盟共同体建设的 2015 年后发展愿景。东盟分别通过了政治安全共同体、经济共同体、社会文化共同体这三大共同体至 2025 年的发展蓝图。东盟共同体重点建设内容包括促进东盟概念更加深入民心；推动东盟国家中小企业发展；扩大东盟内部的贸易和投资；加强东盟机制建设；通过统筹、协调，促进地区和平与安全；促使东盟作为一个整体，更好地在世界舞台上发挥作用。2016 年，东盟合作的主题是"将愿景变为现实，迈向充满活力的东盟共同体"。

东盟强调从战略上实施创新推动地区经济增长，制定了东盟科技与创新行动计划（2016—2025 年）。东盟发挥有关部长级会议机制作用，制定了有关行业的发展规划。2015 年 3 月东盟财长和央行行长召开了首次联合会议（AFMGM），提出加强区域宏观经济政策和金融一体化方面的合作。东盟农业与林业部长会议（AMAF）制定了《农业及林业合作战略计划》（2016—2025 年）。东盟矿业部长会议制定了《东盟矿业合作行动计划》（2016—2025 年），以增进矿产品贸易和投资，促进矿业可持续发展。东盟能源部长会议制定了《东盟能源合作行动计划》（2016—2025 年），强调在七个领域深化合作：东盟电网；跨东盟天然气管道；煤炭和清洁煤技术；高效使用能源和节约能源；可再生能源；区域政策和规划；民用核能。东盟交通部长会议签署了《东盟交通战略规划》（2016—2025 年）和《东盟地区道路安全战略》。《东盟交通战略规划》（2016—2025 年）是地区更高水平互联互通指导性的区域政策文件。东盟电信和信息技术部长会议通过了《东盟信息通信技术总体规划》（2016—2020 年）。

据有关机构预测，到 2030 年，东盟中产阶级将增加一倍，达 1.63 亿人。作为全球"最年轻"和最具活力的经济体，东盟共同体将提供更广阔的市场、更便利的贸易条件和更优质的投资环境，并且带动该地区发展成为全球重要的制造中心和销售市场。东盟各成员国之间将通过消除关税、减少失业率、实现出行便利化、允许劳动力自由流动等措施，为扩大市场、减少商品和服务成本创造便利条件。

东盟共同体成立以来，东盟成员国之间的贸易壁垒、市场分割被逐步打破，贸易自由化和便利化程度进一步提高。《东盟互联互通总体规划 2025》继续强调了设施联通、政策沟通和民心相通的重要性，与中国"一带一路"倡议不谋而合，为双方互利合作打造了新抓手和新亮点。

（一）东盟政治安全共同体

2009 年 3 月，东盟发布《东盟政治安全共同体蓝图》（2009—2015 年）（ASEAN Political-Security Community，APSC），确定了约 150 项具体行动，为政治安全共同体建设设立了路线图和时间表。根据《东盟政治安全共同体蓝图》，东盟政治安全共同体包括三个特点：基于规则的东盟共同价值观和行为准则；为了实现全面安全，打造融合、和平、稳定和弹性的区域共同责任；在日益一体化和相互依存的世界里打造有活力的对外开放区域。东盟政治安全共同体的目标是加强民主、良政和法制，促进和保护人权与基本自由，培育东盟共同价值观和行为准则，推动东盟团结、协调、和谐发展，维护地区和平与综合安全，加强对外友好关系，构建以东盟为中心和驱动力，开放、透明、包容的地区架构。

2013 年 11 月，第 23 届东盟峰会发表了《后 2015 年东盟共同体斯里巴加湾宣言》，规划东盟在建立共同体之后的长远发展。该宣言表示，愿景的核心要素包括政治团结、经济一体化、社会责任及建设一个真正以人民为导向、以人民为中心和以规则为基础的东盟。2014 年 11 月，第 25 届东盟峰会发表《关于东盟共同体在后 2015 年发展东盟共同体愿景的内比都宣言》，并在附件中列出了东盟"后 2015 愿景"有关政治安全共同体的主要内容。

（1）目标。倡导和平、稳定和安全。推动东盟对外关系向纵深发展，强化东盟在地区架构中的主导地位。建立探讨全球问题的东盟平台。

（2）要素。①坚持《东盟宪章》等文件，以及国际法、国际准则中所体现的基本原则，以此作为东盟国家间关系的基础。推动遵守共同价值观及准则。②继续履行《东南亚无核武器区条约》，推动外交作为和平解决争议的首要手段，鼓励借助国际和地区争端解决机制处理本地区的分歧和争议。加强东盟内部团结、和谐，加强东盟应急反应能力建设，提高东盟的韧性。③通过采用国际公认的海洋公约及准则，以及强化东盟及东盟领导机制，加强海上安全，促进海上合作。继续增进东盟国家间及同对话伙伴的互信。强化面向和平的价值观，使人民全面享有和平权利。④本着"东盟主导"精神，推动建立更加高效、平等、互利和富有意义的对话伙伴关系。坚持对外开放，依据《东盟对外关系指导原则》，探索接触新的国家及国际组织，扩大东盟对外关系。⑤在处理对外关系中，保持和加强东盟团结、中立、主导和领导地位。体现东盟行为准则，探讨制定体现有关原则和准则、具有法律约束力的文件，并在更大范围内推广。⑥在地区架构中保持和加强东盟团结、中立、主导和领导地位。努力建设开放、透明、包容，以规则为基础的地区架构。加强"10+1"、"10+3"、EAS、ARF、东盟防长会及其扩大会、东盟海事论坛及其扩大会等东盟主导机制间的信息共享。

（二）东盟经济共同体（AEC）

东盟区域经济合作始于 1977 年实施的"特惠贸易安排"，此后东盟地区的"区块优势"不断加强。受亚洲金融危机影响，东盟在 21 世纪初加快了区域经济整合的步伐。2015 年底，东盟宣布共同体建成并发布了《2025 年东盟经济共同体蓝图》，为东盟经济共同体的后续发展指明了方向。从"特惠贸易安排"到"东盟经济共同体"，东盟经济一体化逐步走向成熟。

2007 年 11 月，在新加坡举行的第 13 届东盟首脑会议通过了《东盟经济共同体蓝图》（以下简称 2007 蓝图）。2007 蓝图作为东盟经济共同体的第一个蓝图，重点明确了共同体建设的四大支柱：①打造共同市场和生产基地，旨在进一步加速货物、服务、投资、技术工人和资金在本地区的自由流动；②提高区域竞争力，通过采用共同的机制、标准以及加强跨区域合作等方式，营造有利于企业发展并鼓励创新的区域环境；③共享经济增长，重点鼓励中小企业进入区域和全球价值链中，同时帮助新东盟成员国加强实现一体化的能力建设；④融入全球经济，加深与外部经济的联系，加大力度参与全球供应网络建设。

2007 蓝图共包括 506 项重点落实措施，截至 2015 年底，东盟各国已完成其中的 469 项，完成率达 92.7%。自 2007 蓝图通过以来，东盟在推动经济一体化建设方面取得了很大进展，主要体现在：①东盟内部关税大幅下降。目前东盟国家之间 95.99% 税目的货物已实现零关税，越、老、柬、缅于 2015 年 1 月起在东盟范围内进一步降低关税，并在 2018 年逐步将关税降至零。②贸易便利化程度提高。东盟从 2014 年底开始陆续通过《东盟海关协定》《东盟单一窗口法律框架协议》等，加速了本地货物、人员和资金的自由流动。③服务贸易领域进展显著。东盟正致力于通过《东盟会计业务互认协议》和《东盟资格标准框架协议》等，旨在加速本地区专业技术人员的自由流动。④投资吸引力增强。东盟于 2014 年 8 月签署了《东盟全面投资协议》，目前正在全面推广执行该协议，希望借此改善东盟内部投资环境，消除投资限制，进一步扩大投资，提高东盟吸引外资的竞争力。

2015 年底东盟共同体宣布建成后，东盟又推出了《2025 年东盟经济共同体蓝图》（以下简称 2025 蓝图），对构建经济互联性强、具有竞争力和创新力、高度一体化的东盟做出了规划。

2025 蓝图提出未来东盟经济共同体建设将具有五大特点：①经济高度一体化。东盟将推动货物、服务、投资、资本和技术工人在东盟范围内自由流动，促进建成东盟贸易和生产网络，同时为企业和消费者打造更加统一的市场。②具有竞争力、创新力并充满活力。东盟将制定竞争政策引导企业行为，鼓励创新和加强知识产权保护，深入参与全球价值链，在区域层面加强监督管理。③加强互联互通和行业合作。在东盟互联互通总体规划（MPAC）的基础上，进一步加强区域内软、硬件网络建设，增强东盟整体竞争力。④有韧性、包容性并以人为本。东盟将帮助中小企业及私营经济发挥更大作用，充分利用公私合营模式（PPP），缩小发展差距。⑤深入参与全球化。东盟将通过推进双边自贸区、RCEP 等谈判，补充域内经济合作内容，并借此进一步融入全球经济。

由于东盟各国经济水平、政治意愿差异明显，生产和出口结构同质化现象还比较严重，为保护本国重点和敏感产业，东盟部分国家设立的贸易规则、标准等非关税壁垒仍然存在。

2016 年 9 月，第 28 届和 29 届东盟峰会通过了《东盟愿景 2025》《东盟互联互通总体规划 2025》和第三份《东盟一体化倡议工作计划》。到 2019 年，《东盟一体化倡议第三份工作计划》26 项合作内容中的 19 项得以实现（占 73.1%），涉及粮食与农业领域，贸易便利化领域，中小微企业发展领域、教育领域、卫生、福利领域等五大战略领域。目前，已通过的项目共有 101 个，总值 2596 万美元，并且即将制定《东盟一体化倡议第四份工作计划》。

2018 年 4 月，第 32 次东盟峰会通过了《关于建设韧性和创新的东盟愿景文件》《东盟智慧城市网络概念文件》等文件，同年 11 月签署了东盟电子商务协议，旨在促进区域内跨境电商贸易便利化。

2019 年 12 月，东盟秘书处在发布年度《东盟融合报告》时指出，在东盟 2015 年建成经济共同体即将进入第 5 年（2020 年）之际，东盟以 3 万亿美元的体量跃升为全球第五大经济体，较 4 年前上升两位。东盟正积极落实《东盟一体化倡议第三份工作计划》《东盟互联互通总体规划 2025》，不断完善东盟共同体，以共同体建设增强东盟内部的凝聚力，其目标是到 2030 年成为世界第四大经济体。

（三）东盟社会文化共同体（ASCC）

东盟社会文化共同体的目标是促进"建设以人为中心、对社会负有责任的东盟共同体，通过建设一个具有共同身份，一个共享、关爱、开放的社会，一个人民幸福、生活水平、福祉不断提高的社会，构建东盟各国和人民之间长久的团结和统一"。其主要特点是：①每个人都享有公平的发展机会，不论宗教、种族、语言、性别和社会文化背景；②充分培养人的潜能，使其在幸福与尊严得到保障的前提下有意义地参与竞争；③保护环境和自然资源，使其可持续发展，为后代留下遗产；④公民社会积极参与，为政策选择提供意见；⑤人民身心健康，生活在和谐和安全的环境中；⑥通过建立对历史联系的共同意识、对文化遗产的认识以及遵守共同的地区身份，展开东盟公民之间的相互交往。其具体行动目标是：①建设一个人道社会的共同体；②管理经济一体化的社会影响；③促进环境的可持续能力。该共同体的合作领域包括文化、艺术和资讯、灾害管理、教育、环境、卫生、劳动、农村发展与消除贫困、社会福利与发展、青年和行政部门合作。

五、东盟自由贸易区

东盟已经与中国、日本、韩国、澳大利亚、新西兰、印度分别签订了自由贸易区协定。《东盟—中国香港自贸区协定》(AHKFTA)及《东盟—中国香港投资协定》(AHKIA)分别于2019年6月11日、6月17日正式生效。由东盟10国发起，以东盟为主导邀请中国、日本、韩国、澳大利亚、新西兰、印度共同参加("10+6")谈判的《区域全面经济伙伴协定》(RCEP)正分阶段开展，目的是通过削减关税及非关税壁垒，建立16国统一市场。RCEP的目标是消除内部贸易壁垒，创造和完善自由的投资环境，扩大服务贸易。它还涉及知识产权保护、竞争政策等多领域，自由化程度高于目前东盟与这6个国家已经达成的自贸协议。RCEP于2020年11月15日正式签署。其涵盖了34亿人口，GDP总和达23万亿美元，所涵盖区域是世界最大的自贸区。

2019年11月，在曼谷举行的RCEP(《区域全面经济伙伴关系协定》)第3次领导人会议发表了领导人联合声明，宣布除印度之外的其他15个谈判方已经结束了全部20个章节的文本谈判，市场准入谈判也已实质性结束。

RCEP文本共有20个章节，包括货物贸易、服务贸易、投资准入、电子商务、知识产权、竞争政策、政府采购及相关规则，是一个全面、现代的自由贸易协定。它的主要目标是在降低成员方关税壁垒的同时，推进服务贸易领域开放和投资市场准入。RCEP较WTO标准提升了不少：在货物贸易方面，开放水平达到90%以上；在投资准入领域，采用负面清单方式。此外，RCEP照顾到各成员不同的利益诉求，没有一味地追求高标准。与CPTPP相比，它未包括可提交争端解决机制的劳工和环境保护内容，也未纳入国有企业竞争中立议题，并且为最不发达成员更好融入区域经济提供了优惠待遇。比如，为老挝、缅甸、柬埔寨等最不发达成员提供了过渡期安排，可使这些成员更好地融入区域经济一体化。可以说，RCEP具备包容性和互惠性，且十分契合WTO所追求的发展目标。

RCEP给区域成员带来的经济收益是显而易见的，且拥有十分光明的前景。对于当前缺乏动能的世界经济而言，RCEP可在一定程度上提振市场信心，维护多边贸易体制，刺激全球经济发展。

第三节 东盟自由贸易区建设的制度措施

一、关税措施

东盟自由贸易区最初主要关注关税减免，签署的文件有《有效普惠关税协定》(CEPT-AFTA)。该协定是一项东盟成员国之间的合作协议，约定各成员国选定共同产品类别，具体排定减税的程序及时间表，并自1993年1月1日起计划在15年内，逐步将关税全面降低至0~5%，以达成设立自由贸易区的目标，即东盟成员国在区域内彼此间实施CEPT，但对非东盟成员国关税仍由各国自行决定。但是，有部分产品不适用 CEPT 制度，例如部分农产品、农产品原料、活动物、动物产品、部分植物产品、调制食用油、动植物蜡、食品、饮料、酒类及醋、烟等。此外，基于维护国家安全、公众道德规范、人类、动植物生命的有关物品以及有艺术、历史、考古价值的物品也属例外范围。

《有效普惠关税协定》规定，东盟自由贸易区建成后，东盟内部的关税必须降到 5% 以下，东盟新成员国最晚可以推迟到 2008 年。1999 年 11 月在菲律宾马尼拉召开的第 3 次东盟首脑非正式会议上，东盟领导人同意将东盟 6 个创始成员国（文莱、印尼、马来西亚、菲律宾、新加坡和泰国）实现零关税的时间从 2015 年提前到 2010 年，新成员国（柬埔寨、老挝、缅甸和越南）则从 2018 年提前到 2015 年。2003 年 1 月，在《有效普惠关税协定消除进口关税协定的修改框架》签署后，东盟 6 个老成员国同意取消清单中 60% 商品的关税，在《有效普惠关税协定》框架下，东盟 6 个老成员国的平均关税从 1993 年的 12.76% 降到 1.51%。

2010 年 1 月，东盟 6 个老成员国再对 7881 种商品取消关税，合计共有 54467 种商品实现零关税，占《有效普惠关税协定》项下免关税商品的 99.7%。在 7881 种免关税商品里，优先一体化领域项下的货物占 24.2%，钢铁占 14.9%，机械设备占 8.9%，化学品占 8.3%。柬埔寨、老挝和越南新增 2003 个进口品种的关税降至 0~5%，关税减免品种达到 34691 个，占享受进口关税 0~5% 待遇全部商品的 99%。此外，原产地为东盟成员国的加工食品、家具、纸张、水泥、陶瓷、玻璃和铝制品等出口文莱、印尼、马来西亚、菲律宾、新加坡和泰国，享受免税。

自 2010 年以来，东盟 6 个老成员国基本实现零关税，东盟新成员国在 2015 年陆续落实零关税。目前，东盟各成员国除部分列在敏感商品名单上的产品外，几乎所有商品在东盟自由贸易区内都已实施零关税。

二、CEPT 原产地条规

在 CEPT 协议下，依据 CEPT 原产地条规规定，会员国自另一会员国直接进口东盟国家产制成分比率不低于 40% 的产品，经出口国家主管机关（AFTA Units）核发产地证明者，可享有优惠关税。一些东盟圈外的国家认为，AFTA 即便是符合 WTO 要求，其原产地规定仍可能是一种贸易保护主义，因为该原产地规则是限定东盟自由贸易区内国家，那么就等于对圈外国是变相贸易壁垒。在原产地规定的限制下，东盟各国保障了区域内国家利益，可吸引许多厂商前来生产。但是，对于圈外国而言，原产地规定具有强烈的排他性。

三、贸易便利化与标准认证

东盟贸易便利化联合磋商委员会（ATF-JCC）将制定关于促进贸易便利化的行动计划，努力减少或消除该地区的非关税贸易壁垒，包括实施便利的原产地认证措施，在东盟货物贸易协议框架下实现优惠关税减让，建立东盟贸易信息库系统，建立东盟单一窗口。

(一)海关现代化

东盟各成员国开始着手加速提高海关技术和简化通关手续的现代化工作，制定了《海关发展战略计划》（SPCD），其中要求集装箱通关时间不超过 30 分钟；按照国际标准实行电子化清关，减少清关手续，降低清关费用。与此同时，各海关加强与行业协会和商会的合作，提高海关工作水平,促进东盟各成员国按照时间表实现关税减免的承诺。

(二)相互认证安排

1998 年,东盟签署《相互认证协议框架协议》。截至目前,各成员国对两个产业(电气和电子产业及化妆品产业)达成相互认证协议。2002 年 4 月,东盟签署了《电气及电子设备相互认证安排》。2003 年 9 月,东盟签署了《东盟化妆品产品注册批准相互认证安排》。《电气及电子设备相互认证安排》主要涉及连接低压供应或电池供应的电气及电子设备。根据《相互认证协议框架协议》要求,目前有 13 个测试实验室和 2 个证书签发机构被列入《相互认证协议框架协议》。任何电气及电子设备在上述实验室做的试验及获得的证书,均被东盟所有成员国承认。

(三)统一标准和技术法规

东盟为了取消非关税壁垒,实现货物自由流动,按照世界贸易组织相关规定、国际标准和国际实践,一直致力于推进统一标准和技术法规以及统一评估程序的工作。2005 年,东盟制定了标准和遵从指导政策,旨在提高技术法规的一致性和透明度。目前,电器产业有 58 个统一标准,橡胶产业有 3 个统一的标准。其他优先制定统一标准的产业有农产品、化妆品、渔业、医药、橡胶产品、木制品、机动车、建筑、医疗设备、传统医药和保健等。

四、推进服务业自由化进程

在 1995 年泰国召开的第 5 届东盟首脑会议上,会员国完成了《东盟服务业框架协议》的签署,希望在《WTO 服务业贸易总协议》(GATS)规范外,另寻求加强彼此间服务业的合作,消除服务业贸易限制,以及扩大服务业自由化的深度和广度。1998 年在河内举行的第 6 届东协高峰会议中,会员国在特定承诺表上进行较多谈判,达成了在非 WTO 会员国成员也享有与 WTO 成员在 GATS 规范下相同的待遇和会员国应将特定承诺表的优惠待遇扩及所有其他会员国等项决议。

《东盟服务业架构协议》的主要内容仍以《WTO 服务业贸易总协议》(GATS)规范为主。GATS 条文使得发展中国家可依法拒绝将较大范围的服务部门纳入市场开放承诺,因此相当多的发展中国家服务贸易承诺表所涵盖的范围极为有限,其开放速度也较为缓慢,东盟各国间服务业开放速度比商品关税减让速度慢得多。

五、设立投资区

1998 年第 30 届东盟经济部长会议签署了《东盟投资区框架协议》。该协议的适用范围为直接投资,采用设立投资区(AIA)的方式,至于投资的限制及股权规定,仍受各国国内投资相关法令约束。为促进东盟区域内投资透明化和自由化,协议规定自 2010 年起对区域内所有会员国的投资者适用国民待遇,并对会员国投资者开放所有产业,自 2020 年起则适用于所有的投资者,并推动资本、熟练工、专家及技术的自由移动。会员国为保护国家安全及公共道德、人类、动物、植物生命或健康以及保障个人隐私权等可提出全面例外清单,亦可提出暂时例外清单、敏感清单等。

在 1999 年召开的第 2 届东盟投资区理事会上,会员承诺除暂时例外清单、敏感清单、全面例外清单外，对会员国的投资者开放更多产业并给予国民待遇。首先开放的是暂时例外清单中的制造业，于 2003 年 1 月 1 日全部开放给东盟会员国的投资者。

六、东盟工业合作计划

为在建成自由贸易区之前加速区域内的贸易自由化，吸引投资，促进零部件与制成品的分工互补以及提升整体国际竞争力，1996 年在新加坡召开了东盟国家经济部长会议，签署了"东盟工业合作计划"（AICO），并于 1996 年 11 月 1 日开始实施。

(一) 主要宗旨

（1）加强东盟在区域及全球市场上制造的竞争力。

（2）增进效率与生产力，提高区内工业生产力。

（3）提升市场占有率，增进东盟在制造工业中的竞争地位。

(二) 参与资格

（1）必须是在任一东盟会员国注册、营运的法人。

（2）公司股权至少 30% 为当地股权。（注：在 1998 年河内宣言中，东盟各国同意将本项规定豁免实施 3 年）。

（3）愿意从事资源共享、工业互补或工业合作活动。优惠措施包括：①经过核准的产品可享有 0~5% 的优惠关税。②参与 AICO 计划的国家所制造出的产品视为国内产品，可纳入其国内自制率内；自其他当事国进口同一申请计划的半成品或原料，视同进口国制造的产品，可列入进口国自制率计算。③可享受其他非关税优惠措施，如进口数量限制等。

七、投资政策

东盟国家出台了许多对外投资法律法规，维护了境外投资者与外国投资者的合法权益。东盟为了进一步保护相互间越来越广泛开展的投资活动，签订了相关投资协议。东盟原 6 个成员国签订了《东盟投资保护和促进协议》，即《东盟投资担保协议》，进一步促进和保护区域性投资，为区域内投资自由化发展奠定了法律基础。东盟 9 个成员国（柬埔寨 1999 年加入）签署了《东盟投资区框架协议》（AIA），旨在给东盟和非东盟国家创建更自由的投资环境，逐步减少和取消阻碍东盟投资流动和投资项目运行的投资管制和限制，确保在 2020 年前实现资本自由流动。该协议权限超越东盟各成员国国内投资立法，是对整个区域投资规则的规范。该协议是东盟投资市场的里程碑，具有很强的条理性和步骤性，对不同成员国构建的规划和要求也不同，有利于东盟循序渐进地实现投资自由化。

(一) 准入政策

除 AIA 附件中的例外之外，2010 年前给予成员国的投资者以国民待遇和开放所有产业，到 2020 年则适用于区域外的投资者。但在投资准入中，东盟有着许多的例外。这些例外分为三类：第一类是暂时排除表，表中包含的产业和投资措施，暂时对投资关闭并且不会给予国民待遇，但是会根据具体的时间表来缩减其中的部门；第二类是敏感部门表，表中所含的产业和投资措施不会逐步缩减，但是东盟投资理事会在 2003 年以后有间隔地对其进行审查以决定是否开放;第三类是一般例外表,其中包括的产业和投资措施基于国家安全、公共道德和公共健康或者环境保护不会开放投资或给予国民待遇。

(二)投资待遇

《东盟投资区框架协议》同时也规定了给予投资以国民待遇和给予投资者及其投资以最惠国待遇,规定在 2010 年赋予东盟投资者国民待遇并在 2020 年将国民待遇扩展到所有外国投资者。

东盟投资区的最惠国待遇不仅在外资准入前适用,而且在外资进入后的公司开业阶段也同样适用。在国民待遇方面,它保障了投资者及其投资不低于给予本国投资者和投资的待遇(国民待遇)。此待遇涉及所有行业和影响投资的措施,这些措施包括但不限于准入、公司建立、采购、扩张、管理、运行和投资的部署。

(三)外资准入领域

由于东盟 10 国经济发展水平和开放程度不同,根据各成员国国内相关法律,各成员国产业开放的领域有着较大差别。总体而言,新加坡的投资自由化程度最高,对投资领域的限制也最少,目前,除了公共事业(公共交通、电力、煤气、供水)、新闻传播、武器制造等领域限制投资,金融、保险等领域需要预先取得营业准字外,其他经济领域基本上放开。文莱、泰国、马来西亚这几个国家的开放程度也较高,而东盟新 4 国从本国利益考虑,对投资范围发布了相关规定。1998 年签署的《东盟投资区框架协议》中的产业开放内容让东盟整体的投资自由化更进了一步。其第 7 条规定每个成员国应做到立即向东盟投资者放开所有行业,但是考虑到各国的国情,议定书经过修改,将开放行业限制在制造业、农业、渔业、林业、采矿业和采石业。

(四)争端解决

《东盟全面投资协议》(ACIA)规定东盟投资者的争端可以通过所在东盟国家的国内法院解决,也可以通过解决投资争端国际中心(ICSID)法庭、联合国国际贸易法委员会仲裁规则或当事双方同意参照的其他国际法则进行国际仲裁。此外,投资者还可以通过调解、咨询和谈判等方式解决。

但是对于投资者与国家的争端解决机制,东盟各成员国有着较大的差别。新加坡和马来西亚是国际承认的仲裁所在地之一,可以对商业和投资争端进行仲裁。由于老挝、缅甸和越南不是 ICSID 成员,泰国也仅仅签署了《华盛顿公约》,投资者在这几个国家发生的投资者与国家的争端,不能到 ICSID 法庭进行仲裁。

八、东盟互联互通总体规划

2010 年,东盟成员国通过了《东盟互联互通总体规划》(以下简称《总体规划》)。作为指导本地区互联互通建设的纲领性文件,《总体规划》把发展交通、能源和通信等基础设施,以及减少政策和制度性障碍、协调相关规章和标准、鼓励创业与创新、推动文化交流等作为优先行动领域,把提高东盟的一体化水平、国际竞争力、民众生活水平、地区经济社会发展和应对气候变化能力等作为主要目标。《东盟互联互通总体规划 2025》在 2016 年 9 月举行的第

28 届、29 届东盟峰会上通过。该规划内有 15 个具体创意推动,目的是在可持续基础设施建设、数字创新、物流、进出口管理和人员流动等五个方面合作上起到推动作用。

第四节　东盟经济发展

20 世纪 80 年代以来,东南亚国家经济发展取得了令人瞩目的成就。东南亚各国的经济发展水平可分为四个层次:第一层次是新加坡和文莱,经济发展水平位居亚洲前列;第二层次是正在向新兴工业化迈进的马、泰、菲、印尼,马来西亚和泰国在亚洲各国经济发展水平排位是中间偏上,菲律宾和印尼在亚洲排位则是中间偏后;第三层次是越南,已经在向菲律宾和印尼赶超;第四个层次是老挝、柬埔寨、缅甸,均属世界最贫穷落后的国家。整体来看,东盟经济总量可观,但各成员国发展水平差距大(见表 1-3)。

表 1-3　2019 年东盟国家 GDP、人均 GDP 统计

国别	GDP/亿美元	人均 GDP/千美元
新加坡	3720.6	65.22
马来西亚	3646.9	11.0
泰国	5436.5	10.3
菲律宾	3593.5	3.32
印尼	11201.4	4.2
文莱	140.9	32.0
越南	2599.2	2.7
老挝	181.7	2.53
柬埔寨	268	1.68
缅甸	760.8	1.41

注:根据世界银行数据整理。

在世界经济仍未出现稳健复苏信号的情况下,东盟总体经济受益于东盟经济共同体(AEC)的建成而仍维持较好的增长势头。东盟经济共同体建成后,东盟经济要实现可持续增长的一个关键因素是必须实现单一市场和生产基地的目标,也就是减少关税和非关税贸易障碍,以便通过区域内部的产业链产生更多的贸易和投资。过去,东盟在自由贸易协议(AFTA)框架下在取消内部关税壁垒方面取得了成功,然而,各成员国又采取更多的非关税壁垒措施,尤其是通过技术障碍贸易措施(TBT)、卫生和动植物检疫(SBS)措施使经营商的生产成本增加、进出口通关时间增长,削弱了区域内贸易投资总额的增长潜力,使之低于应有水平。

一、宏观经济

近年来,东盟宏观经济呈稳定增长态势(见表 1-4)。2013 年,东盟 GDP 占世界的

3.3%，而 2017 年这一数据增长到 3.5%。2018 年东盟国内生产总值约 2.95 万亿美元，人均 GDP 4510 美元。

表 1-4　2013—2019 年东盟宏观经济数据

年份	2013	2014	2015	2016	2017	2018	2019
GDP/亿美元	25075	25271	24476	25547	27677	29490	31400
人均 GDP/美元	4065	4048	3876	4000	4392	4510	4794
GDP 增长率/%	5.26	4.74	-4.85	4.43	5.34	6.55	6.47

注：根据世界银行数据整理。

二、对外贸易

20 世纪 80 年代以来，东盟国家(主要是老 6 国)经济持续高速增长，外向型经济不断扩大，形成了非常明显的外向型经济格局，对外贸易快速发展。东盟国家出口产品多以资源性和劳动密集型产品为主，近年来转向电子信息产品，主要有石油、天然气、棕榈油、天然橡胶、热带木材以及电子电器产品等。进口产品有纺织品、服装、鞋、食品、建筑材料、机械设备、精密仪器、钟表手表、车辆、金属产品和化工产品等。东盟国家的主要市场是美国、日本和欧盟，对这几个市场有很大的依赖性。东盟国家大都推行出口导向战略，外贸依存度比较高。老 6 国的平均外贸依存度在近几年已经达到 130%。其中新加坡的外贸依存度高达 297%，马来西亚的外贸依存度也在 130% 以上。相比之下，新 4 国的外贸依存度比较低。2013—2018 年东盟对外贸易具体情况见表 1-5。2019 年东盟对外贸易总额为 28152 亿美元，顺差 311 亿美元。

表 1-5　2013—2018 年东盟对外贸易统计

年份	货物贸易/亿美元			服务贸易/亿美元		
	出口	进口	合计	出口	进口	合计
2013	12784	12547	25331	3073	3158	6231
2014	12940	12412	25352	3217	3361	6578
2015	11717	11011	22728	3236	3275	6511
2016	11527	10859	22386	3374	3251	6625
2017	13223	12525	25748	3605	3427	7032
2018	14364	13888	28252	4048	3737	7785

注：数据源自世界银行、东盟秘书处。

三、投资环境与规模

东盟各成员国的投资环境相对较好。文莱政策透明度较高，市场化程度高，税赋较低，基础设施完善，贸易和投资风险较低，是东盟东部增长区(东盟内三个次区域合作之一，由文莱、马来西亚东部、印尼东北部和菲律宾南部构成)唯一的主权国家,地理位置优越,市场潜力较大。新加坡政策透明度较高,外资准入政策宽松,基础设施完善,商业网络广泛,法律体系健全,融资渠道多样。马来西亚是进入东盟和中东澳新的桥梁,经济基础稳固,原材料产品资源丰富,人力资源素质较高,民族关系融洽。菲律宾具有受过教育的懂英语的劳动力,劳动成本远低于发达国家。印尼自然资源丰富,市场化程度高,金融市场充分开放,控制着关键的国际海洋交通线。泰国政策透明度高,贸易自由化程度高,工资成本低于发达国家,对华友好。越南经济发展前景好,市场潜力大,其地理位置可辐射整个东盟,工资成本低于老东盟国家。缅甸具有丰富的自然资源和人力资源,连接东南亚和南亚的市场,政府支持外来投资。老挝大多矿产资源有待开发,水电资源丰富,农业资源条件良好。柬埔寨市场高度开放,基本没有外汇管制,投资政策相对宽松,土地、劳动力成本较低,作为最不发达国家之一,享受 28 个发达国家普惠制待遇,出口欧盟产品零关税,出口美国产品低关税。

经济共同体成立后,东盟内部贸易保持着 30% 的增长率。从低成本制造业到生物科技领域,东盟各国有着各自不同的优势和竞争力。随着区域一体化的推进,东盟内部和外部对东盟银行业、制造业、交通和通信领域的投资不断增多,对高科技产业的投资也不断增多。根据世界经济论坛《2017—2018 年全球竞争力报告》,全球参加排名的 137 个经济体中,东盟国家中有 9 个排在 100 名之内,其中新加坡排第 3 位。根据世界银行《2018 年全球营商环境报告》,全球 190 个经济体中,东盟国家有 6 个排在 100 名之内,其中新加坡排第 2 位(见表 1-6)。2019 年东南亚 11 国营商环境便利度排名情况见表 1-7。

表 1-6 东盟成员国投资环境全球排名情况

国别	2017—2018 年全球竞争力排名	2018 年全球营商环境排名
新加坡	3	2
马来西亚	23	24
泰国	32	26
菲律宾	56	113
印尼	36	72
文莱	46	56
越南	55	68
老挝	98	141
柬埔寨	94	135
缅甸	—	171

注:2017—2018 年全球竞争力排名来自世界经济论坛《2017—2018 年全球竞争力报告》;2018 年全球营商环境排名来自世界银行《2018 年全球营商环境报告》。

表 1-7 2019 年东南亚 11 国营商环境便利度排名

国别	新加坡	马来西亚	泰国	文莱	越南	印尼	菲律宾	柬埔寨	老挝	缅甸	东帝汶
排名	2	12	21	66	70	73	95	144	154	165	181

注:资料源自世界银行《2020 年营商环境报告》。

　　吸收投资的规模不断增加,但外资流入东盟的国别分布极不均匀,有接近一半的外资流向新加坡。据联合国贸易和发展会议发布的 2018 年《世界投资报告》显示,2017 年,东盟吸收外资流量(估值)为 1337.6 亿美元;截至 2017 年底,东盟吸收外资存量(估值)为 21619.5 亿美元。另据东盟秘书处 2018 年 7 月 31 日数据显示,2017 年东盟吸收外资总额(初步数据)为 1370.1 亿美元,比 2016 年增加 35.5%;其中,成员国内部投资 265.6 亿美元,占当年东盟吸收外资总额的 19.4%,而 2016 年的这一比重为 24.76%。2013—2018 年东盟各国吸收外资流量情况见表 1-8。

表 1-8　2013—2018 年东盟各国吸收外资流量

亿美元

国别	2013 年	2014 年	2015 年	2016 年	2017 年	2018 年
新加坡	574.5	734.7	627.5	774.6	620.2	722
马来西亚	121.1	108.8	101.8	112.9	94.5	125
泰国	159.4	49.8	89.3	30.6	91.0	122
菲律宾	38.6	58.1	56.4	82.8	100.5	98
印尼	184.4	218.1	166.4	39.2	230.6	220
文莱	7.3	5.7	1.7	-1.5	4.6	5
越南	89.0	92.0	118.0	126.0	141.0	150
老挝	4.3	9.1	10.8	10.8	17.0	20
柬埔寨	12.7	17.3	17.0	22.8	27.3	30
缅甸	26.2	9.5	28.2	29.9	43.4	58
合计	1217.5	1303.1	1217.1	1228.1	1370.1	1550

　　注:资料源自东盟 FDI 数据库,2018 年数据不全面,仅供参考;缅甸数据是按照财政年度统计,即从当年 4 月到来年 4 月,年度数据仅供参考。合计数为东盟公布数据。

　　东盟整体区域约有 6.4 亿人口(截至 2017 年),人均 GDP 约 4300 美元,GDP 总额约 2.77 万亿美元。近年,东盟国家消费者对诸如房地产、汽车、高等教育、医疗保健、金融服务尤其是财富管理等投资类消费的需求日益增长。总之,东南亚是当今世界经济发展最有活力和潜力的地区之一。在未来新的世界政治、经济格局中,东南亚的作用和战略地位将更加重要。

【拓展阅读】

自贸区相关理论及原产地规则

一、自贸区相关理论

(一)轮轴—辐条结构理论

如果一国与多个国家签订双边 FTA,形成轮轴—辐条结构,则轮轴国因为与多个辐条国之间有 FTA，其产品可以自由进入所有的辐条国，而辐条国之间因为没有相应的 FTA，受原产地规则的限制，它们之间的产品不能相互自由进入。所以在这种结构中，轮轴国处于有利的地位。一旦两个轮轴国之间签订了自贸区协议，并逐渐与更多的轮轴国签订了自贸区协议，就会导致自贸区网络逐渐覆盖全球。通过投资可改变自贸区原产地规则，将本国的产品打上他国制造而享受更多的零关税优惠，扩大出口。

（二）自贸区静态和动态效应

自贸区建立后，不仅会产生贸易转移效应和贸易创造效应，而且可以为投资带来转移效应和创造效应。这里强调的是，不仅要知道其带来的正效应，也要知道其带来的负效应。例如，中国与巴基斯坦建立自贸区，可以给双边带来正的贸易转移效应；韩国与美国签订自贸区协定，可以给中国带来负的贸易转移效应。

二、自贸区原产地证

自贸区原产地证是享受其零关税的"护照"。中国—东盟自由贸易区原产地规则规定，原产品分为完全获得产品和非完全获得产品两大类。完全获得产品即产品的全部成分均来自中国—东盟自由贸易区内部，主要指农产品。非完全获得产品即产品价值中一部分来自自贸区内部，另一部分来自自贸区外部。中国—东盟自由贸易区规定，凡是在该范围内，只要累计达到增值40%以上的，均可以表明由中国和东盟的国家生产。例如，通过产能合作，将中国某些产业转移到东盟国家去，就可以在其生产的产品上打上"东盟国家制造"。这样，就可以避开反倾销和反补贴等贸易摩擦，再出口到这些国家。同时，还可以享受东盟国家与其他国家签订的自贸区的零关税。例如，印度没有与我国签订自贸区协定，但是东盟国家有。在东盟国家制造的产品，就可以出口到印度享受零关税待遇。该原产地规则还有一条规定是须直接运输，但在中国—东盟自由贸易区内，经过该区成员国的均算直接运输。

【本章小结】

东南亚是第二次世界大战后才形成的一个地理区域概念，包括 11 个国家。东南亚地区在东亚地区具有重要的战略地位。除了东帝汶外，东南亚其他 10 国为了更好地发展，成立了地区组织——东南亚国家联盟，现在已成为东盟共同体。自《东盟宪章》于 2008 年底正式生效后，东盟 10 国如同 10 条小船变成了 1 条大船，共同向一体化方向前进。2016 年 1 月 1 日东盟经济共同体（AEC）生效后，东盟国家之间产品、服务、投资、资本和专业人员等更加自由地流动。东盟正努力通过执行《东盟一体化倡议》，缩小东盟各国之间以及东盟和世界之间的发展差距；通过实施《东盟互联互通总体规划 2025》，促进东盟内民众、经济、基础设施等互联互通。东盟积极将该规划与"一带一路"对接。把握好东南亚地区和东南亚国家联盟这两个概念和内容，理解为实现区域一体化，东盟各国在关税、贸易便利化、投资、服务贸易等领域所签署的协议，制订的制度，可为本书后续的学习打下良好基础。

【关键名词或概念】

东南亚地区
东南亚国家联盟

《东盟宪章》

东盟经济共同体(AEC)

《东盟投资区框架协议》(AIA)

《东盟互联互通总体规划 2025》

区域全面经济伙伴关系(RECP)

【思考题】

1. 请简述东南亚地区的战略地位。

2. 东南亚各国在政体和法律体系上的特色是什么?

3. 东南亚国家联盟的宗旨和目标是什么?

4. 东盟宪章生效的意义是什么?其主要内容有哪些?

5. 东盟经济一体化的意义是什么?

6. 东盟自由贸易区制度措施有哪些?

7. 请简述《东盟互联互通总体规划 2025》的主要内容。

8. 什么是 RCEP?它对东盟的影响有哪些?

第二章　东南亚次区域合作

【本章导读】

　　次区域合作是东南亚经济合作的一个特色，特别适合东南亚地区的区情，其简单易行，是推进东南亚国家合作的平台。本章在简单介绍了次区域概念之后，对东南亚地区的两大方面的次区域合作进行了介绍：一是东盟内部的次区域合作；二是大湄公河次区域合作。通过次区域合作可以更好地了解东南亚国家。

【学习目标】

　　本章重点要求学生理解掌握东南亚各国之间开展的次区域经济合作，尤其是大湄公河次区域合作。清楚次区域合作这个平台不仅可以加强东南亚各国之间的经贸合作，而且可以推进东南亚国家与其他国家的经济合作。

第一节　次区域合作概念

　　东盟的次区域合作是指东盟内部几个国家之间开展的小范围的、被认可为单独一个经济区的跨国界的多边经济合作。次区域合作可以充分利用相邻各国或地区的比较优势，在一定范围内通过各种合作形式发挥互补作用，实现经济的较快发展。其合作内容可以是资源自由流动，建立共同市场，建立联合经济组织，协调资源开发，合理保护环境，协调经济发展，维护经济秩序，保持经济稳定等。其实质是消除区域内资源流动的障碍，促进区域经济社会的共同发展，主要包括湄公河流域的次区域合作和三个增长三角的经济合作。它们构成了该地区次区域经济合作的主要形式。

一、次区域合作的起源

　　一般认为次区域合作起源于20世纪80年代后期。1989年，新加坡、马来西亚柔佛州、印尼廖内群岛之间的区域开展合作，后来被称为"成长三角"区域合作。这是次区域合作概念的雏形。20世纪90年代初期，大湄公河次区域合作（GMS）让次区域合作得到了扩大。进入21世纪后，又有了泛北部湾经济圈的合作探讨。

二、次区域合作的特点与模式

(一)特点

次区域合作的特点主要表现在三个方面：一是合作灵活性更大。次区域合作不需要像FTA那样让渡国家主权就可以开展合作，相关制度安排的要求不高，成员国具有更大的自由度。二是合作难度性较小。次区域合作不需要像FTA那样让国家整体参与，只需要国家部分地区参与就行。因此，降低了合作难度，加上涉及范围和议题都比较小和简单，形成了独特的贸易安排优势。三是合作开放性更强。次区域合作的范围可以根据合作需要增加或减少，是一个半开放的合作，参与者可以多样化，层次更加丰富。让更多的外部成员参加，有利于利用更多的外部资源。因此，次区域合作的主权成本低，政治和经济风险小，效率较高，见效较快，容易被参与国政府接受。

(二)合作模式

东盟的次区域合作主要有四种模式：一是国际组织主导，多国参与的合作模式。这方面的典型是亚洲开发银行主导下的大湄公河次区域经济合作。二是东盟主导，多国参与的合作模式。这方面的典型是东盟主导下的东盟湄公河流域开发。三是东盟区内一国主导，多国参与的合作模式。这方面的典型是目前东盟的南增长三角，也称新—柔—廖增长三角。四是东盟区内多国主导，多国参与的合作模式。这方面的典型是中、老、缅、泰黄金四角、湄公河流域可持续发展合作以及东盟东增长三角和东盟北增长三角等。

在2009年2月举行的东盟峰会上，印尼总统苏西洛提出了发展东盟两大经济特区的具体方案，即印马泰金三角特区(印尼苏门答腊岛、马来西亚北部和泰国南部)和汶印马菲东盟东部金三角特区(文莱、马来西亚东部、菲律宾和印尼加里曼丹、苏拉威西和马鲁古)。这两个特区的特点就是利用东盟相关国家的优势，修建基础设施，建立工业园，增加就业机会。这是东盟次区域合作的新动向。

2019年11月，在第35届东盟峰会上，东盟各国及其对话伙伴就共同应对挑战、实现可持续发展、促进区域经济合作等议题达成多项成果，为打造更高水平的区域经济一体化和推动东亚合作取得更大发展注入新动能。

第二节　东盟内部次区域合作

一、东盟南增长三角

东盟南增长三角是东盟最早建立的，早期包括新加坡、马来西亚的柔佛州和印尼的廖内群岛，所以也称"新—柔—廖增长三角"。后来此增长三角于1997年分别扩大到包括马来西亚南部4个州和印尼的6个省，称为"新—马—印尼增长三角"。

(一)提出与进展

1.提出

1989 年 12 月，新加坡首先提议，在新加坡和与之毗邻的马来西亚柔佛州及印尼巴淡岛联合建设增长三角经济开发区。1990 年，印尼和马来西亚表示赞同。建立增长三角旨在充分利用上述三个地区的相对优势，实现较快的经济增长。例如，在新加坡劳动力短缺、新币升值、生产成本上升、出口产品竞争力下降的情况下，可以利用马来西亚和印尼这方面的优势进行产业升级或者把劳动密集型的生产转移到其他地方，而最靠近新加坡的柔佛州和巴淡岛就是首先被考虑的转移地点。

柔佛州是马来西亚的第二大州，土地辽阔，农业发达，半熟练工人众多。巴淡岛所处的廖内群岛是印尼石油和天然气的重要产地，劳动力价格低廉。非熟练工人的月薪在巴淡岛仅 90 美元，在柔佛州约 150 美元，而在新加坡却高达 350 美元。因此跨国公司可以把资本密集和技术密集的生产安排在新加坡，而把劳动力密集和占地较多的生产安排在柔佛州和巴淡岛。这些地区地理上毗连，管理、联系和运输较为方便，有利于降低生产成本。这样，跨国公司就可把增长三角作为一个投资区来考虑。在该三角区域内的企业，既可以利用新加坡高效率的基础设施和高水平的技术和管理，又可以利用其他两地的廉价劳动力和地价较低的广阔区域。

该区域合作，除了上述的垂直分工与合作外，还可以充分发挥规模经济效益。新加坡已拥有与世界市场联系在一起的金融、商业网络，充分利用这一条件对新加坡本身和周围地区的发展都十分有利。此外，这一地区的旅游资源丰富，到新加坡的旅客可到柔佛州和廖内群岛饱览这两地秀丽的海滨风光，从而增加有关国家的旅游收入。从新加坡来看，增长三角的建立能保证其淡水的供应，扩大市场和投资地，而其他两个地区则可以从新加坡获得经济发展所需的资金和技术。

2.进展

1990 年 8 月，新加坡与印尼签订了合作开发廖内群岛(主要是巴淡岛和宾坦岛)的协议，并成立了开发联合委员会。双方决定简化人员来往和产品进出口的手续，共同开发旅游业，促进廖内群岛工业和技术的发展。除了开发工业区外，旅游设施也在巴淡岛和宾坦岛兴建起来。新加坡还与有关银行和财团合作开发宾坦岛的旅游资源以及位于巴淡岛西南的布兰岛的饲养业和观赏植物种植业。为了推进增长三角计划，柔佛州设立了一些工业区和自由贸易区，为"先驱企业"提供一系列税收方面的优惠。双方还建立了培训熟练工人的学校和达成了合作发展工业和旅游设施的协议。该增长三角在投资合作方面成效比较显著，柔佛州已成为马来西亚工业和旅游业发展最快的地区之一。

(二)发展障碍

1.政治方面

在印尼，政界和商界的一些领导人对重点开发廖内群岛一直有不少争论。在马来西亚，对柔佛州与新加坡的输水和输气协定有不少批评，资金和熟练劳力流向柔佛州也造成柔佛州与其他州的矛盾。

2. 经济方面

柔佛州和巴淡岛的基础设施跟不上发展的需要。两地的劳工素质较差,劳动生产率低下,管理比较困难,产品质量易受影响。目前,这两个地区的物价水平也在不断上升,生产成本急剧提高。加上缺乏多边联合开发的组织机制,印尼与马来西亚柔佛州的合作也很少。

3. 社会方面

印尼巴淡岛的劳工主要来自印尼其他地区,这些移民带来各地不同的文化、习俗,使当地出现了新的社会问题。该岛已成为尼生活费用最高的地区之一。另外,该合作区内跨国人员、物资的流动仍存在不少障碍。

二、东盟东增长区

(一)提出与进展

1. 提出

该增长区是1992年菲律宾首先提议的。1993年菲律宾正式提出建立东盟东增长区的主张。它包括苏禄海周边国家和地区,即文莱、菲律宾的棉兰老岛和巴拉望、马来西亚的沙巴和沙捞越以及印尼的北苏拉威西和东、西加里曼丹,所以也称为文—菲—马—印尼增长区。1994年3月上述四国的经济部长在菲律宾的达沃签署备忘录,宣布该增长区的建立。1996年7月增长区部长会议决定把该增长区的范围扩大到中、南加里曼丹,中、南、东南苏拉威西、伊里安查亚和马鲁古等地,使之覆盖有4000万人的广阔地区,其中印尼占的面积最大。该地区拥有丰富的自然资源,如热带木材、石油和天然气资源、海产品和农产品。该地区旅游资源也非常丰富。

2. 进展

东盟东增长区作为东盟东部次区域的合作组织,由签约国家部长会议、高级官员会议、国家秘书处、工作小组、增长区商业委员会以及增长区促进中心组成。该增长区的运行机制特点是成员国家各自并行,国家之间通过部长级会议、高级官员会议、国家秘书处会议沟通。增长区促进中心负责日常的工作联系。

1994年3月有关四国的经济部长签署了合作计划,明确提出加快海空航运服务的发展,加强渔业和旅游业的合作,促进本地区的边境贸易。此外,还要简化税收和投资法规。该增长区具体分工为:文莱负责环境和电信,印尼负责人口流动和林业开发,菲律宾负责建筑和农产品加工工业。亚洲开发银行提供了1200万美元资助增长区研究拟合作的领域。部长会议和负责各具体领域合作的工作组会议每半年举行一次。东东盟商务理事会于1994年建立,致力于挖掘有关各方的比较优势和发动私人部门参与次区域经济合作。20世纪90年代中期以来,该增长区的空中航线不断增加,在渔业和旅游业的合作成效比较明显。为了增加该增长区的游客和密切经济合作,菲律宾和印尼取消了各自的出境费。

2017年4月29日在菲律宾马尼拉举行的第12届东盟东部增长区峰会上,成员国领导人通过《东盟东部增长区2025年愿景》(以下简称《2025愿景》)。《2025愿景》以各方制定的促进区域合作的国家和地方发展计划为基础,执行时间与东盟发展规划《2025年东盟愿景:共同奋斗》保持一致。《2025愿景》希望打造一个具有弹性、包容性、可持续性和经济竞争力的增长区来缩小发展差距。通过提高增长区的发展韧性,降低外部冲击对增长区的影响并加快经济复苏，缩小各成员国之间以及增长区和东盟之间的发展差距。此外，增长区还将在自然资源可持续管理方面做出努力并争取将区内新兴产业发展成为竞争优势产业。《2025愿景》主要有以下几个目标：一是打造绿色、有竞争力的制造业，逐步从资源提取型产业向高水平加工和高附加值产业转型。二是发展可持续、竞争力强、气候适应性强的农工产业和渔业，保障粮食安全和生计问题，促进出口发展。三是发挥东增长区作为可持续、发达和多国互联的旅游目的地优势，促进欠发达地区发展。

2019年6月，在曼谷举行的第13届东盟东部增长区四国（文莱、印尼、马来西亚和菲律宾）首脑会议上，佐科维总统指出，东盟东部增长区是促进该地区各国之间开展合作的正确论坛，有利于大家分享经济发展和繁荣。因此，他欢迎四国，即文莱、印尼、马来西亚和菲律宾开展具体的合作。会上，佐科维总统传达了三件事：第一，必须继续推进连通性合作，不仅是实体基础设施的合作，也包括技术基础设施的合作。第二，通过更广泛的社区参与，促进旅游业的发展，例如以社区为基础的生态旅游、游轮与游艇旅游的概念。第三，可通过东盟东部增长区商业理事会在公营和私营部门之间建立联络网。

（二）中国与东盟东增长区的合作

自2003年以来，温家宝总理多次表示中国愿帮助东盟东部增长区发展。2005年9月，在文莱举行的增长区会议决定与中国建立合作伙伴关系。2005年12月，在马来西亚召开的东盟增长区会议上，中国正式成为东盟东部增长区的发展伙伴，开辟了双方合作的新渠道。2006年10月，在中国广西召开的中国—东盟建立对话关系15周年纪念峰会发表的联合声明指出，鼓励中国与东盟在支持次区域开发方面进一步加强合作，包括在东盟东部增长区等地区开发经济合作区。2009年11月13日，中国与东盟东部增长区四国签署了经济合作框架。

2017年9月，首届中国—东盟东部增长区贸易投资研讨会在广西南宁举办，中国、马来西亚、文莱、印尼以及菲律宾五个国家官方及工商界代表约200人与会，共商区域合作新机遇。

2018年11月26日，中国—东盟东增长区合作首次部长级会议在文莱召开。会议回顾了中国自2005年成为增长区发展伙伴以来所做的积极贡献，以及中国与增长区四国领导人就升级合作达成的重要共识。各方一致决定，将中国与增长区合作机制升级为部长级，并审议通过了《中国—东盟东部增长区升级合作文件》。各方一致认为，应充分对接"一带一路"倡议和《2025愿景》《2025年东盟愿景：共同奋斗》以及《东盟互联互通总体规划2025》，并在互联互通、农渔业加工和食品产业、旅游及社会文化交流、贸易和投资、数字经济、减贫和包容发展、人力资源发展、环境、电力和能源等9个领域开展重点合作。会后，与会部长共同发表了会议联合声明。

2019年11月24日，中国、文莱、印尼、马来西亚和菲律宾的部长相聚马来西亚沙捞越州古晋市，出席第二次中国—东盟东部增长区（简称"东增区"）合作部长级会议，制订完成了《中国—东盟东部增长区合作行动计划（2020—2025）》。

（三）发展障碍

1.互补性不强

有关各国的资源类似，经济互补性不够强，这就影响经济合作项目的选择。参与国的积极性也不一样,菲律宾较为主动。

2.发展落后

该增长区地理覆盖面很大,东西 4800 多千米,南北 3200 多千米。除文莱外,这些地区都远离各国的首都,均处较边远的地带,经济不发达,交通、通信等基础设施落后,基本服务十分缺乏,管理人员和劳动力的素质也都比较差。

3.国家间存在各种矛盾

例如有人权、主权和非法劳工等问题。

4.不稳定性

菲律宾南部社会长期不稳定,武装冲突不断,还造成大量难民流入印尼和马来西亚。棉兰老岛的绑架、凶杀、抢劫等恐怖活动频繁,加上开发资源时易与当地居民发生冲突,使得外国投资者望而却步。

上述因素在短期内很难有较大的改善,导致该增长区合作进展缓慢。

三、东盟北增长三角

(一)提出与进展

1.提出

该增长三角的有关各方并没有签订条约或协定,只有 1993 年 12 月由各方政府签署的谅解备忘录。该文件明确此增长三角包括印尼的亚齐和北苏门答腊,马来西亚的吉打、玻璃市、槟榔屿和霹雳等州,以及泰国的那拉提瓦、北大年、沙墩、宋卡和也拉等府。该增长三角的总面积为 18 万平方千米,人口为 2200 多万。印尼部分占增长三角总面积的 70.5%,总人口的 64.5%。马来西亚和泰国部分分别占总面积的 17.9% 和 11.6%,总人口的 22.1% 和 13.4%。该地区拥有多条重要的海上交通航线,近海的油气开发前景很好,并有诱人的旅游资源。由于环境和土地条件相近,农业也有合作前景。该增长三角合作想加强五个方面的合作:橡胶加工业、棕榈油加工业产业、食品加工业、旅游业、能源尤其是天然气的开发与合作。三角区不应该仅仅将上述自然资源作为原材料简单的出口,而应该提高其附加价值,还讨论了技术项目群实施计划,即基础设施方面的技术、与贸易有关的技术、人力资源发展方面的技术、关于欠发达地区和区域内贸易发展方面的技术、电信特区方面的技术和旅游业发展的技术,并且对于每一个计划都列出了它们的实施时间框架、目标、业绩指标和监督机制。

2.进展

东盟北增长三角自建立以后,部长和较低层次的官员经常举行会议,讨论合作事宜。该增长三角确定了 6 个重点合作领域,并相应地建立了 6 个工作组,涉及旅游、投资与贸易、农业与渔业、服务业、基础设施、人力资源开发等。马来西亚有关的四个州在吉打的亚罗士打市设立了增长三角秘书处,为到泰国和印尼投资的马来西亚企业家提供资料。由于面临土地和劳动力成本上升的问题,马来西亚槟榔屿地区的许多跨国公司已转移到生产成本较低的泰国南部和印尼苏门答腊北部。在交通领域,该增长三角也已开辟了一些新航线。

(二)发展障碍

1. 只有合作框架，缺乏具体的政策措施

尽管有关国家均设立了增长三角商务理事会以方便商界的交流，但是私人部门仍不清楚自己可享受什么政策优惠。此外，有的人对相邻国家的信息、有关规定，甚至语言都不太熟悉。

2. 合作方式和条件不一样，难以模仿南增长三角发展模式

民间私人部门对政府意图不甚了解也没有很大的积极性。尽管槟城劳动力和土地短缺，但是在马来西亚的其他州此现象并不明显，更不像新加坡那么突出。比如吉打的工业区不论是数量或规模都在不断扩大，吸收了从槟城转移出去的工业。这说明，阻碍槟城发展的制约因素可以靠马来西亚内部解决。

3. 泰国南部和苏门答腊北部条件较差

泰国南部和苏门答腊北部基础设施比较落后，劳动力素质也较差，工业投资环境远不如马来西亚。泰国劳工成本现在并不比马来西亚低。虽然上述地区的地价比较便宜，但是印尼政府对外资企业的土地使用期有明确的限制。因为银行不愿贷款给跨边境的企业，资金筹措也有困难。此外，服务设施的不足必然增加企业的管理费用。

4. 合作各方经济发展差距不大

该合作区没有像新加坡这样可以起主导作用的国家。同样，这种区域分布，不利于跨国公司像南增长三角那样安排企业发展。虽然，马来西亚的中小企业对该增长三角计划有些投资兴趣，但是由于跨国经营的经验不足，妨碍了它们走出国界的步伐。

5. 贸易壁垒仍然阻碍着有关各方的经济联系

三方中较开放的马来西亚，对商品流动仍设置不少障碍。印尼中央政府并没有给予苏门答腊足够的支持和自主决定的权力，因此苏门答腊地区也无法为外商和各种经济合作项目提供特殊的便利。

由于上述原因，制造业项目至今尚未成为该增长三角经济合作的重点，而是农业、基础设施和旅游业等被视为较可能的投资领域。目前已落实的少数几个项目也均集中在上述部门。其最大问题是私人部门反应冷淡，而有关国家政府尚不能提出有力的对应措施。

第三节　大湄公河次区域合作

一、概况

(一)大湄公河次区域经济合作

大湄公河次区域经济合作(GMS)于1992年由亚洲开发银行发起，涉及流域内的6个国家(中国、缅甸、老挝、泰国、柬埔寨和越南)，旨在通过加强各成员国间的经济联系，促进次区域的经济和社会发展。该地区丰富的人力和自然资源使其成为亚洲经济增长的新热点。从2005年开始，中国又让广西作为中国的第二个省份，参与大湄公河次区域的经济合作。广西参与GMS后，该次区域面积由原来的233.19万平方千米增加到256.86万平方千米，总人口约 3.2 亿。

大湄公河次区域经济合作项目自 1992 年开始实施，经过初期规划、项目选择，现已进入项目实施阶段。大湄公河次区域合作范围包括老挝、缅甸、柬埔寨、泰国、越南五国和中国的云南省、广西壮族自治区，涉及 8 个合作领域，即交通、能源、电信、环境、旅游、人力资源开发、贸易与投资、禁毒等。

(二)澜沧江—湄公河简介

澜沧江—湄公河是一条重要的国际河流，发源于中国青海省唐古拉山，流经西藏自治区，由云南省南部西双版纳傣族自治州出境，经缅甸、老挝、泰国、柬埔寨、越南等五个国家，于越南胡志明市附近注入南中国海。其中国境内段被称为澜沧江，境外段称为湄公河，全长 4880 千米。其中，在中国境内 2130 千米(云南境内 1237 千米)，老挝境内 777 千米，柬埔寨境内 502 千米，越南境内 230 千米；中、缅界河 31 千米，老、缅界河 234 千米，老、泰界河 976 千米。流域总面积 81.1 万平方千米，其中，中国 16.7 万平方千米，柬埔寨 16.1 万平方千米，老挝 21.5 万平方千米，缅甸 2.1 万平方千米，泰国 18.2 万平方千米，越南 6.5 万平方千米。

该区域自然景观差异明显，涵盖了寒温带、温带、亚热带和热带等多种气候类型，具有冰川、高寒山区、高原草甸、深山峡谷、浅山丘陵、冲积平原和河口三角洲等多种自然景观。次区域自然条件好，蕴藏着丰富的水资源、水能资源、生物资源、矿产资源，具有极大的经济潜能和开发价值。主要农产品有水稻、橡胶、木材、热带水果等；主要矿产资源有磷、金、银、铜、铁、锡、铅、锌、钨、锑、锰、镍、钾盐、宝石、煤、石油和天然气等。其中，金属矿产资源中最为丰富的是锡、铜、铅、锌、铁等。博大精深的文化底蕴、丰富多彩的自然景观，使该地区成了独具特色的旅游区。

湄公河是东南亚五国政治、经济、文化的大动脉，许多重要城市、港口和商贸重镇都坐落在湄公河畔。湄公河下游地段孕育了世界最大的粮仓——湄公河粮仓，闻名全球的四大米市均分布在湄公河畔。澜沧江—湄公河这条天然的水上大动脉，被誉为未来的"黄金水道"，沿江各国人民把它奉为"幸福之母""生命之江"。一江连六国的澜沧江—湄公河为推进和加强次区域的合作发挥了纽带和通道作用。

(三)GMS 的重要性

大湄公河次区域地处太平洋和印度洋之间，又是亚洲大陆和大洋洲之间的连接带和两大洲间的十字路口，不仅是沟通亚洲、非洲、欧洲及大洋洲之间的海上必经之地，也是南、北美洲与东南亚国家之间物资交流、航运通达极为繁忙的地区。加强次区域合作，建设次区域国际大通道，可使中国、东南亚、南亚三大市场紧密地联系起来，形成一个约占全球一半人口的区域大市场。次区域合作将为亚洲经济发展注入新的活力，也将大大推进中国—东盟自由贸易区进程，从而形成全球最大的自由贸易区。次区域拥有丰富的自然资源，同时其重要的战略地位和资源优势，使这个地区长期以来一直是大国利益角逐的地区，也是国际地缘斗争的焦点之一。这一区域国际格局的任何变动，都会对其周边乃至整个国际格局产生重要影响。

次区域经济贸易一体化建设，将进一步加快贸易便利化步伐，是促进区域贸易发展的重要手段。通过建立区域内电子数据交换系统,协调海关、银行、运输部门的管理和经营,可大大提高双边贸易的效率。在此基础上建立的电子商贸系统,会使双方获得巨大的收益。通过双边相互承认协定,把标准、认证、技术条理统一起来,可以大大减少检验、授信和认证的成本。加强次区域合作和建立中国—东盟自由贸易区,可减少双方现存的服务贸易障碍,提升双方的服务贸易水平,促进外商直接投资的流入,促进贸易的发展。

(四)进展

自成立以来,次区域国家在经贸领域进行了广泛的合作,增强了彼此间的经济联系和伙伴关系,合作成效显著,并对进一步合作形成了共同的理念,为今后的发展奠定了坚实基础。目前,次区域国家与联合国、世界银行、亚洲开发银行、欧盟、东盟,以及美国、日本、印度等国际组织和国家建立了广泛、长期、稳定的经济贸易合作关系。自20世纪50年代,特别是1992年以来,除流域各国的开发计划和双边合作项目外,为推动次区域国际合作而成立的国际官方或民间组织就有几十个,流域内、外交织着多个经济合作圈。此外,还有马来西亚、泰国、新加坡发起的东盟—湄公河流域开发合作(AMBDC);日本推动,柬埔寨、老挝、越南参加的印支综合论坛(FCDI);加拿大推动,中国、老挝、缅甸、泰国、越南参加的湄公河发展研究网络(MDRN);美国推动的印支论坛(FVCL);以及亚洲、欧洲、美洲、大洋洲、民间组织发起推动的非政府组织(NGO)等。这些国际合作组织在推动次区域各国保持经济快速增长的同时,也在加快自身的经济体制改革,以寻求更多的合作机会。

2002年11月3日,首次领导人会议在柬埔寨首都金边举行。与会6国领导人总结了过去10年取得的成就和成功经验,确认了未来10年的合作前景及承诺,进一步加强了6国伙伴关系。朱镕基总理出席会议并做了主旨发言,敦促湄公河各国加强合作,发挥各自优势,加快经济增长步伐。会议批准了《次区域发展未来十年战略框架》,使次区域合作进入了一个新阶段。会议还发表了联合宣言,并决定今后每3年在成员国轮流举行一次大湄公河次区域领导人会议。会后,有关国家签署了《大湄公河次区域便利运输协定》谅解备忘录、《大湄公河次区域便利运输协定》中方加入书和《大湄公河次区域政府间电力贸易协定》。

2005年7月4日至5日,大湄公河次区域经济合作第2次领导人会议在云南昆明举行,会议主题为"加强伙伴关系,实现共同繁荣"。温家宝总理在会议开幕式上发表了讲话。会议通过了《昆明宣言》。与会6国签署了便利客货运输、动物疫病防控、信息高速公路建设和电力贸易等多项合作文件,批准了GMS贸易投资便利化行动框架和生物多样性保护走廊建设等多项合作倡议。会议确立了以"相互尊重、平等协商、注重实效、循序渐进"为主要内容的合作指导原则,使次区域合作由此迈上新台阶。

2008年3月30日至31日,大湄公河次区域经济合作第3次领导人会议在老挝万象举行,6国领导人围绕"加强联系性、提升竞争力"的主题,就加强基础设施互联互通,贸易运输便利化、构建伙伴关系、促进经贸投资,开发人力资源、增强竞争力,可持续的环境管理,次区域合作与发展伙伴关系等六大方面的合作构想交换意见。温家宝总理在会上全面阐述中国对大湄公河次区域经济合作及未来发展的主张,提出了中方倡议和举措。

2013年12月,GMS第19次部长级会议通过GMS区域投资框架(2012—2022, RIF)。

2014年12月19日至20日,GMS第5次领导人会议在泰国曼谷举行,主题是"致力于实现大湄公河次区域包容、可持续发展"。会议发表领导人宣言,通过2014—2018年区域投资框架执行计划(RIF-IP),为次区域进一步加强互联互通描绘了蓝图。

2018年3月30日至31日,GMS第6次领导人会议在越南河内举行,主题是"立足25周年合作,建设可持续、融合、繁荣的大湄公河次区域"。会议通过了《领导人宣言》《河内行动计划》《区域投资框架》,总结了GMS成立25年来的成就和经验,探讨了下一步合作方向,展望了长期愿景。

2019年11月18日,GMS第23届部长级会议在柬埔寨金边举行。本次会议的主题为"建设更加融合、包容、可持续发展的GMS"。会议通报了GMS在交通、贸易便利化、能源、农业、环境、卫生等领域合作的进展情况,肯定了经济走廊论坛和省长论坛在促进知识共享、经验传播等方面的重要作用,审议了《GMS长期发展战略2030(草案)》,审议并通过了《GMS区域投资框架2022(更新版)》,发布了《大湄公河次区域经济合作第23届部长级会议联合声明》。

二、合作机制

(一)大湄公河次区域经济合作机制

该合作机制分为两个层次,一是部长级会议,至2019年已经举行23次。二是司局级高官会议和各领域的论坛(交通、能源、电信)和工作组会议(环境、旅游、贸易与投资),它们每年分别举行会议,并向部长级会议报告。

亚洲开发银行大湄公河次区域合作是湄公河开发三个国际合作机制中起步较早,并取得实质性进展的机制。亚行除向湄公河开发项目提供技术援助外,还利用自身的影响和担保作用,呼吁西方发达国家尤其是私人投资者为这些备选项目提供融资。湄公河沿岸各国政府也十分重视亚行大湄公河次区域合作项目。目前亚行大湄公河次区域合作的重点是加强次区域的基础设施建设和有关贸易投资政策等软环境建设。为扩大次区域经济合作的影响并吸引多方面的资金,在亚行推动下,由亚行和其他国际金融、投资组织主持,6国参与,先后在曼谷、东京、首尔、法兰克福、布鲁塞尔、胡志明市和悉尼等举行过多次次区域优选项目投资机会研讨会。

(二)新湄公河委员会

新湄公河委员会(MRC)是在1957年成立的湄公河下游调查协调委员会(老湄公委员会)的基础上产生的。1995年4月,湄公河下游泰国、老挝、柬埔寨和越南四国在泰国清莱签署了《湄公河流域可持续发展合作协定》,承认"湄公河流域和相关的自然资源及环境,是沿岸所有国家争取经济和社会富足以及提高本国人民生活水平的具有巨大价值的自然资产"。四个国家决定在湄公河流域开发和管理的一切领域,包括河流资源、河上航运、洪水控制、渔业、农业、发电及环境保护等所有可能产生跨越国界影响的领域进行合作。

依照协定建立的新湄公河委员会,取代了原来的湄公河临委会。新湄公河委员会的职责范围远超出了湄公河临委会,它不限于调查和协调湄公河下游水资源的综合开发,而是根据可持续发展思想,强调对整个湄公河的水和相关资源以及全流域的综合开发制定计划并实施管理。新湄公河委员会由三个常设机构组成:理事会、联合委员会和秘书处。理事会由每个成员国派一名级别不低于司长级官员组成,每年至少举行两次会议。秘书处负责为联合委员会和理事会提供技术和行政服务，其工作在首席执行官的领导下进行，而首席执行官的任免则由理事会决定。

新湄公河委员会成立之后每年都制定项目实施计划，并积极寻求国际援助。20 世纪 90 年代初，由于地区国际关系恶化，新湄公河委员会一度陷于瘫痪。1993 年 2 月，四国代表在曼谷举行湄公河联合开发会议，签署了《联合开发利用湄公河协议》。1995 年 4 月，四国代表又签署了《湄公河流域可持续发展合作协定》，并依据该协定成立了新湄公河委员会，取代了老湄公河委会。老湄公河委员会是在联合亚洲及太平洋经济社会委员会主导之下运作的，而新湄委会则是完全由柬、老、泰、越四国主导的地区性组织。

2010 年 4 月，湄公河委员会首届峰会在泰国海滨城市华欣举行，四个成员国(泰国、柬埔寨、老挝和越南)的政府首脑出席会议并致辞，发表了《华欣宣言》。2014 年 4 月，第 2 届湄公河委员会峰会在越南胡志明市举行，发表了《胡志明市宣言》。2018 年 4 月 5 日，湄公河委员会第 3 届峰会在柬埔寨暹粒举行，发表了《暹粒宣言》。

(三)中、老、缅、泰毗邻地区经济四角机制(QEC)

QEC 是四国有限地区的小区域合作，由中、泰两国于 1993 年提出，又称"黄金四角计划""五清沟通计划"(清迈、清莱、景栋、景通—琅勃拉邦、景洪)(注：傣语景同清)。其宗旨是建设中国西南通向中南半岛的陆上通道和"经济走廊"，实现两大市场的对接，促进小区域内的发展。该合作机制目前尚未启动，但 1999 年 2 月 5 日中泰两国签署的《中华人民共和国和泰王国关于 21 世纪合作计划的联合声明》中双方已做出承诺，将对此"给予更大的重视和支持"。2000 年 6 月 6 日，中缅两国签署的《中国和缅甸关于未来双边关系合作框架文件的联合声明》也表示，双方对"四角经济合作"及"大湄公河次区域经济合作"，"将予以更大的支持"。

(四)东盟—湄公河流域开发合作机制(AMBDC)

东盟—湄公河流域开发合作于 1996 年 6 月在马来西亚首都吉隆坡举行首次部长级会议。根据会议通过的框架协定，部长级会议将至少每年举行一次；两次部长级会议期间由成员国选派司局级官员举行指导委员会会议，为部长级会议做准备并提供政策建议。同时，确定了基础设施建设、投资贸易、农业、矿产资源开发、工业及中小企业发展、旅游、人力资源开发和科学技术等八大合作领域。东盟—湄公河流域开发合作第 1 次部长级会议确定了由东盟 7 国加湄公河沿岸国老挝、缅甸、柬埔寨和中国为该合作机制的核心国。随着老挝、缅甸和柬埔寨三国相继加入东盟，以及日本和韩国也应邀加入东盟—湄公河流域开发合作，东盟—湄公河流域开发合作组织的核心实际上就是东盟 10 国加中、日、韩 3 国。

东盟—湄公河流域开发合作第 1 次部长级会议开过后不久，由于受亚洲金融危机的影响，部长级会议中断，从 1997 年起至 1999 年连续 3 年没有举行部长级会议。直到 2000 年，随着亚洲各国逐渐摆脱金融危机的阴影，第 2 届东盟—湄公河流域开发合作部长级会议才于 2000 年 7 月初在越南首都河内召开。会议根据日本和韩国政府的申请，讨论了吸收日韩为东盟—湄公河流域开发合作核心成员的问题。东盟—湄公河流域开发合作第 3 届部长级会议于 2001 年 10 月 8 日至 9 日在泰国清莱举行。之后，东盟—湄公河流域开发合作的主席国由各核心成员轮任。

2012 年 8 月 29 日，东盟—湄公河流域开发合作第 14 次部长级会议在柬埔寨暹粒召开。会议回顾了一年来 AMBDC 的进展及有关工作情况。一是通报了 AMBDC 项目进展情况。截至 2012 年 8 月，AMBDC 共有 52 个合作项目，其中 37 个已落实相关资金。这 37 个项目中有 31 个是由新加坡提出的有关人力资源开发的项目，大部分已基本完成。上述 52 个项目总共需要资金约 3 亿美元，目前已落实约 3150 万美元，其余仍有待相关国家援助。这些合作项目均不涉及中国。二是马来西亚介绍了泛亚铁路建设的情况。2011 年 10 月，泛亚铁路特别工作组在缅甸内比都召开了第 13 次工作会议，提出各国要加速泛亚铁路项目建设，共同努力加强项目实施。

(五)澜沧江—湄公河对话合作机制

首次澜沧江—湄公河对话合作高官会于 2015 年 4 月在北京举行。此次会议主题是"六个国家，一个命运共同体：建立澜沧江—湄公河对话合作机制，促进次区域可持续发展"。首次高官会开启了澜沧江—湄公河对话合作进程。中国外交部长王毅认为，湄公河国家是中国打造亚洲命运共同体、推进"一带一路"建设的重要合作伙伴，澜沧江—湄公河对话合作具有明显的相互需求和良好的双边基础。这一地区的和平稳定、发展繁荣不仅符合 6 国共同利益，也将有力促进东盟共同体建设以及东盟一体化进程，并为推动中国—东盟关系发展和东亚区域合作发挥积极作用。

该合作机制的总目标是打造澜沧江—湄公河国家命运共同体。具体分为 3 个共同体的建设：一是建设责任共同体，加强政治安全对话，不断增进战略互信，维护地区和平稳定；二是建设利益共同体，大力推进经贸合作，夯实共同利益基础，促进各国发展繁荣；三是建设人文共同体，积极推进民生建设，加深人民友好交流，促进各界和谐共处。该机制同中国—东盟("10+1")、大湄公河次区域经济合作(GMS)、东盟—湄公河流域开发合作机制(AMBDC)等并行不悖，互为补充，协调发展。

澜沧江—湄公河对话合作(澜湄合作)机制是 6 国围绕澜沧江—湄公河流域实施可持续开发和开展互惠务实的对话合作机制。2016 年 3 月，澜湄合作领导人首次会议在中国三亚举行，发表了《澜沧江—湄公河合作首次领导人会议三亚宣言》和《澜沧江—湄公河国家产能合作联合声明》两份重要文件，取得了积极成果。2018 年 1 月，在柬埔寨召开的澜湄合作第 2 次领导人会议发表了《澜沧江—湄公河合作五年行动计划(2018—2022)》和《澜沧江—湄公河合作第 2 次领导人会议金边宣言》。

2019 年 3 月 20 日至 22 日，澜沧江—湄公河环境合作圆桌对话：澜沧江—湄公河战略环境影响评价与政策展望活动在昆明举行。会上，澜湄各国代表达成如下共识：以《澜沧江—湄公河环境合作战略》为指导，开展具体项目合作；共同组织和实施好"绿色澜湄计划"旗舰项目，并通过开展环境政策对话、环境治理能力建设、环境管理联合研究和示范项目等方式，推动具体、务实合作；构建澜湄环境合作网络，丰富澜湄环境合作形式和内容，提升澜湄环境合作参与度和广泛性，同时促进合作项目的创新性和可持续性，促进项目做深、做精、做强。澜沧江—湄公河环境合作中心将继续发挥桥梁作用，提升澜沧江—湄公河环境合作机制向务实、纵深化发展，推动澜湄各国共同打造生态优先、绿色发展的澜湄流域经济发展带。

(六)澜沧江—湄公河合作外长会

该会于 2015 年 11 月 12 日在云南景洪首次举行。中国、泰国、柬埔寨、老挝、缅甸、越南六国外长就进一步加强澜沧江—湄公河国家合作进行深入探讨，达成广泛共识，一致同意正式启动澜湄合作进程，宣布澜湄合作机制正式建立。该会发布了联合新闻公报，外长们一致认为，澜湄六国山水相连，人文相通，自然和人力资源丰富，发展潜力巨大，合作前景广阔。六国加强合作，有利于促进各成员国经济社会发展和可持续增长，缩小湄公河次区域国家间发展差距，推进东盟共同体建设和一体化进程，造福地区民众。外长们一致承诺，将本着协商一致、平等互利、统筹协调、尊重《联合国宪章》和国际法原则，致力于深化次区域国家间互信和睦邻友好，推动经济和可持续发展，促进社会人文交往，包括扩大贸易投资，改善互联互通，促进水资源合作，将澜湄合作机制建设成为各方共商、共建、共享的次区域合作平台。外长们一致同意，澜湄合作将秉持开放包容精神，与大湄公河次区域经济合作(GMS)、东盟—湄公河流域开发合作(AMBDC)和湄公河委员会(MRC)等现有次区域合作机制相互补充，协调发展，共同推进区域一体化进程。

2016 年 12 月，澜沧江—湄公河合作第 2 次外长会在柬埔寨暹粒举行。各国外长高度评价澜湄合作不到一年时间取得的显著进展，认为澜湄合作的速度和成果已超过经营多年的其他次区域合作机制，强调各国均重视澜湄合作，愿共同努力推动合作进入全面实施阶段，使其在维护地区和平稳定、促进地区发展繁荣方面发挥重要作用。各国外长表示，希望澜湄合作能与中方提出的"一带一路"倡议实现对接，与其他次区域合作机制相互补充，相互促进，为提高地区人民的福祉做出独特的贡献。会议审议通过了《澜湄合作第 2 次外长会联合新闻公报》《首次领导人会议成果落实进展表》《优先领域联合工作组筹建原则》三份重要成果文件。

2017 年 12 月，澜沧江—湄公河合作第 3 次外长会在云南大理举行。会议发表了《澜湄合作第三次外长会联合新闻公报》，宣布了《澜湄合作专项基金首批支持项目清单》《首次领导人会议和第二次外长会成果落实清单》，宣布建立"澜湄合作热线信息平台"。

2018 年 12 月，澜沧江—湄公河合作第 4 次外长会在老挝琅勃拉邦举行。各方愿共同保持澜湄合作强劲势头，积极对接发展战略，加强基础设施建设和互联互通，充分发挥各自比较优势，探讨多种形式的产能合作，推动在教育、青年、地方等领域进行更多合作，加强同其他区域、次区域机制相互补充、相互促进，实现互惠互利和共同繁荣。会议通过了《联合新闻公报》，散发了《〈澜湄合作五年行动计划〉2018 年度进展报告》《2018 年度澜湄合作专项基金支持项目清单》和六国智库共同撰写的《澜湄流域经济发展带研究报告》，发布了澜湄合作会歌。

(七)亚洲开发银行和联合国开发计划署

亚行和联合国开发计划署在 GMS 合作机制中发挥着重要的作用。

1. 亚洲开发银行

亚洲开发银行(亚行)是面向亚太地区的区域性政府间的金融开发机构。它是根据联合国亚洲及太平洋社会委员会专家小组会建议，并经 1963 年 12 月在马尼拉举行的第 1 次亚洲经济合作部长级会议决定，于 1966 年 11 月正式建立的，总部设在菲律宾首都马尼拉。亚行的宗旨是，向其会员国或地区成员提供贷款和技术援助，帮助协调会员国或地区成员在经济、贸易和发展方面的政策，同联合国及其专门机构进行合作，以促进亚太地区的经济发展。

贸易与投资是亚行倡导并支持的大湄公河次区域经济合作的九个重点领域之一，已于2000年分别建立了工作组，各召开过3届工作组会议，初步讨论了促进贸易和投资发展的规划、原则和便利化等问题，但还不是贸易和投资的协调机制。这是唯一的覆盖整个次区域的讨论贸易与投资的准机制，具有成长为协调机制的潜力。

2018年3月，亚行行长中尾武彦在大湄公河次区域经济合作(GMS)峰会上祝贺六个成员国25年来成功的区域合作。他重申，亚行将继续支持该计划，并将在接下来5年内投入70亿美元，旨在帮助该区域实现包容性增长和可持续发展。

2.联合国开发计划署

联合国开发计划署(开发署)是全球最大的多边发展援助机构，同时也是联合国系统促进发展活动的中心协调组织。其前身是1949年成立的技术援助扩大方案和1958年设立的旨在向较大规模发展项目提供投资前援助的特别基金。开发署的活动主要是向发展中国家提供无偿技术援助，即提供国内外专家，资助国内外培训、考察及购买有限的硬件设备。该署的项目以前主要由工发组织、粮农组织、劳工组织等联合国专门机构执行。近年来，该署项目已转向以国家执行为主，所占比重在1996年就已达70%。目前，全球约有4万人服务于开发署机构及其资助的各类方案和项目。

三、合作发展的机遇和挑战

(一)机遇

1.经济全球化、区域化为次区域合作注入新的动力

经济区域化和贸易集团化，是当今世界经济发展的重要趋势之一。在世界经济区域化迅猛发展的形势下，次区域各国日益感到只有进一步扩大合作范围及合作领域，才能在国际经济竞争中居于更加有利的位置。进一步加强合作，是促进次区域共同繁荣和发展的必然选择。随着经济全球化的深入，生产要素在全球范围内流动和优化配置的速度加快，国际资本流动在经济全球化的推动下不断增加。跨国公司为强化市场地位、降低成本、提高效率、优化资源配置，不断寻求最佳的地区。这为次区域利用外来投资和先进技术提供了良好机遇。

2.睦邻友好、平等互利的需要

近年来，在次区域经济合作的大背景下，经过不断努力，国家间的互信不断增加，分歧逐步减少，合作明显加强。睦邻友好、相互合作符合本地区人民的根本利益，有利于地区乃至世界的和平与稳定。进一步加强合作，推进次区域经济一体化，有利于巩固和加强中国与次区域及东南亚国家之间的友好合作关系，提高本地区的整体竞争力；有助于促进双边经济合作和次区域国家的经济发展；有助于提高次区域的开放程度和国际政治地位，争得次区域国家在世界经贸、政治和安全事务中的更大的发言权。

3.共同发展、优势互补

次区域国家在资源和经济上都具有很强的互补性。次区域国家盛产石油、天然气、玉石、木材、大米等；云南则有丰富的水能、有色金属、磷矿等资源和多种温带果蔬及其加工品。各国的旅游资源也各具特色。合作的多样化，有助于次区域优势资源的全面开发。此

外，次区域同属发展中国家，经济相对不发达，但各国的经济发展阶段与水平却有很大差异，经济的互补性很强。

4. 中国—东盟自由贸易区建立的机遇

中国—东盟自由贸易区的建立，将为次区域合作带来互利双赢的局面，有助于进一步推进次区域国家的贸易发展，实现进出口市场的多元化，拓宽进出口渠道，扩大经济发展空间，保持经济的持续、健康增长。

(二) 挑战

1. 次区域整体实力不强，各国发展水平参差不齐

该区域实力薄弱、人民贫困，对外较为封闭，工业化程度低，自身开发能力差。从总体上来看，次区域各国的经济发展水平，还远远不能适应区域开发、开放和大规模国际经济技术合作的开展。

2. 资金匮乏，基础设施落后

该区域各国经济发展水平相对落后，资金短缺，严重制约了基础设施建设及其他领域的发展速度。次区域国家普遍存在交通、运输、通信、电力、水利、港口设施落后的情况。特别是联系通道还处于相邻而不相通或通而不畅的状态，造成人员、货物流通不畅，贸易成本高，制约了相互间经贸合作的发展。

3. 国际大区域的合作，淡化了次区域的作用

在经济全球化、区域化的推动下，世界大范围内的区域合作发展迅速，如欧盟、东盟等。日本在积极介入东盟自由贸易区，印度与泰、缅也在积极拓展合作领域。而与之相比，次区域的发展步伐相对较慢，有被边缘化之势。

4. 劳动力素质低，缺乏技术及管理技能

次区域国家劳动力资源充足，但素质普遍较低，缺乏正规的训练和教育。多数地区教育落后，文盲和半文盲比例高，加之管理水平和技术落后，限制了国际经济技术合作的开展，严重阻碍了该区域经济的发展。

5. 市场发育程度低，还没有形成良好的经济环境

该区域大部分国家过去实行的是较集中的计划经济模式，政府干预较多，对外较为封闭，工业化程度低，市场发育不完善，市场机制不健全，资本等要素市场尚未形成，制约了次区域开发开放进程。

6. 贸易体制不完善，贸易、投资的便利化和信息化程度不高

该区域各国的投资环境还须进一步完善和健全，以为相互的贸易与投资提供法律上的保证和制度上的便利。目前，次区域国家采用的是以利益为纽带的非制度化运作模式，还不是真正意义上的区域合作。因此，必须使已有的合作制度化。

7. 贸易发展不平衡，层次较低

中国、泰国与其他四个国家的贸易顺差大，这四个国家的支付能力弱，严重制约了双边贸易的发展。同时，次区域国家间贸易与投资仍处于较低层次，产品的配套能力相对较弱，商品缺乏国际市场竞争力，难以形成规模化的制造业和加工工业。次区域国家间的贸易保护严重影响了区域经济合作进程，非关税壁垒也制约了次区域产品及服务的合理流动和发展，形成了时冷时热的局面。

8.合作机制松散，协调、咨询机制不完善

次区域合作中，虽已形成了多重合作机制，但各国之间合作松散，在贸易与投资领域协调机制仍不完善；缺乏高效、多边、能及时解决实际问题的合作协调机制，各国之间的合作经常产生矛盾或不协调；缺乏科学、合理及有效的贸易与投资咨询机构，企业不知道做什么和怎样做，存在较大的盲目性。

9.各国对澜沧江—湄公河流域开发的目标、目的不尽一致

由于在出发点、利益点、紧迫性等认识上不一致，各国对流域的开发在目标和重点上还存在分歧，上、下游国家在利益上也存在矛盾。

10.周边国家和国际环境对次区域发展的影响

次区域在发展中既面临着发达国家经济和科技优势的压力，也面临着贸易与投资自由化的压力和挑战。由于次区域特殊的地缘政治特点，围绕合作开发，区域内国家和区域外国家、地区、国际组织纷纷以各种方式进入，形成了多方介入、多轮驱动、多种合作机制并存、国际关系复杂、竞争激烈的局面。这虽有利于市场竞争，但会从另一方面干扰合作开发的顺利开展，也会增加团结协调的难度。

(三)合作内容

1.合作重点

(1)建设次区域自由贸易区。

(2)加快建设次区域大通道，逐步完善水、陆、空立体交通网络。

(3)建设经济走廊，形成贸易、旅游、能源、矿产和农业开发五大支柱产业。

(4)构建次区域共同市场和贸易与投资体系。

(5)建立促进次区域发展的合作框架和内在机制。

(6)建立环境监测与资源保护网络。

(7)建立教科文卫和社会保障事业网络。

(8)建立次区域反贫困机制，构筑基本生活保障网络。

(9)遏制罂粟种植、加工、贩运等危害社会行为。

2.旗舰项目

(1)南北经济走廊。

(2)东西经济走廊。

(3)南部经济走廊。

(4)电信主干网。

(5)区域电力互联与交易。

(6)跨边境贸易与投资。

(7)私营部门参与和竞争力的提升。

(8)人力资源和技能开发。

(9)环境战略框架。

(10)洪水防治与水资源管理。

(11)次区域旅游开发。

(四)对次区域地区建立经济走廊的说明

1.“昆明共识”中的两个重要文件

2008年达成的“昆明共识”包含两个重要文件，即《GMS南北经济走廊发展战略行动计划要点》和《GMS经济走廊论坛的职权范围》。同时，GMS经济走廊论坛正式成立。现在，走廊城市间的铁路、公路、水运等基础设施建设已初具规模。但由于GMS各国政策规定的不协调，这些基础设施的优势不能得到充分发挥，与此关联的社会、环境问题也日益显现。

GMS经济走廊论坛作为一个长效机制，为本地区的经济发展提供了新的议事对话和信息共享的平台，解决了目前地方政府和企业直接参与次区域合作渠道狭窄的问题，有利于调动走廊沿线地方政府和企业与GMS合作的积极性，促进了技术和资金的合理运用。此前，在GMS框架内，有GMS领导人峰会、部长级会议、高官会和工作组会等，缺乏区域内地方政府和企业参与沟通、交流的长效合作机制，经济走廊论坛的设立大大弥补了此前机制的不足。

1998年举行的GMS第8次部长级会议提出了经济走廊的概念，其含义是将交通走廊的建设与经济发展相结合，为各国之间的合作与往来提供便利。

2008年6月6日，在昆明举行了首届大湄公河次区域经济走廊论坛。该论坛的举办标志着次区域经济走廊建设迈向实质性发展阶段。目前，次区域的东西、南北、南部三条交通走廊基本建成，次区域地理连通条件日益改善，货物运输和人员交流更加顺畅，但仍要深化合作，实现交通走廊向经济走廊的转变。各国应促进贸易和投资便利化，加快落实《贸易投资便利化战略行动框架》和《便利客货跨境运输协定》，加强海关检查、检验检疫、贸易物流、人员流动等领域的协作，为企业间开展具体合作提供便利条件和优质服务。

2.加强经济走廊建设是一个亮点

加强经济走廊建设是GMS各国加速区域合作、实现本地区经济潜力最大化的一项战略。2002年11月亚行发布《未来10年GMS经济合作战略框架》，将南北经济走廊、东西经济走廊、南部经济走廊指定为“旗舰”项目，体现了经济走廊在GMS中的特殊地位和重要作用。2005年7月，GMS第2次领导人会议通过的《昆明宣言》也同意在2008年前建成东西经济走廊，在2010年前建成南北经济走廊和南部海岸经济走廊。

3.经济走廊的发展阶段和内容

经济走廊的发展分为三个阶段：交通走廊建设阶段，物流走廊建设阶段，经济走廊建设阶段。按照GMS交通运输网络的总体布局，该地区的经济走廊分为三部分。

(1)南北经济走廊。

①昆明—玉溪—普洱—西双版纳—老挝南塔省—泰国清莱府—清迈—曼谷。

②昆明—石林—弥勒—开远—蒙自—河口—越南老街—安沛—越池—永安—河内—海防。

③昆明—南宁—河内。

(2)东西经济走廊。

越南岘港—老挝中部—泰国东北部—缅甸毛淡棉。

(3)南部经济走廊。

①泰国曼谷—柬埔寨金边—越南胡志明市—头顿市。

②泰国曼谷—柬埔寨暹粒—上丁—拉达纳基里—越南波来古—归仁。

4.建立经济走廊的目的

通过大力推动经济走廊的发展可达到以下几个目的：

(1)可保障GMS国家的陆路通道。

(2)可建立内陆省份与出海口的连接。

(3)可作为中国—东盟贸易的门户，并随着中国—东盟自由贸易协定的实施而得到快速发展。比如南北经济走廊向北经云南、广西通向中国其他省份；向南经泰国、马来西亚和新加坡通向东盟其他国家；与东西经济走廊在泰国交汇，提供了通向安达曼海和南中国海的通道，使得两条经济走廊的发展、相互促进。

5.大湄公河次区域经济走廊论坛

2015年6月，第7届大湄公河次区域经济走廊论坛在云南昆明举行。本届论坛就推动落实《经济走廊战略行动计划》、制定经济走廊具体项目试点概念计划、搭建跨境电子商务合作平台、促进交通与贸易便利化合作、推动次区域经济合作区发展等议题进行了讨论，取得了广泛共识；通过了《大湄公河次区域经济走廊论坛部长联合声明》及《加强经济走廊论坛机制建设的行动纲领》和《跨境电子商务合作平台框架文件》两个附件。本届论坛对下一步深化大湄公河次区域合作具有重要的引领和示范意义。推进大湄公河次区域经济走廊建设，将成为推动"一带一路"倡议在我国西南邻国取得合作进展的重要抓手，有利于促进中国与其他次区域国家的经济融合，对打造利益共同体、命运共同体和责任共同体意义重大。

2016年8月，在柬埔寨举行了第8届大湄公河次区域经济走廊论坛。该论坛对当时大湄公河次区域经济走廊发展情况进行了评估，审议了亚行提交的《大湄公河次区域经济走廊规划调整方案》，并就进一步加深区域交通与贸易便利化、经济走廊跨境合作、次区域特殊经济区发展及次区域物流、跨境电子商务发展等议题达成了广泛共识。

2017年6月，2017大湄公河次区域经济走廊省长论坛暨第9届GMS经济走廊活动周系列活动举办。该论坛和活动周的目的是推动合作各方在加强互联互通、产能、跨境经济、农业和旅游等方面的合作以支持各成员国经济发展，缩小发展差距，促进各方积极主动承接次区域重大合作项目落地并组织实施；通过地方政府间合作进一步优化和完善相关合作内容，逐步树立起"以项目和行动促合作，以智慧和能力促发展"的理念，使各参与方切实成为合作项目的承接地和受益者，也为保障"省长论坛"机制的组织独立性创造条件。

2018年6月，以"全面推进以项目合作为主导的长期伙伴关系"为主题的2018GMS经济走廊省长论坛举办。我国云南省省长阮成发演讲的题目是《立足新起点　开启新征程　共创大湄公河次区域繁荣发展美好未来》。他指出，站在新时代、新起点上，云南将坚定不移地贯彻落实习近平主席的重要指示要求，秉持开放、融通、互利、共赢的合作观，本着共商、共建、共享原则，推动次区域合作与"一带一路"倡议深度对接，与GMS经济走廊各地方政府一道，进一步夯实开放合作的交流基础，破除开放合作的设施瓶颈，织牢开放合作的利益纽带，夯实开放合作的金融保障，搭建开放合作的民心桥梁，努力开创大湄公河次区域开放合作新局面。

2019年6月，2019大湄公河次区域(GMS)经济走廊省长论坛举办。该论坛的主题是"以园区建设为载体、产业合作为抓手、全面提升数字经济水平，携手打造澜沧江—湄公河流域经济发展带"。经济走廊论坛及省长论坛成立11年来的交流互鉴证明，大湄公河次区域合作可以为亚洲命运共同体、人类命运共同体建设提供有益参考和经验借鉴。

四、中国与 GMS

(一) 意义和作用

1. 意义

(1)政治意义。政治意义大于经济意义。次区域合作是中国和平发展道路在区域内的实践，其地区的稳定，特别是周边地区的稳定，将为我国长期经济发展创造良好的外部环境。

(2)经济意义。可以大力推动中国—东盟自由贸易区的建设进程；降低流通费用和交易成本，促进区域内贸易和投资，优化产业结构和资源配置；是该区域产品贸易自由化、产品市场和生产过程一体化的重要步骤；可促进国际投资和该地区经济一体化进程。

从实践来看，有利于中国发展旅游经济、通道经济和具有比较优势、有特色的产业经济；有利于进一步加强中国与东南亚和次区域的贸易、投资和开发合作，促进"引进来，走出去"战略的实施，拓宽参与区域经济合作的空间，提高中国对外开放的广度和深度。

2. 作用

中国在 GMS 中发挥着倡导与推动的作用。20 世纪 90 年代初以来，为推动该地区经济社会发展、加强与东盟的睦邻友好关系、维护东南亚地区和平稳定，中国一直积极参与大湄公河次区域经济合作。自 1992 年起，中国政府先后参加了由亚行倡导的大湄公河次区域合作、由东盟倡导的东盟—湄公河流域开发合作及中、老、缅、泰四国毗邻地区的"黄金四角经济合作"等机制，还与湄公河委员会建立了对话关系。在 2002 年 11 月的第 1 次大湄公河次区域经济合作领导人会议上，中国提出了推动合作的三项建议，即平等协商、互利互惠，以项目为主、注重实效，突出重点、循序渐进，受到了与会各国的欢迎。中国正在成为该地区合作的主要倡导者和执行者。

(二) 合作机制

1. 双边合作机制

中国与次区域其他五个国家分别签署了贸易、促进和保护投资、成立双边"经济贸易和技术合作委员会"等协定。这些双边机制若能运作良好，将极大地推进区域合作。除了国家层面的协调机制外，在云南、广西与周边国家地方之间也存在多个协调机制，有省部级，如与越南、缅甸、老挝贸易部定期会晤机制、边境会晤机制等；也有地、州、县与毗连国家省、区、县之间的机制。地方的合作机制因为身处合作一线，直接面对具体问题，信息来源于实践，往往协调及时、有效，针对性强。

2. 交通便利化机制

(1)《大湄公河次区域便利货物及人员跨境运输协定》。该协定在跨境手续、海关检查、道路标志、运输价格、车辆管理等涉及交通运输领域的便利化措施等方面达成了一致。2005年完成并签署所有协定附件和议定书后，与跨境相关的程序及检查即可统一一致，实现大湄公河次区域六国间人员和货物的便捷流动。

(2)《澜沧江—湄公河商船通航协议》。2000 年 4 月，中、老、缅、泰四国签署并建立了四国航运协调委员会。在上湄公河航道改善主体工程完工后，其工作重点转为统一澜沧江—湄公河航运各种收费及标准。

（3）泛亚铁路和航空运输的便利化由东盟—湄公河流域开发合作、中国与东盟交通部部长会以及双边机制等实施。

3. 规范边境口岸合作机制

边境贸易是次区域国家对外贸易的重要方式和内容，有良好的基础。口岸合作机制和贸易投资便利化机制的规范化、制度化是下一步的工作重点，可考虑尽快建立边境口岸政策法规的有效对接和对等开放。包括加强边境口岸基础设施建设，实现边境口岸地区的车辆互通，允许第三国人员及货物进出边境口岸，实行以人民币为主的多种货币结算等。

（三）进展

1. 2008 年及以前

根据中国国家发展和改革委员会、外交部和财政部于 2008 年联合发布的《中国参与大湄公河次区域经济合作国家报告》，GMS 以项目为主导，根据次区域成员的实际需求提供资金和技术支持。自启动以来，截至 2007 年底，GMS 围绕基础设施建设、跨境贸易与投资、私营部门参与、人力资源开发、环境保护和自然资源可持续利用五大战略重点，在交通、能源、电信、环境、农业、人力资源开发、旅游、贸易便利化与投资九大重点合作领域开展了 180 个合作项目，共投入资金 100.38 亿美元，有力地推动了次区域各国的经济社会发展。其中，投资项目 34 个，总投资 98.72 亿美元，亚行自身提供贷款 34.26 亿美元，动员成员国及其他发展伙伴分别投资 29.8 亿美元和 34.66 亿美元；技术援助项目 146 个，涉及资金 1.66 亿美元，其中亚行提供赠款 7579 万美元。在九大方面的合作均取得新进展。同时，中国积极落实 GMS 第 2 次领导人会议通过的《贸易投资便利化战略行动框架》，制定并正式实施中国行动计划。例如，在海关领域，积极研究符合 GMS 实际的"单一窗口"模式，着手编写《便运协定》专用操作手册；在检验检疫领域，推动实施检验检疫部门与海关之间的通关单联网核查；在贸易物流领域，倡议建立 GMS 物流合作协调机制，制定 GMS 物流项目合作的国内工作方案；在商务人员流动领域，简化签证申办手续，在网站上发布和更新签证政策信息，推出中国公民免填出入境登记卡和提高边检服务水平的 12 项措施等新政策。

2. 2009—2011 年

GMS 机制成绩卓越，为促进次区域经济增长和减少贫困做出突出贡献。截至 2010 年底，次区域成员国在九大重点合作领域开展了 227 个合作项目，投入资金约 140 亿美元。2011 年，大湄公河次区域经济合作第 4 次领导人会议在缅甸首都内比都举行。会议通过了《大湄公河次区域经济合作新十年(2012—2022)战略框架》(简称《新战略框架》)，为次区域未来十年的合作发展确定了大方向，规划了新蓝图。《新战略框架》为未来十年的合作制定了三大战略目标：第一，推动次区域一体化进程，促进繁荣、公平的发展；第二，在完善基础设施互联互通的基础上，为跨境贸易、投资、旅游等合作创造有利的政策环境；第三，关注自然环境和社会因素，促进次区域可持续发展。为实现这三个目标，《新战略框架》提出了八大优先合作领域，即推动 GMS 经济走廊发展；继续加强公路、铁路等交通基础设施互联互通；加强能源合作；完善成员国电信网络联通；推动本地区成为单一旅游目的地；促进农业领域可持续发展；加强环境领域合作以及继续推进人力资源开发合作。

3. 2012—2013 年

2012 年以来，GMS 在以项目为主导的合作方式下得以继续推进，能源领域、贸易和投资领域、非传统安全领域、农业和旅游以及交通与环境合作领域等各个重点合作领域都取得了诸多新进展。大湄公河次区域国家是当前我国实践"亲、诚、惠、容"周边外交新理念的重要对象。中国要坚持互利共赢的原则，通过变"国之交为民之亲"、以诚相待，为次区域合作提供更多的公共产品，将自身的发展惠及次区域其他国家，包容大湄公河次区域国家的多样性，推动 GMS 向纵深发展，把 GMS 作为"中国—东盟命运共同体"建设的重要依托。

2013 年 12 月 11 日，大湄公河次区域经济合作第 19 次部长级会议审议通过了区域投资框架合作项目规划，签署了成立 GMS 铁路联盟备忘录，为推动次区域内铁路互联互通、促进铁路基础设施资源优化配置提供了制度安排。此外，会议还就如何进一步推动区域合作和一体化等议题进行了讨论。

4. 2014—2017 年

2014 年举行了大湄公河次区域经济合作第 5 次领导人会议。会议通过了 2014 年至 2018 年区域投资框架执行计划，为次区域进一步加强互联互通描绘了蓝图，明确了各领域优先项目清单，共涵盖 92 个项目，总金额约 300 亿美元。中国总理李克强在该会议开幕式上发言表示，中方愿与五国共同努力，构建深化合作新框架，并提出了五点建议：

（1）深化基础设施领域合作。以建立区域铁路联盟为契机，推动次区域综合运输体系建设，加快通关便利化，提升软件联通水平。中方始终坚持开发与保护并举原则合理利用水资源，愿与有关国家分享水文信息，加强防灾合作。

（2）创新产业合作模式。中方愿积极参与在五国特别是在中泰即将合作建设的铁路沿线设立工业、技术和产业园区，愿带着先进产能在当地建厂生产，直接帮助邻国增加就业。中方主张建立次区域跨境电子商务合作平台，愿主办 2015 年经济走廊论坛。

（3）加强对贸易投资合作的金融支持。中方将与湄公河流域国家开展跨境贸易本币结算试点，扩大本币直接兑换规模，支持双方扩大经贸合作；按市场化、可持续原则，支持次区域互联互通及产业合作重点项目。继续用好中国—东盟基础设施专项贷款，同时探索公私合营等各种有利于当地大项目合作的投融资方式。

（4）推进民生与社会事业发展。中方将继续向次区域国家特别是东盟欠发达国家提供力所能及的支持和援助，通过扩大农产品贸易促进农民增收，并在今后 3 年为次区域国家提供3000 个培训名额。

（5）提高地区发展的开放联动水平。次区域各国应加大投入，欢迎域外各方积极参与，继续发挥好亚行等国际机构的作用。加强自身发展与次区域规划的对接，保持与东盟共同体、"10+1"、"10+3"等地区合作机制的沟通协调。提升地区国家在全球价值链中的竞争力，保护好生态环境，促进大湄公河流域和中国—东盟自由贸易区经济持续健康发展。

5. 2018 年至今

2018 年 3 月 31 日，大湄公河次区域经济合作第 6 次领导人会议在越南首都河内闭幕。此次会议以"发挥 25 年合作成效，建设可持续、一体化和繁荣的 GMS"为主题。中国国务委员兼外交部部长王毅全程出席会议，就次区域发展的一系列重大问题阐述中方立场主张，并同与会各国领导人深入交换意见，取得了积极成果。

（1）进一步增进政治互信，深化伙伴关系。王毅强调，中国同湄公河五国唇齿相依。中国高度重视与次区域各国发展平等友好关系，始终将推动次区域合作作为构建人类命运共同体的优先方向。中方将按照"亲、诚、惠、容"理念和与邻为善、以邻为伴方针，发扬伙伴精神，深化政治互信和务实合作，打造更加紧密的次区域命运共同体。

（2）大力推动次区域合作，谋求互利共赢。王毅结合次区域面临的形势，倡导各国总结经验，把握机遇，开辟次区域发展新局面。他指出，要推动更加强劲的经济增长，在挖掘增长新动能方面闯出新路，向创新要动力，向变革要效益；要构建更加开放的合作格局，不断促进贸易、投资自由化和便利化，支持多边贸易体制，推动经济全球化朝着开放、包容、普惠、平衡、共赢的方向发展；要打造更加联动的互联互通网络，重点推进重大项目建设，充分释放互联互通振兴经济、改善民生的潜力；要深化更加紧密的伙伴关系，坚持相互尊重、平等相待、包容互信，在合作中谋求双赢、共赢，走共同发展、共同繁荣的道路。

五、"两廊一圈"

该项合作已纳入 GMS 的合作框架。2004 年 10 月，中国和越南两国政府在发表的联合公报中明确，积极探讨"昆明—老街—河内—海防—广宁""南宁—谅山—河内—海防—广宁"经济走廊和环北部湾经济圈的可行性（简称"两廊一圈"）。2006 年年底，两国签订了该项合作的备忘录，标志这项合作正式启动。北部湾是南海西北部的一个半封闭海湾，面积约 12.93 万平方千米，属于亚热带海洋性季风气候，海洋资源丰富，如海底油气、海洋生物、海底砂矿等。环北部湾地区包括中国广西、广东、海南沿北部湾地区和越南北方沿海地区。区域内港湾众多，主要港口有广东湛江港，广西防城港、钦州、北海港，海南海口、洋浦、三亚港，以及越南的鸿基、海防港等，是中越两国便捷的出海通道，开发和开放的潜力巨大，发展前景广阔。2015 年 11 月发表的中越联合公报提出，要加强两国间发展对接，推动"一带一路"倡议和"两廊一圈"构想对接，加强在建材、辅助工业、装备制造、电力、可再生能源等领域的产能合作。

2018 年 12 月，博鳌亚洲论坛在越南首都河内联同中越两国有关部门举办中越促进经济合作论坛。论坛开幕式上，中越双方强调将继续加快推进"一带一路"同"两廊一圈"战略对接，共同建设开放型世界，维护多边自由贸易体制。中越建立全面战略合作伙伴关系 10 周年背景下举办的中越促进经济合作论坛是博鳌亚洲论坛积极参与和推动中越经贸互利合作的开端，博鳌亚洲论坛愿意协助中越两国加快发展战略对接，在"一带一路"和"两廊一圈"框架内加强互联互通与经贸产能合作，为中越全面战略合作伙伴关系在新时期行稳致远做出自己的贡献。

2019 年 7 月 12 日，习近平主席在北京人民大会堂会见越南国会主席阮氏金银。习近平指出，中越是"同志加兄弟"，也是具有战略意义的命运共同体。2020 年是中越建交 70 周年，双方要不忘初心，着眼大局，弘扬友好，深化合作，在新起点上推动双边关系再上新台阶。要用好党际交往的传统优势，深化治党理政经验交流，相互借鉴理论创新成果，让两党永葆生机，共同推动社会主义事业蓬勃发展。要加强发展战略对接，以共建"一带一路"同"两廊一圈"对接合作为主线，推动两国务实合作提质升级，构建互利共赢的全面合作格局。要密切民间交流，让两国友谊薪火相传。要从两国和两国人民根本利益出发，把两党两国高层共识真正落到实处，以实际行动维护海上和平稳定。要加强在国际事务中的协同配合，维护两国共同利益。

六、澜沧江—湄公河合作领导人会议

首次澜沧江—湄公河合作领导人会议于 2016 年 3 月 23 日在中国三亚举行。这是中国、柬埔寨、老挝、缅甸、泰国、越南等根据共同需求量身定制的新型次区域合作机制，也是六国共商、共建、共享的平台。这一机制将全面提升沿岸国家务实合作，缩小地区发展差距，促进中国—东盟关系发展，为区域合作和地区一体化建设做出积极贡献。这是构建命运共同体的新实践。

(一)作用

1.有利于推进周边外交新机制

现有主要合作机制面临着一些困难和障碍。周边发展中国家希望中国能够发挥作用，加大力度支持它们发展。从 2014 年提出倡议至今，澜湄合作已举行了 3 次高官会、3 次工作组会和 1 次外长会。2015 年 11 月举行的首次外长会上，各方宣布启动澜湄合作进程，一致同意在加强政治安全、经济和可持续发展、社会人文三大重点领域合作。澜湄合作提出的三大重点合作领域，也全面对接东盟共同体建设的三大支柱，将为中国—东盟合作增添新内涵。这一机制由各国政府主导，建立了完善的架构，体现出强烈的合作意愿。"升级"到领导人会议后，会更加强化这一机制的务实性和执行力。澜湄合作提出的互联互通、产能、跨境经济、水资源、农业和减贫等五个优先合作方向契合地区发展实际，衔接各方需求，务实且潜力巨大。

2.有利于建立区域合作新平台

在区域合作的大框架下，根据部分地域的共同特点，进一步细分合作地域，建立次区域合作机制，是国际通行的做法。澜湄合作进程不是封闭的，而是开放的。这一合作机制将与大湄公河次区域经济合作、东盟—湄公河流域开发合作等既有次区域合作机制相互促进，相互协调，并行发展，相辅相成。澜湄合作机制也为亚洲开发银行(亚投行)、亚洲基础设施投资银行、丝路基金等开发机构间的合作提供了机遇。

(二)合作内容

1.三大支柱

(1)政治安全。

(2)经济和可持续发展。

(3)社会人文。

2.措施具体

(1)推动高层往来和对话合作，增进次区域互信理解，加强可持续安全。

(2)鼓励各国议会、政府官员、防务和执法人员、政党和民间团体加强交流合作，增进互信与了解。支持举办澜湄合作政策对话和官员交流互访等活动。

(3)根据各成员规定和程序，通过信息交换、能力建设和联合行动协调等加强执法安全合作，支持建立执法合作机构，推进有关合作。

(4)加强应对恐怖主义、跨国犯罪、自然灾害等非传统安全威胁的合作，共同应对气候变化，开展人道主义援助，确保粮食、水和能源安全。

(5)推动中国—东盟战略伙伴关系发展，加强在东盟与中日韩、东亚峰会、东盟地区论坛等区域合作机制中的合作。

(6)鼓励中国的"一带一路"倡议与澜湄合作活动和项目及包括《东盟互联互通总体规划》在内的湄公河国家相关发展规划之间的对接。

(7)加强澜湄国家软硬件联通，改善澜湄流域线、公路线和铁路线网络，推进重点基础设施项目，在澜湄地区打造公路、铁路、水路、港口、航空互联互通综合网络。加快电力网络、电信和互联网建设。落实贸易便利化措施，提升贸易投资，促进商务旅行便利化。

(8)如《澜沧江—湄公河国家产能合作联合声明》所述，拓展工程、建材、支撑产业、机械设备、电力、可再生能源等领域产能合作，构建次区域综合产业链，共同应对成员国面临的经济挑战。

(9)支持加强经济技术合作，建设边境地区经济合作区、产业区和科技园区。

(10)通过各种活动加强澜湄国家水资源可持续管理及利用方面合作，如在中国建立澜湄流域水资源合作中心，作为澜湄国家加强技术交流、能力建设、旱涝灾害管理、信息交流、联合研究等综合合作的平台。

(11)开展农业技术交流与农业能力建设合作，在湄公河国家合作建立更多的农业技术促进中心，建设优质高产农作物推广站(基地)，加强渔业、畜牧业和粮食安全合作，提高农业发展水平。

(12)落实"东亚减贫合作倡议"，在湄公河国家建立减贫合作示范点，交流减贫经验，实施相关项目。

(13)强调稳定的金融市场和健全的金融架构对实体经济发展的重要性，支持各国努力加强金融监管能力建设和协调。继续研究并分享经验，以推进双边本币互换和本币结算，深化金融机构合作。

(14)作为亚洲基础设施投资银行成员国，支持亚投行高效运营，为弥补基础设施建设领域的融资缺口，向亚投行寻求支持。

(15)鼓励可持续与绿色发展，加强环保和自然资源管理；可持续和有效地开发和利用清洁能源，建设区域电力市场，加强清洁能源技术交流与转让。

(16)共同推动《区域全面经济伙伴关系协定》谈判，期待谈判于2016年如期完成，促进东亚贸易和投资便利化。

(17)加强成员国之间的文化交流，支持文化机构和艺术家间的交流合作，探讨建立澜湄人文交流平台的可能性。推动政府建立的文化中心充分发挥作用，开展形式多样的文化交流。

(18)提升科技合作和经验分享，深化人力资源开发、教育政策、职业培训合作和教育主管部门及大学间交流。

(19)加强公共卫生合作，特别是在传染病疫情监测、联防联控、技术设备、人员培训等领域加强合作，推动建立澜湄热带病监测预警平台，推动传统医药合作。

(20)增进旅游交流与合作，改善旅游环境，提升区域旅游便利化水平，建立澜湄旅游城市合作联盟。

(21)鼓励媒体、智库、妇女、青年等进行交流，打造六国智库联盟和媒体论坛，继续举办澜沧江—湄公河青年友好交流项目。

（22）每两年举行一次澜湄合作领导人会议，并根据需要举行领导人特别会议或非正式会议，为澜湄合作长远发展进行战略规划。外长会每年举行一次，负责合作政策规划和协调。根据需要举行外交高官会和工作组会，商讨具体领域合作。未来视合作需要不断完善澜湄合作机制建设。

（23）欢迎中方设立澜湄合作专项基金、优惠性质贷款和专项贷款，用于推进澜湄合作。欢迎中方承诺未来 3 年向湄公河国家提供 1.8 万人年奖学金和 5000 个来华培训名额，用于支持澜湄国家间加强合作。

（24）认可"早期收获"项目联合清单，期待有关项目尽早实施并惠及所有成员国。各国应组建联合工作组，规划落实具体项目。

（25）加强各领域人才培训合作，提升澜湄国家能力建设，为澜湄合作的长远发展提供智力支撑。

（26）鼓励六国政府部门、地方省区、商业协会、民间组织等加强交流，商讨和开展相关合作。

（三）进展

中国同湄公河五国的贸易额在 2017 年达 2200 亿美元，同比增长 16%，2018 年达 2615 亿美元，对湄公河国家直接投资存量达 322 亿美元。目前，中国是柬埔寨、缅甸、泰国和越南的第一大贸易伙伴，老挝的第二大贸易伙伴。进口方面，中国是柬埔寨、缅甸、泰国和越南的第一大进口来源国，老挝的第三大进口来源国。出口方面，中国是缅甸的第一大出口市场，老挝和泰国的第二大出口市场，越南的第三大出口市场和柬埔寨的第六大出口市场。从中国的角度看，越南是中国的第八大贸易伙伴、第九大进口来源地和第六大出口市场，泰国是中国的第十大进口来源地，柬埔寨、老挝和缅甸在中国对外贸易总额中的比重也在不断上升。

2018 年 1 月，澜沧江—湄公河合作第 2 次领导人会议在金边举行，会议主题是"我们的和平与可持续发展之河"。会议发表了《五年行动计划（2018—2022）》《第 2 次领导人会议金边宣言》《第 2 次领导人会议合作项目清单》和六个优先领域联合工作组报告。李克强总理同湄公河五国领导人高度赞赏机制成立以来取得的重要成果，表示将共同发扬澜湄精神，推进澜湄合作，将"3+5"合作框架升级为"3+5+X"合作框架，重点在水资源、产能、农业、人力资源、医疗卫生等领域开展合作，为促进本地区发展和六国人民福祉做出更大贡献。澜湄合作应秉持开放包容精神，与东盟共同体建设优先领域和中国—东盟合作全面对接，与现有次区域机制相互补充、协调发展。要根据全球力量的不断变化和发展趋势，通过与《东盟互联互通总体规划2025》、东盟一体化倡议、"一带一路"倡议以及各国发展战略合作，实现共赢。宣言认为，澜湄合作机制已从培育期发展到成长期，未来将进一步加强在五个优先领域的合作，并且拓展新的合作领域，应对澜湄国家的发展要求，优化合作模式，合力打造澜湄流域经济发展带。

李克强总理表示，澜湄合作是首个由流域六国共同创建的新型次区域合作机制，是共商共建"一带一路"的重要平台，形成了"领导人引领、全方位覆盖、各部门参与"的澜湄格局，创造了"天天有进展、月月有成果、年年上台阶"的澜湄速度，培育了"平等相待、真诚互助、亲如一家"的澜湄文化。澜湄合作已成为本地区最具活力、最富成果的合作机制之一。中方愿与湄公河国家一道，打造澜湄流域经济发展带，建设澜湄国家命运共同体。他就推动澜湄合作从培育期顺利迈向成长期，打造次区域和南南合作典范提出了以下建议。

（1）做好水资源合作。着眼于水资源可持续利用，制定水资源合作五年行动计划，加强旱涝灾害应急管理，开展水资源和气候变化影响等联合研究，改进水质监测系统，打造共建共享的水资源合作平台。

（2）加强水利设施建设等产能合作。中方支持企业按照可持续发展理念，在湄公河国家参与建设水电站、水库和灌溉、饮水工程，实现合作共赢。落实好《澜湄国家产能合作联合声明》，制定澜湄国家互联互通规划和澜湄国家产能合作行动计划。共同建设好现有经贸合作区、跨境经济合作区。

（3）拓展农业合作。中方支持企业到湄公河国家开展农产品深加工合作，共同开拓第三方市场。愿与湄公河国家深化农业科技合作，打造农业技术交流、联合研究及投资贸易合作平台。

（4）提升人力资源合作。中国愿帮助湄公河国家培养更多发展亟须的各层次人才。鼓励高校间开展联合培养项目，推进职业院校合作。

（5）推动医疗卫生合作。中方愿与有关国家建立传染病联防联控机制，深入实施跨境传染病联防联控项目，建设澜湄疟疾消除网络，有效维护本地区卫生安全。协助有关国家开展医疗卫生体系建设。

2019 年 3 月，经澜湄国家磋商，《澜沧江—湄公河环境合作战略（2018—2022）》获得正式通过。

2020 年 2 月 20 日，澜沧江—湄公河合作第 5 次外长会在老挝万象举行，与会各方都认为深化澜湄合作有助于更好地应对面临的挑战。

七、泛北部湾经济合作论坛

泛北部湾经济合作论坛（泛北论坛）属于中国—东盟自由贸易区的次区域合作，首届于 2006 年举行。10 多年来，以泛北论坛为依托，各方推动建立了泛北合作联合专家组、泛北合作中方秘书处，通过了《泛北部湾经济合作可行性研究报告》《泛北部湾经济合作路线图》，并逐步在互联互通、港口物流、经贸、产业、金融、海洋、环保、旅游、人文等领域先行实施了一批合作项目，达成了相关合作协议。2011 年，第 14 次中国与东盟领导人会议通过了《泛北部 1 号经济合作可行性研究报告》，标志着泛北合作正式纳入中国—东盟全面合作框架，上升为由各国政府层面共同推动的次区域合作项目，并成为中国与东盟间最重要、最成熟的区域合作机制之一。最值得一提的是，中国和马来西亚共同开创"两国双园"（即中马钦州产业园和马中关丹产业园）的产业合作新模式，将各自国家优势产业"移植"园内，已成为泛北产能合作的典范。

10 多年来，泛北论坛紧扣共建中国—东盟新增长极、中国—东盟自由贸易区建设、泛北部湾区域经济合作与共同繁荣、共建海上丝绸之路等主题，有针对性地邀请政界、学界、商界及企业界人士参加论坛，对泛北合作的机制、路径、重点、趋势等方面深入探讨，提出了很多富有建设性的意见和建议。泛北论坛先后发布了一系列声明、倡议、宣言、行动建议以及研究成果。

首届"环北部湾经济合作论坛"的主席声明，首次提出了围绕拓展和深化中国—东盟战略伙伴关系，构建泛北部湾经济合作区的构想。

第 2 届泛北论坛的主席声明，提出了推进泛北合作应遵循的共同获益、务实渐进、开放透明的"三项原则"以及相关行动建议。

第 5 届泛北论坛发布了推进"南宁—新加坡经济通道"建设的联合倡议，提出了加强基础设施建设规划合作等 5 条倡议。

第 8 届泛北论坛发布了《泛北智库关于携手共建 21 世纪海上丝绸之路的共同倡议》，提出将泛北合作纳入海上丝绸之路总体规划，使之成为共建海上丝绸之路、发展中国与东盟海洋合作伙伴关系的现行示范项目。

第 9 届泛北论坛暨中国—中南半岛经济走廊发展论坛，达成了务实推动中国—中南半岛经济走廊和中国—东盟港口城市合作网络建设、推动中国—东盟陆海互联互通、推进泛北部湾海洋合作机制建设以及国际产能合作等共识。

第 10 届泛北论坛暨第 2 届中国中南半岛经济走廊发展论坛于 2018 年 5 月在南宁举行。以"打造国际陆海贸易新通道，共建中国—东盟命运共同体"为主题，按照构建陆海内外联动、东西双向互济的全面开放新格局的要求，突出中国—东盟互联互通大通道"南向通道"建设，围绕合作共建面向东盟的国际陆海贸易新通道的战略定位、目标任务、实现路径、合作领域、重点项目等进行深入研讨，探索了陆海合作新模式，使"一带一路"建设取得了新进展。

泛北部湾各国大力推进先导领域合作，在互联互通、港口物流、经贸、产业、金融、海洋、环保、旅游、人文等领域先行实施一批合作项目，达成了一批合作协议，释放了先导示范效应，逐步进入了互利共赢的收获期。

在互联互通方面，坚持海陆并进，围绕打造中国—东盟交通枢纽，加快泛北部湾区域交通合作，先后签署了交通合作备忘录、联合声明，制定了交通战略合作总规划。向北连接中国西部、中亚，向南连接东盟乃至大洋洲、非洲和欧洲的南向通道建设已取得突破。

在产业合作方面，认真履行中国—东盟自由贸易区协议，坚持市场开放和贸易投资便利化，加强在纺织、钢铁、机械、化工、信息、汽车等产业领域的对接合作。积极探索合作建设产业园区，中马钦州产业园和马中关丹产业园开创了"两国双园"成功模式，中国（广西）·印尼经贸合作区进展良好，中越跨境经济合作区、中越大新—板约瀑布跨境旅游合作区建设加快推进。

在金融合作方面，朝着泛北区域金融市场一体化的方向，积极推动建立金融合作机制，开展跨境金融合作，稳步推进跨境贸易人民币结算、内保外贷、跨境人民币贷款、人民币现钞跨境调运等试点。

在港航合作方面，中国—东盟港口城市合作网络开展了中国港口与马来西亚、新加坡、文莱等国的港口共建与经营合作，建设了钦州基地，先后签订了一系列港口合作协定。

随着泛北各项合作领域加快推进，必将为泛北部湾次区域合作、中国—东盟互联互通带来新的动力，为各国经贸发展带来新的增长点，必将实现合作共享、开放共赢，共同谱写"一带一路"新篇章。

【本章小结】

东南亚各国之间开展的次区域合作，与当地的条件是吻合的。由于次区域合作相对比较松散，适宜重点在某几个方面开展合作。如要深入合作，这种合作机制须加以改进。现在东南亚的次区域合作均在多重区域经济合作机制的辐射下，如东盟合作机制、中国—东盟自由贸易区合作机制等，所以可以很好地将自由贸易区合作机制与次区域合作机制有效结合，相互促进。

【关键名词或概念】

次区域合作
大湄公河次区域合作
"两廊一圈"
澜沧江—湄公河合作机制
泛北部湾经济合作论坛

【思考题】

1. 次区域合作有哪些特点？
2. 为什么大湄公河次区域合作比东盟内部的次区域合作取得的效果好？
3. 中国参与大湄公河次区域合作的意义是什么？
4. 什么是"两廊一圈"合作？
5. 澜沧江—湄公河合作机制有哪些作用和措施？
6. 什么是泛北部湾经济合作论坛？

第三章　东盟与对话伙伴国

东盟有 10 个对话伙伴国, 即美国、加拿大、日本、中国、澳大利亚、新西兰、印度、欧盟、俄罗斯、韩国。东盟加强与这些对话伙伴国合作的目的, 就是要通过 FTA 的形式促使经贸合作更加密切, 在东盟和 CER 之间促成更大的贸易和投资流动。本章重点介绍东盟 10 个对话伙伴国。由此可以展望东盟在国际区域经济合作中的动态和发展趋势。

【学习目标】

本章重点要求学生理解掌握东盟在国际区域经济合作中的动向, 分别了解东盟与北美、欧盟、东亚主要国家和区域经济组织的合作, 进而对东盟的经济贸易有一个更全面的了解。

第一节　东盟与中国

一、中国—东盟自由贸易区简况

(一) 成立

2001 年 11 月, 在文莱举行的第 5 次中国—东盟领导人会议上, 中国和东盟领导人就双方在 21 世纪加强合作达成共识, 一致决定在未来 10 年内建立中国—东盟自由贸易区。2002 年 11 月 4 日, 双方于柬埔寨金边签署了《中国—东盟全面经济合作框架协议》。就贸易规模来讲, 中国—东盟自由贸易区目前是仅次于欧盟(EU)和北美自由贸易区(NAFTA)的全球第三大贸易市场。

根据统计数字显示, 2000 年东盟 10 国和中国的总人口为 18 亿人, GDP 总值已达 1.7 万亿美元; 2010 年, 东盟 10 国和中国的总人口达到 19 亿, GDP 总值突破 6 万亿美元, 贸易额约 4.5 万亿美元; 2020 年, 中国—东盟自由贸易区的第 2 个"黄金十年", 其涵盖了 11 个国家, 总人口达到 20 亿, GDP 总值突破 10 万亿美元, 贸易额突破 7 万亿美元。因此, 这一自由贸易区的建成, 不仅会促进双方的共同发展, 而且会对世界经济产生重大影响。

中国—东盟自由贸易区(CAFTA)的经贸合作领域主要包括货物贸易、服务贸易、投资和其他经济合作领域等,其中货物贸易是核心。中国与东盟间的经贸合作,由侧重一般贸易向全面合作快速发展。在政府的有力推动下,次区域经济合作、科技合作、旅游合作、资源开发合作、农业合作、能源合作、信息产业合作、人才培训合作等一系列多领域的合作已经启动,而且呈突破性发展趋势。

(二)中国—东盟自由贸易区贸易自由化的时间表

中国—东盟自由贸易区贸易自由化的时间表与东盟自由贸易区的时间表是一致的,即于2010年之前与东盟6个原创始国完成贸易自由化,于2015年与越、老、柬、缅等4国达成贸易自由化,其中越南要提前2~3年。由于东盟和中国同属亚太经合组织成员,按照亚太经合组织的贸易自由化时间表,这些国家在2020年前实现贸易自由化。因此,中国—东盟自由贸易区贸易自由化的时间比亚太经合组织的早5年。

二、"早期收获"

(一)"早期收获"时间表

"早期收获"是为了加快中国—东盟自由贸易区的建立,在自贸区框架下最先实施的降税计划。这是中国—东盟自由贸易区启动最快的内容,被称为中国—东盟自由贸易区在货物贸易领域的快速轨道和试验田。泰国和中国的"早期收获"计划在2003年最先成为现实。2003年6月18日,两国的官员正式签署了关于加速取消两国蔬菜和水果关税的协议。根据该协议,从2003年10月1日起,两国间的蔬菜、水果、坚果产品贸易实行零关税安排。取消两国间的关税后,双边早期"收获产品"的贸易总额在2004年达到6.1亿美元,同比增长77.9%,高于"早期收获"产品的平均增长速度。随后其他老成员国以及菲律宾、越南等国也决定参加"早期收获"计划。

(二)"早期收获"计划涵盖的产品

1.商品统一编码(HS码)01~08章中的产品

但不包括任何一方排除清单中所列的产品。

2.协议的附件2中列出的特殊产品

由于东盟6国的排除清单中没有列出任何产品,这就意味着,HS01~08章的所有产品均包括在"早期收获"计划中。包括商品统一编号(HS码)中的01(活动物)、02(肉及可食用杂碎)、03(鱼)、04(乳制品、蛋、蜜等)、05(其他动物产品)、06(活树及其他活植物)、07(食用蔬菜)和08(食用水果及坚果)。

3.没有列入"早期收获"计划的产品

其分为正常类和敏感类。

(1)正常类。对列入正常类的产品,依照特定的减让表和税率,对最惠国关税税率进行关税削减或取消关税。中国与老东盟6国(文莱、印尼、马来西亚、菲律宾、新加坡和泰国)的实施期为2005年到2010年。中国与东盟新4国(柬埔寨、老挝、缅甸和越南)的实施期为2005年至2015年。

(2)敏感类。对列入敏感类的产品,根据中国和东盟国家共同达成的削减税率和削减时间框架,对最惠国关税税率进行关税削减或取消关税。(注:对于2003年7月1日之前为WTO成员的东盟成员国及中国,最惠国关税税率指2003年7月1日以后各自实施的最惠国关税税率;对于2003年7月1日之前不是WTO成员的东盟成员国,最惠国关税税率指2003年7月1日以后对中国实施的关税)

中国与老东盟6国在2015年完成一、二轨降税后,东盟新4国的越南、柬埔寨、老挝、缅甸从2015年起将一轨产品降税到零,二轨产品逐步降税,到2020年全部降为零。2021年以后,中国—东盟自由贸易区全范围90%以上的产品实现零关税。

(三)中国—东盟自由贸易区升级版

2010年1月1日,中国—东盟自由贸易区正式全面启动。2013年10月,李克强总理在中国—东盟领导人会议上倡议启动中国—东盟自由贸易区升级谈判。2014年8月,中国—东盟经贸部长会议正式宣布启动升级谈判。经过近一年半4轮谈判,最终于2015年11月22日,在马来西亚吉隆坡正式签署了中国—东盟自由贸易区升级谈判成果文件——《中华人民共和国与东南亚国家联盟关于修订〈中国—东盟全面经济合作框架协议〉及项下部分协议的议定书》。该议定书是对原有协定的丰富、完善、补充和提升,涵盖了货物贸易、服务贸易、投资、经济技术合作等领域。除此之外,考虑到电子商务对双方经济发展的重要作用,双方还同意将跨境电子商务合作这一新议题纳入议定书,通过加强信息交流以促进双方的贸易和投资。

(四)中国—东盟自由贸易区新十年发展规划的主要内容

2020年不仅是中国—东盟自由贸易区全面建成10周年,也是东盟新成员国完成货物贸易最后一次降税的时间节点。随着2019年10月22日中国—东盟自贸协定升级议定书的全面生效,CAFTA建设达到更高的发展水平。随着新形势的变化,为建设中国—东盟命运共同体,中国—东盟自由贸易区进入了下一个十年发展规划,主要涉及以下方面。

1.推动贸易投资均衡、可持续和创新发展

(1)货物贸易。稳步扩大贸易规模,促进贸易均衡和可持续发展。通过提升中国—东盟博览会、中国进口博览会等平台的功能作用,助推企业了解各类自贸协定拓展国际市场,扩大中国自东盟国家产品的进口,深化彼此投资合作,以投资带动贸易更加均衡发展。

(2)服务贸易。结合升级议定书项下服务贸易第3批开放承诺的生效,为双边企业与居民开展跨境交付、境外消费提供便利,相互放宽对服务贸易行业设立商业存在和自然人移动的限制,推动服务贸易创新发展。

(3)投资合作。充分发挥自由贸易园区(新加坡、马来西亚以及中国广西、云南等)、境外经贸合作区(泰国、印尼、越南、老挝、柬埔寨等)、跨境经济合作区(中老、中越、中缅等)以及两国双园等各类产业合作平台载体的重要作用,创新园区与产业合作机制,持续完善优化双方的贸易投资环境,形成更加紧密的产业链、供应链合作关系,共同提升区域国际竞争力。

2.推动高质量、高水平的"一带一路"合作

2019年7月31日,中国与东盟就"一带一路"倡议与《东盟互联互通总体规划2025》对接达成一致。应以此为契机,推动中国与东盟高质量、高水平的"一带一路"合作,如在电力、

路桥、电信、铁路、机场等方面的基础设施建设的合作。以民生和可持续发展为重点，全面深化合作，使"一带一路"建设成果普惠于各国群体。坚持开放、绿色、廉洁的理念，规范企业经济合作，提高合作透明度，协同打造更多高质量、高水平的"一带一路"合作项目。

3. 加强第 4 次工业革命与私营部门合作

东盟国家普遍希望在以数字经济为代表的第 4 次工业革命领域与中国加强合作。2019年，中国与东盟领导人会议宣布把 2020 年定为中国—东盟数字经济合作年，并发表中国—东盟智慧城市合作倡议领导人声明。中国应依托在该领域的发展优势，与东盟以及其他域外国家推进数字贸易、5G 标准以及智慧城市等新产业、新业态合作，实现互利共赢。此外，东盟高度希望区域内的微型、小型和中型企业也能够参与国际分工，嵌入全球价值链，中国可以与东盟国家加强私营部门以及相关领域的合作，共同创造公平竞争的区域发展环境，使自贸区建设成果普惠于区域内的中小企业以及广大民众，为促进各国包容性增长发挥更大作用。

4. 深化 RCEP 合作，构建区域一体化新格局

东盟在深化东盟共同体建设的同时，积极推动与中、日、韩、澳、新、印 6 个对话伙伴国完成《区域全面经济伙伴关系协定》(RCEP)谈判。中国应积极配合支持东盟，努力实现谈判的预定目标，提升贸易投资信心，为区域经济发展注入新的动力。同时，积极探讨 RCEP 与《全面与进步跨太平洋伙伴关系协定》(CPTPP)等现有区域贸易协定的合作对接，努力构建更加开放包容、共同发展的区域一体化格局，共同引领推动全球自由贸易的发展方向。2020年 11 月 15 日，RCEP 正式签署协定，但没有印度。

（五）东盟—中国香港自贸区

东盟—中国香港自贸区协定(AHKFTA)及东盟—中国香港投资协定(AHKIA)分别于2019 年 6 月 11 日、2019 年 6 月 17 日正式生效。自贸区协定和投资协定在商品贸易、服务贸易及投资方面为东盟国家与中国香港提供了良好的优惠政策，服务贸易主要包括专业服务、商业服务、电信服务、建造及相关工程服务、教育服务、金融服务、旅游及与旅行相关服务、运输服务、仲裁服务。在东盟 10 个成员国中，先执行的是缅甸、新加坡、泰国 3 个国家。货物贸易方面，新加坡承诺对所有中国香港原产货物实施零关税；缅甸和泰国则逐步减免对中国香港原产货物实施的关税。关税削减承诺涵盖珠宝、服装及配件、钟表、玩具等货品。

三、中国—东盟博览会

（一）概况

1. 背景

2003 年 10 月 8 日，温家宝总理在第 7 次中国与东盟（"10+1"）领导人会议上建议，从2004 年起每年在中国广西南宁举办中国—东盟博览会(CAEXPO)，同时建议举办中国—东盟商务与投资峰会。作为中国推动自由贸易区建设的一项实际行动，这一建议得到了各国领导人的普遍欢迎，并写入了会后发表的主席声明。

2. 组委会

中国—东盟博览会由中国商务部、东盟 10 国经贸主管部门和东盟秘书处共同主办，广西壮族自治区人民政府是承办单位。中国商务部部长担任组委会中方主任，东盟 10 国经贸主

管部门的部长担任组委会本国方面主任。

3. 宗旨

促进中国—东盟自由贸易区建设，共享合作与发展机遇。

4. 定位

中国—东盟博览会紧紧围绕《中国与东盟全面经济合作框架协议》以及自由贸易区建设实际进程，以双向互利为基本原则，以自由贸易区内的经贸合作为重点，同时面向全球商界开放。

5. 特点

中国—东盟博览会是一个综合性的博览会，将进口与出口相结合，投资与引资相结合，展销推介与专题论坛相结合，经贸活动与文化交流相结合，促进优势互补，深化经贸合作，共同实现本地区的共同繁荣。

6. 内容

①商品贸易；②投资洽谈；③服务贸易；④高层论坛；⑤文化交流。从第 2 届开始，时间一般定在 9 月或 10 月举办。

(二)意义

1. 推动中国—东盟自由贸易区建设进程

自贸区的建设，不仅需要政治家的远见卓识以及政府的促进与推动，也需要企业之间的交流与合作。举办博览会，就是要为中国与东盟企业加深经贸合作开辟渠道，并创造具体的实现形式。

2. 促进本地区共同繁荣

博览会将打造货物贸易、投资合作和服务贸易的平台，使买方与卖方见面，增加贸易机会，使项目与资本对接，促进互相投资；以实践自贸区贸易自由化和投资便利化的宗旨，推动资本、技术、人才的双向流动，使中国和东盟共享区域经济一体化带来的利益，共同造福中国和东盟各国人民。

3. 进一步加深中国与东盟各国人民的相互理解和友好往来

博览会将吸引更多的企业家、专家学者和各方面的朋友来中国，促进相互沟通与理解，真正做到以邻为伴，与邻为善，和平共处。

4. 推动"一带一路"与东盟经贸合作

博览会将推动"一带一路"与东盟的经贸合作，使双方合作关系更加紧密。

(三)进展

至 2019 年，中国—东盟博览会以及贸易与投资峰会已经成功举办了 16 届，吸引了众多国内外企业参会，参展参会企业及客商人数稳步增长，贸易成交额和经济合作项目签约额逐年提高，东盟国家参展参会积极性不断增强，展会专业性明显提升，取得了显著的成效(见表 3-1)。

表 3-1 中国—东盟博览会经贸成效统计信息

项目	总展位数/个	展览面积/万平方米	东盟展位数/个	参展企业总数/家	参展参会客商人数/人
第 1 届	2506	5	626	1505	18000
第 2 届	3300	7.6	696	2000	25000
第 3 届	3663	8	837	2000	30000
第 4 届	3400	8	1124	1908	33480
第 5 届	3300	8	1154	2100	36538
第 6 届	4000	8.9	1168	2450	48619
第 7 届	4600	8.9	1178	2200	49125
第 8 届	4700	9.5	1161	2300	50600
第 9 届	4600	9.5	1264	2280	52000
第 10 届	4600	8	1294	2361	55000
第 11 届	4600	11	1223	2330	55700
第 12 届	4600	10	1247	2207	65000
第 13 届	5800	11	1459	2670	65000
第 14 届	6600	12.4	1523	2709	77255
第 15 届	6600	12.4	1446	2780	85000
第 16 届	7000	13.4	1446	2848	80000

注：资料源于中国—东盟博览会网站 http://www.caexpo.org/index.php? m=content&c=index&a=lists&catid=271。

前 11 届中国—东盟博览会共签订国内外投资项目 3 万余个，推动中国与东盟相互投资额近 1200 亿美元。第 11 届中国—东盟博览会举行了 70 场投资推介活动，共签约国际合作项目 100 个，国内合作项目 157 个，涉及港口合作、航运建设、电子商务、现代农业、商贸物流等领域。第 12 届中国—东盟博览会企业参展参会踊跃。各国企业参展报名申请展位总数 5563 个，超过规划展位数 21%。实际参展企业 2207 家，实际安排总展位数 4600 个。其中，东盟 10 国和区域外安排展位 1296 个，比上届增长 2.9%，占南宁会展中心展位数的 28.2%。印尼、老挝、马来西亚、缅甸、泰国、越南 6 个东盟国家继续包馆。参展参会客商 6.5 万人。采购商团组 85 家，比上届增加 5%，其中有组织的专业采购商比上届多 2500 人。这使南宁市成为中国接待外国领导人和高官人数第 3 多的城市，仅在北京和上海之后，是推动中国—东盟自由贸易区经贸合作的最佳平台。以"共建'一带一路'，共绘合作愿景"为主题的第 16 届中国—东盟博览会有来自 30 多个国家的 2848 家企业参展，举办了 90 场贸易投资促进活动，重点突出《中国—东盟战略伙伴关系 2030 年愿景》内容，推动合作迈上了新台阶。第 16 届中国—东盟博览会大力促进"一带一路"贸易畅通，扩大了"一带一路"国际展区参展，共有 20 个沿线国家 131 家企业在"一带一路"国际展区参展，展区面积比上届增加 59%。在"一带一路"倡议构想提出后，中国—东盟博览会从原有的服务中国—东盟"10+1"合作，向服务

"一带一路"合作深化拓展，务实推进"一路"，有机衔接"一带"，双路并进服务中国—东盟合作，着力打造升级版，把服务范围从10+1合作拓展到10+6合作，并向服务"一带一路"10+N合作延伸，在"一带一路"建设中扮演着"助推器"的角色。

第二节　东盟与中国的经贸合作

一、概况

中国与东盟国家经济互补性强，合作空间广、潜力大，双方自1991年建立对话伙伴关系、2003年建立战略伙伴关系以及成立中国—东盟自由贸易区（含升级版）以来，合作内容不断丰富，合作水平逐年提升，合作关系日益紧密，全面经贸发展相得益彰。中国与东盟成员国建立全面战略合作伙伴关系是中国与东盟关系的基础。建立时间顺序为越南（2008年）、老挝（2009年）、柬埔寨（2010年）、缅甸（2011年）、泰国（2012年）、马来西亚、印尼（2013年）、新加坡（2015年建立与时俱进的全方位合作伙伴关系）、文莱（2018年）、菲律宾（2018年）。

（一）双边贸易

2003年建立中国—东盟自由贸易区时，中国是东盟第六大贸易伙伴，东盟是中国第五大贸易伙伴。至2019年，中国连续11年为东盟第一大贸易伙伴，东盟成为中国第二大贸易伙伴。从东盟成员国的角度来看，越南、马来西亚、泰国在对华贸易往来方面位居前三。2020年2月20日，在中国—东盟关于新冠肺炎问题特别会议上，双方发布联合声明，倡议各国在全力抓好疫情防控的同时，尽量使维系经济增长的贸易、投资等经济活动不受大制约。

2019年中国与东盟进出口总额达6707.6亿美元，增长14.1%。中国对东盟贸易顺差趋势继续增强。从2019年1—11月双方贸易结构来看，中国对东盟的贸易顺差为681.4亿美元，较上年同期增长60.1%。2020年1—2月份，中国对东盟进出口逆势增长，东盟超过欧盟成为中国第一大贸易伙伴，中国与东盟贸易总值5941.1亿元，增长2%，占中国外贸总值的14.4%。其中，中国对东盟出口3090.8亿元，下降3.6%；自东盟进口2850.3亿元，增长9%。从贸易额来看，东盟国家排前三位的是越南、马来西亚、新加坡。（见表3-2）

表3-2　中国与东盟双边贸易统计表

年份	贸易额/亿美元	同比增长/%
2003	782.52	42.9
2004	1058.83	35.3
2005	1303.70	23.1
2006	1606.37	23.2
2007	2025.02	26.0
2008	2311.13	14.1

续表3-2

年份	贸易额/亿美元	同比增长/%
2009	2130.07	-7.8
2010	2927.75	37.5
2011	3628.50	24.0
2012	4001.00	10.3
2013	4436.1	10.9
2014	4804.0	8.3
2015	4721.6	-1.7
2016	4522.1	-4.3
2017	5148.0	13.8
2018	5878.7	11.2
2019	6707.6	14.1

注：数据主要来自中国商务部及各国海关。

2018年11月，《中国—东盟自由贸易区升级议定书》完成了中国和东盟10国所有的国内程序，全面生效，中国—东盟自由贸易区自此进入升级发展的新阶段。

(二) 双边投资

中国与东盟相互投资不断扩大。截至2018年底，中国和东盟双向累计投资额达2057.1亿美元，双向投资存量15年间增长22倍，东盟成为中国企业对外投资的重点地区；中国在东盟投资居前三位的国家分别是新加坡、泰国和越南。近年来中国连续成为柬埔寨第一大投资国。截至2019年8月，中国与东盟双方相互累计投资约2300亿美元，为促进区域内各国经济增长、带动就业发挥了积极作用。

为应对国际金融危机深层次的影响，东盟国家全部是亚洲基础设施投资银行的首批成员，中国与东盟正加强区域产能合作，通过能源基础设施建设、增设跨国产业园、推动跨境电商等合作方式，打造中国—东盟区域经济新增长点。至2017年，除新加坡、菲律宾外，中国企业在东盟8国共设有23个境外经贸合作区性质的投资项目，累计吸引了421家中资企业进入园区，总产值达213.9亿美元。澜沧江—湄公河次区域合作、大湄公河次区域合作、中国—中南半岛经济走廊、泛北部湾经济合作等大型区域和次区域合作项目不断推进，为中国企业集群式走出去、东盟国家开展产能合作等多领域合作搭建了载体，创造了机遇。

(三) 承包工程和劳务合作

东盟市场是中国重要的国外工程承包市场。在电力、路桥、电信、铁路、机场建设等项目工程承包方面，中国企业具有成本、技术优势。据中国对外承包工程商会提供的数据显示，2015年，中国对外承包工程行业在东盟地区新签合同额达363.1亿美元，占全球总合同额的17.3%，完成营业额267.6亿美元，占全球营业额的17.4%，实现了较大幅度的增长。

特别是印尼、马来西亚和老挝，年度新签合同额均进入全球市场的前 10 名。至 2017 年，我国与东盟地区累计签订合同额达 412.73 亿美元。

从对外承包工程行业领域看，电力工程建设领域发展迅速。如在老挝的水电项目、越南的火电项目均有收获，签约金额超过 10 亿美元。房屋建筑领域保持稳定。在马来西亚、新加坡等市场业务规模位居前列。交通运输建设领域亮点突出。高铁"走出去"在东盟市场也取得巨大进展，中老铁路和印尼雅万高铁已开工，中泰高铁也取得进展。

中国对东盟国家派出的劳务人员素质逐渐提高，各类专业技术人员和高级经营管理人员的比重越来越大。新加坡、马来西亚、泰国和越南是中国在东盟国家开展劳务合作的主要国家。其中，新加坡已成为我国对外劳务合作的第二大市场。

(四)从"黄金十年"向"钻石十年"发展

在 2014 年第 10 届中国—东盟博览会和中国—东盟商务与投资峰会开幕式上，李克强总理发表主旨演讲说，"作为天然的合作伙伴，双方要继往开来，推动中国与东盟战略伙伴关系百尺竿头、更进一步，创造新的'钻石十年'"。从 2003 年到 2013 年的 10 年是中国—东盟自由贸易区的"黄金十年"，而随后进入的下一个十年，则是"钻石十年"。

2018 年 11 月，第 21 次中国—东盟领导人会议暨中国—东盟建立面向和平与繁荣的战略伙伴关系 15 周年纪念峰会，发布了《中国—东盟战略伙伴关系 2030 年愿景》。2019 年 11 月，李克强总理在出席第 22 次中国—东盟领导人会议上发言指出，中方始终视东盟为周边外交的优先方向和共建"一带一路"的重点地区，支持东盟共同体建设，支持东盟在东亚合作中的中心地位，支持东盟在构建开放包容的地区架构中发挥更大作用。中方愿与东盟一道，在《中国—东盟战略伙伴关系 2030 年愿景》指导下，扎实推进各领域合作提质升级，建设更为紧密的中国—东盟命运共同体，并对中国—东盟合作提出了六点建议。

(1)坚持面向未来，深入对接发展规划。应根据 2030 年愿景设立的目标尽早启动制定第 4 份行动计划(2021—2025)。东盟 10 国都已同中国签订双边"一带一路"合作文件，发表了《中国—东盟关于"一带一路"倡议同〈东盟互联互通总体规划 2025〉对接合作的联合声明》，愿同东盟加强铁路、公路、港口、机场、电力和通信等基础设施互联互通合作，为地区经济繁荣发展夯基垒台。

(2)坚持普惠共赢，加快经贸合作升级。中方愿同东盟一道，以中国—东盟自由贸易区升级议定书全面生效为契机，进一步促进贸易和投资自由化、便利化，实现双方产业链、供应链、价值链的深度融合，不断激发贸易和投资潜力。达成《区域全面经济伙伴关系协定》(RCEP)。中国与东盟国家坚持开放包容合作，将为全球多边主义和自由贸易健康发展打造成功的范例。

(3)坚持创新驱动，引领时代发展潮流。抓住新一轮科技革命和产业变革的机遇，推动双方在数字经济、人工智能、大数据、网络安全等领域开展创新合作。积极推进电子商务合作，打造中国—东盟跨界互联、创新发展的电商互联体系，使更多中小微企业共享数字经济发展机遇。支持中国城市和东盟智慧城市建立伙伴城市关系，推动政策交流和标准、技术等方面合作。加强信息基础设施和信息技术供应链的互联互通，探讨北斗系统应用在交通运输、海上搜救、精准农业等领域的合作，让数字化、信息化和智能化技术成果惠及更多民众。

(4)坚持包容均衡，实现经济社会可持续发展。打造中国—东盟蓝色经济伙伴关系是实现这一目标的重要举措。中国国家开发银行还将设立50亿美元的中国—东盟东部增长区合作专项贷款,用于双方在互联互通、民生、产能等领域的合作项目,助力东盟共同体发展。

(5)坚持互尊互信,不断深化安全合作。加强政策沟通、增进互信,同时在反恐、灾害救援、开展联合执法行动、打击跨国犯罪等非传统安全领域合作,共同应对地区安全风险。

(6)坚持世代友好,持续密切人文交流。进一步加强媒体、卫生、教育、旅游等领域合作。本次会议发表了《深化中国—东盟媒体交流合作的联合声明》,中方将与东盟共同制定《中国—东盟视听传播合作五年行动计划》,实施"中国—东盟健康丝绸之路人才培养项目(2020—2022)",在未来3年为东盟培养1000名卫生行政人员和专业技术人员,提高地区公共卫生服务水平。继续落实人员往来便利化措施,让"旅游热"经久不息。2020年中方将继续向中国—东盟合作基金增资,支持2019年启动的中国—东盟精英奖学金等项目,让世代友好薪火相传。

第三节　东盟与美国和加拿大

一、东盟与美国

(一)合作阶段

东盟与美国的经济关系大致可以分为三个阶段。

1. 二战后至1977年

日本战败以及英、法等欧洲国家无力维持,为美国向东南亚扩张和渗透提供了极好的机会。1954年,美国策划组织由美国、英国、法国、澳大利亚、巴基斯坦、菲律宾、泰国及新加坡等8国成立了针对中国和越南的东南亚条约组织。1977年6月,东南亚条约组织正式宣布解散。此时的东南亚国家和美国的关系以军事、政治为主。

2. 1978年至1989年

随着美国势力在东南亚国家的持续收缩,以及苏联急于南下,东盟国家不得不调整自己在东南亚地区的战略。它们一方面加强内部团结,另一方面在大国之间开始推行均衡政策,加强同美国的联系,维持地区的力量平衡。泰国、菲律宾、新加坡这方面的意愿最强。美国与东南亚国家的关系加强,特别是在经济上,东南亚对美国具有重要的意义。东南亚国家是美国日益重要的投资场所、巨大的商品市场和丰富的燃料、原料产地。美国所需的89%的橡胶、68%的锡、94%的棕油、95%的椰子均来自东南亚。1986年,印尼取代沙特阿拉伯成为美国海外最大的石油供应者。这一阶段,美国与东南亚国家的关系明显升温。

3. 20世纪90年代至今

双方在这个阶段均调整了经济关系。从东南亚国家来看,它加速了以东盟为代表的区域内经济合作的步伐,同意越南等东南亚国家加入东盟,提出实现自由贸易区计划,同时主动靠拢日本、中国以制衡美国和西方国家的经济集团化对东南亚国家的冲击。例如,马来西亚在20世纪90年代初提出了将美国排除在外的"东亚经济论坛"(EAEC)。从美国来看,APEC西雅图会议标志着美国经济战略的重大转移,其将目光从大西洋移至太平洋,将经济、政治重心日益移到亚太地区。

21 世纪后，美国与东南亚国家签订了一些贸易协定。2003 年 5 月，美国与新加坡签署了《新加坡—美国自由贸易协定》。2003 年 10 月 7 日，马来西亚表态愿意与美国签署自由贸易协定。美国的举措，一方面是为了促进双边经贸合作，另一方面是为了减弱东南亚国家对中国—东盟自由贸易区的热情和对中国市场的依赖。

(二)经贸合作

1. 贸易

东盟与美国的双边贸易增长速度很快。1986 年为 200 亿美元，1992 年比 1986 年增长 2 倍达 600 亿美元。2002 年，美国与东南亚国家的双边贸易额达 1200 亿美元，其中美国对东南亚国家的出口总额达 440 亿美元，是美国对中国或对印度出口额的两倍多。2003 年，美国与东南亚国家双边贸易额达 1300 亿美元。2007 年，双边贸易额为 1700 多亿美元。

从 20 世纪 80 年代起，双方的贸易依存度不断上升。从 1982 年起，东南亚国家就成为美国的第五大贸易伙伴，仅次于欧盟、加拿大、日本和墨西哥。美国市场对东南亚国家的出口也具有决定性的意义。据美国国务院报告，2011 年美国与东盟的商品和服务贸易(进出口)总计达 2240 亿美元，其中出口 950 亿美元，进口 1290 亿美元，逆差 340 亿美元；与东盟国家的服务贸易(进出口)总计达 302 亿美元，其中出口 191 亿美元，进口 111 亿美元。

2012 年，双边的商品贸易总计达 1980 亿美元，其中出口 750 亿美元，进口 1230 亿美元。美国在 2012 年向东盟国家的商品出口为 754 亿美元。2012 年，美国向东盟出口占美国总出口的 4.9%，进口总计 1229 亿美元，占美国总进口的 5.4%。2012 年，东盟是美国的第四大出口市场和第五大进口供应方。

2015 年，美国与东盟的贸易额为 2260 亿美元，比前一年增长 5%。2017 年，美国成为东盟的第三大贸易伙伴，双边贸易额达 2330 亿美元。2018 年，美国与东盟双边贸易总额达到 2606 亿美元。

2. 投资

美国一直是东南亚国家的主要外国投资者。从 20 世纪 70 年代开始，美国在东南亚的投资急剧增长。"9·11"后，美国加大了对东盟的投资，2002 年直接投资额已经超过 880 亿美元。这个数字超过了美国在中国、墨西哥、巴西、日本的直接投资总额。但是，随着日本和亚洲新兴工业国家及地区在东南亚的投资增长速度的加快和投资比重的增加，美国在东南亚各国的外资中所占的比重越来越小。美国在发展与东盟的经济关系时总要附带一些政治条件，如人权问题、劳工待遇问题等，这种做法常常引起东南亚各国的强烈反感，加上 2008 年的金融危机使美国国内贸易保护主义抬头，其还不时用"301 条款"对付东盟国家，这些均不利于美国与东盟的经贸发展。2012 年，美国在东盟外国直接投资(FDI)(存量)达 1898 亿美元，比 2011 年上升 16.2%，投资者主要为非银行控股公司、制造业及金融业/保险业。2007—2012 年，美国对东盟投资 960 亿美元。2008—2016 年，美国对东南亚地区的直接投资几乎翻番。截至 2015 年，美国对东盟的直接投资累计达到 2734 亿美元。2017 年，美国成为东盟第四大直接投资来源国，其对东盟投资额达 54 亿美元。美国对东盟的投资重点领域是服务业，服务业占美国对东盟直接投资存量的 72%，制造业占 20%，其余部分主要是采矿业。美国对东盟服务业投资的主要目的国是新加坡。2018 年，美国仍是东盟第四大直接投资国，总投资额达 81 亿美元。

美国在东盟地区的投资未来仍将持续增长，其投资模式既有绿地投资，也有并购投资。从行业上看，美国对东盟的主要投资来自服务业，尤其是银行和保险等金融行业，花旗、安盛、大都会等大型金融集团在东盟地区都有成熟的经营网络。在东盟投资的美国制造型企业主要集中在计算机、电子和化工领域，如英特尔、希捷、德州仪器、西部数据、杜邦、通用电器等跨国集团均在东盟有重要布局。

3. FTA 进程

美国与亚洲国家签订的第一个自由贸易协议就是《美国—新加坡自由贸易协议》。该协议于 2003 年 5 月签订，2004 年 1 月生效。美国与新加坡签署自贸区协议的目的是进一步加强美国与新加坡"密切而繁荣"的经贸关系。现在美国已经成为新加坡的第二大贸易伙伴，仅次于马来西亚。美国向新加坡出口的产品主要是通信设备、信息技术硬件及化工产品，从新加坡进口的产品主要是集成电路、计算机配件及化工产品。2002 年，美国对新加坡的投资总额为 230 亿美元，约占美国对东南亚投资总额的一半。在新加坡设立公司的美国企业有 1300 余家，其中 330 家公司在新加坡设立了地区总部。

美国与东盟成员国建立双边自贸区和组建东盟开创企业(EAI)，主要是希望在恐怖主义威胁依然存在的情况下，为美国投资企业提供优惠政策，从而吸引更多的美国公司在东南亚设立公司。

2006 年 8 月，美国与东盟签署了一项贸易与投资框架协议。目前，美国正以该协议为基础，进一步推动美国与东盟的经贸合作。美国过去曾以贸易与投资框架协议为基础，与不少贸易伙伴达成了自由贸易协定。根据现在的情况来看，美国没有完全排除与东盟签署自由贸易协定(FTA)的可能性，但时机尚不成熟。不过，美国是第一个向东盟派出大使的国家。

美国与东盟还在加快关于《美国-东盟贸易便利协议》的谈判，包括简化海关手续和加强海关管理的透明度，完成有关《国际投资共同原则》的共同声明。这些原则重申了 11 国承诺建设这样一个政策环境，即通过解决市场准入、无歧视、投资者保护、透明度和负责任的商业行为等基本要素以促成并鼓励国际投资，共同制定信息通信技术原则，以便在跨境信息流动、本地化要求和监管机构的角色等问题上为决策者提供指导等。

4. TPP

TPP 是指《跨太平洋伙伴关系协定》，它是一项由美国主导、12 个国家间共同签订的贸易协定。当前，TPP 成员国包括澳大利亚、文莱、加拿大、智利、日本、马来西亚、墨西哥、新西兰、秘鲁、新加坡、美国和越南。这些国家对全球总产量的贡献约为 40%，占全球贸易 1/3，是全球最大的自由贸易区之一，也号称是规格最高的自贸区。2016 年 2 月，12 国在新西兰正式签署了 TPP 协定。菲律宾、印尼、泰国等东盟国家正在考虑加入 TPP。通过 TPP，美国可以更好地与东盟开展经贸活动。但是，2017 年 1 月 23 日，美国总统特朗普在白宫签署行政命令，正式退出 TPP。

另外，东盟经济部长—美国贸易代表(AEM-USTR)磋商和东盟高级经济官员助理(SEOM-AUST)磋商每年举行一次，以促进双方之间的贸易和投资流动，并就一系列经济问题交换意见。东盟—美国贸易和投资框架协议(TIFA)和扩大经济接触(E3)倡议已成为加强东盟—美国经济联系的关键机制。在这些框架内，东盟和美国加强了在贸易便利化、微型、小型和中型企业(MSME)发展以及标准和合规性协调等方面的合作。东盟和美国还努力通过新的信息和通信技术(ICT)和航空对话，以巩固东盟经济共同体支柱下的东盟部门机构与美国同行之间的体制联系。美国还承诺支持东盟成员国通过教育和培训、中小企业发展、青年创业和赋予妇女权力等举措，提高劳动力技能，增强经济竞争力。东盟金融和央行代表每年与美国财政部代表会晤，就全球和区域宏观经济政策及前景交换意见。这一磋商机制旨在增进相互了解，确保政策互补，保持双方的应变能力和增长能力。

二、东盟与加拿大

(一)合作概况

1.背景

东盟和加拿大的第 1 次合作会议是 1977 年举行的。在这次会议上，加拿大建议为东盟提供一个发展援助计划。该计划在 1981 年兑现，双方签署了《东盟—加拿大经济合作协议》(ACECA)，于 1982 年 6 月生效。除技术合作外，该协议还提供了工业和商业合作的机会，建立了联合合作委员会(JCC)，以促进和评估东盟和加拿大构想的多种合作活动。1993 年，双方签署了经过修订的《东盟—加拿大经济合作协议》，纳入了新的合作领域，主要包括科学技术与环境政策网络、制度建设、组织管理开发计划、刺激私营部门活动的努力、市场开发和双边商务合作。经过修订的协议从 1994 年 4 月 1 日起生效。东盟与加拿大之间的高级别接触也已建立不同的机制，包括东盟 PMC + 1 与加拿大、东盟—加拿大对话、AEM—加拿大咨询、SEOM 加拿大和东盟磋商、加拿大高官会跨国犯罪等。1997 年，在东盟—加拿大对话关系建立 20 周年之际，双方同意组成工作组，以进一步巩固东盟—加拿大对话。

2.制度框架

作为对话伙伴，加拿大参与了一系列与东盟磋商的会议，包括东盟地区论坛(ARF)、后部长会议(PMC)"9+1"和"9+10"、联合合作委员会(JCC)、联合规划与监督委员会(JPMC)和项目指导委员会(PSC)。东盟—加拿大商务理事会也有助于与加拿大开展和保持对话。其中，最高层次的对话是加拿大参与的紧跟东盟部长会议召开的后部长会议。后部长会议"9+1"和"9+10"为东盟和加拿大外交部长提供了评论当时影响对话关系的政治、安全、经济和发展合作问题的机会。加拿大还参与了对影响东亚地区的主要政治和安全问题进行评估的东盟地区论坛。东盟总管和加拿大外交与国际贸易部副部长定期举行会晤，对有关的经济和功能合作活动进行比较深入的分析。此外，大多数联合合作委员会会议都建立了特别工作组，处理特殊问题。特别工作组处理的问题主要涉及商业合作、科学与技术合作、发展合作、工业合作和贸易与投资等领域。

项目层面上的管理机制是"项目指导委员会"(PSCs)，负责审查和批准项目设计文件、年度报告、计划和预算。为了促进和增加双方之间的贸易与投资流动，1977 年 5 月，东盟—加拿大联合合作委员会第 11 次会议建议落实第 10 次会议提出的关于召开"联合合作委员会贸易与投资合作亚委员会"的方案。

2012 年，东盟和加拿大庆祝 35 年友谊与合作。2014 年 4 月批准东盟—加拿大加强伙伴关系计划(ACEPP)。2014 年会议审查了 2010—2015 年行动计划，发表联合声明要加强东盟—加拿大伙伴关系，进一步加强在非传统安全问题领域的合作，包括打击恐怖主义、跨国犯罪和海上安全、人权、贸易与投资、中小企业发展、金融、可持续和清洁能源、水资源管理、农业和粮食安全、气候变化和灾害管理、公共卫生、教育和人民与人民之间的联系。会上还强调了东盟—加拿大下一个阶段远景规划的重要性（包括对 2015 年后时期的行动）。加拿大于 2010 年加入东南亚友好合作（TAC）条约，还是东盟地区论坛（ARF）的创始参与者之一。

现在，东盟与加拿大有效落实了关于开展《2016—2020 年阶段东盟与加拿大加强伙伴关系联合声明》和《东盟—加拿大贸易投资联合声明》的行动计划。迄今，该行动计划的完成率在 86% 以上。

（二）经贸合作

1. 对外贸易

东盟和加拿大之间的贸易稳定增长。加拿大从东盟的进口从 1993 年的 15.6 亿美元增加到 1996 年的 23.3 亿美元。2005 年加拿大服务贸易出口到 6 个东盟国家（印尼、马来西亚、菲律宾、新加坡、泰国和越南）10 多亿美元，自这 6 个东盟国家进口 16 亿美元。2011 年通过了《东盟和加拿大贸易与投资的共同宣言》，其工作计划分为三部分：一是加强对贸易和投资的高层对话，二是促进增加贸易和投资，三是促进私营部门参与贸易和投资活动。据统计，东盟和加拿大贸易 2005 年至 2008 年间的年平均增长率为 21.0%，2009 年为 15.8%。东盟与加拿大的贸易总额从 2012 年到 2013 年增加了 9.8%，从 123 亿美元增加至 135 亿美元。东盟是加拿大第十六大贸易伙伴，2017 年双边贸易金额达 233 亿加元（约 200 亿美元）。2018 年，受金融危机影响，双边贸易额降到 188 亿美元。

2015 年第 4 次东盟—加拿大经济部长磋商会在马来西亚举行。双方共同回顾了 2014—2015 年行动计划落实的成果，通过了 2016—2020 年行动计划，表示将进一步加强双边经济合作，注重促进中小型企业发展，加强能源、航空、农业、石油、信息技术、基础设施和清洁技术等领域的信息分享。2014 年，加拿大对东盟投资达 13 亿美元，是东盟第七大投资来源地。2018 年，加拿大对东盟投资近 95 亿美元。

2. 发展合作与 FTA 协定

多年来，加拿大一直在森林、人力资源开发、渔业、能源、农业、运输和通信领域扩大与东盟的发展合作。加拿大与新加坡的 FTA 谈判已于 2001 年开始，到 2007 年已经举行了 8 轮谈判。2016 年加拿大与东盟商定，共同启动加拿大—东盟自贸区可行性研究。加拿大还与东盟国家达成一致，决定启动年度贸易政策对话机制，讨论贸易自由化问题，增加商业合作，减少贸易障碍。

2018 年加拿大签署了《跨太平洋伙伴关系全面进展协定》（CPTPP），并将其视为一个重要平台，东盟则被认为是加拿大扩大与亚太地区贸易合作与发展机遇的桥梁。目前，双边自由贸易区的谈判依旧在试探性地进行。

第四节　东盟与欧盟和俄罗斯

一、东盟与欧盟

（一）合作概况

1. 背景

1972 年，欧洲经济共同体（EEC）成为与东盟建立非正式关系的第一个对话伙伴。1975

年 5 月 7 日，东盟—欧共体联合研究小组建立，为探究两个地区的协作努力。1977 年东盟与欧共体建立了正式关系。1978 年，在布鲁塞尔举行了第 1 次东盟—欧共体部长会议。1980年签署了《欧共体—东盟合作协议》，这是东盟与欧共体经济合作机制化的标志，也是双方经济合作的一个里程碑，有力地推动了双边经济合作的发展进程。在这一协议下，确定了商业、经济和技术合作目标，建立了联合合作委员会（JCC）。东盟—欧盟关系在 1994 年得到了强化，当年在德国卡尔斯鲁厄举行的第 11 次东盟—欧盟部长会议（AEMM）成为里程碑性的会议。这次会议同意建立一个由两个地区抽调人员组成的"特别要员工作组"（EPG），就东盟—欧盟 2000 年和之后的政治与安全、经济与文化关系开发一个综合方案。1995 年举行了第 1 次东盟—欧盟高级官员会议（SOM）。1996 年欧共体发布了《关于在欧盟—东盟关系中创造新动力的通信》，重申了欧共体的新亚洲战略及其承诺，加强与东盟的联系，作为其亚洲政策的关键要素之一，把东盟看作重要的政治对话者和新亚—欧对话的发动机。1997 年举行了第 1 次亚欧会议外交部部长会议，东盟发挥了关键作用，双方对亚欧领导人在首脑会议上打造的亚—欧实现更大发展的全面伙伴关系做出了承诺，同意概述实施亚—欧合作框架的机制和指导方针，并在第 2 次亚欧会议上建立亚—欧展望小组。同时，1997 年以新加坡为基地建立了亚—欧基金。该基金将培育更广泛的人与人的关系，并开发亚洲和欧洲之间的制度性联系。在随后的 10 年里，该联合声明发挥了指导东盟—欧盟关系的作用。

2. 制度框架

欧盟参与了一系列与东盟磋商的会议，包括东盟地区论坛（ARF）、东盟—欧盟部长会议（AEMM）、东盟—欧盟经济部长会议、东盟—欧盟高级官员会议、后部长会议（PMC）"9+1""9+10"和联合合作委员会（JCC）会议。这些会议为欧盟和东盟评估当前影响双方关系的政治、安全、经济和发展合作问题提供了机会。东盟—布鲁塞尔委员会、东盟—波恩委员会、东盟—伦敦委员会和东盟—巴黎委员会也有助于进行和保持与欧盟的对话。

1994 年，欧盟制定了《走向亚洲的新战略》。其主要内容包括：加强对亚洲的贸易和投资，扩大双边的科技合作；欧盟将就欧洲出资进行的经济合作、发展援助及其他活动提供更多的信息；对一些正在进行经济改革的国家提供政策咨询。1996 年 3 月，第 1 届"亚欧首脑会议"在泰国曼谷举行，东南亚 7 国、中国、日本、韩国与欧盟 15 国领导人，以"为促进发展建立亚欧新型伙伴关系"为主题，就亚欧政治与安全形势、亚欧经济及其他各个领域的合作等问题进行了讨论，呼吁促进贸易、投资和技术合作。1998 年 4 月，召开了第 2 届亚欧会议。会议通过了"亚欧合作框架"，以指导并协调亚欧会议参与国在政治、经济、金融和其他领域开展对话与合作。亚欧会议是东南亚国家与欧盟关系的里程碑，为亚欧关系在 21 世纪的合作与发展翻开了新篇章。

（二）经贸合作

1. 贸易与投资

2000 年，欧盟已是东盟的第二大出口市场和仅次于美、日的第三大贸易伙伴。欧盟、日本和美国对东南亚国家的直接投资金额分别占东南亚国家当年吸收外国直接投资总额的16.7%、23.6% 和 3.2%。据欧方统计，2015 年双边贸易额达 2190 亿美元，同比增长 11%；2014 年欧盟对东盟投资 293 亿美元，增长 31.5%，占东盟整体引资的 21.5%。

2018 年，欧盟仍然是东盟的第二大贸易伙伴，双边贸易总额达 2820 亿美元。欧盟是东盟十大对话伙伴中最大的外国直接投资来源,投资总额为220亿美元。

2. FTA 进程

进入21世纪后,双方关系重新正常化,并出现新的发展势头。中断了3年之久的欧盟—东盟部长级会议在2001年召开,并且通过了《万象宣言》。该会标志着欧盟与东盟新时期的开始。2003年,欧盟发表了《与东南亚的新型伙伴关系》报告。同年欧盟提出"跨地区欧盟—东盟贸易启动计划"(TREATI)。这实际上是双边自由贸易区谈判的信号。

2007年是欧盟与东盟经济关系取得实质性进展的一年。当年召开的第16届欧盟—东盟部长级会议通过了加强双方伙伴关系的《纽伦堡宣言》,提出欧盟与东盟要推进"跨地区欧盟—东盟贸易启动计划",并在WTO框架下进行自由贸易区谈判。2007年4月,欧盟各成员国正式授权欧盟委员会与印度、韩国和东盟进行自由贸易协议谈判。欧盟与东盟首轮自由贸易区(AEFTA)谈判于7月19—20日在越南岘港市举行。2007年11月22日,双方在欧盟与东盟建立对话关系30周年纪念峰会上发表了联合宣言。该宣言提出,要强化"跨地区欧盟—东盟贸易启动计划"和"欧盟—东盟对话机制"(READI),以推进双方在更广阔的领域进行交流与合作。

欧盟在与东盟的经贸合作中仍然存在一些障碍,欧盟往往坚持其在民主政治、人权、劳工待遇标准、可持续发展等方面的主张,而东盟认为这些属于国家的内政范畴。这导致双方政府间的制度性合作一直落后于实际市场的经贸联系发展。在最近的欧盟与东盟自由贸易区谈判中,欧盟在这些方面做出了一些让步,但仍试图将劳工待遇标准、可持续发展等纳入谈判,以维持欧盟跨国公司的竞争地位。FTA谈判未能达成协议,主要是缅甸的人权问题。现在,双方打算以东盟整体为FTA的谈判对象来克服上述问题。另外,非关税壁垒逐渐成为目前双方在贸易与投资方面的主要障碍。欧盟的非关税壁垒主要表现在各种技术标准要求(包括卫生、检疫、环境、劳工和社会标准等)上。东盟的非关税壁垒主要表现在手续缺乏透明性、制度缺乏可预见性和透明性、烦琐的海关手续和标准等,还包括一些"传统"的非关税壁垒,如配额、非自动进口许可证等。2008年,缅甸大选之后,欧盟与东盟加快了自贸区的谈判进程。

2010年第18届欧盟和东盟部长级会议在西班牙举行,会议最后文件表示要建立全面政治伙伴关系。据报道,2007年至2013年,欧盟给东盟的援助为7000万欧元,给东盟各个国家的援助资金总额达13亿欧元,主要用于社会发展和消除贫困。欧盟是东盟的最大投资方,其投资占东盟外资总额的26%。该会议是在欧盟和东盟建立双边关系30周年之际举行的,也是欧盟《里斯本条约》生效后首次举行的双边会议。

2011年首届东盟—欧盟商务峰会在印尼举行。该峰会以推进双边商务往来及企业与政府对话为主旨。双方就农产品、服务业、机动车、医疗与基建等5个领域的合作进行了探讨。2011年,欧盟不仅是东盟最大的投资来源地,还是东盟第二大贸易伙伴。东盟则是欧盟第五大贸易伙伴,双边贸易额在过去20年增长了10倍。据统计,2011年欧盟与东盟的贸易额达2348亿美元,同比增长12.6%,其中,欧盟对东盟的直接投资增长7.2%,为182亿美元。

2012年欧盟—东盟工商峰会在柬埔寨举行。双方年货物贸易额达1600亿欧元,欧盟对东盟货物贸易占东盟货物贸易总额的比重超过10%;欧盟对东盟服务贸易占东盟服务贸易总额的比重更高,达13%。从投资方面看,欧盟对东盟投资占东盟吸引外资总额的25%。双方正在形成一个全方位的、面向21世纪的自由贸易协议,并且已取得进展:一是欧盟与新加坡的自贸区谈判已接近完成(2014年已经完成),与马来西亚的谈判也取得进展。二是欧盟与越南已完成启动谈判的准备工作。

2013年第19届东盟经济部长非正式会议及第3次东盟—欧盟商业峰会在越南举行。会议就东盟—欧盟自贸区谈判等相关问题进行了讨论。在东盟成员国中，新加坡和马来西亚已与欧盟建立了自贸区，越南正在与欧盟进行自贸区谈判。2013年，双方的双向贸易总额达到2426亿美元，占东盟贸易总值的9.8%。欧盟对东盟的投资总额达到233亿美元，占东盟吸引外资总额的22%，欧盟成为东盟的最大投资伙伴。

2014年第20届东盟—欧盟外长会议在比利时举行。会上，双方一致同意于2015年之后尽早恢复东盟与欧盟《自由贸易协定》(FTA)的谈判。欧盟承诺增加向东盟提供的开发援助资金，从2007—2013年阶段的7000万欧元增至2014—2020年阶段的1.7亿欧元；集中有效展开落实2013—2017年阶段加强东盟与欧盟伙伴关系的《纽伦堡宣言》的行动计划。

2015年东盟—欧盟第13次贸易磋商会议在马来西亚举行。2010—2013年，欧盟在东盟地区的投资高达940亿美元，占整个东盟投资额的22%。2013年，双方贸易额高达2462亿美元，东盟出口欧盟1240亿美元，占地区总出口额的13%。2014年，双边贸易额达到2482亿美元，比2013年上涨0.8%。据估计，2014年欧盟直接对东盟投资达到290亿美元，同比增长30.5%。欧盟是东盟第二大贸易伙伴，而东盟是欧盟除了中国和美国之外的第三大贸易伙伴。

2015年5月，欧盟委员会发表了题为《欧盟与东盟：战略意义的伙伴关系》的公报，提出将欧盟—东盟关系提升到下一个级别的具体理念，希望借此使双方各部门间的合作更为紧密。欧盟还将加大对东盟一体化进程的财政支持，支持力度有望翻番达到1.7亿欧元。欧盟和东盟还将在非传统安全领域(海事安全、灾难与危机应急管理、跨国犯罪等方面)采取一系列全新的举措。2014年，在欧盟—东盟部长级会议上，双方都有意将双边的关系提升至战略伙伴关系。2015年12月，欧盟与越南签订的自贸区协议生效。

2016年3月在第22届东盟经济部长非正式会议及系列会议上，双方再次强调了加强经济合作，以进一步深化两个地区的经济关系的承诺，特别是双方再次重申了加强合作，尽早达成东盟—欧盟自贸协定的承诺。

2018年3月2日，东盟10国经济部部长与欧盟贸易委员西西莉亚·玛姆斯托姆就于2018年年底正式批准《东盟与欧盟自由贸易协定》达成共识。西西莉亚·玛姆斯托姆女士在第16届东盟经济部长与欧盟贸易磋商会上发言时强调，双方将早日开展下一步工作，使其能够进入批准双边自由贸易协定的最后阶段。同时，她还肯定其将为东盟与欧盟之间的关系开辟新的发展方向。东盟—欧盟综合航空运输谈判协议(CATA)也在进行中，协议的目标是在2019年至2020年完成。东盟—欧盟全面航空运输协定(CATA)将是有史以来第一个加强空中联通的协议，已经进行了8谈判。

同时，经过6年谈判后，2019年6月30日下午，欧盟与越南在河内正式签署《欧盟与越南自由贸易协定》(EVFTA)及《欧盟与越南投资保护协定》(EVIPA)。欧洲议会于2020年2月12日正式批准了《欧盟与越南自由贸易协定》(EVFTA)和《欧盟与越南投资保护协定》(EVIPA)。两个协定现均有待越南国会批准后实施。EVFTA生效后，欧盟将取消对越南近86%税目关税。在该协定生效7年后，欧盟将对越南取消99.2%税目关税，对于剩下的1%出口额，欧盟承诺给予越南享受零关税待遇。对欧盟的出口商品，越南将削减48.5%税目关税，并在10年内，削减98.3%税目关税。这将加强欧盟与东南亚地区的参与，有助于加强东盟与欧盟之间的合作,从而加强两地之间的贸易和投资关系。

二、东盟与俄罗斯

(一)概况

1. 背景

深化与东盟的合作是俄罗斯亚洲外交政策的优先方面之一。近年来,俄罗斯一直努力发展与东盟的合作关系,并积极参加该组织的各种会议。俄于1994年加入东盟地区论坛,1996年正式成为东盟的对话伙伴国。2004年7月初,俄外长在印尼首都雅加达出席了东盟地区论坛外交部部长会议后,又飞赴老挝首都万象参加东盟首脑会议。在万象会议期间,俄外长签署了关于俄罗斯加入《东南亚友好合作条约》的文件。俄官员认为,俄罗斯加入该条约对确保俄在亚太地区的国家利益具有极为重要的意义,同时也有助于该地区的和平、安全与稳定。俄国家杜马(议会下院)和联邦委员会(议会上院)2014年7月相继批准了普京总统提交的俄加入《东南亚友好合作条约》的法案。当月27日,普京签署了俄加入该条约的联邦法律。共同打击国际恐怖主义是俄罗斯与东盟国家合作的重要内容之一。俄与东盟还商定就成立俄罗斯—东盟反恐工作小组问题进行讨论。2003年6月19日,俄罗斯与东盟国家外长在柬埔寨首都金边签署了伙伴关系宣言。双方表示将进一步加强多边合作和提高已有地区多边合作机制的效能,重申坚持全球裁军进程和巩固不扩散大规模杀伤性武器机制等原则。

2. 首届东盟—俄罗斯领导人会议

2005年双边合作进一步加强,10月签署了《东盟与俄罗斯经济发展合作协议》。2005年12月13日首届东盟与俄罗斯领导人会议在吉隆坡举行。作为本届峰会的具体成果,东盟10国领导人与俄罗斯总统普京签署了一份关于《关于发展全面伙伴关系的联合宣言》和推动双边合作的行动计划,决定今后每年定期举行此类会议,表示在各领域进一步发展多边合作。东盟和俄罗斯领导人在联合宣言中承诺,将在政治、安全、经济和社会发展等领域进一步发展多边合作。根据这项协议,东盟与俄罗斯将开展全面对话,以进一步加强两国在贸易和投资领域的信息交流、经济研究和招商引资活动,并为两国政府机构及其他相关经济单位参与这些活动创造便利条件。这项协议提出,双方开展合作的具体领域是中小企业、科技、能源、矿产资源利用、交通、环保、体育和文化等。另外,鉴于东盟成员国之间经济发展不均衡,双方认为,有必要进一步促进俄罗斯有效地参与东盟新成员柬埔寨、老挝、缅甸和越南4国经济区的发展。上述协议的签署有助于推动东盟与俄罗斯的双边经贸合作,为俄罗斯参加东亚峰会铺平道路。

2018年11月,第3届东盟—俄罗斯领导人会议成功举行。双方重申坚定维护开放、包容、基于规则的多边贸易体系,认为这一体系将为应对全球新兴挑战、实现可持续经济增长和发展提供重要驱动力。双方将致力于落实东盟与俄罗斯贸易及投资合作计划,强化双方贸易和投资关系。双方同意加强在经贸投资、科学技术、农业、能源、应对灾害、医疗卫生、教育、民间交流、打击跨国犯罪、确保信息技术安全等方面的合作。会上,双方就提升东盟—俄罗斯战略伙伴关系以及通过关于信息技术与网络安全的东盟—俄罗斯联合声明达成了重要共识。东盟—俄罗斯领导人会议通过联合声明,同意把双方关系由对话伙伴关系升级为战略伙伴关系。

(二)进展

东盟—俄罗斯经济合作有定期对话。2017 年 9 月举行了第 6 次 AEM—俄罗斯磋商会议，修改了东盟—俄罗斯贸易和投资合作路线图。2017 年后的工作计划包括：定期对话以及技术、粮食和农业、运输、能源、旅游和中小型企业合作，促进企业间的联系。

1. 经贸合作

随着俄与东盟的关系走向正常化，双方的经贸合作也不断加强。俄与东盟国家的贸易额 1994 年仅为 6.5 亿美元，2003 年升至 35 亿美元。尽管如此，俄官员说双方在经贸方面的合作还大有潜力。扩大双方经贸合作是俄与东盟国家领导人互访讨论的主要议题。金融危机后东盟领导人相继访俄，探讨东盟及其成员国与俄罗斯进行互惠互利合作，全面发展关系。目前，俄罗斯已由东盟的"协商伙伴国"升格为"全面对话伙伴国"，与东盟一些国家的关系大幅改善。东盟与俄罗斯的经济关系也由过去的以向俄购买武器为主逐步扩展到其他领域。近年来，俄罗斯与东盟国家的经贸合作关系呈现出积极态势。

2008 年 7 月 21 日在新加坡召开的东盟(ASEAN)成员国外长会议结束后，东盟与俄罗斯发表了联合公报。公报中指出，东盟成员国认为即将通过的东盟与俄罗斯关系"路线图"具有重大意义。公报中表示：双方急切地等待着在即将举行的会议上通过关于执行东盟—俄罗斯全面合作计划的"路线图"，相信该"路线图"将有助于加深相互理解与合作，实施东盟与俄罗斯的共同项目。俄罗斯联邦外交部发言人解释说，该"路线图"将确定具体措施，指定责任方和履行的期限。为使对话伙伴关系充满活力，各方必须通过这些具体措施。双方赞成实施俄罗斯同东盟 2015 年前发展合作行动整体计划路线图。这份文件明确了加强俄罗斯同东盟联系的具体措施，其中包括以下领域：能源和能源安全、科技、减少自然灾害危害和旅游业。东盟各国部长欢迎俄罗斯再次拨款 50 万美元，注入俄罗斯—东盟对话伙伴财政基金会。

俄罗斯外长表示，该国准备讨论在其境内设立东南亚国家联盟全权代表处问题。一旦设立代表处，拨款将全部由东盟负责。东盟宪章生效后，俄罗斯将任命驻该组织的代表。俄罗斯希望，东盟机制变化对对话伙伴关系产生积极的影响，依靠共同努力，成功创造必要条件以举办第 2 届俄罗斯—东盟峰会。俄罗斯 Troika Dialog 集团公司总裁认为，新加坡可能成为俄罗斯公司实施亚洲项目的总部。

2012 年底，俄罗斯对东盟投资总额为 22 亿美元，占其对外投资额的 1.5%。东盟在俄罗斯的投资额则更少，其投资总额仅占俄罗斯外商投资总额的 0.1%。

2015 年第 4 次东盟与俄罗斯经济部长磋商会在马来西亚吉隆坡举行。双边对加强东盟与俄罗斯经济关系所采取的各项措施表示欢迎，对双边贸易增长表示满意。自 2005 年召开首届俄罗斯—东盟峰会以来，双边双向贸易额 10 年增长了 4 倍。2014 年双边贸易额达 225 亿美元，同比增长 13%，其中东盟对俄罗斯出口额达 54 亿美元，同比增长 3.3%。

2017 年俄与东盟贸易额增长 35%，双向累计投资额超过 250 亿美元。俄与东盟落实了工业、高科技等领域约 60 个合作项目的实施路线图，通过了逐步落实能源和农业合作的规划。

2018 年双方贸易额接近 200 亿美元。同年，俄罗斯对东盟的投资从 2017 年的 4775 万美元增加到 5803 万美元。俄罗斯和东盟贸易具有较强的互补性，俄罗斯主要出口商品包括燃料、能源、技术含量高的机械设备、军事设备、化工品等，而农产品和工业品等是东盟的优势,也是俄罗斯需求量较大的产品,双方贸易合作潜力巨大。

2.俄罗斯对东盟的吸引力

东盟对俄罗斯在东南亚发挥作用表示欢迎。马来西亚外长说,俄罗斯是世界上有影响力的国家,可给东盟的东西很多。比如文化,俄罗斯是文化大国,而且地理位置特殊,既属于欧洲,又属于亚洲。又如科技,俄罗斯提出这方面的合作,东盟将就合作展开研究。东盟邀请普京作为"客人"参加东亚峰会,可见东盟对俄罗斯的高度重视。俄罗斯从被亚洲国家看作局外人到视为自己人,主要是因为手中有三张"大牌"。

(1)能源牌。亚太地区大部分国家能源短缺,要从国外进口石油和天然气。据估计,到2030年亚太地区对外能源依赖度将上升至66%。俄则具有巨大的油气出口潜力。俄工业和能源部长赫里斯坚科公开表示,未来几年俄将扩大对亚洲的油气出口。丰富的油气资源将成为俄撬动亚洲外交的最有力杠杆。

(2)武器牌。近年来,亚洲各主要国家都在加强军力。俄罗斯军火具有很强的竞争力。俄武器出口中,大多数买家都来自亚洲。

(3)经贸牌。东盟十分看好俄罗斯市场,希望能从俄进口更多能源和其他原材料,俄也迫切需要通过加入亚洲经济一体化进程带动远东和西伯利亚振兴。2004年俄与东盟贸易额达45亿美元,比2003年增长了30%,但俄罗斯与东盟的经济合作仍处于低水平的状况。

2014年以来,随着乌克兰危机的不断发酵,俄罗斯与西方关系跌入了冷战结束以来的"冰点",加强了"向东看"的行动,这对东盟与俄罗斯的经贸合作有促进作用。由俄罗斯主导的"欧亚经济联盟",在2015年与越南签署了自贸区协定,已于2016年10月5日生效。越南成为俄罗斯在亚太地区的首个自贸伙伴,也有利于促进俄罗斯与东盟的经贸合作。

第五节　东盟与澳大利亚和新西兰

一、东盟与澳大利亚

(一)背景

澳大利亚是东盟最初的对话伙伴,与东盟于1974年建立关系。第1次东盟—澳大利亚首脑会议于1977年在吉隆坡举行。澳大利亚积极参加了东盟地区论坛(ARF),并多次担任东盟地区论坛的联合主席,这对扩大对话和就相互关心及感兴趣的地区与国际问题交换意见有很大贡献。从1993年起,东盟—澳大利亚的对话范围扩大到包括政治与安全问题。

双方最初的对话聚焦于通过地区项目提供技术援助,主要是在东盟与食品相关的领域进行研究和开发。20世纪80年代初期,这一对话发生了显著转变,强调对迅速变化的东盟经济环境做出反应。这一转变预示着东盟—澳大利亚关系的扩展。经济问题,特别是东盟日益增长的出口产品进入澳大利亚市场的问题支配了东盟—澳大利亚对话的议事日程。1991年,第14次东盟—澳大利亚论坛同意扩展合作题目,以相互感兴趣和互利为基础,涵盖教育、环境、电信和科学技术等新领域。紧跟着这一发展,在1993年举行的第15次论坛上,政治与安全问题成为双方讨论的话题。《东盟—澳大利亚发展合作计划》(AADCP)是2003年开始的,于2008年结束。这个4500万澳元的计划以促进东盟的可持续发展为目标,其办法是通过地区合作，协助东盟应对优先发展地区的挑战。

1994 年在曼谷召开第 27 次东盟部长会议期间，《东盟—澳大利亚经济合作计划》第三阶段正式启动。它通过加强东盟和澳大利亚贸易与投资联系的两个合作机制，即《项目流计划》和《联系流计划》，为东盟—澳大利亚合作提供更多机会。《项目流计划》聚焦于长期的技术转让项目，涉及相互达成协议的优先领域，即环境、电力、电信和食品安全。《计划流计划》由两个子计划构成，即《加强东盟经济一体化计划》和《加强东盟竞争力计划》。每个子计划包括一系列较小的东盟—澳大利亚联合行动，服务于范围广泛的计划目标，其实施期长于子计划的另外两个组成部分。《联系流计划》(LSP) 是东盟—澳大利亚私营部门沟通活动的主要推动者。它为私营部门参与东盟—澳大利亚的活动提供了一个途径。《联系流计划》涉及环境管理、运输、生物技术、电信、信息技术、农业和以农业为基础的行业等达成协议的优先领域中的合作活动，包括私营部门、政府部门、研究和学术方面的合作。

东盟与澳大利亚的发展合作对东盟优先领域的发展具有适应性和响应性。澳大利亚已经成为《河内行动计划》(HPA) 的积极支持者。随着《河内行动计划》的结束，澳大利亚已经同意将其合作领域聚焦于促进《万象行动计划》(VAP) 的执行。该计划是《河内行动计划》的延续。东盟和澳大利亚都相信，政府和私营部门之间的密切磋商对加强经济合作至关重要。澳大利亚和东盟的合作关系之所以具有力量，除了地理上接近的优势外，部分在于这一关系不断增加的互补性和这一地区的经济活力，以及两个合作伙伴都决心不断评估这一关系，以做出适合双方需要的改变。

(二) 经贸合作

自 1976 年签订东盟—澳大利亚贸易合作谅解备忘录以来，东盟和澳大利亚的贸易关系稳定扩大。东盟和澳大利亚强调，要扩展与贸易相关的活动，缩小贸易差距。这与 1989 年后部长会议期间与澳大利亚进行的讨论一致。第 17 次论坛注意到，双方的贸易和投资大幅度增长，尽管东盟一直关心贸易的不平衡。1994 年，东盟向澳大利亚出口近 54 亿澳元，从澳大利亚进口 95 亿澳元，澳大利亚贸易顺差 41 亿澳元。现在，澳大利亚对东盟的出口高于对欧盟和美国的出口，占澳大利亚总出口的 16%。1996 年，澳大利亚从东盟的进口增加 13%，占澳大利亚商品总进口的近 10%。2015—2016 年，东盟与澳大利亚贸易总量升至 710 亿美元，东盟超过日本、欧盟、美国等澳大利亚的传统盟友成为澳大利亚第二大贸易伙伴。2016 年双边贸易额接近 1000 亿澳元。贸易的有力增长还伴随着投资的增长。进入 20 世纪 90 年代以后，澳大利亚对东南亚国家的投资增长更为明显，投资额由初期的 34.64 亿美元上升到中期的 83.99 亿美元。直到 20 世纪 90 年代末，澳对东南亚国家直接投资达到 120 亿美元，占澳大利亚对外投资总数的 7%。2016 年澳大利亚对东盟的总投资额为 52 亿美元。东盟对澳大利亚投资主要以间接投资为主。

作为进一步加强这一贸易关系的措施，东盟经济部长于 1994 年 9 月在泰国研究了东盟自由贸易区与澳大利亚、新西兰比较密切的经济关系 (CER) 之间建立联系的可能性。其目的是进一步扩大市场规模，加强东盟与澳大利亚经济的互补性。随后，1995 年 9 月，东盟经济部长与澳大利亚和新西兰的同事在斯里巴加湾会晤，举行了东盟经济部长与 CER 的首次磋商会议。这次会议的焦点是消除贸易和投资障碍的实际步骤，而不是减少关税壁垒或正式一体化的步骤。部长们确定了两个地区进行合作的七个领域，即信息交流、人力资源开发、海关问题、标准与一致性、推动与促进、竞争政策和产业合作。一系列合作活动随即开始，例如，为东盟和 CER 国家(澳大利亚、新西兰)编制海关总目录，开发贸易与投资数据库。随着信息交流，双方开始在标准与一致性领域进行合作，开展与国际标准化组织(ISO)14000 环境鉴定系统相关的协作工作，以及通过概括 CER 标准与一致性开发的特点和东盟标准与质量报告开发的特点，宣传标准与一致性方面的知识。目前，东南亚国家是澳大利亚第四大贸易伙伴。新加坡、马来西亚和印尼均已成为澳大利亚十大贸易伙伴之一，其中新加坡、印尼是澳十大出口市场之一，新加坡和马来西亚是澳十大进口市场之一。泰国、越南、菲律宾也挤入澳二十大贸易伙伴之列。

东盟与澳大利亚之间的货物贸易主要集中在初级产品，商品档次不高。东盟对澳的进口主要有机械与配件、小麦、化学药品、铝、汽车及零件、矿砂等，出口以农产品、纺织品及成衣为大宗。他们之间的贸易关系是不平衡的。东盟与澳大利亚之间的商品贸易主要与新加坡、印尼、马来西亚三国进行，其中新加坡和印尼始终排第一位和第二位。上述三国的进口占东南亚国家从澳大利亚进口总额的 72%，对澳大利亚的出口占出口总额的 73%。澳大利亚过去长期处于顺差地位，但从 1998 年开始转为逆差，且有不断上升趋势。这主要是受东南亚金融危机和汇率变动两大因素影响。

在服务贸易方面，近年来澳大利亚的科学技术和其他服务业已悄悄打入东盟市场，如新加坡樟宜机场的导航系统、马来西亚银行的信用卡技术以及印尼的卫星网络等都是澳大利亚的技术。此外，澳对东南亚国家各国的劳务出口的发展也很快。其中以旅游业和海外教育所占比重最大，运输、通信、金融、房地产的发展速度最快。东南亚国家从澳大利亚的服务业贸易进口比 20 世纪 90 年代初期增长了近两倍。

东南亚国家与澳大利亚的双边贸易尽管基本上呈持续增加的态势，但是在各自对外贸易中的比重一直较少，主要经济原因有：①东南亚大多数国家与澳大利亚之间缺乏经济互补性。②双方都以日本、美国和欧洲为主要贸易伙伴。③关税保护和一系列的非关税壁垒措施严重制约了双边贸易的发展。

澳大利亚是东盟第六大贸易伙伴，东盟是澳大利亚第二大贸易伙伴，2014 年双边贸易额达 704 亿美元，同比增加 3.4%，澳大利亚对东盟直接投资(FDI)57 亿美元，有 440 万澳大利亚游客访问了东盟，同比增长 2.4%。

2014 年双方修订了东盟—澳大利亚议定书，旨在使东盟—澳大利亚—新西兰自贸区(AANZFTA)更友善和透明，通过简化原产地证书提高办事效率。AANZFTA 经济合作支持计划(AECSP)2010 年成立，2015 年到期，澳大利亚、新西兰和东盟方正考虑延长此计划到 2015 年之后。澳大利亚积极参与区域全面经济伙伴关系(RCEP)的谈判，2015 年已经考虑进一步向东盟提供技术援助。在东盟—澳大利亚发展合作方案的第二阶段(AADCP Ⅱ)中，有可持续发展前景的是东盟电力行业项目。东盟地区能源政策和规划分部门网络(REPP-SSN)和澳大利亚也正在探索在清洁技术、天然气和煤炭方面合作的可能性。在交通方面，澳大利亚一直与东盟合作，以促进更高效的跨境运输和贸易，包括大湄公河次区域合作的运输与贸易便利化的项目。

2018 年东盟—澳大利亚双边贸易总额达到 655 亿美元，澳是东盟对话伙伴中第七大贸易伙伴，总投资额达 12 亿美元。根据澳大利亚的数据，东盟是澳大利亚前三大贸易伙伴之一，2016 年双边贸易额达 932 亿澳元，约占澳大利亚贸易总额的 15%。

（三）FTA 进程

自 2002 年 9 月以来，以东盟为一方，以澳大利亚和新西兰为另一方，建立了东盟自由贸易区（AFTA）与澳大利亚和新西兰比较密切的经济关系（CER）之间的联系，简称 AFTA-CER 连接关系。目前，这一关系已经成为东盟、澳大利亚和新西兰经济交往的平台。2009 年 2 月 28 日，东盟与澳大利亚、新西兰签订综合自由贸易协议（AANZ-FTA），于 2009 年 7 月 1 日生效，协议内容包括货物、投资、服务与经济合作。根据这项协议，未来 12 年内，许多商品将陆续降低关税或免关税，预计可以增加 120 亿美元的贸易额。自协议生效开始至 2020 年，东盟将逐渐对澳大利亚和新西兰解除 96% 货物的关税，剩下 4% 的敏感性产品则仅会调降至 5% 或被排除在协定外，彼此间的贸易与投资预期都将增加。根据统计，东盟与澳大利亚、新西兰 2007 年的贸易额达 478 亿美元，比 2006 年增长 15.7%；东盟至澳大利亚、新西兰的出口额，2007 年达 310 亿美元，较 2006 年增长 17%，澳大利亚和新西兰至东盟的出口额，2007 年达 168 亿美元，较 2006 年增长 13.5%。澳大利亚和新西兰对东盟 2001—2007 年的直接投资金额则高达 100 亿美元。2015 年，东盟与澳新两国双向贸易总额达 603 亿美元，占东盟贸易总额的 2.6%。2015 年，从澳新两国流入东盟的外资金额达 74 亿美元，占东盟吸引外资总额的 6.2%。一方面，澳大利亚是东盟第七大贸易伙伴。2015 年东盟与澳大利亚双向贸易额达 518 亿美元，澳大利亚向东盟提供外国直接投资 52 亿美元。另一方面，2015 年东盟与新西兰双边贸易额达 85 亿美元，从新西兰流入东盟的外国直接投资总额为 22 亿美元。

在 2019 年 9 月 9 日举行的 AEM-CER 第 24 次磋商中，东盟各国经济部长以及澳大利亚和新西兰的经济部长对东盟—澳大利亚—新西兰自贸区（AANZFTA）成立 10 周年以及 AANZFTA 第一修正议定书的全面实施表示欢迎。会议期间，部长们对自贸协定联合委员会关于自贸协定升级谈判的工作计划表示了欢迎，希望缔结修订的自贸协定的第二项议定书。AANZFTA 经济合作支持计划（AECSP）成立于 2010 年，有助于提高东盟成员国机构执行该自贸区的能力。在第 24 次 AEM-CER 磋商中，部长们认识到 AECSP 在支持缔约方履行其 AANZFTA 承诺方面的作用，并重申了他们对支持 AANZFTA 的持续经济合作的承诺。

澳大利亚和新西兰最先与新加坡签订了自贸区协定，2012 年又分别与马来西亚和泰国签订了自贸区协定。

二、东盟与新西兰

（一）背景

新西兰是东盟最初的对话伙伴。新西兰与东盟于 1975 年建立关系。第 1 次东盟—新西兰首脑会议于 1977 年在吉隆坡举行。新西兰积极参加了东盟地区论坛（ARF），并多次担任东盟地区论坛的联合主席。新西兰积极参与一年一度的东盟后部长会议，对扩大对话和就相互关心及感兴趣的地区与国际问题交换意见有很大贡献。

（二）经济合作

自 2002 年 9 月以来，以东盟为一方，以澳大利亚和新西兰为另一方，建立了东盟自由贸易区（AFTA）与澳大利亚和新西兰比较密切的经济关系（CER）之间的联系，简称 AFTA-CER

连接关系。目前,这一关系已经成为东盟、澳大利亚和新西兰经济交往的平台。在加快实施 CEP 项目行动的过程中,东盟、澳大利亚和新西兰建立了"东盟自由贸易区(AFTA)—CER 商务理事会"(ACBC),以使 CEP 计划的商务参与具有新的活力。该理事会负责为 CEP 计划下的合作提供有关优先领域的商务意见。

新西兰对东盟的发展需求做出了重要贡献。1975—2003 年,新西兰为东盟提供了总数为 3220 万新西兰元的发展援助。在 2003—2004 财政年度,新西兰向东盟提供了 180 万新西兰元的援助。现在,东盟—新西兰的发展合作主要聚焦于支持《东盟一体化计划》(IAI)和海关、标准与一致性等领域的行动。新西兰还对湄公河流域的开发合作项目提供长期的支持。东盟与新西兰的发展合作对东盟优先领域的发展具有适应性和响应性。新西兰已经成为《河内行动计划》(HPA)的积极支持者。随着《河内行动计划》的结束,新西兰已经同意将其合作领域聚焦于促进《万象行动计划》(VAP)的执行。《万象行动计划》是《河内行动计划》的延续。

2011 年 6 月,东盟—CER(更紧密经贸关系)一体化合作论坛在马来西亚正式启动。该论坛提供了一个面向东盟、新西兰和澳大利亚合作的有效平台。为分享经济一体化和连通性的经验,该论坛已经召开了 4 次。2012 年 11 月在第 21 届东盟首脑会议上,发起了建立 RCEP 倡议,新西兰积极加入了该谈判中。

东盟与新西兰的贸易和投资不断发展,2014 年双向贸易额达到 107 亿美元,2013 年外商直接投资 98 亿美元,增加 9.4%。新西兰直接投资到东盟的有 388 万美元。2014 年新西兰到东盟的游客超过 461 万。2018 年东盟—新西兰双边贸易总额达 101 亿美元,新西兰是东盟对话伙伴中第十大贸易伙伴。新西兰还是东盟对话伙伴中第九大外国直接投资来源国,2017 年投资总额达 2 亿美元。

新西兰是东盟 6 个加入区域全面经济伙伴关系(RCEP)谈判的对话伙伴之一。RCEP 第 24 轮全面谈判于 2018 年 10 月 18 日至 27 日在新西兰奥克兰举行。在 2019 年 9 月 8 日于泰国曼谷举行的第 7 届 RCEP 部长级会议上,部长们重申了结束谈判的决心。此外,通过扩大和互惠的"东盟—新西兰青年商业领袖倡议"(YBLI),新西兰支持并努力使东盟成员国的青年商业领袖能够与新西兰商业界建立更好的联系。

由于新西兰基本上都是和澳大利亚一起与东盟合作,前面介绍澳大利亚后,这里相同的情况就不再赘述。

第六节　东盟与日本、韩国和印度

一、东盟与日本

(一)背景

从 20 世纪 50 年代开始,日本同东南亚国家就有了较密切的经济合作关系。到 1976 年东盟成立时,东南亚各国与日本已经建立起相当密切的经济关系。20 世纪 80 年代末 90 年代初,东南亚地区出现相对安全的国际政治环境,但由于苏联的解体使美苏争霸失去了平衡点,东南亚国家担心美国势力在东南亚过分扩张,因此将日本作为平衡美国势力的重要力量,双方经济合作关系也更进一步,进入了一个新的发展阶段。但是,随着多数东南亚国家经济实力的增长和工业化程度的提高，新加坡等东盟国家与日本的经济关系也出现了一些矛盾和摩擦，主要表现在国际市场上的产品竞争上。进入 21 世纪后，2002 年 11 月，日本与东盟签署了《全面经济伙伴关系联合宣言》，标志着日本同东盟之间搭建的加深经贸合作的框架大致成型。2002 年 1 月日本已经和新加坡签署了自由贸易协定。2003 年 10 月，日本—东盟自由贸易区（JAFTA）的进程正式启动。从此，东南亚国家与日本的经济关系达到前所未有的密切程度。2013 年 12 月日本与东盟庆祝双边关系建立 40 周年，日本首相于 2014 年 11 月中旬重申了日本加强与东盟关系的决心，强调要落实双方在《东盟—日本友好合作愿景声明》以及《东盟—日本纪念首脑会议联合声明》中所达成的一系列共识。2015 年 6 月 22—24 日，日本与东盟 10 国高级官员在柬埔寨首都金边举行会议。会议的主要目的是要探索双方新的合作机遇，以便拟定日本—东盟未来 5 至 10 年的合作方向。在 2015 年 11 月 22 日举行的第 18 次东盟—日本峰会上，日本首相称日本是亚洲的"最佳伙伴"，对东盟大打"亲情牌"。近年来，日本政府开发援助（ODA）投入最多的两个东盟国家是越南和缅甸。

（二）经贸合作

1. 概况

东盟和日本非正式对话关系最初成立于 1973 年，1977 年正规化。此后，显著的进步已经在政治安全、经济、金融和社会文化合作的所有领域取得。2003 年 12 月，《东京宣言》制定了其新千年的路线图，引导东盟—日本关系发展到 2010 年。2004 年 7 月，日本加入东南亚友好合作（TAC）的条约。2008 年，签署了东盟—日本全面经济伙伴关系（AJCEP）协议。2011 年第 14 届东盟—日本峰会发表了《加强东盟—日本战略伙伴关系的共同繁荣（巴厘宣言）》，并通过了东盟—日本 2011 年至 2015 年行动计划。这两个文件考虑到了 EPG 报告的建议。2012 年，制定了东盟—日本十年战略经济合作路线图，目标是到 2022 年双边贸易与投资有实质性的进展，包括在小型和中小型企业（SMEs）的合作、经济法律框架、科学技术、医疗卫生、物流运输、信息和通信技术、教育、人力资源开发和旅游业等的发展。2013 年，是东盟—日本建立对话关系 40 周年。2013 年 12 月，在东京召开的东盟峰会上，各国领导人联合发表了面对地区和全球挑战的愿景声明及其实施计划，以进一步加强东盟—日本关系，支持 2015 年以后东盟共同体的建设。东盟与日本设立了东盟连通协调委员会（ACCC）来开展互联互通工作，在日本已有 33 个加强与东盟互联互通的旗舰项目实施。在能源合作方面，东盟—日本专门成立了日本—东盟能源高级官员会议机制。另外，双方在信息安全、人力资源开发以及信息通信技术等基础服务方面也有专门的合作。日本现在是东盟第三大贸易伙伴和第二大外资来源地。目前，日本正在与东盟加强区域互联互通，计划实施项目 70 个。为打造升级版的全面经济合作伙伴关系，落实日本—东盟战略经济合作（2012—2020 年）进程，2016 年 8 月，在老挝万象进行了 AEM-METI 第 22 次磋商，部长们批准了新的路线图，已考虑到东盟共同体 2025 年愿景和 AEC2025 年蓝图。2019 年 3 月，在柬埔寨举行的第 7 届 RCEP 部长级会议期间，日本和越南签署了第一项议定书，修正了《关于纳入服务贸易、投资和自然人流动章节的 AJCEP 协定》。

2. 进展

2004 年日本超过美国成为东盟最大的贸易伙伴，双边贸易额达 1359 亿美元。为了促进贸易、投资和旅游业合作，东盟—日本中心在 1981 年 5 月建立了贸易、投资和旅游的东盟促进中心。东盟还是日本最主要的旅游目的地。

2018 年，东盟与日本的贸易额达到 2253 亿美元，占东盟商品贸易总额的 28%，日本是东盟第三大贸易伙伴和第二大外国直接投资(FDI)国，对东盟的外国直接投资达 212 亿美元，占对东盟外国直接投资总额的 13.7%。

3. 经济援助

2001 年，日本对外援助总额为 75 亿美元，其中援助东盟的数额为 21 亿美元，占总额的 28%，中国占 9.2%。2001 年，东盟共接受外来援助 35 亿美元，其中 60.1% 来自日本。近年来，日本尤其加大了对东盟新加入者的经济援助力度。1993 年以来，越南所接受的外来援助，半数以上来自日本。目前日本官方开发援助的 65% 和日元贷款的 70% 仍然集中在东盟。日本政府开发援助之所以集中在东盟等东南亚国家一方面是由于历史、地理和政治经济因素。战后日本的对外开发援助主要是从战争赔偿开始的，而二战期间受日本侵略的直接受害国主要是东盟和其他亚洲国家。另一方面，日本对东盟经济援助出于很明显的商业目的，主要还是为占领东南亚投资与贸易市场，援助方式多为进口贷款、兴建出口加工区以及修建交通设施，其不仅仅是帮助受援国家发展基础设施，更重要的是有利于日本商品的输入、推动对当地的投资活动。同时，为了在 GMS 合作中不被架空，日本也加大了对 GMS 东盟国家的投资和援助。

(三) FTA 进程

为了顺应经济一体化的潮流，日本近年开始积极参与东盟的双边自由贸易区的谈判。2003 年的日本经济产业发展研究报告称，如果日本与东盟达成自由贸易协定(FTA)，日本的 GDP 可以增加 1.1 兆日元，并创造 15 万 ~26 万个就业机会。2003 年 10 月，日本—东盟自由贸易区(JAFFA)的进程正式启动。日本—东盟自由贸易区的建立具有重要而深远的意义。由于日本—东盟自由贸易区属于南北合作型的区域一体化形式，各国相互间的经济互补性强，有利发挥各自的比较优势，提高区内资源配置的效率，形成规模经济效应。据一项研究报告显示，日本—东盟自由贸易区建立后，东盟对日本的出口预计增长 44.2%，而日本对东盟的出口将增长 27.5%。同时，它将为东盟和日本的国内生产总值增长分别贡献 1.99% 和 0.07%。为此，"根据双方 2002 年 11 月 5 日签署的《日本—东盟各国首脑关于框架性经济连携的宣言》和 2003 年 10 月 8 日签署的《关于日本—东盟框架性经济连携的基本内容》，日本和东盟要进一步加强经济连携"。为实施 2003 年 10 月 7 日签署的《第二次东盟协和宣言》，促进东盟 2020 年远景目标的实现，根据 2002 年 10 月日本—东盟协议会《关于河内行动计划的建议》，日本全力支持东盟在"东盟政治安全共同体、东盟经济共同体和东盟社会文化共同体的基础上建立东盟共同体"。东盟欢迎日本参加东南亚友好条约。2005 年 12 月，第 9 届东盟与日本领导人会议发表了关于深化和扩大东盟与日本战略伙伴关系联合声明，日本答应提供 7000 万美元给东盟发展基金和东盟—日本合作基金，以促进东盟一体化进程。

2007 年是日本近年来与东盟交往最为频繁的一年。1 月，第 12 届东盟首脑峰会在菲律宾宿务举行，各国领导人就起草《东盟宪章》问题达成一致，东盟与中日韩领导人会议("10+3")也同时举行。在东盟与日本领导人("10+1")会议上，日本表示为加强双边关系将设立"日本东盟贤人会议"，并对现有的"日本东盟中心"进行改革。同时，第 2 届东亚峰会在菲律宾宿务举行。会议发表了《东亚能源安全宿务宣言》。4 月，日本与越南就经济合作协定在东京举行第一轮会谈。日本与泰国在东京举行会谈，签署了《日泰经济合作协定》。同时，东盟与日本在东京举行经济合作协定第7轮谈判，就贸易自由化问题达成一致意见。6月，日本与文莱在东京签署《日本—文莱经济合作协定》。8月，印尼与日本在雅加达正式签署以贸易和投资自由化、稳定能源和矿物资源供应为主要内容的《印尼—日本经济合作协定》。同时，东盟与日本在菲律宾首都马尼拉举行经济部长会议，双方就签署东盟整体与日本的经济合作协定达成最终共识。11月，日本与东盟达成了相关协议。

2007年11月日本与东盟成员国领导人在新加坡举行会晤时签署自由贸易协议，经有关各国议会审议通过后，于2008年4月正式生效。这是日本与区域性经济组织达成的第一个自由贸易协议。日本在协议生效后立即对从东盟进口的按价值计算90%的产品实行零关税，并在10年内逐步取消另外3%产品的关税，同时降低其余6%产品的关税。剩下1%的产品是在日本政治上较敏感的大米、糖和奶制品等，这些作为"特例商品"未列入日本与东盟的贸易优惠安排。根据协议，文莱、印尼、马来西亚、菲律宾、新加坡和泰国6个东盟成员国将在协议生效后10年内逐步取消90%（按价值和种类计）的日本进口产品关税，越南将在15年内逐步取消90%的日本进口产品关税，柬埔寨、缅甸和老挝将在18年内逐步取消85%的日本进口产品关税。截至2013年底，日本还与7个东盟国家分别签订了FTA协定。

2017年11月11日，日本经济再生担当大臣茂木敏充与越南工贸部长陈俊英在越南岘港举行新闻发布会，两人共同宣布除美国外的11国就继续推进TPP正式达成一致，并将签署新的自由贸易协定，新协定的名称为"全面且先进的TPP"（CPTPP）。2018年12月30日，该协定正式生效，参加该协定的东盟国家有文莱、新加坡、马来西亚和越南。

二、东盟与韩国

（一）概况

1. 背景

韩国与东盟于1989年11月首次建立了部门之间的对话，最初的合作领域为贸易、投资、旅游，近年来已经扩展到科技、人力资源、环境等领域。为推动双边合作，韩国与东盟之间建立了两项基金：韩国—东盟特殊合作基金（SCF）、韩国—东盟面向未来合作计划基金（OCP）。在这些基金中，韩国贡献了较大的比例。如早在2001年11月，韩国就向特殊合作基金提供了1676万美元，向面向未来合作计划基金提供了500万美元。由此，双方的交流与合作得到了全面的发展，合作领域由经济逐渐扩大至政治和安全领域。

韩国与东盟的合作和中、日与东盟的合作几乎同时起步，但因地理位置等原因，发展不如中国和日本迅速。时任韩国总统卢武铉曾提出要加大韩国与东盟的合作力度，在东亚地区发挥更大的沟通和桥梁作用。在韩国与东盟第9届首脑会议上，双方签署了《东盟—韩国经济合作框架协定》及《关于落实东盟与韩国全面合作伙伴关系联合宣言的行动计划》。时任东盟轮值主席巴达维表示，这两项文件将进一步推动东盟与韩国经贸关系的发展，为双边关系的发展奠定更加坚实的基础。马来西亚对韩国在促进东盟"10+3"进程中所发挥的积极作用表示赞赏，希望韩继续支持作为东亚一体化进程主要动力的"10+3"机制。

2. FTA进程

韩国与东盟于2003年10月决定开展有关签订双边自由贸易协定的民间研究。根据韩国专家计算,如果中国—东盟自由贸易区建成,韩国 GDP 会降低 0.18%;如果日本与东盟建立自由贸易区,韩国 GDP 会降低 0.20%;而韩国—东盟自由贸易区建成后将使韩国 GDP 提高 0.64%,贸易账户差额增加 50 亿~60 亿美元。2004 年,双方专家就建立自由贸易区进行了可行性研究。2005 年,东盟与韩国完成了签订自由贸易协定的双边谈判,12 月签署了《东盟—韩国经济合作框架协定》以及关于落实《东盟与韩国全面合作伙伴关系联合宣言》的行动计划。2005 年 12 月 13 日,在东盟—韩国峰会期间,韩国和东盟各国的经济部长还签署了《东盟和韩国争端解决机制协议》。2006 年 8 月 26 日,东盟和韩国的经济部长(泰国除外)在吉隆坡签署了《东盟和韩国全面经济合作框架协议中的货物贸易协议》。2007 年 6 月,该协定正式生效。根据东盟—韩国自由贸易区时间表,双方到 2010 年废除 90% 的产品关税,到 2015 年实现零关税,同时对柬、老、缅、越给予特殊照顾。双方还决定在能源安全、开发、储备以及信息技术、计算机扶贫、中小型企业、人员交流、缩小东盟成员国发展差距、反恐等方面加强合作。韩国还与新加坡签订了自由贸易协定,深化了与东盟成员国的经贸关系。

2007 年 11 月 21 日,东盟和韩国在新加坡签署了东盟—韩国自由贸易区《服务贸易协议》。《服务贸易协议》规定,韩国将在对世贸组织所作承诺的基础上,在金融、成人教育和环境咨询等服务行业进一步向东盟国家开放市场。这是东盟与对话伙伴国签署的第二份《服务贸易协议》。由东盟—韩国投资专家工作组开展的东盟—韩国投资协议的谈判已经取得相应进展,计划在第 12 届东盟—韩国首脑会议上缔结谈判协议。

截至 2019 年 6 月,东盟和韩国通过东盟—韩国自贸区(AKFTA)执行委员会批准了 75 个项目,以支持该自贸区的实施,涉及贸易便利化、电子商务、环境和新兴技术等领域的新项目。东盟(秘书长)韩国商会对话会于 2019 年 11 月成立。这是双方关于改善东盟商业和投资环境意见交流的新渠道。

3. FTA 框架协议

目标:建立东盟—韩国自由贸易区(AKFTA)。东盟 6 个老成员国在 2012 年前与韩国实现货物贸易自由贸易区,越南在 2018 年前实现这一目标,柬埔寨、老挝和缅甸在 2020 年前实现该目标。服务贸易和投资的自由贸易区将在东盟和韩国双方达成的时间框架内实施。合作区域包括海关手续;贸易和投资推广;中小型企业;人力资源管理和开发;旅游;科学技术;金融服务;信息和通信技术;农业,渔业,畜牧业,种植业和林业;知识产权;环保行业;广播;建筑技术;标准评定和标准化以及卫生和植物检疫措施;矿业;能源;自然资源;造船和海运;电影业。

主要条款包括降低关税的形式;原产地规则;有关关税减让的调整;消除非关税壁垒;安全措施,包括收支平衡。第一轮关税减免从 2007 年 6 月 1 日开始。东盟和韩国达成的降低产品关税的形式为:韩国在该协议生效时(2007 年 6 月 1 日)取消至少 70% 正常产品的关税。所有正常产品的关税在 2010 年 1 月 1 日前取消。对于东盟 6 个老成员国,关税的取消分成四个阶段,从 2006 年 7 月开始到 2012 年结束;2007 年 1 月 1 日前至少 50% 正常产品的关税要减到 0~5%;2009 年 1 月 1 日前要取消至少 90% 正常产品的关税;2010 年 1 月 1 日前要取消所有正常产品的关税,最多可以保留 5% 正常产品的关税;所有正常产品的关税在 2012 年 1 月 1 日前取消。给予越南比上述多出 6 年的时间来达成这些目标,给予柬埔寨、老挝和缅甸多出 8 年的时间来达成上述目标。

(二)经贸合作

2004 年 11 月，双方签署《东盟与韩国全面合作伙伴关系联合宣言》，并制定了行动计划。在 2002—2004 年间，双边货物贸易以年均 12.9% 的速度增长。2004 年双边贸易额为 403 亿美元，比上年增长 20.4%，韩国仍是东盟第五大贸易伙伴，东盟是韩国第四大出口市场。韩国是东盟主要的资金来源，2004 年从韩国流入东盟的资金为 8.96 亿美元，比上年增长了 42%。

2008 年是东盟—韩国建立对话伙伴关系 20 周年。韩国在东盟一体化倡议项目中起着重要作用。韩国提供给韩国—东盟合作基金的金额由 300 万增加到 500 万美金。除了 2009 年 4 月的东盟—韩国峰会，双方还在 2009 年 6 月在韩国召开东盟—韩国纪念峰会以纪念东盟—韩国 20 年关系发展。2009 年 3 月 13 日，位于韩国首尔的东盟—韩国中心正式启用。东盟与韩国在 2007 年举办的第 11 届东盟韩国峰会上就设立东盟—韩国中心签署谅解备忘录。东盟—韩国中心是一个政府间组织，目的是推动双边贸易，加快投资流动，促进旅游业以及加强文化交流。

韩国和东盟 2010 年建立战略伙伴关系，之后双方在政治、安全领域上的合作得到全面深化。双边在经济领域的合作取得丰硕成果。2013 年双方贸易规模达到 1353 亿美元（出口为 820 亿美元，进口为 533 亿美元），东盟已成为继中国（2289 亿美元）后韩国第二大贸易伙伴。韩国企业对东盟地区的海外直接投资（FDI）规模达 38 亿美元，仅次于对中国的投资规模。2012 年访问东盟的韩国人达 493 万人次，访问韩国的东盟地区人也达 155 万人次，东盟是韩国游客人数最多的地区，韩国是继中国和日本后东盟地区游客人数第三多的国家。2014 年双边成立对话关系 25 周年时，双边贸易额已达 1382 亿美元，较 1989 年的 82 亿美元增加近 16 倍。双边领导人同意在 2020 年之前将双边贸易额推高到 2000 亿美元。东盟国家中，新加坡是韩国的最大贸易伙伴国，两国 2013 年的双边贸易额达到 326 亿美元，其次是越南、印尼和马来西亚。

2014 年，双方在第 2 次韩国—东盟特别峰会上发表了《关于东盟与韩国战略伙伴关系发展愿景的联合声明》，提出了具体的方向和措施，旨在进一步推动双方关系朝着深广方向发展，并一致同意在政治安全、经济、文化社会等方面加强合作。峰会希望 5 年前成立的东盟—韩国中心更着重能力建设、推广贸易及投资以及人民关系的发展，并计划在 2015 年签署《区域全面经济伙伴关系协定》。2015 年，双方签署了东盟—韩国自贸协定（FTA）商品协定修订议定书。2015 年，韩国还批准了与越南签订的自贸区协议。

2018 年，韩国是东盟第五大贸易伙伴，双边贸易额达到 1605 亿美元，同比增长 4.4%。东盟对韩出口 602 亿美元，进口 1003 亿美元，逆差较上年有所下降，为 401 亿美元。同时，韩国对东盟的直接投资为 66 亿美元，是东盟第五大对外直接投资来源国。2018 年双方互访游客达 800 万人次，同比增长 17%。东盟是韩国的第二大贸易伙伴和第三大投资对象。双方政府间合作的范围也在不断扩大，从外交、通商、贸易、投资扩展到基础设施、文化、国防和环境等方面。韩国和东盟已经超越了朋友关系，发展为"一起成长的共同体"。韩国政府表示力争到 2020 年将双边贸易额提升至 2000 亿美元和使游客达到 1500 万人次。

三、东盟与印度

(一)合作概况

1.合作阶段

(1)第一阶段。1991年,印度实施"东向政策";1992年,印度在经济和发展合作等领域成为东盟对话伙伴。

(2)第二阶段。1995年12月,印度成为东盟全面对话伙伴。此阶段印度与东盟在政治及安全领域开展了部长级的合作,并参加了亚太地区唯一的讨论安全事务的论坛——东盟地区论坛(ARF)。

(3)第三阶段。2002年印度和东盟举办首次峰会,并商定每年举办一次峰会;2004年11月,东盟—印度峰会在越南和老挝举行。

2.印度的"东向战略"

印度自1992年以来实施"东向战略",初期没有实质性的内容。随着印度与中国和东盟经济联系日益加深,"东向战略"有了许多实质性的内容,并且还会被注入更多的实质性内容。但直到2002年决定建立东盟—印度自由贸易区后,"东向政策"战略才有真正意义上的突破。印度终于从局外人发展成东盟的对话伙伴,即所谓的东盟"10+1"(印度)。2003年10月,印度加入《东南亚友好合作条约》,与东盟签署《全面经济合作框架协议》,印总理向东盟提出在2011年建成印度—东盟自由贸易区的建议。2005年12月13日在东盟与印度举行的第4次首脑会议上,印度承诺将与东盟和东亚国家一起"推动21世纪成为亚洲世纪"。莫迪政府上台后,印度将亚太地区作为其获得资本、技术、资源、能源、市场、技能、安全环境、和平周边以及稳定的全球贸易体系的重要支撑。印度外长在2014年8月访问越南期间主持的印度外交使团会议上提出,印度不仅要"向东看"更要"向东干",表示莫迪政府将奉行"东向行动政策"。莫迪在2014年第12届东盟—印度峰会上明确表示"东向政策"已经变为"东向行动政策"。"东向政策"升级为"东向行动政策",是印度亚太战略最为显著的新发展。升级后的"东向行动政策"为印度亚太战略注入了新的活力。

这既是国际合作强化的大势使然,也是双方各取所需的结果。从政治角度看,东盟的国际影响力不容忽视。印度与东盟在战略上无重大分歧,在众多地区和全球问题上也有着共识,双方密切政治合作关系,可使印度赢得东盟在国际事务中的更大支持,增大其外交回旋空间,东盟也看好印度不断上升的国际地位,希望在区域一体化进程中打出"印度牌",平衡与其他大国的关系。在安全层面上,东盟地处两大洋接合部,是连接亚太和南亚地区的战略枢纽。印度加强与东盟安全领域的合作,进可找到挤进亚太地区的突破口,退可改善周边安全环境。新加坡、越南也看好印度的军事影响力。

经济因素是推动双方进一步靠拢的"黏合剂"。印度和东盟已在机车、橡胶、纺织、服装、农产品加工、渔业、电力、信息、保健、航空和旅游等11个优先领域展开了贸易和投资合作,双方贸易额达130亿美元。在东盟眼中,印度不仅是拥有10亿人口的巨大市场,而且经济结构互补性较强,与东盟在能源、农业、信息产业领域均有巨大的合作前景。新加坡前总理吴作栋曾经将印度、中国形象地比喻为东盟经济腾飞的"左右两翼"。印度在看好东盟市场的同时,其基础设施建设领域也迫切需要东盟更多的技术和投资,为经济改革增添后劲。

在印度与东南亚各国的关系上，印度采取的主要做法是加强高层互访与对话，就具体问题与这些国家建立相应机构，通过加强对话和磋商来消除东南亚国家对于印度的偏见和误解，争取它们的政治支持，进而谋求更多的经济和军事等方面的合作。一方面，与东盟建立各种经贸合作机构，在宏观上协调和推动印度与东盟总体的经贸合作；另一方面，积极建立和扩大东盟各个国家的经贸合作，起到以点带面的作用。

除了印度和东盟建立的上述经贸合作机构外，1997年6月，印度加入"孟印缅斯泰经济合作组织"（BIMSTEC）。2000年11月，印度加入"湄公河—恒河合作计划"。后者于老挝首都万象宣布成立，参与国家包括印度、缅甸、泰国、老挝、柬埔寨和越南，主要的合作内容为旅游、文化和教育合作。这个组织的成立使得印度可以参加湄公河流域开发计划。不过，该组织真正开展的合作很少。

（二）经贸合作

东盟与印度的自贸协议涉及贸易额达数百亿美元，印度是东盟的第七大贸易伙伴。2007年双方贸易额为370亿美元，增长27%。这一年东盟国家对印度的出口增长了65%。东盟已经成为继欧盟、美国之后，印度的第三大贸易伙伴。从具体国别来看，2004年印度在东盟成员国的最大贸易伙伴是新加坡、印尼和马来西亚。目前，新加坡是印度的第四大进口国，印度则是新加坡的第十四大贸易伙伴，也是近年来新加坡发展最快的贸易伙伴。从产业的角度看，印度的软件业发展较快，制药业、生物工程、纺织业等行业发展迅速，是世界第五大散装药生产国。纺织业是印度历史最久、规模最大的行业，产出占GDP的6%左右，吸收了3500万人就业。印度是世界第五大服装出口国。在农业方面，印度利用其资讯科技产业发展迅速的优势，加速农业生产的信息化、现代化，为扩大与东盟国家在农业领域的合作创造了空间。随着经济的发展，印度也想方设法地开拓东盟市场，例如印度的汽车巨头塔塔公司已经进入泰国，摩托车制造商巴贾吉公司也在印尼投资建厂。

东盟与印度于1992年就已启动对话，但自由贸易协定直到2003年才开启，进展缓慢。2009年仅落实货物贸易协议。目前刚刚完成投资与服务贸易谈判。在此期间，中国、日本、韩国、澳大利亚等都与东盟签订了全面双边自贸协定。2012年，双方将印度与东盟的对话伙伴关系提升为战略伙伴关系，并致力于推动东盟与印度在政治、安全、经济、社会文化等全方位的合作。各方承诺将加强相互投资，提高人员和技术的交流。2011年，东盟—印度双边贸易额达749亿美元，2012年双边贸易额达到764亿美元，2015年双边贸易额达到587亿美元，东盟已经成为印度第四大贸易伙伴，占印度贸易总量的10.2%。根据印度报业托拉斯报道，《东盟—印度自由贸易协定》自2010年1月起生效。东盟—印度双边贸易总额从2017年的736.3亿美元增加到2018年的798.3亿美元，增长8.4%。印度对东盟直接投资从2017年的10.75亿美元增加到2018年的17.3亿美元。印度将东盟摆在印度"向东看"政策的核心位置，希望能与东盟加强三个支柱的合作。目前，印度跃升为东盟第六大贸易伙伴。

（三）FTA进程

2008年8月，东盟与印度完成东盟—印度自由贸易协议有关货物贸易的谈判，双方宣布将在拥有17亿人口、2007年综合国内生产总值达到23810亿美元的地区建立开放的市场。双方承诺，到2012年12月31日71%的商品关税降至零；到2015年另外9%的商品关税降至零,双方敏感进口商品清单中 8% ~ 10% 的商品关税降至 5%。上述协定涵盖的产品包括石油、经提炼的棕榈油、咖啡、胡椒和茶叶。

印度—东盟 FTA 的最终目标是实现双边贸易 95% 的商品零关税。第一阶段减税从 2008 年 6 月开始,第二阶段从 2010 年 1 月开始。在 2012 年 12 月 31 日前,印度和东盟继续削减 71% 的产品的进口关税,到 2015 年继续在此基础上削减 9% 的产品的关税。未来十年内,印度 96% 的产品贸易将都将对东盟开放。在这份被印度舆论誉为"历史性"的纲领性文件中,印度和东盟承诺共同促进贸易、投资、旅游、文化、体育以及民间交流。双方确定 2011 年和 2016 年分别为印度与东盟 5 个经济发达国家和其他 5 个欠发达国家实现自由贸易的期限。印度政府为了保护该国的汽车业,在该协议中并未列入印度的汽车业。该协议的内容还包括棕榈油、茶、咖啡和橡胶等部分敏感农产品的关税减免。印度同意将非关税减让特殊商品数目由原来提出的约 1400 项减少到 300 项是该谈判成功的关键。经过磋商,印度棕榈油的关税最终为 37.5%,印尼和马来西亚均表示接受该税率。

2014 年,印度与东盟(ASEAN)正式签署了一项有关服务和投资的自由贸易协定。至此,印度与东盟的自贸区的三个支柱文件签署完毕。印度官员认为,此举将促进印度专业人士在东盟地区的流动和服务领域的投资,充分发挥印度在金融、教育、医疗、电信和运输等领域的竞争优势,特别有利于平衡印度与东盟国家在商品贸易中的赤字。

东盟—印度自贸协定实现了双边 90% 以上的产品关税自由化,双方到 2016 年已取消 4000 多条产品线的关税。服务贸易协定的协调国为新加坡,投资协定的协调国则为马来西亚。东盟—印度服务贸易和投资协定于 2015 年 7 月生效。1993—2003 年,东盟—印度双边贸易以每年 11.2% 的速度增长,从 1993 年的 29 亿美元增长到 2003 年的 121 亿美元。2012 年 1 月,东盟和印度旅游部长签署了《东盟和印度关于加强旅游合作的谅解备忘录》,2017 年印度到东盟的游客为 415 万人次,比 2016 年的 279 万人次增长 48.75%。在互联互通方面,印度在 2012 年首次参加了第 21 届东盟陆路运输工作组会议。印度提出了加强东盟行动计划合作的倡议,涉及陆路运输、海运、边境管理、海关、移民、物流和安全以及公私伙伴关系等各个部门。印度—缅甸—泰国三边公路项目及其延伸至老挝和柬埔寨是正在进行的项目之一,目的是实现东盟—印度物理连接,并将东盟公路网与印度东部的公路系统连接起来。

2018 年 1 月,东盟和印度批准了《东盟—印度农业和林业合作中期行动计划》(2016—2020 年),鼓励双方把重点放在执行《行动纲领》上。

第七节　东盟地区论坛和东亚峰会

一、东盟地区论坛

(一)概况

东盟地区论坛(ARF)是东盟在亚太地区主持的最大官方安全对话组织。东盟地区论坛由东盟 10 国与其他 17 个国家和地区组成,包括中国、日本、韩国、朝鲜、蒙古、印度、巴基斯坦、孟加拉国、斯里兰卡、俄罗斯、美国、加拿大、澳大利亚、新西兰、巴布亚新几内亚、东帝汶和欧盟。

1992 年初东盟首脑会议就加强地区政治、安全对话达成共识。1993 年 7 月在新加坡举行的第 26 届东盟外长会议特别安排了东盟 6 个成员国、7 个对话伙伴国、3 个观察员国和 2 个来宾国共 18 方外长参加的"非正式晚宴"。其间，各方同意于 1994 年在曼谷召开东盟地区论坛（ARF），就地区政治安全问题进行非正式磋商。1994 年 7 月 25 日，ARF 首次会议在曼谷召开。

ARF 是目前亚太地区唯一的官方多边安全对话机制。其目的是就亚太地区政治安全问题开展建设性对话，为亚太地区建立信任措施、核不扩散、维和、交换非机密军事情报、海上安全和预防性外交六大领域开展合作，并同意论坛沿正式和非正式即第一和第二轨道进行。ARF 应进一步探讨建立信任和预防性外交的四个重叠领域，即扩大主席斡旋权、专家/名人登记、年度安全报告和自愿介绍地区安全问题。关于 ARF 未来的发展方向，中国强调 ARF 应坚持论坛的性质，以建立信任为核心，支持 ARF 探讨适合本地区实际的预防性外交，形成各方都能接受和支持的预防性外交概念与原则，并认为作为亚太地区最主要的官方多边安全对话合作渠道，东盟地区论坛在增进相互信任、凝聚合作共识、推动对话合作等方面发挥了积极作用。

(二) 进展

2007 年第 14 届东盟地区论坛外长会上，中国外长就推进亚太地区安全合作，坚持正确的安全观念和合作模式阐述了中方看法。一是相互尊重，相互平等。二是互利合作，共同发展。三是求同存异，协商共事。同时指出，新安全观是以互信、互利、平等、协作为核心理念的安全观，是综合安全观、发展安全观、合作安全观、共同安全观，是建立在亚太地区多样性和共同利益基础上的安全观念和安全模式，顺应人民的意愿和时代潮流，符合亚太和平、发展、进步、繁荣的内在规律和要求，应该倍加珍视，坚定不移地坚持下去。

2008 年 7 月 24 日，第 15 届东盟地区论坛在新加坡顺利落下帷幕。此次会议上，贸易和区域合作成为讨论热点，还涉及了共同打击跨境恐怖活动、加强应对气候变化合作等问题。会议设立了启动资金为 300 万美元的"东盟 10+3"合作基金，其中中、日、韩 3 国将各自贡献 90 万美元，东盟贡献 30 万美元。这将为第二份《东亚合作联合声明》及《工作计划》的实施提供必需的资源。会议期间，中国外长表示，中国愿从 9 方面加强同东盟的合作，全面推进中国—东盟自由贸易区建设，争取年内达成《投资协议》；在年内签署《建立中国—东盟中心谅解备忘录》；推动落实《南海各方行为宣言》后续行动等。ARF 进程分为建立信任措施、开展预防性外交和探讨解决冲突的方式三个阶段。

2008 年 12 月 30 日，为推动中国—东盟战略伙伴关系的深入发展，加强中国与东盟的沟通与协调，中国政府设立东盟大使一职，并决定任命薛捍勤为首任中国驻东盟大使，暂为非常驻。徐步是现任中国驻东盟大使。2015 年，东盟地区论坛海上风险管控与安全合作研讨会在北京举行。2015 年，外交部部长王毅在东盟地区论坛外长会上谈南海问题，明确了中国的观点和态度。

2011 年 7 月，第 18 届 ARF 外长会通过了《ARF 预防性外交工作计划》。2013 年，第 20 届 ARF 外长会讨论了地区和国际形势，审议并通过了《推动 ARF 向预防性外交迈进的概念文件》等文件。

2018 年 8 月 4 日，第 25 届 ARF 外长会在新加坡举行。会议讨论了地区和国际形势，通过了由中方倡议的《关于加强灾害管理合作声明》,批准了 2019 年度合作项目,其中包括中国提出的 4 个项目。国务委员兼外交部部长王毅出席了上述会议。王毅表示,南海局势进一步趋向稳定,"南海行为准则"(COC)磋商取得新的重要进展;地区国家应团结合作,坚决支持自由贸易,反对保护主义,坚持多边主义进程;希望域外国家尊重地区国家为维护和平稳定所做的努力和取得的进展,为本地区的和平稳定发挥建设性作用。

2019 年 11 月,第 35 届东盟峰会及东亚合作领导人系列会议于在泰国举行,李克强总理出席。此次会上,东盟各国及其对话伙伴就共同应对挑战、实现可持续发展、促进区域经济合作等议题达成多项成果,为打造更高水平的区域经济一体化、推动东亚合作取得更大发展注入新动能。

二、东亚峰会

(一) 概况

1. 背景

东亚峰会是东盟倡议召开的,1997 年亚洲金融危机给东亚各国造成了灾难性的损失,但也激发了各国推进地区合作的强烈愿望。同年底,东盟与中、日、韩领导人聚首马来西亚首都吉隆坡,"10+3"合作机制正式启动。包括本区域 13 个国家(东盟 10 国及中、日、韩)和 5 个观察员即 5 个域外国家(美国、澳大利亚、新西兰、俄罗斯、印度),还有潜在的成员国蒙古、东帝汶和潜在的观察员巴基斯坦、欧盟。东盟轮值主席国为该会议的主办者。

2001 年,由参加"10+3"会议的东亚 13 国 26 位专家组成的"东亚展望小组"提出了建立"东亚共同体"的报告,为东亚地区合作勾勒出发展蓝图。2005 年 4 月,东盟 10 国在菲律宾宿务举行外长会议,就东亚峰会的日程、形式和参与国等问题进行了讨论,一致赞同东盟应在东亚峰会中发挥核心和主要驱动作用。7 月,各方在万象举行的第 38 届东盟外长会议上建议:东亚峰会定期在东盟成员国举行,由东盟轮值主席国主办。东亚峰会是与东盟峰会同期举行的年会,由东盟轮值主席国主办,峰会的模式由东盟和东亚峰会其他所有参加国共同审议。

东亚峰会是一个开放的、包容的、透明的和具有前瞻性的论坛;东盟在东亚峰会及东亚合作进程中发挥主导作用。东盟组织提出参加东亚峰会的三个基本条件是:应是东盟的全面对话伙伴;已加入《东南亚友好合作条约》;与东盟组织有实质性的政治和经济关系。

2. 意义

(1)创造了区域合作新模式。东亚峰会的成员来自 3 个不同地区,16 个成员不是基于区域的一致性,而是基于战略利益的共同性走到了一起,打破了区域合作的地域限制。其区域合作模式在全球系首创。对于区域合作组织来说,其稳定性不在于各成员地域上的一致性,而在于利益上的共同性。

(2)构筑了区域合作新平台。"10+3"成员限制在东亚地区主权国家之内,没有接纳区外成员的打算,而东亚峰会是开放的新平台。

(3)强化了南北合作的性质,扩大了合作空间,增强了合作潜力。增加了"北方"成员的浓度,强化了南北合作的性质。峰会 16 个成员人口近 30 亿,占世界一半,GDP 总值超过 8 万亿美元,占全球 22%。

（4）缓和了东亚与美国的关系。通过东亚峰会这个平台，有望不断缓和美国与东亚的关系。

3.《吉隆坡宣言》

东盟成员国、澳大利亚、中国、印度、日本、韩国和新西兰的国家元首或政府首脑，出席了具有历史意义的首届东亚峰会。与会各国领导人通过并签署了东亚峰会《吉隆坡宣言》。宣言指出，东亚峰会参加国认识到，实现东亚及世界的和平、安全与繁荣符合各国的共同利益，愿意本着平等的伙伴精神和协商一致的原则，加强合作、增进友谊、创造一个和平的环境，为地区及世界的和平、安全与经济繁荣做出贡献。确信东亚峰会参加国相互之间乃至与世界各国就共同感兴趣和关切的问题加强双边和多边互动与合作，对促进和平与经济繁荣具有重要意义。宣言认同东亚峰会可以在本地区一体化建设的过程中发挥重要作用。与会各国领导人同意将东亚峰会建成一个论坛，就共同感兴趣和关切的战略、政治和经济问题进行对话；东亚峰会在努力推进本地区一体化建设时，应与东盟建设保持一致。与会各国将就政治和安全问题加强战略对话与合作，通过加强技术转移、基础设施建设、人道主义援助，促进东亚的发展，推动贸易和投资的扩大和自由化进程；加强民间交往，增进相互信任和团结，推动在保护环境、预防传染病及减灾等领域的合作。《吉隆坡宣言》提到，东亚峰会将定期举行，与东盟年度首脑会议同期，由东盟主席国主办并担任主席，峰会的模式将由东盟和东亚峰会其他所有参加国共同审议。

（二）进展

1. 新动向

2007 年 1 月 15 日，第 2 届东亚峰会在菲律宾举行，签署了《东亚能源安全宿务宣言》，提出了东亚地区能源合作的具体目标和措施。温家宝总理在会上发表了题为《合作共赢　携手并进》的讲话，就东亚合作方向提出了三点主张。即东亚合作应是实现地区共同发展与繁荣的合作，是促进国家之间和谐相处的合作，是尊重社会制度和文化多样性、多元化发展的合作。2007 年 11 月 21 日，第 3 届东亚峰会在新加坡举行。本次峰会的主要议题是气候变化、可持续发展等。温家宝总理在会上发表了题为《携手合作　共同创造可持续发展的未来》的讲话，着重阐述了中国政府在应对气候变化问题上的 5 点看法和主张。与会领导人签署并发表了《气候变化、能源和环境新加坡宣言》。

2009 年，第 4 届东亚峰会在泰国帕塔亚举行，主要议题为"共同行动应对全球挑战"，与会各国政府首脑将重点磋商合作应对国际金融危机的途径。这次会议还就推进建立"10+3"区域外汇储备库问题做出重要决定，确认外汇储备库规模从 800 亿美元扩大至 1200 亿美元。从各方承担的份额看，中国和日本都出资 384 亿美元，占出资比例的 32%，韩国出资 192 亿美元，占出资比例的 16%，而东盟 10 国总共出资比例为 20%。东盟最大的 5 个经济体：新加坡、马来西亚、印尼、菲律宾和泰国各自提供 45 亿美元，而老挝、缅甸、柬埔寨、越南和文莱提供剩余的资金。很明显，这是一个由中、日、韩主导的完全能够体现亚洲经济版图的出资结构。另外，该会还讨论了进一步加快亚洲债券市场建设步伐，以帮助本地区国家解决流动性困难，增强应对金融危机的能力。

2010 年第 5 届东亚峰会在越南举行。温家宝总理在发言中表示，东亚峰会成立 5 周年来，坚持"领导人引领"的战略论坛定位，在金融、能源、教育、禽流感、救灾等 5 个重点领域开展富有成果的对话合作，增进了各方的相互了解，促进了本地区和平、稳定与发展。2011年第6届东亚峰会在印尼举行。会议通过了东亚峰会关于互惠关系原则与东盟互联互通的两个宣言。其中，互惠关系原则宣言包含基于《联合国宪章》《东南亚友好合作条约》以及其他与会国相关法律法规的基本准则和共同原则，将作为推动和维护地区和平、稳定与繁荣的行为指南。会上，各方就共同关心的国际和地区问题，以及加强财金、能源、教育、传染病和灾害管理等5大重点领域的合作进行了讨论。会议强调，东亚峰会要继续坚持以"领导人引领"的战略论坛性质，坚持以东盟为主导，以"10+1""10+3"为合作主渠道等。2012年第7届东亚峰会在柬埔寨举行。2013年第8届东亚峰会在文莱召开，重要议题包括粮食及能源安全、气候变化、疾病控制和灾害管理等。

2014年第9届东亚峰会在缅甸举行，各方围绕东亚一体化进程的相关战略性问题以及共同关心的地区和全球问题进行了讨论。李克强总理在讲话中说，东亚在过去几十年能够快速发展，根本原因在于有一个和平稳定的地区环境，这是东亚各国人民共同努力的结果。各方应把握好政治安全和经济发展"两个轮子一起转"的大方向，促进地区和平安定，积极应对全球性挑战，深化经济社会等领域合作，建设和平与繁荣的东亚地区。

2015年第10届东亚峰会在马来西亚举行。峰会前，李克强总理同与会各国领导人出席了《2015建成东盟共同体吉隆坡宣言》和《东盟迈向2025年吉隆坡宣言：团结奋进》签字仪式。李克强总理在讲话中表示，东亚峰会成立10年，是东亚合作蓬勃发展的10年，是各国共享繁荣成果的10年，也是东亚峰会影响力不断扩大的10年。站在新的起点上，我们应继续坚持"领导人引领"的战略论坛定位，坚持东盟主导地位，坚持发展和安全"双轮驱动"，坚持各机制协调发展。东亚要继续成为世界和平稳定之锚、发展活力之源，必须珍惜来之不易的好局面，筑牢经济、安全、人文三大支柱，为区域合作注入新动力。

2016年第11届东亚峰会在老挝万象举行。与会领导人充分肯定东亚峰会对推进地区和平与发展所发挥的重要作用和取得的合作成果。各方欢迎中国—东盟领导人会议尽早达成"南海行为准则"，并通过有关海上合作的成果文件，支持各方全面落实《南海各方行为宣言》，以和平和外交方式解决海上争议，确保实现地区稳定与繁荣。峰会后，李克强总理与东盟10国及韩国、日本、印度、澳大利亚等国领导人共同出席了《区域全面经济伙伴关系协定》联合声明发布仪式。本次峰会上，包括全部东盟成员国在内的绝大多数与会国家领导人认为，中国和东盟已经为维护南海和平稳定、推动南海问题解决找到了一条正确的道路。

2017年第12届东亚峰会在菲律宾马尼拉举行。时值东亚区域合作迎来"大年"：东盟成立50周年及东盟与中日韩"10+3"合作启动20周年。会议认为，在美国地区政策尚不明朗的情况下，中国政策的稳定性会给地区的稳定性做出贡献。

2018年第13届东亚峰会在新加坡举行。与会领导人充分肯定东亚峰会成立13年以来，已成为推动东亚地区对话合作的重要平台，为增进各方理解信任、维护地区和平稳定、促进地区繁荣发展发挥了重要作用。当前国际形势不稳定不确定因素增多，各国要继续秉持和睦相处、合作共赢的理念，加强平等协商、推进相互开放，维护东亚地区的和平稳定与发展繁荣。会议通过了《东亚峰会领导人关于东盟智慧城市的声明》等多份成果文件。

2019年第14届东亚峰会在泰国曼谷举行。本次峰会通过了《关于可持续伙伴关系的声明》以及关于打击毒品传播、合作打击跨国犯罪的声明等成果文件，有利于各方共同推动本地区实现更加均衡、高效、可持续发展。

　　李克强总理出席会议并指出，东亚峰会应坚持成立之初的"领导人引领"的战略论坛定位，平衡推进政治安全合作与社会经济发展、战略沟通与务实合作，坚持东盟中心地位，坚持聚焦东亚和亚太，维护好现有区域合作架构，使合作保持在正确轨道上。各国应坚持合作共赢，共同构建开放型经济；继续发扬应对国际金融危机、东亚金融危机时同舟共济的精神，加强合作；要坚定支持多边主义和自由贸易，推动经济全球化朝着开放、包容、普惠、平衡、共赢的方向发展；坚持发展为先，实现共同繁荣。

　　东亚峰会提供了本区域各国与域外国家合作的渠道，是一个新的合作平台。如果进展顺利，有望发展成一个跨地区的合作机制，成为连接东亚合作与亚太合作的桥梁。

【本章小结】

　　现在，一个以东盟为轴心的 FTA 合作架构正在形成。这不仅会推动东盟与对话伙伴国的经贸合作，也会推动全球贸易自由化的进程。学习了这章，对东盟的对外经贸合作就有了一个比较全面的了解。

【拓展阅读】

"一带一路"愿景与行动

　　2013 年 9 月至 10 月，国家主席习近平在出访中亚和东南亚国家期间提出了共建"丝绸之路经济带"和"21 世纪海上丝绸之路"（简称"一带一路"）的重大倡议，得到国际社会高度关注。2014 年由国家发改委、外交部和商务部联合发布了《推动共建丝绸之路经济带和 21 世纪海上丝绸之路的愿景与行动》，宣告"一带一路"进入了全面推进阶段。愿景是打造政治互信、经济融合、文化包容的利益共同体、命运共同体和责任共同体。这是我国今后相当长时期全面开放对外经济合作的一个总规划，在新 35 年（2014—2049 年）将改变中国和世界的大格局。中国目前正与"一带一路"沿线国家一道，积极规划中蒙俄、新亚欧大陆桥、中国—中亚—西亚、中国—中南半岛、中巴、孟中印缅六大经济走廊建设。中国—东盟之间就有两条经济走廊：中国—中南半岛和孟中印缅。东盟各国是我国"海上丝绸之路"首先经过的国家，除老挝外，东盟其他国家均与我国有"海上丝绸之路"的合作。

　　"一带一路"合作有"六路"引导。一是加强同沿线国家发展战略对接，增进战略互信，寻求合作，将"一带一路"建成和平之路。二是聚焦发展这个根本，以"六廊六路多国多港"为主体框架，大力推动互联互通和产业合作，拓展金融合作空间，将"一带一路"建成繁荣之路。三是提高贸易和投资自由化便利化水平，与相关国家商谈优惠贸易安排和投资保护协定，全面加强海关、检验检疫、运输物流、电子商务等领域合作，将"一带一路"建成开放之路。四是抓住新一轮科技革命和产业变革的机遇，加强创新能力开放合作，将"一带一路"建成创新之路。五是建立"绿水青山就是金山银山"的绿色之路。做到绿色发展、环保、人与自然的和谐。六是建立多层次的人文合作机制，推动教育、科技、文化、体育、卫生、青年、媒体、智库等领域合作，夯实民意基础，将"一带一路"建成文明之路。

　　"一带一路"建设的主要内容是"五通"。一是"政策沟通"。通过领导人、部门、地方等各层次进行政策对话。二是"道路联通"。既有传统的公路、铁路、航空、航运、管道等的联通，也有电力、电信、邮政、边防、海关和质检、规划等新领域的联通。三是"贸易畅通"。重点促进贸易和投资便利化。四是"货币流通"。包括推广本币结算和货币互换。五是"民心相通"。促进不同文明和宗教之间的交流对话，推进教育、文化交流，发展旅游。其中与沿线国家开展国际产能合作是重头戏。"一带一路"将会拓展中国—东盟经贸合作的深度与广度。"六路"是通过"五通"实现的。

2018 年 11 月，中国—新加坡自贸区升级版签订，确定了"中国—新加坡国际陆海新通道"。2019 年 8 月，国家发改委公布了《西部陆海新通道总体规划》。中国与东盟合作在"一带一路"推动下，又有了新的合作平台，将双边合作推向深入。

【关键名词或概念】

CAFTA 及其升级版
"黄金十年"与"钻石十年"
对话伙伴国(CER)
东亚峰会
东盟地区论坛

【思考题】

1. 中国—东盟自由贸易区协定及其升级版对东盟有何意义？
2. 中国—东盟自由贸易区"早期收获计划"的主要内容是什么？
3. "一带一路"对中国与东盟经贸合作有何影响？
4. 十个对话伙伴国对东盟经贸合作的作用如何？
5. 东盟与十个对话伙伴国在 FTA 的进展如何？

第四章　新加坡

【本章导读】

　　本章简述了新加坡的基本国情，介绍了该国的经济特色和对外经贸状况。通过本章学习，可了解新加坡的主要产业和在服务贸易上的优势，了解新加坡参加自贸协定的概况，了解新加坡关于贸易和投资的相关管理制度，了解新加坡与中国经贸往来的现状和未来发展前景。

【学习目标】

　　本章重点要求学生理解掌握新加坡的国家特色以及今后发展的方向；了解新加坡签订自贸协定的未来的发展方向；了解"一带一路"下新加坡与中国的经贸合作现状和重点合作领域。

第一节　国情概况

一、基本情况

(一)简史

　　新加坡古称淡马锡，公元 18 世纪至 19 世纪属于马来西亚柔佛王国。1824 年新加坡沦为英国殖民地，二战期间被日本占领。1945 年日本投降后，英国恢复对新加坡的殖民统治。1959 年，新加坡实现自治，并在 1963 年 9 月并入马来西亚联邦。1965 年 8 月 9 日，新加坡脱离马来西亚，成立新加坡共和国。同年 9 月新加坡成为联合国会员国，10 月加入英联邦。

　　新加坡是一个城市国家。据马来史籍记载，公元 1150 年左右，苏门答腊的室利佛逝王国王子乘船到达此岛，看见一头黑兽，当地人告知为狮子，遂有"狮城"之称。新加坡是梵语"狮城"谐音，由于当地居民受印度文化影响较深，喜欢用梵语作为地名，而狮子具有勇猛、雄健的特征，故以此作为地名。过去华侨多称其为"息辣"，即马来语"海峡"的意思，也有因其小而将之称为星洲、星岛的。新加坡的主要标志与象征为鱼尾狮塑像。

（二）国家知识

国旗：新加坡国旗又称星月旗，于 1965 年 8 月 9 日正式成为新加坡共和国的国旗（见图 4-1）。1959 年，新加坡在英国统治下组成自治政府，星月旗随后成为自治政府的官方旗帜。1965 年新加坡独立后它被选为国旗。新加坡国旗由红、白两个平行相等的长方形组成，长与宽比为 3∶2，左上角有一弯白色新月以及 5 颗白色五角星。红色代表了平等与友谊，白色象征着纯洁与美德。新月表示新加坡是一个新建立的国家，而 5 颗五角星代表了国家的 5 大理想：民主、和平、进步、公正、平等。新月和五颗星的组合紧密而有序，象征着新加坡人民团结和互助的精神。

国徽：新加坡的国徽由盾徽、狮子、老虎等图案组成（见图 4-2）。红色的盾面上镶有白色的新月和五角星，其寓意与国旗相同。红盾左侧是一头狮子，象征新加坡；右侧是一只老虎，象征新加坡与马来西亚之间历史上的联系。红盾下方为金色的棕榈枝叶，底部的蓝色饰带上用马来文写着"前进吧，新加坡！"

图 4-1　新加坡国旗

图 4-2　新加坡国徽

国歌：新加坡的国歌原版为马来语《Majulah　Singapura》，中文译为《前进吧，新加坡》。

国花：卓锦·万代兰，东南亚通称为胡姬花。卓锦·万代兰是由卓锦女士培植而成，花朵清丽端庄，生命力特强。它象征新加坡人的气质和刻苦耐劳、果敢奋斗的精神。

重要节日：独立日（8 月 9 日，1965 年）；华人新年（每年 1 月或 2 月的农历新年）；中秋节（农历八月十五）；开斋节（回历 10 月新月出现之时）；泰米尔新年（4—5 月）；大宝森节（泰米尔历的 1—2 月）；蹈火节（10—11 月）；卫塞节（5 月的月圆日）；圣诞节（12 月 25 日）；复活节（3 月 21 日月圆后的周日）；国庆节（8 月 9 日）。

首都：新加坡市，位于新加坡岛南端，南距赤道 136.8 千米，面积约 98 平方千米，约占全岛面积 1/6。这里地势和缓，最高点海拔为 166 米。新加坡市是全国政治、经济、文化中心，有"花园城市"之称。珊顿道是金融区里的主要道路，两旁都是摩天大楼。毗邻的吉宝港口是世界上最繁忙的港口之一。新加坡河从市区穿过，河岸两侧是移民最先迁入的地方，是商业最先繁荣的地带，也是老新加坡的经济动脉。河口上矗立着一座乳白石做的"鱼尾狮"雕像，是新加坡的精神象征和标志。

二、地理与人口

新加坡位于马来半岛最南端、马六甲海峡入口、赤道以北约 137 千米处。北隔狭窄的柔佛海峡与马来西亚紧邻，并在北部和西部边境建有新柔长堤和第二通道相通。南隔新加坡海峡，与印尼的民丹岛和巴淡岛等岛屿都有轮渡联系。新加坡的土地面积是 718.3 平方千米，海岸线总长 200 余千米，全国由新加坡岛、圣约翰岛、龟屿、圣淘沙、姐妹岛、炯岛等 60 多个岛屿组成，其中新加坡岛占全国面积的 88.5%。新加坡总面积因为沿岸填海造地而一直扩大，目前已填出了 100 多平方千米的新土地。

新加坡地处热带，受赤道低压带控制，为赤道多雨气候，气温年温差和日温差小，一年四季无明显变化，年平均温度在 23℃~35℃之间，年均降雨量在 2400 毫米左右，湿度介于 65%~90% 之间。11 月至次年 1 至 3 月左右为雨季，受较潮湿的东北季候风影响，天气不稳定，通常在下午会有雷阵雨，平均温度 24℃~25℃。6 月到 9 月则吹西南风，最为干燥。4 月到 5 月、10 月到 11 月为季候风交替月，地面的风弱，多阳光，酷热，岛内的最高温度可以达到 35℃。

总人口 564 万(2018 年 12 月)，其中公民和永久居民 399 万。华人占 74% 左右，其余为马来人、印度人和其他种族。大多数新加坡华裔的祖先源自中国南方，尤其是福建、广东和海南省。新加坡人口密度 7851 人/平方千米，人类发展指数为 0.901。新加坡人主要是由近一百多年来从欧亚地区迁移而来的移民及其后裔组成的。受移民社会的特性加上殖民统治的历史和地理位置的影响，新加坡呈现出多元文化的社会特色。

新加坡的主要宗教有伊斯兰教、佛教、基督教、印度教、锡克教、犹太教和拜火教。其中佛教是全国第一大宗教。

第二节　经贸发展

一、经济

新加坡自然资源贫乏，属外贸驱动型经济，以电子、石油化工、金融、航运、服务业为主，高度依赖美、日、欧和周边市场，外贸总额是 GDP 的 4 倍。经济长期高速增长，1960—1984 年间 GDP 年均增长 9%。1997 年受到亚洲金融危机冲击，但并不严重。2001 年受全球经济放缓影响，经济出现 2% 的负增长，为独立之后最严重衰退。为刺激经济发展，政府提出"打造新的新加坡"，努力向知识经济转型，成立经济重组委员会，全面检讨经济发展政策，积极与世界主要经济体商签自由贸易协定。

2008 年受国际金融危机影响，新加坡政府采取积极应对措施，加强金融市场监管，推出新一轮刺激经济政策。2010 年经济增长 14.5%。2011 年以来，受欧债危机负面影响，经济增长再度放缓(见表 4-1)。

表 4-1 新加坡宏观经济数据(2010—2019 年)

年份	GDP/亿美元	经济增长率/%	人均 GDP/美元
2010	2364.2	14.5	46570
2011	2753.4	6.2	53117
2012	2899.4	3.4	54577
2013	3022.5	4.4	55979
2014	3078.6	2.9	56284
2015	3100.3	2.0	52888
2016	3384.1	2.0	56724
2017	3057.6	3.5	53880
2018	3610.5	3.2	64582
2019	3284.2	0.8	56679

注:资料源于新加坡统计局。

2017 年 2 月,新加坡"未来经济委员会"发布未来 10 年经济发展战略,为实现包容发展、建设充满机遇的国家等目标,制定了深入拓展国际联系、推动并落实产业转型蓝图、打造互联互通城市等七大发展战略。2018 年,新加坡公布了未来发展的四项计划:改造新加坡环境、打造新经济引擎、支持老龄化人口、进行教育体制改革。这四项长期计划为期 20 年至 30 年,甚至更长时间。2018 年 4 月,新加坡政府相继推出产业转型蓝图的 23 个工商产业(合计占经济比重 80% 成以上)集结为制造业、建筑与环境、基本公共服务、现代服务、生活服务、贸易运输物流六大产业群,制定产业群战略,加强相关产业间的合作,发挥协同效应,促进经济加快转型。

2019 年全年 GDP 增长 0.8%,创 10 年来最慢增速。由于全球贸易摩擦旷日持久,出口下降,尤其是电子产品,导致新加坡这个出口导向型经济体增速放缓。新加坡制造业收缩 1.4%,与 2018 年 7.0% 的增长形成逆转。电子、化工、精密工程和运输工程几个产业集群的产出下降,拖累了该行业的表现。2020 年,由于新型冠状病毒(简称新冠)肺炎疫情对各国的影响,制造业、批发贸易等外向型产业受到其主要需求市场经济放缓所带来的打击,旅游和交通部门也受到游客人数大幅下降所产生的影响,加上防疫考虑,人们减少外出购物、就餐的一系列举动也可能导致国内消费下降,新加坡将对 2020 年经济增幅的预测范围从此前的"0.5% ~ 2.5%"下调至"-0.5% ~ 1.5%"。

(一)第一产业

新加坡农业用地很少,适宜农业生产的耕地不多,仅占国土面积的 5%,多选择种植经济价值高的椰子、油棕、橡胶和著名的观赏花卉胡姬花(兰花)等。2001 年,新加坡 GDP 为 1380 亿美元,农业生产的贡献率不到 1%。新加坡目前超过 90% 的粮食需要从外国进口,对全球食品市场的不稳定性应对能力弱,政府必须采取主动措施予以应对。为加速推动农产品行业向高科技转型,实现可持续农耕、渔业养殖等技术创新,减少对进口食品的过分依赖,提高农产品的自给能力，新加坡在 2019 年出台了农产品"30·30 愿景"，并决定成立新加坡食品局，负责推进实现愿景；旨在提升农产品产量，在发展本国农业的同时，降低对进口食品的依赖，增强对全球食品市场不稳定性的抵御能力。农产品"30·30 愿景"是指到 2030 年，新加坡生产的农产品能够满足国民 30% 的营养需求，在国民的 30% 营养需求中，有 20% 来自蔬菜水果，10% 来自鱼肉和鸡蛋等食物所含蛋白质。为了保障农产品"30·30 愿景"顺利实现，打造亚洲乃至全球领先的城市农业科技和水产养殖科技枢纽，建立可出口到区域的食品生产模式，新加坡将多措并举，加大投入力度，主打"科技牌"。此外，新加坡还将筹建农业食品创新园。新的农业食品创新园将汇集高科技农耕、研究与开发活动，包括建立室内植物工厂、昆虫农场和动物饲料生产设施等。创新园预计 2021 年可建成并投入使用。农产品"30·30 愿景"是一个宏大的目标，届时农产品的生产量要比目前高出好几倍。

(二)第二产业

制造业是新加坡经济发展的三大支柱之一，占 GDP 的 20% 左右。制造业产品主要包括电子产品、化学与化学产品、机械设备、交通设备、石油产品、炼油等部门。新加坡是世界第三大炼油中心。在制造业中，电子和精密工程约占 40%。2019 年，新加坡制造业同比萎缩了 1.5%，而 2018 年则扩张了 7%。导致新加坡电子产业萎靡的主要原因是全球需求下降。2019 年，全球芯片需求下降 13.3% 左右，新加坡数以百计的半导体企业因此不同程度地陷入重围。这些企业多数是新加坡与欧美日企业合办的，尽管合办企业让新加坡半导体产业的全球占比迅速上升，但一旦外部形势有变，很容易陷入被动。新加坡 2020 年上半年举行大选，人民行动党有实施更积极的财政和货币政策的动力，政府还将进行技能培训和建设社会安全网等，如果受新冠肺炎影响不大的话，新加坡的制造业在近几年有可能从低谷中走出来。

(三)第三产业

新加坡三大支柱中的另外两大支柱为旅游与国际贸易。新加坡是东南亚最大的海港、重要商业城市和转口贸易中心，也是国际金融中心和重要的航空中心。2019 年新加坡服务业增长 1.1%，增幅低于 2018 年的 3.4%。在公共部门和私营部门建筑项目的支撑下，2019 年新加坡建筑业增长 2.8%，扭转了 2018 年萎缩 3.5% 的局面。

1. 交通运输

新加坡交通发达，设施便利，是世界重要的转口港及联系亚、欧、非、大洋洲的航空中心。交通产业占全国 GDP 总产值的 10% 左右。

(1)铁路。截至 2013 年底，新加坡轨道交通线路总长 182 千米，其中地铁 153.2 千米。新加坡与马来西亚达成协议，将修建吉隆坡至新加坡高速铁路("泛亚铁路"的最南端)，计划全长 330 千米。

(2)公路。新加坡 15% 的土地面积用于建设道路，形成了以 8 条快速路为主线的公路网络。

(3)水运。为世界最繁忙的港口和亚洲主要转口枢纽之一，是世界最大燃油供应港口。新加坡港有 200 多条航线，连接世界 123 个国家和地区的 600 多个港口，有 4 个集装箱码头，集装箱船泊位 54 个，为全球仅次于中国上海的集装箱港口。

(4)空运。新加坡是亚洲地区重要的航空运输枢纽。新加坡樟宜机场连续多年被评为世界最佳机场。

2. 旅游业

旅游业是新加坡主要外汇收入来源之一。新加坡主要景点有圣陶沙、植物园和夜间动物园等。优越的地理位置、发达的交通条件和良好的旅游设施，每年都吸引大量来自世界各地的游客。2018 年新加坡旅游业在全球市场呈现稳步增长的势头：入境旅客方面，2018 年，外国游客达 1850 万人次，较上年增幅达 6.2%，旅游收益初步估算达 271 亿新币(约合人民币 1352 亿元)，较上年涨幅约 1%。其中，观光、娱乐、赛事等部分的旅游收益涨幅明显。2018 年赴新加坡旅游的中国内地游客已突破 341 万人次，同比增长 6%，中国稳居第一大客源国位置。新加坡于 2019 年 1 月 28 日起正式推出面向中国和印度公民的 96 小时过境免签政策(VFTF)。凡持有包括澳大利亚、美国等 8 个指定国家签发的有效签证及 96 小时内离境新加坡的有效续程机票、渡轮票或船票等的游客，即可在前往第三国和自第三国返回途中过境新加坡时免签停留 4 天。2019 年新加坡入境游客人次为 1910 万，较 2018 年的 1850 万入境游客人次增长 3.2%。以 2019 年前 9 个月为计算基准，全年旅游收入预计为 271 亿新元(1新元约折合 5 元人民币)，比 2018 年增收 2 亿新元。其中，中国游客为 363 万人次，比 2018年增加 6%。2020 年受新冠肺炎影响新加坡全年游客人次下滑 25% ~ 30%，旅游收入也出现双位数下降。

3. 金融业

新加坡是唯一获此标准普尔"AAA"长期主权债信评级的亚洲国家。新加坡是目前亚太地区最成熟的资本市场之一，是亚太地区除日本之外最大的房地产投资信托基金(REITs)市场，是亚洲最大的新兴市场货币交易中心以及全世界发展最快的国内债券市场之一，同时也是亚洲地区进行金融衍生品场外交易的领军人物。新加坡不仅在国际金融、贸易融资、海事金融、保险、财务运作方面拥有领先地位，在资产及财富管理方面也趋于佼佼者。新加坡是全球第四大国际金融中心。新加坡财富管理行业发展成效显著，有关机构预计其到 2020 年将取代瑞士成为全球顶级财富管理中心。截至目前，新加坡大概有商业银行 210 家，其中本地银行 4 家，外资银行 206 家。中国的中国银行、工商银行、建设银行、农业银行、交通银行、招商银行、中信银行、上海浦东发展银行均在新加坡设有分行。

新加坡保险市场高度发达，市场主体众多，外资保险公司将新加坡作为区域中心辐射东南亚。新加坡共有保险公司 79 家，包括 17 家寿险公司、57 家产险公司和 5 家综合保险公司，还有 37 家再保公司、61 家自保公司，另外劳合社(亚洲)在新加坡设立了 28 家劳合社辛迪加。

新加坡证券交易所(SGX)成立于 1999 年 12 月，2000 年 11 月成为亚太地区第二家通过公开募股和私募配售方式上市的交易所，也是亚洲首家实现电子化及无场地交易的证券交易所和中国企业海外上市的平台之一。目前，新加坡共有超过 100 家孵化公司、加速创业公司和创投建设公司以及超过 150 家风险投资公司。2018 年新加坡风险投资领域共达成 353 个交易，较 2012 年增长一倍以上，总额达到 105 亿美元，较 2012 年增幅超过 11 倍。

4. 教育

新加坡的教育制度强调双语、体育、道德教育、创新和独立思考能力并重。双语政策要求学生除了学习英文，还要兼通母语。政府推行"资讯科技教育"，促使学生掌握电脑知识。学校绝大多数为公立，其中包括 170 所小学、154 所中学、14 所初级学院，以及新加坡国立大学、南洋理工大学和管理大学 3 所大学。2017 年，新加坡政府的教育开支达到 129 亿新元（约合 93 亿美元），占总预算的 17%，较 2005 年增加了一倍。

5. "智慧国家 2025" 计划

新加坡在信息技术发展和应用方面一直都处于世界领先地位。新加坡在"电子政务"方面排名世界第一。2014 年，新加坡公布了"智慧国家 2025"的 10 年计划。这份计划是之前"智能城市 2015"计划的升级版。这是全球第一个智慧国家蓝图，新加坡有望建成世界首个智慧国。

"智慧"与"智能"虽只有一字之差，但内涵却有实质性差别。"智能"源自人工智能领域，各种用途的机器人和自动生产流水线是典型代表；其用意在于以智能机器取代人，最大限度地降低人在其中的作用，赋予智能机器最大的权限。而智慧国的理念一方面强调信息技术更广泛深入地应用，另一方面不仅没有忽略人的因素和作用，反而更加强调人在其中的主观能动性；大量数据汇聚只是提供了决策参考依据，并不能取代人来做出各种决策。智慧国理念的核心可以用三个 C 来概括：连接（connect）、收集（collect）和理解（comprehend）。智慧国平台的第一个阶段以"连接"和"收集"为核心，计划于 2025 年完成。"连接"的目标是提供一个安全、高速、经济且具有扩展性的全国通信基础设施，"收集"则是指通过遍布全国的传感器网络获取更理想的实时数据，并对重要的传感器数据进行匿名化保护、管理以及适当分享。

二、对外经贸

(一)对外贸易

据新加坡国际企业发展局统计，2015 年 1—9 月，新加坡货物进出口额为 4919.7 亿美元，比上年同期（下同）下降 16.9%。其中，出口 2664.9 亿美元，下降 14.6%；进口 2254.8 亿美元，下降 19.5%。贸易顺差 410.1 亿美元，增长 29.3%。

分国别（地区）看，1—9 月新加坡对中国、中国香港、马来西亚和印尼的出口额为 356.8 亿美元、303.0 亿美元、288.1 亿美元和 224.0 亿美元，下降 6.3%、10.3%、24.5% 和 23.5%，占新加坡出口总额的 13.4%、11.4%、10.8% 和 8.4%。1—9 月新加坡自中国、马来西亚、美国和中国台湾的进口额为 311.1 亿美元、252.3 亿美元、249.9 亿美元和 185.2 亿美元，下降 5.1%、15.7%、10.8% 和 21.3%，占新加坡进口总额的 13.8%、11.2%、11.1% 和 8.2%。新加坡前四大顺差来源地依次是中国香港、印尼、越南和澳大利亚，1—9 月顺差额分别为 284.1 亿美元、113.8 亿美元、68.1 亿美元和 62.2 亿美元。新加坡贸易逆差主要来自美国、中国台湾和沙特阿拉伯，1—9 月逆差额分别为 77.5 亿美元、77.0 亿美元和 55.7 亿美元，下降 29.6%、31.9% 和 50.8%。

分商品看，机电产品、矿产品和化工产品是新加坡的主要出口商品，1—9 月出口额分别为 1264.4 亿美元、348.4 亿美元和 269.3 亿美元，下降 5.0%、37.2% 和 8.6%，占新加坡出口总额的 47.5%、13.1% 和 10.1%。机电产品中，电机和电气产品出口 881.9 亿美元，下降 5.1%；机械设备出口 382.5 亿美元，下降 5.0%。机电产品和矿产品是新加坡进口的前两大类商品，1—9 月进口额分别为 954.9 亿美元和 526.7 亿美元，占新加坡进口总额的 42.4% 和 23.4%，下降 9.1% 和 42.4%。机电产品中，电机和电气产品进口 632.0 亿美元，下降 9.3%；机械设备进口 519.5 亿美元，下降 42.6%。

(二)投资

1. 利用外资

新加坡优越的地理位置、健全的法制环境和良好的服务体系，吸引了大批外国投资者。根据联合国贸易和发展会议发布的 2015 年《世界投资报告》显示，2014 年，新加坡吸收外资流量为 675.2 亿美元；截至 2014 年年底，新加坡吸收外资存量为 9123.6 亿美元。外资主要来源于欧盟(26.1%)、美国(13.4%)、日本(8.4%)，以及英属维尔京群岛、开曼群岛、百慕大等离岸金融中心。新加坡吸收外资的行业流向主要为：保险金融业(47.85%)、制造业(17.67%)、批发零售业(17.14%)、商业服务业(6.05%)、运输仓储业(4.32)和房地产业(3.47%)。由于新加坡政府重点吸引某些化学工业，加上来自美国的几个重量级电子业项目，2015 年化学工业与电子业吸引的固定资产投资占比最大。2015 年化学工业吸引的固定资产投资同比增加近 40%，共计 36 亿元。电子业继 2014 年吸引的固定资产投资减半后，2015 年吸引的投资恢复到 2013 年的水平，达 33 亿元。其他行业的固定资产投资不是持平就是下滑。

2. 对外投资

新加坡政府积极推行区域化经济发展战略，通过提供财务和融资支持等鼓励措施协助本国企业向海外投资发展。据联合国贸发会报告披露，新加坡公司对外直接投资已占其国内投资的 36%。主要投资对象为中国、马来西亚、中国香港和印尼等国家和地区。

三、新加坡签订的自贸区协议概况

新加坡国内市场规模小，经济外向型程度高，高度依赖国际市场。因此新加坡政府一直积极参与并推动全球贸易自由化进程。

新加坡于 1973 年加入《关税和贸易总协定(GATT)》，是 1995 年 1 月 1 日 WTO 创建时的正式成员。

新加坡是亚太经合组织(APEC)、亚欧会议(ASEM)、东南亚国家联盟(ASEAN)、中国—东盟自由贸易区(CAFTA)等区域合作组织的成员，也是世界上签订多双边自由贸易协定最多的国家之一。在美国退出 TPP 后，新加坡积极参与 CPTTP 谈判，并批准了该协定。在与中国签订了双边自贸区协定后，新加坡于 2018 年与欧盟签订了自贸区协定。在 2019 年 6 月生效的东盟—中国香港自贸区协定(AHKFTA)及东盟香港投资协定(AHKIA)中，新加坡是率先实施的国家之一。到 2019 年，新加坡已签署 13 项双边自贸协定和 12 项区域自贸协定，其自贸协定涵盖了 20 多个国家和地区，涉及 31 个贸易伙伴，涉及秘鲁、中国、美国、日本、韩国、澳大利亚、东盟各国、印度、新西兰、巴拿马、约旦、瑞士、挪威、冰岛、智利、土耳其、中国香港、欧亚联盟等国家和地区；并且正与加拿大、墨西哥、巴基斯坦、乌克兰等国家和组织积极商谈自贸协定。新加坡在东盟以及亚洲国家中是参与区域经济一体化最多、最深的国家，是全球区域贸易协定的"轮轴国"。

(一)《美新自由贸易协定》

2003 年 5 月，美国与新加坡签署《美新自由贸易协定》，这是美国总统自 2002 年夏天获得"贸促授权"(TPA)以来第一次签署双边自由贸易协定，也是自 NAFTA 以来签署的最大的自由贸易协定。它是美国在亚洲的第一个自贸区协定。根据该协定，美国出口到新加坡的所有商品立即实现零关税，而美国自新加坡进口的大部分商品也为零关税，其余部分在今后8年之内逐步取消；新加坡将对外资流动实行控制；协定还涉及了对知识产权、劳工权益和环境的保护。新加坡认为该协议确保了新加坡在本地区金融和贸易方面的领先地位，使新加坡的出口商得以免关税进入拥有3.3亿消费者的美国市场；美国则称该协议使美国与东南亚国家之间有了前所未有的直接联系。当时，美国在新加坡的投资超过了对任何其他亚洲国家的投资，也超过了美国在中国、印度和韩国的投资总和。

(二)印度与新加坡的 FTA 协定

2005年，印度与新加坡签署全面经济合作协议，并于当年8月1日生效。内容涉及投资、银行业开放、商品和服务贸易以及关税等多个领域。根据该协定，印度将允许新加坡的三家大银行星展银行、华侨银行和大华银行在印度设立独资分支机构，使其在开设分支机构的数量、地点和风险管理标准上享受与印度本土银行一样的待遇。相应的，已经在新加坡营业的印度银行也将获得完全的从业资格，即可以经营电汇和清算业务，并进入当地的ATM银联网络。自该协定生效起，印度和新加坡相互免去506种商品的关税，这些商品占两国双边商品贸易的80%，同时放宽对127类专业技术人员的签证限制。有数据显示，2004—2005年度，印度和新加坡的双边贸易额为64亿美元。印度还特许新加坡投资机构淡马锡集团和新加坡政府投资公司持有印度本土公司20%的股份。而根据印度政府规定，外资公司只能持有其本土公司最多10%的股份。

(三)新加坡—土耳其自贸区协定

新加坡与土耳其双边自贸协定于2017年10月生效。该自贸协定是新土双边关系的又一个重大里程碑。该自贸协定生效后，新加坡目前出口至土耳其的商品中，包括电子产品、药剂品、化学药品和加工食品在内的80%的商品被减免关税，到2027年这一比率将提高至95%。新加坡则会在协定生效后立即解除对土耳其所有进口产品的关税。新加坡企业可以借助土耳其的战略位置，将商品打入欧洲、中亚和中东等地的市场。

(四)CPTTP

CPTTP即《全面与进步跨太平洋伙伴关系协定》。2018年，新加坡成为第三个批准CPTPP的国家。CPTPP是新加坡在经济与战略方面的重要协定，在贸易局势紧张以及反全球化情绪高涨的背景下，其缔约国致力于实现更大的贸易自由化、经济一体化，以及为民谋福祉等共同目标。

(五)新加坡—欧盟自由贸易协定

该协定于2019年11月生效。协定生效后，新加坡货物出口到欧盟国家，有84%货品的关税被取消，包括亚洲食品、电子制药，化工和加工农产品等。协定生效的3至5年内，所有出口到欧盟市场的新加坡货品将完全免关税。新加坡和欧盟的公司，尤其是新加坡中小企业，有望受惠于大幅削减的关税和非关税壁垒，特别是电子、汽车零件生产以及制药和医疗器械等领域。协定也提供更宽松而灵活的原产地规则。只要是在新加坡主要生产或加工的产品,出口欧盟时都能免关税。目前,欧盟是新加坡第三大贸易伙伴,双边贸易总额在 2018 年约为 1140 亿元,其中,新加坡出口到欧盟的商品总额为 490 亿元,欧盟出口到新加坡的商品总额约 650 亿元。

(六)中国—新加坡自贸区升级版

2018 年 11 月,中国和新加坡签署了《自由贸易协定升级议定书》。该升级议定书对原自贸协定进行了修订,由序言、8 个章节、2 个附件和 1 项换文组成,除对原协定的原产地规则、海关程序与贸易便利化、贸易救济、服务贸易、投资、经济合作等 6 个领域进行升级外,还新增了电子商务、竞争政策和环境等 3 个领域。《自由贸易协定升级议定书》实现了全面、高水平、互利共赢的谈判目标,有助于促进双方深化有关领域的合作,不断增进两国企业和人民福祉。双方在自由贸易协定中首次纳入"一带一路"合作,强调"一带一路"倡议对于深化双方全方位合作、实现共同发展目标、建立和强化互联互通以及促进地区和平发展的重要意义。在海关程序与原产地规则领域,双方呈现了更高水平的贸易便利化,降低了企业的贸易成本。双方还简化了部分化工产品的特定原产地规则标准。在服务贸易领域,双方升级了包括速递、环境、空运、法律、建筑、海运等原有自贸协定服务贸易承诺,相互提升了服务贸易自由化水平。在投资领域,双方同意给予对方投资者高水平的投资保护,相互给予准入后阶段国民待遇和最惠国待遇,纳入了全面的投资者与东道国间争端解决机制。在自然人移动领域,双方同时签署了《中华人民共和国政府和新加坡共和国政府关于就业准证申请透明度和便利化的谅解备忘录》。双方还在电子商务、竞争政策和环境等领域达成了广泛共识。

双方承诺建立并共同加强双方单一窗口建设,这是中方首次在自贸协定中就该问题进行约束性承诺。此次自贸协定升级版新纳入了电子商务章节,主要包括电子认证和电子签名、在线消费者保护、个人信息保护、无纸化贸易、透明度等内容。而在速递服务领域,新方首次在中新自贸协定升级谈判中做出在市场准入和国民待遇方面没有限制的承诺,这是新方在速递领域做出的最高水平开放承诺。这不仅实现了全面自贸协定的目标,而且许多条款对标的是国际贸易高标准。在中新自贸协定升级议定书项下,双方签署了关于金融服务的换文。新方给予中方 1 个特许全面银行牌照(QFB)。本次获得的 QFB 牌照落地后,中国将成为在新加坡拥有 QFB 数量最多的国家。双边将加强第三方市场合作。中新签署了《国际陆海新通道谅解备忘录》。由中国与新加坡两国政府合作的中新(重庆)战略性互联互通示范项目,正式更名为"国际陆海贸易新通道"(简称陆海新通道)。

(七)全面经济伙伴关系协定(RCEP)

区域全面经济伙伴关系(RCEP),即由东盟 10 国发起,邀请中国、日本、韩国、澳大利亚、新西兰、印度共同参加("10+6"),通过削减关税及非关税壁垒,建立 16 国统一市场的自由贸易协定。RCEP 的目标是消除内部贸易壁垒,创造和完善自由的投资环境,扩大服务贸易,此外,它还涉及知识产权保护、竞争政策等领域。RCEP 是东亚规模最大、成员最多、影响最为深远的自贸区。这 16 个国家的人口占全球总人口的 48%,GDP 占全球的 30%,一旦建成将极大地优化本地区的生产网络和价值链,促进地区的和平稳定和繁荣发展,为全球经济发展做出贡献。RCEP 谈判于 2012 年 11 月正式启动。2019 年 11 月,各方在第 3 次 RCEP 领导人会议上发表了联合声明,宣布 RCEP15 个成员国结束全部文本谈判及实质上所有市场准入谈判，并将致力于确保 2020 年签署协议。RCEP 谈判涉及中小企业、投资、经济技术合作、货物和服务贸易等 10 多个领域。现在，除了印度外，其他成员国均表示要尽快签署该协定。

(八)欧亚经济联盟—新加坡自由贸易协定

2019 年 10 月，在第 10 届俄新高层跨政府委员会会议上，新加坡与欧亚经济联盟就欧亚经济联盟—新加坡自由贸易协定相关事宜达成共识，欧亚经济联盟与新加坡正式签署关于建立自由贸易区的协定。同时，两国相关机构、企业还签署了 6 项合作协议，涵盖城市规划、科技创新、数字经济等领域。欧亚经济联盟的成员国有俄罗斯、亚美尼亚、白俄罗斯、哈萨克斯坦、吉尔吉斯斯坦和越南。2018 年，欧亚经济联盟还曾与伊朗签署临时自贸区协定。新加坡是继越南之后第 2 个与欧亚经济联盟签署正式自贸区协定的国家。

第三节　贸易和投资管理

一、贸易管理

(一)主管部门

新加坡国际企业发展局(简称企发局)，是隶属于新加坡贸易工业部的法定机构，是新加坡对外贸易主管部门，其前身是成立于 1983 年的新加坡贸易发展局(简称贸发局)。企发局下设贸易促进部，分设商务合作伙伴策划署和出口促进署，主要职责是宣传新加坡作为国际企业都会的形象以及提升以新加坡为基地公司的出口能力。

(二)法规体系

新加坡与贸易相关的主要法律有《商品对外贸易法》《进出口管理办法》《商品服务税法》《竞争法》《海关法》《商务争端法》《自由贸易区法》《商船运输法》《禁止化学武器法》《战略物资管制法》等。

(三)相关规定

1. 开展进出口和转运业务的基本条件

必须在新加坡组建一家公司并向会计与企业管理局注册。注册公司后，须向新加坡关税局免费申请中央注册号码。中央注册号码允许通过贸易网系统提交进出口和转运准证申请。贸易交换网系统是新加坡全国范围内的贸易电子信息交换系统，能让公共和私营部门在此平台上交换电子贸易数据和信息。一般情况下，在新加坡开展进出口或转运业务必须在贸易交换网上获得相关业务准证。

2. 货物的进口

货物进口到新加坡前，进口商须通过贸易交换网向新加坡关税局提交准证申请。如符合有关规定，新加坡关税局将签发新加坡进口证书和交货确认书给进口商，以保证货物真正进口到新加坡，没有被转移或出口到被禁止的目的地。一般情况下，所有进口货物都要缴纳消费税。如果进口货物是受管制的货物,则必须向相关主管部门提交准证申请并获得批准。

3. 货物的出口

非受管制货物通过海运或空运出口,必须在出口之后 3 天内,通过贸易交换网提交准证申请。受管制货物或非受管制货物通过公路和铁路出口的,需要在出口之前通过贸易交换网提交准证申请。出口受管制货物还必须事先取得相关主管机构的批准或许可。

4. 货物的转运

从一个自由贸易区转运至另一个自由贸易区的货物,或在同一个自由贸易区内转运受主管部门管制的货物,必须事先通过贸易交换网取得有效的转运准证才能将货物装载到运输工具上。

二、投资管理

根据世界银行公布的《2016 年营商环境报告》,在全球 189 个国家与经济体的营商环境排名中,新加坡排第 1 名。

(一)投资主管部门

新加坡负责投资的主管部门是经济发展局(简称经发局),成立于 1961 年,是隶属新加坡贸工部的法定机构,也是专门负责吸引外资的机构,负责具体制定和实施各种吸引外资的优惠政策并提供高效的行政服务。其远景目标是将新加坡打造成具有强烈吸引力的全球商业与投资枢纽中心。

(二)投资行业的规定

新加坡外资准入政策宽松,除国防相关行业及个别特殊行业外,对外资的运作基本没有限制。此外,新加坡政府还制定了特许国际贸易计划、商业总部奖励、营业总部奖励、跨国营业总部奖励等多项计划以鼓励外资进入。

(三)投资方式的规定

外资进入新加坡无方式限制。除金融、保险、证券等特殊领域须向主管部门报备外,绝大多数产业领域对外资的股权比例等均无限制性措施。

新加坡对于外资在新加坡开展并购总体上无特殊限制。普通私人有限公司收购兼并活动中需要遵守公司法及公司章程的相关规定,而上市企业在收购兼并过程中则必须符合"Securities and Futures Act, Company Act and Merge and Take over Code"的相关规定。对收购兼并的目标,需要由第三方独立的机构进行公允值评估,作为收购或者兼并的依据;同时在兼并收购过程中,也需要遵守合同法等其他相关法律法规的要求。新加坡有竞争法,以确保企业在运营、经营中公平竞争。关于收购兼并的主要手续及操作流程,也没有固定的格式与要求,只是建议企业在进行收购兼并之前,委托当地具有一定影响力和公信度的会计师事务所、律师事务所及相关的行业机构,例如环保部门等就收购兼并的财务、法律、行业合规性等进行尽职调查,矿业及资源类的企业应对矿业、资源的储量、拥有权、开采权等进行相应调查。

三、检验检疫

新加坡对进口商品检验检疫的标准和程序十分严格。负责进口食品、动植物检验检疫的部门是农粮兽医局(简称农粮局或 AVA),负责进口药品、化妆品等商品检验的部门是卫生科学局(HSA)。

(一)农产品和食品检验

农产品和食品的进口商须向 AVA 申请执照,只有获得 AVA 进口执照的贸易商才能在新加坡从事农产品和食品进口业务。AVA 有一套完整的食品安全计划,对肉、鱼、新鲜水果和蔬菜、蛋、加工食品等商品的进口来源、包装运输、检验程序、检验标准有不同的要求和详尽的规定。

(二)动物检疫

只有获得 AVA 执照的进口商才可以在新加坡从事商业用途的动物进口。每次进口动物须向 AVA 申请许可,并提前获得海关清关许可。所有进口动物都必须符合 AVA 的兽医标准。

(三)植物检疫

进口植物及植物产品须出示原产国有关机构签发的植物检疫证书,并获得 AVA 的进口许可。所有进口植物及植物产品必须符合 AVA 规定的健康标准,除另有规定外,植物及植物产品进口后必须接受 AVA 检查。受 CITES 保护的濒临绝种植物,必须备有 CITES 的许可证方可进口。

(四)药品、化妆品检验

根据《药品法》《有毒物质法》《滥用药物法令》,新加坡所有从事药品进口、批发、零售以及出口的经营者须向 HSA 取得相关许可方可开展业务。进口药品和化妆品前,须向 HSA 如实申报其成分、疗效等相关信息,获得批准后方可进口。HSA 对进口相关产品进行抽检,一旦与申报不符,即取消其经营相关产品的资格。

四、海关管理

新加坡《海关法》规定,进口商品分为应税货物和非应税货物,应税货物包括石油、酒类、烟类和机动车辆等 4 大类商品,非应税货物为上述 4 大类商品之外的所有商品。应税货物和非应税货物进口到新加坡都要征收 7% 的消费税,应税货物除征收消费税外,还须征收国内货物税和关税(见表4-2)。

表4-2 新加坡应税商品及关税/国内货物税一览表

商品名称	国内货物税
酒类商品	每公升48~70 新元
烟草类商品	每千克181~352 新元
石油类商品	每10 升3.7~7.1 新元
机动车	20%
带引擎的摩托车、自行车	12%

第四节　中新经贸发展

一、合作简况

至 2019 年，中国已连续 6 年成为新加坡最大贸易伙伴，新加坡连续 6 年成为中国第一大投资来源国。

(一)进出口贸易

2017 年新加坡对中国出口额为 540.7 亿美元，增长 26.2%，占其出口总额的 14.5%；自中国进口额为 453.7 亿美元，增长 12.3%，占其进口总额的 13.8%。新加坡前五大贸易顺差来源地依次是中国香港、印尼、越南、中国和泰国，2017 的年顺差额分别为 416.0 亿美元、128.2 亿美元、89.3 亿美元、87.0 亿美元和 75.1 亿美元。新加坡贸易逆差主要来自美国、中国台湾和沙特阿拉伯，2017 年的逆差额分别为 110.1 亿美元、105.7 亿美元和 83.4 亿美元，增长 21.7%、23.4% 和 13.9%。机电产品一直是新加坡对中国出口的主力产品，2017 年出口额为 250.1 亿美元，增长 5.3%，占其对中国出口总额的 46.3%。化工产品、矿产品和塑料橡胶是其对中国出口的第二至第四大类商品，2017 年的出口额为 60.8 亿美元、55.9 亿美元和 54.9 亿美元，占新加坡对中国出口总额的 11.3%、10.3% 和 10.2%，增长 87.2%、30.0% 和 18.7%。

2018 年中新经贸合作呈现良好发展势头，中国是新加坡第一大贸易伙伴、第一大出口市场和第一大进口来源国。按中方统计，两国双边货物贸易额为 828.8 亿美元，同比增长 4.6%。其中中国出口 491.7 亿美元，增长 9.2%；进口 337.1 亿美元，下降 1.6%。按新方统计，2018 年两国双边货物贸易额为 1350.2 亿新元(约合 995.5 亿美元)，下降 1.5%。其中新加坡出口 680.1 亿新元(约合 501.4 亿美元)，下降 8.8%；进口 670.1 亿新元(约合 494.1 亿美元)，增长 7.1%。

2019 年 1—10 月份，根据中国海关统计，双边货物贸易额为 713.7 亿美元，增长 4.2%，其中中国对新加坡出口 427.5 亿美元，增长 6.5%，自新加坡进口 286.2 亿美元，增长 0.9%，新加坡为中国在东盟第四大贸易伙伴。根据新加坡海关统计，2019 年 1—10 月双边货物贸易额为 1116.2 亿新元，增长 1.8%，自中国进口 545.1 亿新元，下降 1.7%；中国继续为新加坡第一大贸易伙伴、第一大出口市场和第一大进口来源地。新加坡是中国在东盟国家中的第三大贸易伙伴。

(二)投资

新加坡是"一带一路"沿线重要支点国家，中新双向投资在"一带一路"合作中发挥着引领作用。2018 年，新加坡对华投资占"一带一路"沿线国家对华投资总额的 80% 以上，中国对新加坡投资占中国对"一带一路"沿线国家投资总额的 22.7%。双边政府间合作项目以及吉林食品区、新川科技创新园等许多投资项目收获了经济社会发展的多重效益，成为"一带一路"投资合作的良好范例。新加坡是中国第一大新增外资来源国，也是中国第二大新增对外投资目的国。2018 年，新加坡对华投资项目共 998 个，增长 41.4%，实际投资额为 52.1

亿美元，增长 9.4%。中国对新加坡非金融类直接投资 35.5 亿美元，增长 11.0%。近年来中新双边投资年度流量保持稳步增长，规模已非常接近。新加坡对华投资主要行业包括金融保险业、批发零售业、制造业等，中国对新加坡投资主要行业包括金融保险服务业、批发零售业、房地产业等。中国是新加坡最大的对外投资存量国，新加坡在华企业总数达 24869 家，占中国外资企业总数的 2.6%。新加坡是中国第二大对外投资存量国，在新中资企业数量已超过 7500 家。

2017 年中国对新非金融类直接投资 32 亿美元，下降 24%，新为中国对外投资第三大目的国。截至 2017 年末，中国累计对新直接投资 366.44 亿美元。据新方发布的最新数据显示，截至 2016 年末，新累计吸收中国直接投资 245 亿新元，占新累计吸收外资总额的 1.8%；中国在新加坡外资来源地中列第 13 位。中国对新投资涉及所有主要行业，从累计投资金额来看，主要集中于金融保险业（占 47.9%）和贸易业（占 38.8%）。其中，中国投资占新吸收外资比重相对较大的行业包括建筑业、贸易业和房地产业，比重分别为 7.1%、3.2% 和 2.4%。中国对新投资以并购为主，绿地投资较少。2018 年，中国对新加坡非金融类直接投资 35.5 亿美元（约 277 亿港元），增长 11%，新加坡成为中国第二大新增对外投资目的国。

（三）工程承包

据中方统计，2017 年中国企业在新承包工程新签合同额 35.2 亿美元，同比增长 42.5%，占新加坡年度总发包额的 19.2%，完成营业额 34.4 亿美元，总体市场占有率继续提升。2018 年，中国企业在新加坡新签工程合同额 27.9 亿美元，下降 20.6%，营业额 25.8 亿美元，下降 24.9%。下降的主要原因是：中国企业在新承包工程业务基数较大，2016、2017 年均保持了 40% 以上的高速增长；新加坡建筑业连续 10 个季度处于萎缩状态；中国企业之前几年中标项目已过建设高峰期，近两年新中标项目尚处于建设初期。中国向新加坡派遣劳务人员近 3.1 万人，截至 2018 年底在新劳务人员超过 9.7 万人，新加坡继续为中国第二大外派劳务目的国。2019 年 1—9 月，中国企业在新新签工程承包合同额 33.7 亿美元，同比增长 81%；完成营业额 19.4 亿美元，同比增长 16.9%。

（四）中新经贸合作注意事项

贸易方面，要慎重选择贸易伙伴，签订全面有效合同，了解和用好新加坡原产地证，有效利用新加坡的自由贸易区网络。投资方面，要严守法纪，充分利用优惠政策。新加坡政府对吸引外资有多项优惠政策，特别是在新加坡设立分公司、代表处、地区总部、国际总部，具有不同程度的税收优惠。应符合中国国内的审批条件，签订全面有效的贸易合同，并尽量在合同中规定仲裁等纠纷处理条款，通过法律途径解决贸易纠纷。承包工程方面，企业要提高企业资质等级，在注册资金上予以支持，将总公司具有竞争优势的技术带到新加坡，为在新企业配备外语精通、业务熟练的管理干部。要发挥中资企业的优势，依托国内总公司在隧道、港口、交通等基础设施领域的施工经验和成熟技术，发挥劳动力成本较低而素质较高的优势。加强与新加坡企业的合作，学习其先进的管理经验和施工技术，利用其广阔的市场网络和融资渠道，提升企业的市场竞争力，积极开拓第三方市场，做好劳务管理等。

(五) 中国—新加坡政府间合作项目

1. 中新苏州工业园区

苏州工业园区是中国和新加坡两国政府间的重要合作项目,成立于 1994 年,面积 288 平方千米,户籍人口 30 万人,常住人口 78.1 万人,辖中新合作开发区和 4 个街道。园区大力发展高新技术产业和以纳米技术为引领的新兴产业,在电子信息、精密机械等领域形成了具有一定竞争力的高新技术产业集群,高新技术企业产值占规模以上工业总产值比重达 68.4%。拥有高新技术企业 632 家,国家级研发机构 51 家,各类科技载体 360 万平方米。超过 110 人入选国家"千人计划",是全国首批国家生态工业示范园区、国家纳米高新技术产业化基地,全国首个国家商务旅游示范区、数字城市示范区,全国海外高层次人才创新创业基地。

2. 中新天津生态城

2007 年 11 月 18 日,国务院总理温家宝和新加坡总理李显龙共同签署《中华人民共和国政府与新加坡共和国政府关于在中华人民共和国建设一个生态城的框架协议》。国家建设部与新加坡国家发展部签了《中华人民共和国政府与新加坡共和国政府关于在中华人民共和国建设一个生态城的框架协议的补充协议》。协议的签订标志着中国—新加坡天津生态城的诞生。按照协议,中新天津生态城将借鉴新加坡的先进经验,在城市规划、环境保护、资源节约、循环经济、生态建设、可再生能源利用、中水回用、可持续发展以及促进社会和谐等方面进行广泛合作。为此,两国政府成立了副总理级的"中新联合协调理事会"和部长级的"中新联合工作委员会"。中新两国企业分别组成投资财团,成立合资公司,共同参与生态城的开发建设。

3. 中国—新加坡重庆项目

2016 年 1 月 8 日下午,中新重庆项目联合实施委员会第 1 次会议召开,标志着中国和新加坡之间的第 3 个政府间合作项目正式开始运营。中新重庆项目将通过国家层面的联合协调理事会、部委层面的联合工作委员会、重庆层面的联合实施委员会实行三级合作机制运营,围绕金融服务、航空、交通物流和信息技术四个重点领域合作,携手打通中国西部"任督二脉",达到缩小西部与沿海地区差距的目的。中国和新加坡第 3 个政府间合作项目以"现代互联互通和现代服务经济"为主题。

中新重庆项目有两大特点,一是以服务贸易为主体,突出金融、航空、物流、通信四方面合作。值得注意的是,为了更好地对接各个领域的合作,中新重庆项目管委会下还专门设立了四个分委会,即金融服务、航空产业、交通物流和信息通信等部门。二是有别于中新苏州和天津项目,不再划定地理边界。中新重庆项目并非重庆引进新加坡的企业在重庆搞一个项目,而是中新两国就互联互通服务贸易范围进行合作,仅运营中心在重庆,包括重庆在内的中国西部,甚至"一带一路"沿线城市都在该项目的覆盖范围内。

【本章小结】

新加坡既是世界有名的旅游国家、亚洲金融中心和亚洲美元市场中心之一,同时也是东南亚最大的海港、重要的商业城市和转口贸易中心,还是世界第三大石油提炼中心、重要的物资集散中心。新加坡是东南亚最发达的国家，还是最适合人类居住的国家。在许多方面，特别是法律体系建设方面，是各国的领头羊和效仿的榜样。由于国土面积很小，基本没有农业，没有完整的工业，与其他国家签订自由贸易区受到的限制较少，新加坡签订的自贸协定在东盟国家中是最多的。2015 年，中新两国建立了全方位合作伙伴关系。2018 年中新签署的自由贸易协定升级议定书为两国经贸合作搭建了新平台。

【关键名词或概念】

智慧国家 2025
中新自贸区
国际陆海新通道

【思考题】

1. 新加坡的国家特色是什么？"智慧国家 2025"主要包括哪些内容？
2. 新加坡签订的自贸协定有哪些？
3. 新加坡投资环境的有利因素和不利因素是什么？
4. 新加坡与中国自由贸易区升级版的特点是什么？

第五章 文 莱

文莱在东盟各国中是领土面积倒数第二、人口最少的国家，也是最富有的国家。为了改变以石油和天然气为主的单一经济状况，文莱已经在金融业、航运、沿海工业等方面加大了经济多元化的力度。"一带一路"下中文经贸合作大有可为。

【学习目标】

本章重点要求学生理解掌握文莱的国情和经济特色；了解文莱未来的发展方向，即"2035 年远景展望"；了解中国—文莱的经贸往来及合作发展前景。

第一节 国情概况

一、概况

(一)简史

文莱古称渤泥。文莱从 8 世纪起就是人类居住地之一，自古为酋长统治。14 世纪中叶伊斯兰教传入，建立苏丹国。16 世纪初国力处于最强盛时期，国土包括菲律宾南部以及砂拉越和沙巴。16 世纪中叶，葡萄牙、西班牙、荷兰、英国等相继入侵，欧洲人的影响使得这一政权走上末路。1888 年沦为英国保护国。1941 年被日本占领。1946 年英国恢复对文莱的控制。1959 年，文莱与英国签订协定，规定国防、治安和外交事务由英国管理，其他事务由文莱苏丹政府管理。1971 年，文莱与英国重新签约，规定除外交事务和部分国防事务外，文莱恢复行使其他所有内部自治权。1978 年，文莱苏丹赴伦敦就主权独立问题同英国政府谈判，并缔结了友好合作条约。根据条约，英国于 1984 年 1 月 1 日放弃其掌握的文莱外交和国防权力，文莱宣布完全独立。独立以后，苏丹政府大力推行"马来化、伊斯兰化和君主制"政策，巩固王室统治，重点扶持马来族等土著人的经济，在进行现代化建设的同时严格维护伊斯兰教义。

(二)国家知识

国名:文莱达鲁萨兰国。

国旗:呈横长方形,长与宽比为2:1。由黄、白、黑、红四色组成(见图5-1)。黄色的旗地上横斜着黑、白宽条,中间绘有红色的国徽。黄色代表苏丹至高无上,黑、白斜条是为了纪念两位有功的亲王。

国徽:呈红色。一弯新月环抱着一根棕榈树干,其上为展开的双翼,双翼之上为一顶华盖和一面旗帜,象征文莱信奉伊斯兰教和苏丹至高无上。在新月中央用马来文写着"永远在真主指导下,万事如意"。中心图案两侧有两只手臂,表示人民向真主祈求,以及人民对苏丹和政府的拥护。国徽底部的饰带上写着"和平之城——文莱"(见图5-2)。

图 5-1 文莱国旗

图 5-2 文莱国徽

国歌:《真主保佑文莱》,也有人翻译成《安拉保佑苏丹陛下》。

国花:康定杜鹃。

重要节日:独立日(1月1日)、国庆日(2月23日)。现任文莱苏丹哈吉·哈桑纳尔·博尔基亚的生日(7月15日)。文莱为伊斯兰教国家,开斋节是其最盛大的节日,每年日期根据伊斯兰教历均有变化。

首都:斯里巴加湾市,位于文莱—穆阿拉区,原称文莱市,从17世纪起即成为文莱首都,1970年10月4日改为现名。经文莱苏丹博尔基亚批准,文莱首都斯里巴加湾市的面积从2007年8月1日起,由12.87平方千米扩大至100.36平方千米。此计划的目的是把斯里巴加湾市建设成为一个在保持原有历史文化特色的同时,具有竞争力和先进管理水平的商业和经济中心。

二、地理与人口

文莱位于加里曼丹岛西北部,北临南中国海,面积5765平方千米,由33个岛屿组成,海岸线长162千米。东、南、西三面与马来西亚的砂拉越州接壤,并被砂拉越州分隔成互不相连的东、西两部分。75%的国土为原始森林覆盖。属热带雨淋气候,全年高温多雨,每年3—10月为旱季,11月至次年2月为雨季。一般年降雨量为2500毫米~3500毫米。年均气温28℃,平均湿度为82%。

全国人口近44.36万(2017年)。其中马来人29.14万,占65.7%,华人4.57万,占

10.3%，其他土著人和外籍人口 10.65 万，占 24%。马来语为国语，通用英语，汉语使用较广泛。伊斯兰教为国教，其他还有佛教、基督教、道教等。目前居住在文莱的华人华侨约有 4 万多，多来自福建、广东和海南等沿海地区。目前在文莱的华人仅有 1 万余人取得文莱国籍，多数属无国籍的永久居民。

文莱是东南亚最古老的主权国家之一。苏丹为国家元首，同时兼任首相、国防大臣和财政大臣，也是宗教领袖，是文莱至高无上的统治者。行政区划分区、乡和村三级。全国划分为 4 个区。区长和乡长由政府任命，村长由村民民主选举产生。

第二节 经贸发展

一、经济

文莱经济以石油天然气产业为支柱，非油气产业包括农林渔业、制造业、建筑业、交通通信、金融等，但均不发达，工业设备、农产品和日用品绝大多数依赖进口。最近几年，由于油气产量下降，文莱经济出现停滞，而国际原油价格下滑更使文莱经济雪上加霜。从 2013 年开始到 2016 年，文莱经济已出现连续 4 年负增长。2016 年，国际油气市场逐渐复苏，2017 年，文莱 GDP 在连续 4 年负增长后首次回升。据联合国贸易和发展会议数据库数据显示，2018 年，文莱实现国内生产总值 135.67 亿美元，同比增长 11.87%，人均国内生产总值（GDP）3.16 万美元(见表 5-1)。

表 5-1 2014—2019 年文莱宏观经济数据

年份	2014	2015	2016	2017	2018	2019
GDP 当前价/亿美元	170.98	129.3	114.01	121.28	135.67	140.9
增长率/%	-5.5	-24.38	-11.83	6.38	11.87	3.85
人均 GDP/万美元	4.17	3.12	2.72	2.86	3.16	3.2

注：资料源自联合国贸易和发展会议数据库。

(一)第一产业

文莱农业比较落后，自 20 世纪 70 年代油气和公共服务业大力发展以来，很多人弃农转业，使传统的农业受到冲击。目前仅种植少量水稻、橡胶、胡椒、椰子和木瓜等热带水果，生产力水平较低，基本是家庭式经营，从事农业的人口不足总人口的 1%，蔬菜、水果、装饰植物、鲜花只能部分满足国内市场需求，而肉类、大米和新鲜牛奶的自给率非常低，90% 左右的食品仍需从国外进口以满足国内需求。为了保障国家粮食安全，提高粮食自给率，文莱政府于 2009 年初制定了农业中长期发展规划。其中，发展水稻种植成为农业领域工作的重中之重。文莱政府提出到 2015 年力争将水稻产量提升到 1.8 万吨，使自给率达到 60%。但 2015 年文莱水稻实际产量仅 1983 吨，尽管较上一年增加 44%，但距离其原定目标相差甚远。中国、韩国、菲律宾、新加坡和越南等国通过各种形式参与文莱水稻实验和发展项目，但仍未取得实质性成果。虽然政府大力实施经济多元化战略，但农业对 GDP 的贡献增加不多。2017 年，农业收入在国内生产总值中仅占 0.82%。为此，文莱政府在澳大利亚购买了一块比本土面积还大的牧场(5793 平方千米)用于饲养牛、羊，供应本国市场。与此同时，还在国内大力扶持以养鸡为主的家禽饲养业，目前鸡肉、鸡蛋基本实现自给。文莱政府推行保护海洋渔业资源政策，并大力发展水产养殖业。据渔业局公布的资料，文莱计划至 2023 年将渔业年均产值提升至 4 亿文元，其中捕捞业 1.12 亿文元，养殖业 2 亿文元，加工业 0.61 亿文元，海洋生态旅游业 0.27 亿文元。

(二) 第二产业

文莱工业基础薄弱，经济结构单一，多年来主要以石油和天然气的开采与生产为主。文莱油气资源丰富，是东南亚第三大石油生产国和世界第四大液化天然气生产国。根据 2019《BP 世界能源统计年鉴》显示，截至 2018 年底，文莱已探明石油储量为 11 亿桶，占全球总量的 0.1%；2018 年文莱石油日产量为 11.2 万桶；天然气储量为 3000 亿立方米，占全球总量的 0.1%。除石油以外，其他矿产资源较少。2017 年，文莱工业占其国内生产总值的 63.19%，其中石油、天然气仍然是文莱经济的两大支柱，是国家外汇收入的主要来源，油气产值占其国内生产总值的 57.77%、占财政收入的 90% 和外贸出口总收入的 95% 以上。建筑业在数年前发展较快，收入占国内生产总值的 5%，是文莱新兴的第二大工业；其他还有食品加工、家具制造、陶瓷、水泥、纺织等。

文莱的工业政策鼓励发展进口和出口导向型工业。近年来，文莱政府大力推行经济多元化和私营化政策，力图改变过分依赖石油和天然气的单一经济结构。21 世纪初新设的经济发展局的主要任务就是统筹招商引资及本地经济发展工作，该局曾提出以港口建设和工业园区建设为主的"双叉战略"，并将食品与医药、油气中下游产业链与可再生能源、信息通信以及物流、金融和油田服务等生产性服务业作为其重点发展的四大产业集群。目前文莱已规划建设 8 个产业园和 1 个金融中心，同时引进多个大型投资项目，致力于延伸文莱石油天然气产业链，不断推动下游产业发展。就目前而言，文莱在油气相关产业的本地成分较低，仅为 15% 左右，因此不能将更多的资金留在本地经济系统内。

(三) 第三产业

1. 空运

首都斯里巴加湾市有国际机场。文莱皇家航空公司开辟了近 30 条国际航线，每周有多个航班直达东盟、澳大利亚、中东、欧洲、中国等国家和地区的 15 个城市。此外，还与其他国家的航空公司开通了代码共享航线。2016 年，文莱国际机场飞机起降 13572 架次，进出港乘客 172.7 万人次，货运吞吐量 2.2 万吨。

2. 水运

在文莱，水运是最重要的运输渠道。穆阿拉深水港是文莱最大的港口，此外还有斯里巴加湾市港、马来弈港。另有诗里亚和卢穆特两个港口主要供石油和液化天然气出口使用。文莱海运的主要目的地有新加坡、中国香港、吉隆坡和马尼拉等周边港口。2015 年海运吞吐量达 192 万吨，其中到港货物 186.6 万吨，离港货物 5.4 万吨。

3.旅游业

文莱旅游业的发展主要依靠自然环境、民俗文化和宗教传承。旅游业是文莱近年来除油气业外大力发展的又一产业。政府成立了文莱旅游发展委员会,指导旅游业的发展。根据旅游发展部统计数据显示,截至2018年9月,文莱旅游收入已达6800万文莱元(约5000万美元)。从旅行目的看,休闲度假仍是游客入境文莱的最主要目的,占比达48.8%。从地区来看,东亚地区入境文莱的游客人数保持较高增速,而欧洲、中东、澳大利亚、新西兰、东盟等地入境人数有所下降。目前到文莱的前五大国际游客来源地分别是:中国(同比增长29.4%)、马来西亚(同比下降2.8%)、印尼(同比增长16.7%)、菲律宾(同比下降4.8%)、新加坡(同比下降5.6%)。自2016年5月1日起,文莱开始对中国游客实施落地签证政策。这一政策实施以来,吸引了很多的中国游客。在文莱休闲旅游类别中,中国游客占1/3以上,位居第1。

4.金融服务业

文莱于2000年成立了国际金融中心,自此开始,一些国际知名银行纷纷在中心注册,发展离岸金融业务,其中加拿大皇家银行是在该中心注册的第一家离岸银行。后来,花旗、汇丰等银行也相继在该中心注册。由于在2008年全球金融危机中凸显了规避金融风险方面的独特优势,伊斯兰金融得到了文莱政府的大力推动,文莱财政部相继颁布了伊斯兰银行法令和伊斯兰保险法令。2011年,文莱国家金融管理局正式启动。2014年,文莱金融管理局与中国证监会签署了两国证券期货管理合作谅解备忘录,标志着文莱金融机构可向中国证监会申请合格境外机构投资者资格并进入中国市场投资。

(四)"2035年远景展望"

"2035年远景展望"提出了2035年的发展目标:提高教育水平,培训造就更多具备国际水准的人才;提高生活质量,使文莱生活水准进入全球前十之列;提高经济水平,发展高效可持续的经济,使文莱人均收入进入世界前十名。为实现这三大目标,文莱全面实施由八大战略构成的国家战略部署(教育战略、经济战略、国家安全战略、体制发展战略、本地企业发展战略、基础设施发展战略、社会保障战略和环境保护战略)。

《2007—2017年发展战略和政策纲要》具体阐述了为保障2035年宏愿实现,文莱在这106年里,必须大力吸引外资,推动经济多元化发展来摆脱对油气资源的过度依赖。2014年,文莱设立"2035宏愿"理事会,旨在协调政府各部门行动,进行战略和政策顶层设计,实现宏愿目标。为鼓励经济多元化发展,文莱实施的具体措施包括:①加速拓展油气下游产业链;②加大吸引外资的力度;③重视基础设施建设和互联互通;④大力发展旅游业;⑤努力将文莱建成地区国际金融中心;⑥加大对农、林、渔业的投入;⑦推行私有化。目前,文莱经济多元化战略成效尚不明显,非油气产业未见大幅成长,经济增长出现徘徊,离"2035宏愿"中提出的经济年均增长5%~6%的目标还有较大的差距。

二、对外经贸

(一)对外贸易

文莱外贸收入受国际市场原油价格影响较大,从2012年开始,国际原油价格下跌,文莱对外贸易总额开始出现负增长，直到 2017 年，国际原油价格回暖，文莱对外贸易额才在连续 4 年负增长后出现首次回升。2017 年文莱进出口贸易总额为 86.56 亿美元，同比增长 14.59%。2018 年，文莱进出口贸易总额为 107.38 亿美元，其中，出口 65.74 亿美元，同比 增长 18%；进口 41.64 亿美元，同比增长 34.98%（见表 5-2）。原油和天然气一直是文莱的 主要出口商品。根据联合国贸易和发展会议数据库相关数据整理显示，2018 年，文莱原油出 口额约 27.57 亿美元，液化天然气出口额约 32.44 亿美元，原油和液化天然气约占文莱出口 总额的 92%。其中，原油出口额同比增长 20.01%，液化天然气出口额同比增长 15.72%。进 口贸易中，文莱主要进口商品为机械及交通设备、工业制成品、食品、化工制品等。（见表 5-2）

表 5-2　2014—2018 年文莱进出口贸易统计　　　　　　　　　　　　亿美元

年份	进出口总额	出口	进口	差额
2014	141.08	105.09	35.99	69.1
2015	95.82	63.53	32.29	31.24
2016	75.54	48.75	26.79	21.96
2017	86.56	55.71	30.85	24.86
2018	107.38	65.74	41.64	24.1

注：数据由联合国贸易和发展会议数据库整理所得。

根据联合国贸易和发展会议数据库公布的数据整理显示，2018 年文莱主要贸易伙伴为日 本（22.56%）、中国（17.5%）、新加坡（10.35%）、马来西亚（9.4%）、泰国（8.15%）、韩国 （6.6%）。前三大进口来源市场依次是中国（39.41%）、新加坡（13.78%）和马来西亚 （13.23%）。前四大原油出口市场分别为泰国（25.46%）、澳大利亚（20.93%）、印度 （16.61%）和新加坡（16.18%）；前三大液化天然气出口市场为日本（67.33%）、韩国 （10.91%）、马来西亚（6.1%）。（见表 5-3、表 5-4、表 5-5）

表 5-3　2018 年文莱主要贸易伙伴

主要贸易伙伴	出口额/亿美元	进口额/亿美元	双边贸易额/亿美元	占比/%
日本	22.62	1.61	24.23	22.56
中国	2.38	16.41	18.79	17.5
新加坡	5.37	5.74	11.11	10.35
马来西亚	4.6	5.51	10.11	9.4
泰国	7.66	1.09	8.75	8.15
韩国	6.1	0.97	7.07	6.6

注：数据由联合国贸易和发展会议数据库整理所得。其中出口额为预估数据。

表 5-4　2018 年文莱原油主要出口市场

主要出口市场	出口额/亿美元	占比/%
泰国	7.02	25.46
澳大利亚	5.77	20.93
印度	4.58	16.61
新加坡	4.46	16.18

注:数据由联合国贸易和发展会议数据库整理所得。

表 5-5　2018 年文莱液化天然气主要出口市场

主要出口市场	出口额/亿美元	占比/%
日本	21.85	67.36
韩国	3.54	10.91
马来西亚	1.98	6.1

注:数据由联合国贸易和发展会议数据库整理所得。

据文莱经济规划统计局统计,2019 年前三季度,文莱对外贸易总额为 106.9 亿文元(约 76.97 亿美元),同比增长 2.79%。其中,出口额为 66.12 亿文元(约 47.61 亿美元),同比增长 2.93%,进口额为 40.78 亿文元(约 29.36 亿美元),同比增长 2.59%。石油、天然气仍是主要出口产品,其中,石油出口 27.64 亿文元(约 19.9 亿美元),同比增长 1.39%,天然气出口 32.33 亿文元(约 23.28 亿美元),同比增长 3.26%。石油主要出口市场是澳大利亚、印度、泰国和新加坡。天然气主要出口市场是日本、马来西亚和韩国。机械、运输设备和矿物燃料是主要进口产品,其中,机械、运输设备进口 14.74 亿文元(约 10.61 亿美元),同比下降 2.45%,矿物燃料进口 7.18 亿文元(约 5.17 亿美元),同比增长 190.69%。文莱的主要贸易伙伴有日本、马来西亚、新加坡、中国和澳大利亚。出口目的地方面,日本是第一大出口国,其他依次为澳大利亚、马来西亚、印度、泰国。进口来源方面,前五位分别为中国、新加坡、马来西亚、美国、德国。

(二)吸引外资

据联合国贸易和发展会议数据库对外直接投资表显示,2018 年,文莱吸收外资流量为 5.04 亿美元;截至 2018 年底,文莱吸收外资存量为 67.02 亿美元(见表 5-6)。主要外资来源国有英国、荷兰、日本、法国、新西兰等。投资项目主要在石油勘探和开采、天然气液化工程及发电站等方面。在文莱投资的世界著名跨国公司包括壳牌公司、法国道达尔、日本三菱煤气、日本伊藤忠商社等。

表5-6　2012—2018年文莱吸引外资流量和存量　　　　　　　亿美元

年份	2012	2013	2014	2015	2016	2017	2018
流量	8.65	7.76	5.68	1.73	-1.50	4.60	5.04
存量	56.62	62.51	62.19	60.61	57.39	65.61	67.02

注：数据来自联合国贸易和发展会议数据库。

第三节　贸易和投资管理

一、贸易管理

(一)进口管理

1. 基本情况

出于环境、健康、安全和宗教等方面的考虑，文莱海关对少数商品实行进口许可管理。

(1)实行进口许可管理的商品及相关情况。出版物、印刷品、电影、音像制品、宗教书籍、护身符商品及带有可疑图像或照片的商品由皇家警察局、伊斯兰宣教中心和内安局发证；清真食品以及新鲜、冷藏、冷冻的肉类由清真进口许可证理事会、卫生部、农业局和皇家海关发证；军火、爆炸物、鞭炮、危险武器、废金属由皇家警察局发证；植物、农作物活牲畜、蔬菜、水果、蛋由农业局发证，鱼、虾、贝类、水生物及捕鱼设备由渔业局发证；有毒物品、化学品、放射性物品、药品，草本及保健食品、软饮料、点心由卫生部发证；无线电发射与接收装置、通信设备(如电话机、传真机、步话机等)由资讯通信技术管理局发证；二手车及非机动车由陆路交通局和皇家海关发证；木材及木制品由林业局发证；带有国旗、国徽或皇家标记的徽章、旗帜和纪念品由风俗管理局发证；文莱制造或发掘的历史文物由博物馆局发证；米、糖、盐由信息技术及国家储备局发证；广播设备由首相府发证。没有商业价值的样品可免税进口，对于有商业价值的样品进口，须交抵押金，如果样品在3个月内出境，可退还抵押金。

(2)禁止进口的商品。鸦片、海洛因、吗啡、淫秽品、印有钞票式样的印刷品等禁止进口。酒精饮料进口受到严格限制。文莱政府此前宣布从2017年1月1日起，废除执行多年的水泥进口配额制度，不再对进口水泥实行总量控制。

2. 进口商品检验检疫

文莱属于伊斯兰国家，因此，无论是进口产品还是本地产品，都要安全可靠，具有良好品质，符合伊斯兰教清真食品的要求，尤其对肉类的进口实行严格的清真检验。对于某些动、植物产品，如牛肉、家禽，须提交卫生检疫证书。进口食用油不能有异味、不含任何矿物油，动物脂肪须来自在屠宰时身体健康的牲畜并适合人类食用，动物脂肪和食用油须是单一形式，不能将两种或多种脂肪和食用油混合。脂肪和食用油的包装标签上不得有"多不饱和的"字眼或相似字眼。非食用的动物脂肪须出具消毒证明。进口活动物必须有兽医证明。对食品添加剂、包装以及肉类产品、鱼类产品、调味品、动物脂肪和油、奶产品、冰激凌、糖与干果、水果、茶、咖啡、无酒饮料、香料、粮食等，都规定了相应的技术标准。对食品的生产日期、有效期、食品容器及农药最大残留量、稳定剂、氧化剂、防腐剂等都有明确的规定。大豆奶应是从优质大豆中提取的液体食品，可包括糖、无害的植物物质，除了允许的稳定剂、氧化剂和化学防腐剂外，不得含有其他的物质，并且其蛋白质含量不少于2%等。

3. 进口关税政策

文莱总体关税税率很低，对东盟成员国产品的关税税率大部分为0～5%。2017年3月16日，文莱财政部正式发布《2012年海关进口税和消费税法令》修正法案。该法案旨在通过对部分日常消费品的进口关税和消费税的调整，改变民众的消费习惯，提高民众的安全、健康、幸福指数。其中普通电器、新轮胎、珠宝、化妆品、香水、衣服、电子游戏与控制台、糖与可可产品、手机及数码相机等进口关税降为0，改为相对应的消费税，税率在3%至20%之间。该修正案已于2017年4月1日正式实施。

自2010年中国—东盟自由贸易区正式启动以来，文莱对中国商品关税逐年下降，部分非敏感产品关税在2012年已降至0，一般敏感产品关税已降至20%以下。

（二）出口管理

文莱政府除了对石油和天然气出口实行控制外，还对动物、植物、木材、大米、食糖、食盐、文物、军火等少数物品实行出口许可证管理，而对其他商品出口则很少管制。

二、投资管理

在世界银行发布的《2018年全球营商环境报告》排名中，文莱在全球190个经济体中营商环境便利度排第56位。世界经济论坛《2017—2018年全球竞争力报告》显示，文莱在全球最具竞争力的137个国家和地区中，排第46位。根据美国传统基金会和《华尔街日报》发布的2018经济自由度指数，在全球186个经济体中，文莱的经济自由度排第70位。

（一）投资方式和投资行业的规定

文莱对大部分行业的外资企业投资没有明确的本地股份占比规定，对外国自然人投资也没有特殊限制，仅要求公司董事至少1人为当地居民。外资在文莱投资可成立私人有限公司、公众公司或办事处，但文莱本地小型工程一般仅向本地私人有限公司开放。文莱经济以油气资源产业为支柱，其他产业尚不发达，因此外国直接投资以绿地投资为主。对石油和天然气的勘探和开采按照文莱1963年制定的《文莱石油开采法》及1969年和1983年的修正案进行管理。此法规定，文莱政府在此类商业开发中均占50%的股份，合作方式从过去的特许权方式改为产品分成方式。

文莱对政府工程项目规定如下：外国公司不可以单独投标，只有与本地公司合资成立建筑公司取得执照后才能参与政府项目投标，或者与本地公司合作投标单项工程，或分包二手单项工程。如果向私人机构承包，无须持有当地政府的建筑执照，只需按劳工输入管理办法申请工作准证。

禁止的行业：武器、毒品及与伊斯兰教义相悖的行业等。

限制的行业：林业（不对外资开放）。

鼓励的行业：化工、制药、制铝、建筑材料及金融业等。

(二)投资促进法令

文莱政府于1975年颁布鼓励投资促进法，2001年在该法基础上颁布新的投资促进法令，延长了对部分鼓励投资产业的税收优惠期。法令规定，有限责任公司达到一定要求时，就可以获得先锋产业资格证书。获得先锋产业资格证书的企业，从投产之日起，根据项目投资额大小实行不同的免税优惠：投资额在25万文元以下，免税2年；在25万至50万文元之间，免税3年；在50万至250万文元之间，免税5年；在250万文元以上，免税8年。投资在政府建设的高科技园内的企业的免税期为11年。

(三)税收政策

文莱没有个人所得税(包括非居民)，也没有出口税、销售税、工资税和生产税。文莱的税种很少，包括：①公司所得税。在文莱当地注册的外国公司和本地公司都须交纳公司所得税，但有限公司所得税税率自2007年连年小幅下调，经苏丹批准，2015年文莱企业所得税率已下调至18.5%，在东盟地区属较低税率。②印花税。主要征收范围包括抵押、房屋租赁、转让。③石油税。对扣除王室分成、政府分成及各项成本后的石油净收入按55%征收石油税。④代扣所得税。非本地公司的债券、贷款等的利息收入，或本地公司使用国外专利、知识产权或版权所支付的费用按20%比例交纳所得税。⑤进口税。2017年4月1日，文莱正式实施《2012年海关进口税和消费税法令》修正法案，该修正法案对部分日常消费品的进口关税和消费税进行了调整，将部分进口商品的进口关税降为0，调整为对应的消费税。2010年1月，中国—东盟自由贸易区正式建成，文莱作为老东盟6国之一，对中国90%以上产品(约7000种)实行了零关税。

文莱税赋较低，基础设施完善，投资风险较低，投资环境优越。文莱政府为实现多元化发展，重视建设良好的商业和投资环境，提供了该地区最宽松的税收环境。文莱免征流转税、个人所得税等诸多税种，国内税主要税种为企业所得税。文莱还提供"先锋产业"政策，对国内亟须发展的行业实施企业所得税和设备进口关税减免，免税期长达11年；出口型服务行业可享受长达20年免税政策，并可根据后续投资情况延长免税期。文莱基础设施发展水平较高，同时还积极参与东盟互联互通建设，是东盟东部增长区(东盟内三个次区域合作之一，由文莱、马来西亚东部、印尼东北部和菲律宾南部构成)唯一主权国家，地理位置优越，市场潜力较大，可辐射周边区域。

根据投资促进法，在以下产业投资享受税收优惠。先锋产业，即有限责任公司达到①符合公众的利益；②该产业文莱未达到饱和程度；③具有良好的发展前景，产品具有该产业的领先性等要求就可以获得先锋产业资格证书，并享受以下优惠：免交所得税；免30%的公司税；免公司进口机器、设备、零部件、配件及建筑构件的进口税；免原材料进口税；为生产先锋产品而进口的原材料免征进口税；可以结转亏损和津贴。先锋产业包括：航空食品、搅拌混凝土、制药、铝材板、轧钢设备、化工、造船、纸巾、纺织品、听装、瓶装和其他包装食品、家具、玻璃、陶瓷、胶合板、塑料及合成材料、肥料和杀虫剂、玩具、工业用气体、金属板材、工业电气设备、供水设备、宰杀、加工清真食品、废品处理工业、非金属矿产品的制造。

先锋服务公司，即符合公众利益，并从事以下经营活动的公司：①涉及实验、顾问和研发的工程技术服务；②计算机信息服务和其他相关服务；③工业设计的开发和生产；④休闲和娱乐的服务；⑤出版；⑥教育产业；⑦医疗服务；⑧有关农业技术的服务；⑨有关提供仓储设备的服务；⑩组织展览和会议的服务；⑪金融服务；⑫商业顾问、管理和职业服务；⑬风险资本基金业务；⑭物流运作和管理；⑮运作管理私人博物馆；⑯部长指定的其他服务和业务，可享受免所得税以及可结转亏损和补贴待遇。免税期8年，可延长，但不超过11年。

出口型生产企业：从事农业、林业或渔业的企业，若产品出口不低于其销售总额的20%，且年出口额不低于2万文元，文莱工业与初级资源部可认定其为出口型生产企业并颁发证书。出口型生产企业申请续期每次不超过5年，最长不超过20年。出口型生产企业如果满足下列条件之一，则可获得15年的免税期：①已经或者将要发生的固定资产开支不低于5000万文元；②固定资产开支在50万~5000万文元，本地公民或持居留许可人士占股40%以上，且该企业已经或将要促进文莱经济或科技发展。出口型生产企业免税范围包括：所得税；机器设备、零部件、配件或建筑结构的进口税；原材料进口税。

企业出口下列服务，自服务提供日起最长可获得11年的免除所得税及抵扣补贴与亏损的待遇：①建筑、分销、设计及工程服务；②顾问、管理监督、咨询服务；③机械设备装配以及原材料、零部件和设备采购；④数据处理、编程、计算机软件开发、电信及其他信息通信技术服务；⑤会计、法律、医疗、建筑等专业服务；⑥教育、培训；⑦文莱工业与初级资源部认可的其他服务。

国际贸易：从事国际贸易的企业，只要符合下列条件之一，自开始进出口业务之日起可获得8年的免税期：①从事合格制成品或文莱本地产品国际贸易的年出口额超过或有望超过300万文元；②从事合格商品转口贸易的年出口额超过或有望超过500万文元。

文莱重点招商领域为石油化工、清真产品、信息通信、伊斯兰金融服务、航空和油田服务，并出台了一系列优惠政策，如基础设施建设、税收减免、自由贸易、适当放宽劳工政策等，以发展私营经济，实现经济多元化。此外，为提升国内企业竞争力，文莱政府还规定先进资讯技术或设施资金、本地人员聘请及本地员工培训经费等支出均可从公司税收中抵扣。

(四)劳工输入管理

内务部劳工局和移民局负责劳务输入管理工作，对外来劳工实行一事一批、个案处理。由需要输入劳工的本地公司将公司经营情况、所需劳工的数量、国别及申请理由上报到劳工局，劳工局批准配额后，再向移民局申请工作准证。劳工局要求申请者缴纳安全保证金，其中马来西亚、新加坡、泰国、菲律宾、印尼的劳工每人缴纳600文元；其他四个东盟国家的劳工每人缴纳900文元；大多数亚太国家(包括中国)劳工每人缴纳1800文元；欧洲国家劳工每人缴纳3500文元；美国、加拿大及其他国家劳工每人须缴纳4500文元。

为避免过多外籍劳工对本地就业市场造成冲击，进一步提高本地居民就业率，文莱开始分阶段推行"文莱化"的政策，鼓励本地私营部门优先聘请本地人。新劳工政策于2014年6月30日起逐步实施，内容大体包括：批发零售、酒店服务、通信技术等领域的诸多岗位，如收银员、司机、监督员、售货员、屠夫、面点师等必须雇用本地员工；企业如不提高本地员工比例，将较难获得经营许可；非本地居民申请开办咖啡馆、快餐店等传统餐饮业将受限，并无法在乡村地区开办企业；根据企业本地雇员与外籍雇员的比例，雇主每引进1名外劳须缴纳480~960文元的外劳税。2015年8月，文莱移民局还规定，获得签证准许在文莱工作的外国公民，在雇佣合同即将结束前，须由雇主凭机票和信函前往移民局注销相关签证后方能离境,但事先办理了多次入出境且在有效期内的情形除外。

(五)工业园区

为鼓励更多的外资进入,文莱政府在国内共划出 8 个工业区以吸引外国投资(见表 5-7)。其中双溪岭工业区为最主要的工业区,规划面积 283 公顷,主要用于油、气下游和高科技产业。在该区最大的外来投资项目是日本投资的甲醇厂项目,总投资 6 亿美元,设计产能 85 万吨。对于在工业区的先锋产业,免税期每次可延长 5 年,总共不超过 20 年。

表 5-7　文莱 8 个工业区情况

编号	工业区名称	规划面积/公顷	产业规划
1	大摩拉岛 (PMB Island)	955	化工产业园区、大型造船维修厂和综合型海洋供给基地
2	双溪岭 (Sungai Liang)	271	打造石化产业中心
3	萨兰碧加 (Salambigar)	137.2	主要培育食品、药品和化妆品等轻加工业,以及水产品养殖和加工
4	林巴 (Rimba)	15	高新电子产业,主要用于发展数据及灾难防范中心的建设,以及配套的区域外包型企业后台操作中心
5	蓬加山 (Bukit Panggal)	50	高能耗产业,主要发展能源密集型的制造业,比如铝坯压铸等
6	特里塞 (Telisai)	3000	种养殖业,以混合型产业为主
7	生物创新走廊 (BIC)	500	清真食品药品加工
8	安格列克 (Anggerek Desa)	50	科技园,主要面向计算机产业,用于计算机技术创新与产业孵化等高技术性产业

注:资料源自文莱经济发展局。

特别要指出的是大摩拉岛产业园区(简称"PMB"产业园区)作为文莱经济多元化重点项目之一,早在 2003 年就已提上议事日程,规划开发大摩拉岛深水港,建设本地区最大的集装箱集散港口,并以港口建设带动岛内基础设施建设,建立加工区和免税区。大摩拉岛位于摩拉港出海口,占地面积 955 公顷。大摩拉岛一期工程包括大规模清淤、回填和岛上基础设施建设,以及一座连接陆地的 2.7 千米长的跨海桥梁。二期包括建设集装箱码头、石化基地、出口加工区等设施。作为开发大摩拉岛总体规划的一部分,文莱于 2015 年开始修建连接该岛与文莱陆地的大摩拉岛大桥。2018 年 5 月 18 日,大摩拉岛大桥竣工。大摩拉岛大桥的建成,使大摩拉岛告别无桥梁连接文莱大陆的历史,对文莱加大招商引资力度和将大摩拉岛建设成为世界级石化工业园区具有重大意义,对推进文莱城市发展以及大摩拉岛石油和天然气开发建设有重要作用。另外，为了加快淡布隆区开发，文莱开始修建总长 22 千米、连接摩拉区和淡布隆区的跨海大桥。

(六)农业科技园

为大力发展经济多元化建设，文莱政府宣布建设占地 500 公顷的农业科技园(BATP)，并于 2014 年将其更名为文莱生物创新走廊。该科技园位于加东东固区，其目标是发展农林渔业产品加工、农产品物流及生物制药等行业，主要通过建立科研、加工和物流产业推动文莱清真产业和旅游业发展，总产值有望达到 27 亿文元(约 22 亿美元)，可创造 9000 个就业机会。该园区项目将帮助文莱发展水稻种植、畜牧业、农业食品和清真产业。为鼓励外资，农业科技产业入驻文莱可享受一定年限免税优惠政策。

第四节　中文经贸发展

一、简况

(一)进出口贸易

2015 年，由于国际原油市场价格波动及其他因素，中文双边贸易额下降为 15.06 亿美元，同比下降 22.22%，其中中国自文莱进口额同比下降了 48.8%，2017 年才恢复增长态势。据中国海关统计，2018 年中文双边贸易总额达 18.39 亿美元，较 2017 年同期增长 88%，增长率创历史新高。其中中国出口 15.92 亿美元，同比增长 144.92%，中国进口 2.47 亿美元，同比下降 41.7%(见表 5-8)。从产品结构上来看，中国自文莱进口的前 3 位产品依然是矿物燃料，有机化学品，木浆及其他纤维。其中，矿物燃料进口额为 1.2 亿美元，约占中国自文莱进口产品总额的 50%。中国对文莱出口的前 3 位产品是家具，针织服装，鞋靴、护腿和类似品，约占中国对文莱出口产品总额的一半。总体来说，由于中文双方贸易起步较晚，双边经贸总量基数小，2018 年中文双边贸易总额仅占中国与东盟 10 国双边贸易总额的 0.3%，文莱是中国在东盟的第 10 大贸易伙伴。但随着双方交往不断深化，双方经济合作领域非常广且潜力大。2019 年中文贸易额为 11 亿美元，比 2018 年下降 40.2%。

表 5-8　2013—2018 年中国—文莱双边贸易额

亿美元

年份	2013	2014	2015	2016	2017	2018
进出口总额	17.94	19.37	15.06	7.19	10	18.39
中国出口	17.04	17.47	14.09	5.11	6.5	15.92
中国进口	0.9	1.9	0.97	2.08	3.5	2.47

注：数据源自中国国家统计局。

(二)投资

据中国商务部统计，2017 年中国对文莱直接投资流量 7136 万美元。截至 2017 年末，中国对文莱直接投资存量 2.21 亿美元。文莱对华直接投资主要以在文莱金融中心注册的离岸公司在华投资为主。根据中国商务部统计，2018 年，中国实际利用文莱外商直接投资金额为 1872 万美元，同比下降 27.24%。截至 2018 年 9 月底，文莱累计对华实际投资 28.1 亿美元，中国累计对文莱各类投资 27 亿美元。2019 年，中国对文投资 831 万美元，下降 85%。

（三）工程承包

据中国商务部统计，2017 年中国企业在文莱新签承包工程合同 52 份，新签合同额 14.113 亿美元，完成营业额 7.1016 亿美元；累计派出各类劳务人员 3892 人，年末在文莱劳务人员 4028 人（见表 5-9）。新签大型工程承包项目包括中国化学工程第三建设有限公司承建恒逸文莱石油化工项目芳烃联合标段；南京南化建设有限公司承建 PMB 石油化工项目西部罐区和东部罐区施工总承包项目；中化二建集团有限公司承建恒逸文莱 PMB 石油化工项目加氢联合标段及焦化联合标段等。2019 年，中国企业在文莱新签合同 1.3 亿美元，下降 72.9%。

表 5-9　2013—2017 年中国在文莱经济合作统计

年份	工程承包		劳务合作	
	合同额/万美元	营业额/万美元	当年派出人数/人	年末在外人数/人
2013	1738	8766	235	209
2014	1541	3822	34	124
2015	78969	150	150	202
2016	3717	54793	303	400
2017	141130	71016	3892	4028

注：资料来自中国商务部。

（四）文莱—广西经济走廊

2014 年，文莱政府与广西壮族自治区政府签署《文莱—广西经济走廊经贸合作备忘录》，在农业、工业、物流、清真食品加工、医疗保健、生物医药、旅游等领域展开全面合作。经过近几年的发展，文莱—广西经济走廊已从概念走向实践，广西与文莱经贸合作"多点开花"。据广西官方数据显示，截至 2018 年 6 月，文莱在广西的外资项目共有 7 个，实际投资额 1891.2 万美元，主要投资于制造业和房地产业。广西共备案或核准对文莱投资企业及机构 5 家，协议总投资额 8888 万美元，中方协议投资额 5348 万美元。广西拥有丰富的香料资源，文莱拥有成熟的加工技术和发达的香料国际销售网络，清真食品、香料加工成为广西与文莱经贸合作的先行领域之一。除清真食品、香料合作外，广西与文莱在港口、水产养殖、渔业合作方面亦加快了脚步。比如在港口合作方面。2017 年 2 月，广西与文莱合资成立的文莱摩拉港有限公司在斯里巴加湾市挂牌成立，正式接管文莱摩拉港集装箱码头运营。目前摩拉港集装箱码头生产运营稳定。2018 年上半年，摩拉港共完成集装箱吞吐量 5.64 万标箱，同比增长 5.75%。整体来看，广西与文莱发展目标一致，经济互补性强，投资合作潜力巨大。

(五)援外人力资源合作

文莱力图推动经济多元化发展,但缺乏产业基础和专业技术人才,希望中国加强与其人力资源合作,在各领域助其培训人才。目前,双方主要合作方式是邀请文莱政府官员及专业技术人员赴华参加多边援外培训班或研讨会,以及中国向文莱派遣青年志愿者。2012 年12 月,由商务部和团中央共同派出的第一期23 名青年志愿者抵文,在文莱大学、体育学校等单位进行为期一年的教学服务。志愿者认真工作,刻苦学习,积极融入当地社会,获得了校方和社会各界认可,充分发挥了中文民间友谊桥梁作用。2015 年 8 月,第 2 期 10 名青年志愿者抵文,在文莱大学医学、会计、中文等学科领域从事辅助教学、科研等工作。同年,文莱教育部一名公务员接受中国政府奖学金赴厦门大学攻读博士学位。2016 年,两名文莱青年成功申请中国商务部奖学金赴北京师范大学、中央财经大学攻读硕士学位。同年,中文两国首次开展双边援外培训合作,由福建省外经贸干部培训学院同文莱公务员学院合作承办一期"文莱国家公务员研修班",同文莱财政部合作组织一期"文莱人力资源管理研修班"。2017 年,同文莱初级资源与旅游部合作组织第一个在文莱执行的中文双边人力资源合作培训班"文莱杂交水稻增产技术支持海外培训班"。为了更好地满足文莱社会经济发展的需要及支持中国企业开展对文莱经贸合作,未来双方有望加大人力资源合作力度和深度,扩大合作规模,并不断探索其他合作方式。

二、合作重点

文莱是东盟小国,但国民收入较高、外汇充裕、贸易自由、投资政策优惠、交通发达,有优越的地理位置和良好的投资环境。根据文莱政府制定的经济发展蓝图,文莱将发展成为区域金融服务中心以及东南亚物流中心以及东盟东部地区服务、贸易、旅游中心和国际海运业的重要港口。文莱是一个极具发展潜力和不可忽视的东盟国家。因此,可以将文莱作为中国走进东盟老 6 国的桥头堡。目前中文两国在进出口贸易及投资方面相较于其他东盟国家来说,数量还较少,但在升级版自贸区及"一带一路"倡议的影响下,双方今后发展合作的潜力很大,而且经贸合作的重点应集中在以下几个方面。

(一)农业(含农机行业)

文莱农业比较落后,生产力水平较低,基本是家庭式经营。2017 年,农业收入在国内生产总值中仅占 0.82%,90% 以上的内需农产品依赖进口。为了保障国家粮食安全,提高粮食自给率,文莱政府于 2009 年初制定了农业中长期发展规划,其中,发展水稻种植成为农业领域工作的重中之重。中文两国在此前已有过多次这方面的合作,也取得了较好的成效。2012 年,中国广西旺旺大农牧有限公司在文莱巴东地区实施的"中—文合作研发水稻试验示范项目"大获成功,其试种的 10 个水稻品种平均每公顷干谷产量达 6.86 吨,比文莱的最高产纪录高出 2.41 吨,其他 9 个杂交水稻品种平均每公顷干谷产量达 7.06 吨,均高于其他国家在文莱种植水稻的产量,该项目在文莱引起巨大反响,文莱国王亲临基地考察并给予高度评价。未来两国合作的重点之一仍然是农业,但除了传统农业领域外,也应适当加强农机行业的合作。因为文莱在发展农业中要考虑的一大因素就是提高生产效率。目前文莱及其周边东盟国家的农业机械制造业普遍落后,而这些国家农机市场上主要是中、日、韩三国产品,中国产品经济实惠略占优势，农机市场开发潜力较大。

（二）食品工业（清真食品）

清真食品以"绿色、纯净、无污染"的优良品质和富有特色的饮食文化内涵满足了现代人对健康食品的新需求。中文两国应将其定为合作重点之一。一是清真食品拥有巨大的消费群体和世界性的销售市场，辽阔的地域和众多的人口孕育着巨大的市场和商机。二是文莱是伊斯兰教国家，国内有完备的清真认证体系；而中国地大物博，具有丰富的清真食品资源，且清真食品在中国的市场前景也十分广阔。三是中国广西与文莱已于2014年签署了《文莱—广西经济走廊经贸合作谅解备忘录》，确定了清真食品加工在内的多方面合作领域。该备忘录中明确写道："中国—文莱农业产业园"落户南宁市，并以园中园形式特别设立"清真食品园"。

（三）承包工程

一方面，为了摆脱经济上严重依赖石油和天然气出口的困局，提高经济竞争力与可持续发展能力，根据文莱政府的发展规划，将加快实施经济发展多元化战略，而此项战略的实施势必需要投入大量的资金（包括外资）来实施多项重大建设工程项目；另一方面，作为"21世纪海上丝绸之路"的重要沿线国家，为了能更好地享受升级版自贸区带来的利好，文莱需要不断完善国内基础设施建设，开辟与其他丝路国家的海上互联互通，这些项目的实施为中国对外承包工程提供了广阔的发展空间和难得的机遇。2015年中国国务院发布了《关于推进国际产能和装备制造合作的指导意见》，其中提到在对外合作方式方面，积极开展"工程承包+融资""工程承包+融资+运营"等合作，鼓励采用 BOT、PPP、EPC 等方式；中国目前需要组建一个专业性和综合实力都相对强的"施工型"的对外工程承包公司，以承揽一些国际分包项目和承担中国"走出去"企业的建设项目。为了顺利进军文莱承包工程市场，我们不仅需要相关政策上的支持，也需要金融、财政上的支持，而刚成立不久的亚投行和丝路基金将在其间起到一定的作用。

三、注意事项

（一）注意事前调查、分析、评估相关风险

在文莱开展投资、贸易、承包工程和劳务合作的过程中，要特别注意事前调查、分析、评估相关风险，事中做好风险规避和管理工作，切实保障自身利益。主要包括对项目或贸易客户及相关方的资信调查和评估，对投资或承包工程国家的政治风险和商业风险分析和规避，对项目本身实施的可行性分析等。相关企业应积极利用保险、担保、银行等保险金融机构和其他专业风险管理机构的相关业务保障自身利益，包括贸易、投资、承包工程和劳务类信用保险、财产保险、人身安全保险等，银行的保理业务和福费庭业务，各类担保业务（政府担保、商业担保、保函）等。

建议企业在开展对外投资合作过程中使用中国政策性保险机构——中国出口信用保险公司提供的包括政治风险、商业风险在内的信用风险保障产品；也可使用中国进出口银行等政策性银行提供的商业担保服务。中国出口信用保险公司是由国家出资设立、支持中国对外经

济贸易发展与合作、具有独立法人地位的国有政策性保险公司,是我国唯一承办政策性出口信用保险业务的金融机构。公司支持企业对外投资合作的保险产品包括短期出口信用保险、中长期出口信用保险、海外投资保险和融资担保等,对因投资所在国(地区)发生的国有化征收、汇兑限制、战争及政治暴乱、违约等政治风险造成的经济损失提供风险保障。如果在没有有效风险规避情况下发生了风险损失,也要根据损失情况尽快通过自身或相关手段追偿损失。通过信用保险机构承保的业务,则由信用保险机构定损核赔、补偿风险损失,相关机构协助信用保险机构追偿。

(二)尊重当地宗教信仰和风俗习惯

文莱为伊斯兰教国家,已于2014年4月底开始分阶段正式实施《伊斯兰刑法》。该法律适用于在文莱的全体人员(包括文莱公民及外国人),违反者现阶段将被处以高额罚款或判刑,未来全面实施后,将引入肉刑及死刑。该法规主要内容如下。

1. 关于伊斯兰宗教神圣性

禁止在文莱传播任何宗教或信仰,包括未经批准传播伊斯兰教;禁止任何侮辱伊斯兰教先知、《古兰经》和《伊斯兰刑法》的言论;禁止发表或做出侮辱苏丹讲话、政府宗教机构和官员的言论或行为;禁止通过网络媒体,包括微博、微信、whatsapp等传播针对伊斯兰教和《伊斯兰刑法》的谣言、评论等;避免在穆斯林面前表达崇拜某明星、人物、动物、地点等;避免在公开场合使用涉及伊斯兰教的固定词汇和表达,包括问候语。

2. 关于宗教管理

禁止在公共场所饮酒,不得向穆斯林提供、推荐、售卖酒精饮料;斋月期间避免在公共场合饮食、吸烟及买卖现场消费的食品;每周五中午12∶00到14∶00,穆斯林必须到清真寺祈祷,届时餐厅、店铺等都将停止营业,雇主不得限制穆斯林雇员按时祈祷的权利。

3. 关于不文明行为

禁止与穆斯林女性发生未婚或婚外性关系,或引诱穆斯林女性私奔;避免易引起嫌疑的未婚男女独处或同居;尽量在公众场所与异性保持距离,避免拥抱或接吻等过度亲密行为;避免穿着异性服装或模仿异性动作、神态;避免在公共场合穿着暴露(尤其是女性,建议穿长袖衣裤)。

4. 其他犯罪

偷盗、抢劫、强奸、通奸、谋杀等犯罪行为,将根据《伊斯兰刑法》进行审判。

【本章小结】

文莱在东盟国家中是最有特色的国家,也是最富有的国家。目前文莱在经济上依然严重依赖石油和天然气,为了改变这一状况已采取了多项措施,但收效甚微。文莱一直致力于与多国加强经贸合作,已参与了多个双边/多边合作机制,如中国—东盟自由贸易区、区域全面经济伙伴关系协定、全面与进步跨太平洋伙伴关系协定等,相信在今后的发展中,一定能实现"2035年远景展望"中所设定的目标。中国与文莱双边贸易起步较晚,但发展较快,在升级版自贸区、全面经济伙伴关系协定和"一带一路"倡议的作用下,两国的经贸合作会进一步加强。

【关键名词或概念】

"2035 年远景展望"
先锋产业

【思考题】

1. 文莱的国家特色是什么？
2. 文莱投资环境的有利因素和不利因素是什么？
3. 文莱与中国经贸合作的重点有哪些？

第六章　马来西亚

　　本章简要介绍了马来西亚基本国情，介绍了马来西亚的经济特色和对外经贸情况，介绍了马来西亚的五个经济特区、产业园区建设和国际区域合作情况；重点概述了马来西亚经贸管理机构、经贸法律法规体系等；说明了"一带一路"倡议背景下马来西亚与中国经贸往来的情况和发展趋向。

　　本章重点要求学生理解掌握马来西亚的国家特色以及今后发展的方向；了解马来西亚在东盟国家中扮演的角色；了解"一带一路"背景下马来西亚与中国的经贸合作重点。

第一节　国情概况

一、概况

(一)简史

　　公元初，马来半岛有羯荼、狼牙修等古国。15世纪初，以马六甲为中心的满剌加王国统一了马来半岛的大部分。始于1403年的马六甲王朝是马来西亚历史上第一个有史可载的王国。16世纪后，马来半岛先后沦为葡萄牙、荷兰和英国的殖民地，20世纪初完全沦为英国殖民地。砂拉越、沙巴历史上属文莱。1888年，两地沦为英国保护地。二战时，马来亚、砂拉越、沙巴被日本占领。二战后，英国恢复殖民统治。1957年8月31日，联盟主席东姑阿都拉曼宣布马来亚联邦脱离英国独立。1963年9月16日，马来亚联邦与新加坡、沙巴和砂拉越共同组成马来西亚(1965年8月9日，新加坡脱离马来西亚独立)。马来西亚是东盟5个原始成员国之一，也是环印度洋区域合作联盟、亚洲太平洋经济合作组织、英联邦、不结盟运动和伊斯兰会议组织的成员国。

（二）国家知识

国名：马来西亚。

国旗：呈横长方形，长与宽比为2：1。主体部分由14道红白相间、宽度相等的横条组成。左上方有一深蓝色的长方形，上有一弯黄色新月和一颗14尖角的黄色星。14道红白横条和14角星象征马来西亚的13个州和政府。蓝色象征人民的团结及马来西亚与英联邦的关系——英国国旗以蓝色为旗底，黄色象征国家元首，新月象征马来西亚的国教伊斯兰教（见图6-1）。

国徽：中间为盾形徽。盾徽上面绘有一弯黄色新月和一颗14个尖角的黄色星，盾面上的图案和颜色象征马来西亚的组成及其行政区划。盾面上部列有5把入鞘的短剑，它们分别代表柔佛州、吉打州、玻璃市州、吉兰丹州和登嘉楼州。盾面中间部分绘有红、黑、白、黄4条色带，分别代表雪兰莪州、彭亨州、霹雳州和森美兰州。盾面左侧绘有蓝、白波纹的海水和以黄色为地并绘有3根蓝色鸵鸟羽毛，这一图案代表槟城。盾面右侧的马六甲树代表马六甲州。盾面下端左边代表沙巴州，图案中绘有强健的褐色双臂，双手紧握沙巴州州旗。盾面下端右边绘有一只红、黑、蓝3色飞禽，代表砂拉越州。盾面下部中间的图案为马来西亚的国花——木槿，当地人称"班加拉亚"。盾徽两侧各站着一头红舌马来虎，两虎后肢踩着金色饰带，饰带上写着格言"团结就是力量"（见图6-2）。

图6-1　马来西亚国旗

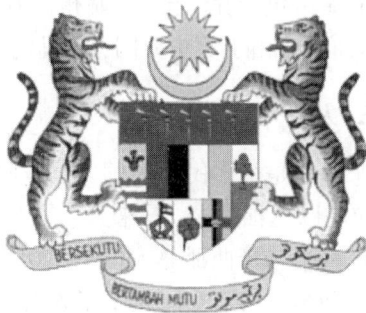

图6-2　马来西亚国徽

国歌：《我的祖国》。

国花：木槿。马来西亚人民用这种红彤彤的木槿花朵，比喻热爱祖国的烈火般的感情。

重要节日：全国各地大小节日约有上百个，但2015年马政府规定的全国性节日只有12个：先知穆罕默德诞辰日、国庆（又称独立日，8月31日）、元旦、开斋节（穆斯林）、春节（华人）、哈芝节（穆斯林）、屠妖节（印度人）、五一节、圣诞节、卫塞节、现任最高元首诞辰、先知穆罕默德迁移日。除少数日期固定外，其余的具体日期由政府在前一年统一公布。

首都：吉隆坡。马来西亚已在距离吉隆坡25千米的太子城建立了新行政中心，占地面积大约4932公顷。整个太子城行政中心包括湿地、首相府、国家清真寺、太子大桥、首相官邸、首相官邸大桥、达曼植物园、太子会议中心等。届时，太子城将是马来西亚的行政中心，吉隆坡则为马来西亚的经济中心。

二、地理、行政区划与人口

（一）地理

马来西亚地处东南亚，由马来半岛南部的马来亚和位于加里曼丹岛北部的砂拉越、沙巴组成。地处北纬 1°～7°，东经 97°～120°，位于太平洋和印度洋之间。全境被南中国海分成东马来西亚和西马来西亚两部分。西马位于马来半岛南部，北与泰国接壤，南与新加坡隔柔佛海峡相望，东临南中国海，西濒马六甲海峡；东马位于加里曼丹岛北部，与印尼、菲律宾、文莱相邻；西马和东马最近处相距 600 海里。马来半岛地形北高南低，山脉由北向南纵贯，将半岛分成东海岸和西海岸两部分，沿海为冲积平原，中部为山地。东马主要是森林覆盖的丘陵和山地。马来西亚国土总面积约 33 万平方千米，其中，西马 13.2 万平方千米，东马 19.8 万平方千米。全国海岸线长 4192 千米。属热带雨林气候，内地山区年均气温 22℃～28℃，沿海平原年均气温 25℃～30℃。

（二）行政区划

马来西亚分为 13 个州和 3 个联邦直辖区。13 个州包括西马的柔佛、吉打、吉兰丹、马六甲、森美兰、彭亨、槟城、霹雳、玻璃市、雪兰莪、登嘉楼和东马的砂拉越、沙巴。3 个联邦直辖区为首都吉隆坡、联邦政府行政中心——布特拉加亚和东马的纳闽。马来西亚其他主要的经济中心城市包括乔治市（槟城州首府）、新山（柔佛州首府）、关丹（彭亨州首府）和古晋（沙捞越州首府）。由于历史原因，东马的砂拉越和沙巴两州在政治和经济上拥有较大自主权。

（三）人口

马来西亚是个多民族的国家，全国有 32 个民族。马来半岛以马来人、华人、印度人为主；砂拉越以达雅克人、马来人、华人为主；沙巴以卡达山人、华人、马来人为主。

2017 年，马来西亚总人口约 3205 万，年增长率为 1.1%。其中，男性约 1667 万，女性约 1559 万，马来人约占 61.7%，华人约占 20.8%，印度人约占 6.2%，其他种族约占 0.9%，非马来西亚公民约占 10.4%。

据马来西亚统计局公布的数据显示，人口居前 5 位的州是雪兰莪州、沙巴州、柔佛州、砂拉越州和霹雳州。2017 年马来西亚各州及联邦直辖市人口分布如表 6-1 所示。年龄结构则处于较合理区间，如图 6-3 所示。

砂拉越州居民以伊班族为主，沙巴州以卡达山族为主。马来西亚的华人已全面融入马来西亚的经济、生活和文化等各个领域。

马来语为国语，通用语为英语，汉语使用也较广泛。伊斯兰教为国教，其他宗教有佛教、印度教和基督教等。

表 6-1　2017 年马来西亚各州及联邦直辖区人口分布

所在州属	占比/%	所在州属	占比/%	所在州属	占比/%	所在州属	占比/%
柔佛	11.5	雪兰莪	19.9	吉兰丹	5.7	玻璃市	0.8
霹雳	7.8	森美兰	3.5	吉打	6.7	纳闽	0.3
砂拉越	8.6	彭亨	5.1	槟城	5.4	布特拉加亚	0.3
沙巴	12.1	登嘉楼	3.8	马六甲	2.9	吉隆坡	5.6

注：资料源自马来西亚统计局。

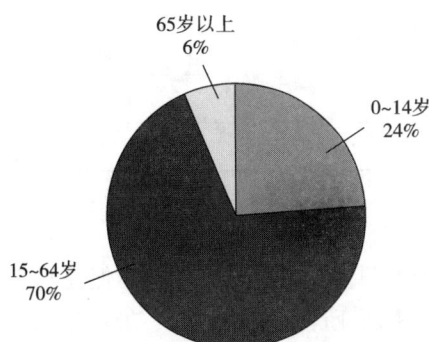

图 6-3　2017 年马来西亚人口年龄结构图

注：数据源自马来西亚统计局。

第二节　经贸发展

一、经济状况

自 2004 年以来，马来西亚经济保持平稳增长。2015 年马来西亚已经由一个农业导向型经济体转型成为一个以制造业和服务业为主的经济体。2015 年，马来西亚政府公布了第 11 个马来西亚计划，主题是"以人为本的成长"，拟通过提高生产力、创新领域、扩大中产阶级人口、发展技能教育培训、发展绿色科技、投资有竞争力的城市等六大策略，增加国民收入，提升人民生活水平和培养具备先进国思维的国民。

马来西亚是东南亚区域经济增长最快的国家之一。统计数据显示，马来西亚人均国内生产总值已从 2010 年的 9040.6 美元增长至 2018 年的 11239.0 美元，平均每年增长 3%（见表 6-2）。2018 年全年国民生产总值（按不变价格计算）达 12298 亿马币，经济增长率为 4.72%，较 2017 年下降 0.37 个百分点。

表6-2 2010—2019年马来西亚宏观经济数据

年份	GDP/百万美元	经济增长率/%	人均GDP/美元
2010	255017	7.42	9040.6
2011	297952	5.29	10399.4
2012	314443	5.47	10817.4
2013	323277	4.769	10970.1
2014	338062	6.01	11319.1
2015	296636	5.09	9799.4
2016	296753	4.22	9671.0
2017	314707	5.90	10117.6
2018	354348	4.72	11239.0
2019	369939	4.4	11600.0

注:数据源自世界银行(由于汇率变化,马币转换美元后导致每年数据在可比上有误差)。

当前马来西亚政府正致力于调整经济和产业结构,促使马来西亚经济迅速发展,努力让其变身为一个现代化国家。马来西亚产业结构多元,在能源、汽车、钢铁、纺织、制造、电子业、航运、旅游、金融服务以及高科技产业等方面有待发展。同时马来西亚积极推动消费与投资的发展,用消费与投资拉动经济的发展。近年来,马当局大力鼓励私营经济的发展,鼓励发展旅游、教育事业,电子商业渗透率更是达到50%,仅次于新加坡,在东南亚排名第二。私营部门支出是增长的主要动力,2019年私人消费和投资分别增长6.8%和1.5%。预计到2020年,增长率将分别提高到6.9%和2.1%。2018年马来西亚国内产业结构见表6-3。

表6-3 2018年马来西亚产业结构

类别	产值/亿马币	占GDP比重/%	同比增长/%
农业	955.8	7.8	-0.4
采矿业	969.7	7.9	-1.5
制造业	2833.4	23.0	5.0
建筑业	558.4	4.5	4.2
服务业	6830.8	55.5	6.8

注:数据源自马来西亚国家银行。

(一)第一产业

农业曾是马来西亚的重要产业部门。20世纪70年代以后,随着产业结构的调整和马来西亚推进出口导向型经济的发展,工业化程度逐步提高,电子业、制造业、建筑业和服务业等迅速发展,而农业在马国民经济中的比重逐年下降,1990年占比18.72%,2018年锐减为

7.8%。马来西亚自然资源丰富,农产品主要有棕榈油、橡胶、可可、木材和胡椒等,是世界第二大棕榈油及相关制品的生产国和出口国、世界第三大天然橡胶出口国。马来西亚农产品以经济作物为主,主要有棕榈油、橡胶、可可、稻米、胡椒、烟草、菠萝、茶叶等。马政府从20世纪70年代开始不再将发展重点放在农业,转而将发展政策转移到制造业和后期的服务业。但现在,马政府又决定将农业和农产品加工作为国家经济的第三成长动力。马政府认为农业应该与制造业和服务业同时成为国家经济的中流砥柱。为此,政府出台了税收优惠政策和奖励措施,鼓励私人企业和商家参与农业发展,并增加了财政预算投入。2017年,马来西亚农业产值为958.9亿马币。马来西亚棕油产量和出口量都仅次于印尼。马来西亚橡胶委员会数据显示,2017年马来西亚天然橡胶产74万吨,进口109.5万吨,其中40.3%来自泰国;出口119.4万吨,其中73.3%出口到中国。

根据马来西亚统计局发布的农业指标显示,2018年农业领域为马国内生产总值(GDP)贡献了8.2%,即960亿马币。农业出口1265.87亿马币,进口952.18亿马币,取得贸易顺差313.69亿马币,而进口与出口按年比都取得增长。油棕是主要贡献者,占农业贡献国内生产总值的46.6%,其次是其他农业(18.6%)、禽畜(11.4%)、渔业(10.5%)、橡胶(7.3%)和林业(5.6%)。

(二)第二产业

制造业是马来西亚国民经济发展的主要动力之一,也是马来西亚最重要的经济部门之一。2017年,马来西亚制造业产值为2699.7亿马币,同比增长6.0%。2018年,马来西亚制造业产值为2833.4亿马币,同比增长5.0%,占GDP的23.0%。马来西亚政府鼓励以本国原料为主的加工工业,重点发展电子、汽车制造、钢铁、石油化工和纺织业等。2018年,采矿业产值969.7亿马币,同比下降1.5%,占GDP的7.9%(见表6-3)。马来西亚采矿业以开采石油、天然气为主。长期以来,马以出口为导向,其经济发展倚重国际市场需求。2018年,马来西亚的外贸依存度(对外贸易额占比GDP)约130.5%,目前制造业中主要产业部门包括电子、石油、机械、钢铁、化工及汽车制造等,传统的初级产品加工业地位逐步下降,制造业成为其国民经济发展的主要动力,制造业增加值也在随着世界环境而不断提升(见图6-4)。当前在"一带一路"倡议下,马来西亚政府正重点发展高附加值产业,如技术密集型产业,并通过产业4.0计划加速马来西亚制造业的数字化转型,旨在通过提高生产力、创新和更多高技能工人来促进马来西亚制造业发展。2018年,马来西亚投资发展局统计发现,国内外投资在制造业领域主要集中在石油、石化行业、基础金属产品、电子电器产品、纸业、印刷和出版、化学产品、橡胶制品等,而且中国已连续3年成为马制造业投资的最大外资来源地。

(三)第三产业

2010年,马来西亚政府推出"经济转型计划"(ETP),并指定总理府绩效管理实施署(PEMANDU)负责此计划,关注支柱产业发展,推出了12个国家关键经济领域(NKEAs),包括批发零售业、旅游业、商业服务领域、油气能源领域、电子电器产业、教育业、医疗保健领域、棕油与橡胶产业、通信设施领域、农业、金融服务业以及大吉隆坡地区/巴生河谷。2016年,马来西亚政府提出2050年国家转型计划(TN50),其目标是马来西亚30年后成为全球经济排名前20的国家。

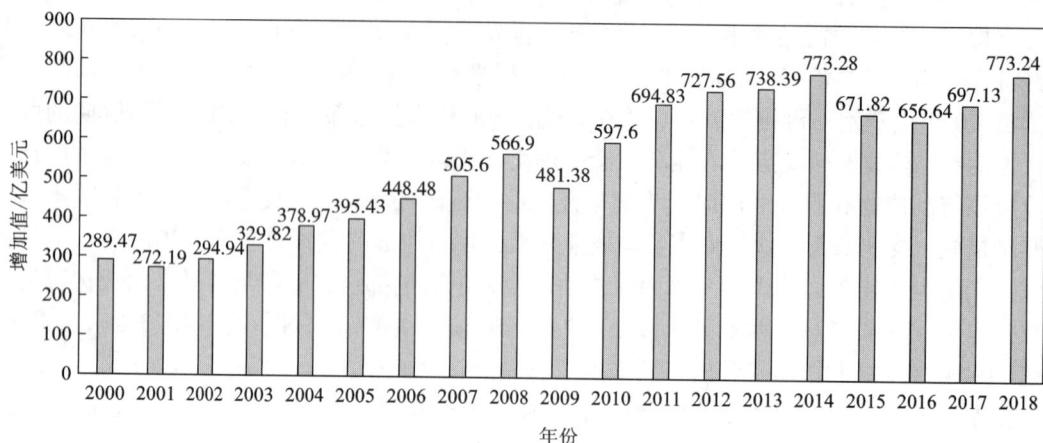

图 6-4 马来西亚 2000—2018 历年制造业增加值

资料来源：马来西亚投资发展局。

服务业是马来西亚经济中最大的产业部门，吸收就业人数占马来西亚雇用员工总数的60.3%。为促进经济多元化增长，近年来，马政府一直致力于经济改革，将经济发展重心从制造业转移到服务业，服务业逐渐成为其经济的重要支柱产业，吸收了超过50%的就业人口。经过多年积累，马来西亚服务业比重不断上升。2018年，马来西亚服务业产值为6830.8亿马币，同比增长6.8%，为全国经济贡献了55.5%的国内生产总值(见表6-3)。在此目标下，马来西亚政府大力鼓励发展金融、旅游、教育等服务业，实现经济多元化。

1. 金融服务业

马来西亚银行系统十分全面，包含了商业银行、投资银行及回教银行。除此之外，还有非银行金融中介，后者包含发展金融机构、公积金及退休基金，以及保险公司、回教保险公司，它们负责辅助银行机构调动存款及满足经济在财务方面的需求。

马来西亚中央银行是国家银行，主要负责维持国家货币稳定，管制和监督银行、金融及保险机构，发行国家货币。当地主要商业银行有马来亚银行、联昌银行、大众银行、丰隆银行、兴业银行等。此外，一些世界知名银行也都在马来西亚开展业务，如花旗银行、汇丰银行、标准渣打银行、美国银行、德意志银行、华侨银行等。中国银行、中国工商银行等都在马来西亚设立了公司。据马来西亚央行2016年数据显示，马来西亚保险市场共有保险公司44家，再保险公司7家、伊斯兰再保险公司5家、保险经纪公司30家和保险公估公司36家。此外，还有财产险协会、寿险协会、伊斯兰保险协会、本地保险公司协会、经纪人协会和公估人协会等6家行业组织，金融业比较发达。

2009—2012年，马来西亚政府落实金融业开放措施，以带动经济成长；开放金融领域政策，包括在3年内发放9张商业银行、回教银行及家庭回教保险执照给外资。马来西亚将全力打造回教金融中心。这项措施还包括，非商业银行外资股权顶限从目前的49%提高至70%，商业银行外资股权顶限则保持在30%不变。目前，马来西亚被赞誉为环球回教金融服务中心，因为它拥有一个监管架构及明确目标，尤其是在回教银行、回教债券、回教保险方面。在回教国家中，马来西亚是发行回教债券的领导者。

2. 交通运输业

马来西亚的基础设施比较完善，政府向来重视对高速公路、港口、机场、通信网络和电力等基础设施的投资和建设。马来西亚现有的基础设施能较好地为各类投资者服务，同时政府未来的基础建设计划也为外国投资基础建设和开展工程承包提供了契机。全国有良好的公路网，主要公路和铁路干线贯穿马来半岛南北，航空业亦较发达。

(1)公路。马来西亚高速公路网络比较发达，主要城市中心、港口和重要工业区都有高速公路连接沟通。高速公路分政府建设和民营开发两部分，但设计、建造、管理统一由国家大道局负责。截至 2014 年底，马来西亚公路总长约 20.4 万千米。相较于西马，沙巴与砂拉越的公路系统较不发达，品质也较差。目前，马来西亚高速公路网络由贯穿南北的大道为中心构成。截至 2017 年 6 月，马来西亚机动车数量为 2818.1 万辆，平均每人 0.88 辆。

(2)铁路。马来西亚铁路网贯穿半岛南北，总长 2267 千米，北面连接泰国铁路，南端可通往新加坡。负责运营的是马来西亚铁道公司(KTMB)，该公司具备运送多种货物的能力。2017 年，马来西亚铁路共运载旅客 359.6 万人次，货物 562.3 万吨。

(3)水运。马来西亚内河运输不发达，95% 的贸易通过海运完成，全国共有 19 个港口，主要国际港口包括巴生港、槟城港、柔佛港、丹戎帕拉帕斯港、关丹港、甘马挽港以及民都鲁港等。巴生港濒临马六甲海峡，是马来西亚最大的港口和东南亚集装箱运输的重要转运港，其西港有良好的深水码头，可以停靠世界最大吨位的货船。

(4)空运。当前马来西亚共有 8 个国际机场，即吉隆坡国际机场、槟城、兰卡威、亚庇、古晋、马六甲、柔佛士乃等国际机场。这些机场与其他国内航线机场构成了空运的主干网络。马来西亚是东南亚重要的空中枢纽之一。

3. 建筑业

2018 年，马来西亚建筑业产值 558.4 亿马币，同比增长 4.2%，占 GDP 的 4.5%。

4. 旅游业

旅游业是服务业的重要部门之一，是该国的第三大经济支柱、第二大外汇收入来源。马来西亚旅游部最新公布的数据显示，2018 年到马来西亚观光的外国游客达 2583 万人次，旅游总收入约为 841 亿马币(约 1383 亿元人民币)，同比增长 2.4%。在外国游客数量来源国和地区排名中，前十位均为亚洲国家或地区，主要为新加坡(1061.5 万人次)、印尼(327.7 万人次)、中国(294.4 万人次)、泰国(191.4 万人次)、文莱(138.2 万人次)、韩国(61.7 万人次)，中国是马来西亚第三大游客来源国。马来西亚政府把 2020 年定为"马来西亚旅游年"，也是"中马文化旅游年"，马政府希望能吸引 3000 万国际游客到访，并带来 1000 亿马币(约合 243 亿美元)以上的收入，而生态旅游、文化和艺术是马来西亚政府的"主打招牌"。马来西亚的主要旅游点有吉隆坡、云顶、槟城、马六甲、兰卡威、刁曼岛、热浪岛、邦咯岛等。

为促进文化与旅游的融合，2013 年，马政府把旅游部改为旅游文化部，下设旅游促进局和旅游中心，负责制定和监督执行旅游发展规划，促进和协调全国旅游业发展，推销和宣传马来西亚旅游商品。为促进旅游发展和强化管理，马政府还成立了旅游委员会，由副总理担任主席，分管旅游。全国划分为 4 个旅游度假区，即吉隆坡—马六甲旅游区、东部海岸旅游区、槟城—兰卡维旅游区、沙巴—砂拉越旅游区。重点开发生态旅游、农业及农宿旅游、教育旅游、保健旅游、体育旅游、购物旅游、海洋旅游、会议旅游和宗教旅游等 9 个领域的旅游产品。近年来向国外推出"我的第二个家园"计划，以便利出入境、购物免税、子女就学、医疗保健等多重优惠条件吸引外国人到马来西亚长期定居、养老。

2017 年世界经济论坛旅游竞争力报告显示，马来西亚在 136 个国家中排在第 26 名，位于许多东南亚著名旅游国家如泰国(34 名)、印尼(42 名)、菲律宾(79 名)之前，仅次于东南亚区域内的新加坡(13 名)。在其他维度排名中，马来西亚价格竞争力排全球第 3 名，航班衔接排全球第 21 名、天然资源排全球第 28 名。

5. 高等教育和培训服务

早在 1996 年，马政府就提出要建成"21 世纪亚太地区卓越的教育中心"。为此政府每年的教育拨款均居各部门之首，占政府总预算的 20%。目前，马来西亚作为世界第七大留学目的国，拥有来自世界 150 个国家和地区的 8 万多名留学生，其中中国留学生就有 8 千多名。2017 年中国在马来西亚的留学生达 14854 人。马来西亚政府为进一步巩固其在中国留学生中的吸引力，陆续出台了一系列给予中国留学生的优惠政策。①大马政府放宽了中国留学生的勤工俭学政策，允许中国留学生在课余时间做临时工补充留学费用，一周不超过 20 小时。②大马政府鼓励马来西亚的企业、院校给中国留学生发放留学奖学金。马来西亚的英迪学院、精英大学、英国诺丁汉大学马来分校、亚太信息技术大学等多家大学联合推出的专项奖学金，受到了留学马来西亚学子的热捧。③放宽移民政策，推出"马来西亚是我第二个家"的新移民政策。2011 年，中马正式签署《互认马中高等教育机构学位及学历架构协议》，进一步推动了两国间高等教育的交流与合作。

6. 电信、邮政

马来西亚移动电话网络覆盖全国大部分地区，截至 2017 年底，移动电话用户数达到 4233.9 万。主要移动电话运营商是 Celcom、Maxis 以及 DiGi。在邮政物流方面，根据马来西亚统计局数据，截至 2017 年，马来西亚共有 1028 个邮政局，全部完成电脑化运营，包括 227 个小型邮政所和 694 个邮政局。2017 年马来西亚国内邮寄包裹数量为 7.38 亿件，国际包裹数量为 2964.6 万件。此外，马来西亚还设有 24 小时自动服务终端(POS24)，方便居民使用。

二、对外经贸

(一) 对外贸易

马来西亚对全球出口的产品以机电产品、矿产品和塑料、橡胶为主。在机电产品方面，马来西亚在资源禀赋与生产水平上具有一定优势，与中国机电产品全球出口存在竞争关系；在矿产品方面，马来西亚锡、石油、天然气资源丰富，但石油冶炼加工技术相对落后，因此主要出口原油给新加坡、中国等国家。马来西亚属于出口导向型经济，多年来对外贸易一直保持顺差(见表6-4)。2015—2016 年，受全球经济增长放缓等因素影响，马来西亚贸易额出现显著下滑；2017 年以后，马来西亚对外贸易总额持续高速增长。据马来西亚国际贸易与工业部公布，2018 年马来西亚对外贸易总额达 18760.4 亿马币(约 4651 亿美元)，创历史新高，比 2017 年增长 5.9%，其中出口 9982.8 亿马币，进口 8777.6 亿马币，分别比 2017 年增长 6.8%和 4.9%，贸易顺差 1205.2 亿马币，已连续 21 年保持贸易顺差。同时，对东盟、中国、日本、韩国、澳大利亚、土耳其等贸易额的大幅增加，使马来西亚贸易持续大幅增长。马前五大出口市场分别为新加坡、中国、美国、日本和泰国，前四大进口来源地分别为中国、新加坡、美国、日本。马 2019 年进出口额为 4432 亿美元，同比下降 5.1%。

表6-4　2011—2018 年马来西亚进出口总值　　　　　　亿马币

年份	总额	进口额	出口额	顺差额
2011	12688.0	5742.0	6946.0	1204.0
2012	13096.0	6074.0	7022.0	948.0
2013	13686.6	6486.4	7200.4	714.0
2014	14491.5	6830.2	7661.3	831.1
2015	13909.8	6511.3	7359.3	887.2
2016	14846	6986.7	7859.3	872.6
2017	17735.3	8381.4	9353.9	972.5
2018	18860.4	8777.6	9982.8	1205.2

注：资料源于马来西亚国际贸易与工业部。

(二) 利用外资

尽管全球经济面临巨大挑战，多年来马来西亚仍继续推行各项措施吸引投资者，包括提升投资便利、提供财务及非财务奖励、加强政府与业界合作等。2018 年马来西亚投资发展局共批准 4887 个投资项目，在制造、服务和第一产业领域共计批准投资额 2017 亿马币（约504.2 亿美元），高于 2017 年的 2006 亿马币。

从投资领域看，制造业、服务业和第一产业领域投资额分别为 874 亿马币（约218.5 亿美元）、1034 亿马币（约258.5 亿美元）和 109 亿马币（约 27.25 亿美元）。其中，制造业投资与2017 年的 637 亿马币相比，增长了 37.2%。

从产业领域来看，制造业投资主要集中在石油、石化行业（32.9%），基础金属产品（13.1%），电子电器产品（11.2%），纸业、印刷和出版（5.4%），化学产品（5.0%），橡胶制品（4.6%）等。马投资发展局称，投资为马来西亚带来 12.97 万个就业机会。

在上述投资中，外国直接投资（FDI）占 39.9%，达 805 亿马币（约 201.25 亿美元）。其中，从投资国别看，中国、印尼、荷兰、日本及美国是马制造业外来投资的最主要贡献国，占获批准制造业外资投资总额的 76.4%。5 国在马制造业获批投资额分别为 197 亿马币（约 49.3 亿美元）、90 亿马币（约 22.5 亿美元）、83 亿马币（约 20.75 亿美元）、41 亿马币（约 10.25 亿美元）、32 亿马币（约 8 亿美元）。其中中国在马投资制造业获批项目 40 个，连续第 3 年成为马制造业投资最大外资来源地。

为鼓励更多外国人到马，马来西亚还推出"第二家园计划"，即在当地有 6000 美元存款即可带家人到马来西亚进行社会访问。马来西亚鼓励高科技、知识密集型和技术密集型的投资，也鼓励外资在该国建立营销总部、地区办事处或销售中心，目前已有 2100 多家外资办事机构落户马来西亚，其中 30 多家来自中国。根据世界银行公布的《2020 年营商环境报告》，马来西亚在 190 个经济体中名列全球第 12，相比于上年第 15 名的位置，再次晋升 3 名。马来西亚营商环境的进步是显而易见的，连续不断的排名提升将促进该国的经济繁荣发展。

(三)加入 RCEP 对马来西亚经济的影响

20 世纪 90 年代，马来西亚总理马哈蒂尔·穆罕默德首次提出"东亚经济圈"构想，希望以中、日为核心，带动东南亚国家，形成一个类似欧盟的政经一体化组织。经过多年区域经济的发展，在 2012 年 11 月召开的第 21 届东盟峰会上，东盟宣布以"10+6"为框架，与中国、日本、韩国、澳大利亚、新西兰、印度等对话伙伴启动 RCEP（Regional Comprehensive Economic Partnership）谈判，旨在深化东盟 10 个成员国和其在亚洲及大洋洲中最为重要的 6 个贸易伙伴之间的关系，同时维护东盟在亚洲地区一体化进程中的中心地位。目前印度在是否加入 RCEP 方面存在不确定性。整体上已经结束谈判的 RCEP15 个成员国人口达到了 22 亿，GDP 达到 29 万亿美元，出口额达到 5.6 万亿美元，吸引的外商投资流量达 3700 亿美元。这些指标基本占全球总量的 30% 左右(以 2018 年数据计)。RCEP15 建成之后，将会是世界上最大的自由贸易区。作为一个贸易国家，马政府将继续追求在贸易、投资、国民收入以及就业机会方面有利于马来西亚的自由贸易协定。RCEP 文本共有 20 个章节，包括货物贸易、服务贸易、投资准入、电子商务、知识产权、竞争政策、政府采购及相关规则，是一个全面、现代的自由贸易协定。它的主要目标是在降低成员方关税壁垒的同时，推进服务贸易领域开放和投资市场准入。马来西亚加入 RCEP 对其强化与 RCEP 成员国的战略和经贸关系，拓展全球市场，吸引外国投资，提升马来西亚整体竞争力，促进马来西亚经济发展具有重要作用。

1. 有助于马来西亚开拓市场

马来西亚市场有限，本地企业要增强自身的竞争力，利用独特的创新思维和足够的勇气开拓海外市场。RCEP 涵盖全球近 1/3 的人口，占全球近 40% 的国内生产总值(GDP)、约占世界贸易总量 30%，约占全球外国直接投资的 36%，而且 RCEP 成员国大多属于当今世界上经济增长快、潜力大的经济体，经贸互补性强，该协定为国际贸易提供了平台，可以推动成员国企业寻找更多海外市场。

2. 有助于马来西亚吸引外资

TPP 服务业市场采用负面清单形式，有利于马来西亚吸引外国投资，尤其是金融服务与旅游服务方面的投资。

3. 有助于促进马来西亚经济发展转型

RCEP 成员国经济发展水平差异较大，发展中经济体面临经济结构单一、技术水平落后、基建设施老化等多重困境。为打破发展瓶颈，东盟等发展中经济体纷纷出台产业发展战略，力图通过吸引外资、增加出口，实现产业转型和结构调整。RCEP 谈判的基本完成，一方面将驱使发展中经济体加快改善营商环境、扩大开放水平，为有效吸引投资和产业转移提供机遇；另一方面，RCEP 将通过经济技术合作相关条款的加紧落实，保证对落后成员国稳定的经济和技术援助。这样，RCEP 可在一定程度上弥合成员国巨大的发展水平差异，通过均衡发展使地区一体化获得更坚实的经济基础

但 RCEP 的签署会给稻米、果蔬和乳制品等农产品领域带来竞争，也会对林木矿业、钢铁、汽车整车与零组件、机械等工业制造领域带来一定的冲击。

（四）马来西亚区域经济发展

1.5 大城市及区域经济走廊

2006 年马政府为了平衡区域经济发展，推动自由贸易，促进外商投资和经济发展，在"大马第九计划中"宣布设立 5 个区域经济发展走廊。根据各区域的产业与自然条件，制定不同的发展策略，提供劳动力、土地、资本等优惠政策，吸引外商投资重点产业。这 5 大城市及区域经济走廊分别为：马来西亚半岛上的柔佛与依斯干达、乔治城与北部经济走廊、关丹与东海岸经济区，以及在婆罗洲岛的古晋与砂拉越再生能源走廊和沙巴发展走廊（如表 6-5 所示）。

表 6-5　马来西亚 5 大区域经济特区

序号	名称	发展目标	重点鼓励投资产业
1	依斯干达经济特区（Iskandar Malaysia, IM）	国际产业与服务中心	旅游服务、教育服务、医疗保健、物流运输、创意产业及金融咨询服务等
2	北部经济走廊特区（Northern Corridor Economic Region, NCER）	农业与高科技发展中心	农业、制造业、物流业、旅游及保健、教育及人力资本和社会发展等
3	东海岸走廊经济特区（East Coast Economic Region, ECER）	制造业与旅游中心	旅游业、油气及石化产业、制造业、农业和教育等
4	砂拉越再生能源走廊（Sarawak Corridor of Renewable Energy, SCORE）	能源与能源密集型产业中心	油气产品、铝业、玻璃、旅游业、棕油、木材、畜牧业、水产养殖、船舶工程和钢铁业等
5	沙巴发展走廊特区（Sabah Development Corridor, SDC）	棕榈油生产地	旅游业、物流业、农业及制造业

（1）依斯干达经济特区。依斯干达经济特区面积约 2217 平方千米，包括马来半岛南部柔佛州的新山、哥打丁宜和笨珍等数个地区。作为第一个设立的走廊，马政府旨在把依斯干达经济特区打造成全马首个智慧城市，并且发展六大领域，即智慧经济、智慧环境、智慧人文发展、智慧政府管理、智慧流动联系以及智慧居住环境。重点产业包括电机电子、石油与油脂化学、食品加工，以及其他以农业为基础的制造业。服务业方面则包括金融、旅游、教育、物流、医疗保健及创意产业。截至 2017 年 12 月，依斯干达开发区吸引的投资累计已达 2531 亿马币。伊斯干达的发展受到依据《伊斯干达开发区管理机构法》（2007）设立的法定机构伊斯干达开发区管理局的监管。鼓励投资行业包括旅游服务、教育服务、医疗保健、物流运输、创意产业及金融咨询服务等。马华总会在伊斯干达开发区设立南马"一带一路"中心，希望能协助更多柔州华社从中国倡议的"一带一路"受惠。2018 年该区吸引的投资额达 322.3 亿马币，其 2019 年的目标是吸引 300 亿马币投资。该区的累积投资额已达 2853.4 亿马币，其中马来西亚国内投资占 62%，来自国外的投资占 38%。

（2）北部经济走廊特区。北部经济走廊特区覆盖了马来半岛北部玻璃市州、吉打州、槟城州及霹雳州北部地区，占地面积约 1.8 万平方千米。它是马来西亚的农业重地，并有 40 年的半导体产业经验,因此被规划为农业与高科技发展中心,重点鼓励投资行业包括农业、制造业、物流业、旅游及保健、教育及人力资本和社会发展等。北部经济走廊特区的发展受到依据《北部经济走廊执行机构法》(2008)设立的北部经济走廊执行局的监管。其将旅游、物流及教育列为重点发展项目。除了在乌达拉生物技术中心设立马来西亚第一个本土 LED 认证及测试中心,北部经济走廊执行局与公、私、学术教育三大部门合作设立了工程科技共同研究(CREST),进行电机电子产业的研发,并为电机电子产业规划了一个 3 年的人才蓝图。2015 年,北部经济走廊特区吸资最多,达 153 亿马币。

(3)东海岸走廊经济特区。东海岸走廊经济特区横跨彭亨、登嘉楼、吉兰丹 3 州和柔佛州的丰盛港,占地面积约 6.7 万平方千米,覆盖马来半岛(西马)51% 的土地面积。其中,吉兰丹一直由回教党执政(马来西亚其他 12 州均由"国阵"执政),是马来西亚全国唯一由反对党统治的州。其主要资源是森林和石油。由于人口比例特殊和开发力度不够等原因,经济发展比较缓慢,落后于全国平均发展水平。主要发展并重点鼓励投资行业包括旅游业、油气及石化产业、制造业、农业和教育等。旅游业重点推动半岛旅游、生态旅游、城市与文化传统旅游、跨国旅游和岛屿旅游等居家工程项目。石油天然气和石化工业则重点发展环氧丙烷和乙烯类产品,推动石化产品多元化和下游产品的多样化。在制造业领域主要是发展船舶、汽车等交通工具,以及机械、棕榈油、手工艺品、清真食品等,同时建立了工业区和自由贸易区。2012 年中马两国合作开发了中马双园,中国产业园区就在关丹。该走廊经济特区也发展农业、卫生教育和交通运输业。在区域分布上,吉兰丹江建立贸易中心,重点发展教育;登嘉楼州重点发展旅游业、石油与天然气;彭亨州以制造业为主,建立完整的物流中心。此外,还将畜禽养殖和水果、草药种植列为 3 个州的农业发展重点,但品种有所侧重。中国和马来西亚在马合作建设的东海岸铁路项目是该特区最大的项目。东海岸铁路是促进马来西亚东部发展、提升区域互联互通的重要里程碑项目。东海岸铁路项目建成后,将成为马来半岛重要的铁路运输干线,有力地带动东海岸走廊经济特区甚至整个东海岸地区的发展,促进首都吉隆坡和东西海岸间的互联互通,提升马来西亚在东南亚地区的地位和影响。同时,这一项目还将同雅万高铁、中老铁路、中泰铁路一道为东盟的互联互通和共同体建设提供有力的支撑。马来西亚国家级二号工程,即由中方承建的马六甲皇京港项目是一个大型的填海综合发展项目。由 3 个人造岛和 1 个自然岛屿组成,占地 1366 英亩,总投入 400 亿马币(约 800 亿人民币)。随着国际航运的发展和"一带一路"基础设施建设的发展需要,新加坡港的不足开始显现,很有必要在附近的皇京港建设一个能够满足大型货船需要的深水码头。

(4)砂拉越再生能源走廊。砂拉越再生能源走廊位于东马砂拉越州西北部,面积约 7.1 万平方千米。砂州拥有丰富的能源资源,重点鼓励投资行业包括油气产品、铝业、玻璃、旅游业、棕油、木材、畜牧业、水产养殖、船舶工程和钢铁业等。其由区域性走廊发展局负责监督和管理。基于丰富的水力、煤炭与天然瓦斯等具价格竞争力的能源资源,马政府鼓励能源与能源密集型产业进驻,如金属或钢铁冶炼厂。马政府提出的砂拉越再生能源走廊的可再生能源计划,旨在通过可再生能源来满足能源密集型制造业项目的电力需求,计划将 2016 年水力发电 67.7% 的发电份额扩大到 2020 年的 80%,取代对天然气发电的依赖。砂拉越的水电开发潜力为 20 GW,目前仅开发了 25%。

(5)沙巴发展走廊特区。沙巴发展走廊特区位于东马沙巴州,面积约 7.4 万平方千米,为全球第三大棕榈油生产地。虽然沙巴发展走廊特区的基础设施相对落后,但当局利用其丰富的天然资产,发展农业、旅游、生物科技以及地热等替代能源相关产业。当局重点鼓励投资行业包括旅游业、物流业、农业及制造业等,由沙巴经济发展投资局管理。沙巴发展走廊特区计划用15年时间,吸引1050亿马币外资,于2025年全面消除贫困,使国内生产总值增长4倍,达到632亿马币;人均收入增长3倍,达到14800马币。沙巴发展走廊特区分为西部、中部和东部3大区域,主要发展农业、制造业和服务业三大领域,以发展高附加值产品、实现经济发展和分配的均衡、确保可持续发展为三大目标。为了在2025年将沙巴打造成集商业投资、休闲娱乐和居住于一体的享有国际盛誉的经济特区,沙巴发展走廊特区的项目委员会制定了一系列详细规划。沙巴发展走廊特区计划提升知识和创新能力以达到世界一流思维,积极处理长久的社会财富不均等问题,持续提升生活品质与公共服务转递系统,进而让沙巴发展走廊特区达到预设的五大远景:打造世界级优越的商务、投资和休闲中心;不计种族、语言和宗教,共创繁荣和谐社会;广泛使用高科技,提升日常生活品质;广泛制造高回报就业机会,供本地和国外人才就业;打造亚洲最舒适生活环境。

2. 马中关丹产业园

中马钦州产业园区与马中关丹产业园(MCKIP)是首个中国政府支持的以姊妹工业园形式开展双边经贸合作的项目。

(1)基本规划。产业园位于彭亨州关丹市格宾工业区内,面积1500英亩(约6.07平方千米),距离关丹港5千米、关丹市区25千米、关丹机场40千米、吉隆坡250千米,地理位置优越,交通便利。关丹港距离钦州港1104海里,航行仅需3~4天,到中国其他港口也只需4~8天。

(2)产业指引。十大重点产业包括塑料及金属行业设备、汽车零部件、纤维水泥板、不锈钢产品、食品加工、碳纤维、电子电器、信息通信、消费类商品以及可再生能源。

(3)优惠政策。目前马方对产业园给予的优惠政策主要分为财政优惠和非财政优惠两类。其中,财政优惠包括①自第一笔合法收入起10年内100%免缴所得税,或享受5年合格资本支出全额补贴;②工业园开发、农业及旅游项目免缴印花税;③机械设备免缴进口税及销售税。非财政优惠包括①地价优惠;②工业园基础设施相对成熟;③外籍员工政策相对灵活;④人力资源丰富。

3. 自由贸易区与保税工厂

为了鼓励与欢迎外资投资发展劳动密集型和出口导向型工业,马来西亚于1968年制定《投资奖励法案》,1971年制定《自由贸易区法案》,1972年修订海关法中相关条款实施保税工厂制度,从而基本上完备了以外资企业为中心发展劳动密集型和出口导向型工业的经济体制。马来西亚政府在1990年制定了《自由区法》,以促进旅游业、制造业等以贸易为目的的免税区经济的发展,其中自由工业区是特别制造业者从事生产或装配主要供应外销产品而设置的区域,区内业者可享受最低的关税管制,可免税进口生产所需的原材料、零部件和机械设备,并可减少其制成品出口的手续。目前,马来西亚共设立了18个自由工业区,但自由工业区有限,且许多企业根据自身特点无法在自由工业区内设立工厂。马来西亚政府为了促使出口导向型和劳动密集型产业的布局更加合理,允许其他企业申请设立保税工厂,并享有与自由工业区工厂同等的优惠政策。

第三节 贸易与投资管理

一、贸易管理体制

(一)法规体系

马来西亚与贸易和投资有关的法律、法规主要包括《海关法》《海关进口管理条例》《海关出口管制条例》《海关估价规定》《植物检疫法》《保护植物新品种法》《反补贴和反倾销法》《反补贴和反倾销实施条例》《促进投资法》《外商投资指导方针》《外汇管理法令》《工业产权法》《专利法》《通信与多媒体法》《2006年保障措施法》等。

2005年5月1日,马来西亚卫生部国家药品管理局开始实施2004年4月通过的《药品注册的指导性文件(修正案)》。根据相关规定,在马来西亚销售的药品,无论是制药还是传统医药,国产还是进口产品都必须使用全息摄影安全(防伪)图案。

2005年7月1日,马来西亚开始执行《营养标签及标识规定》,要求50多种普通消费食品的商品标签标识必须符合该法规。

(二)管理部门

马来西亚国际贸易和工业部主要负责贸易规则和政策的制定和执行、配额管理,以及一般产品、机动车辆的进出口许可证发放事务。马来西亚国际贸易和工业部下属的贸易事务局专门负责反倾销、反补贴调查。马来西亚海关负责监管产品进出口、关税征收等事务,提供有关进出口许可证和关税的信息。马来西亚对外贸易发展局负责促进和推动马来西亚制成品和半制成品的对外出口,为马来西亚产品出口提供相关服务。此外,各行业产品的进出口许可证的发放主要由有关行业的管理部门负责,如农业部负责植物及植物产品,原子能许可局负责放射性物质及产生辐射的仪器,兽医服务局负责动物及动物产品等。

(三)管理制度

马来西亚实行自由开放的对外贸易政策,但部分商品的进出口会受到许可证或其他方面要求的限制。

1.关税制度

(1)进口关税。关税是马来西亚实施进口管理的主要手段。进口关税99.3%是从价税,0.6%采用从量税,其他部分采用混合税和选择关税。世界贸易组织公布的数据显示,2016年,马来西亚最惠国关税简单平均关税税率约5.8%,农产品最惠国简单平均关税为8.4%,非农产品简单平均关税税率为5.4%。目前,马来西亚对大部分原材料、零部件和机械设备取消了进口税,而对汽车等进口的奢侈品和涉及国内保护行业的产品适用高税率。在免除缴纳进口关税方面,根据马来西亚《海关法》的授权,财政部部长有权免除个别特殊组织或特定产品缴纳进口关税。根据东盟自由贸易区协定,马来西亚自2005年1月1日起,将东盟成员国各类型整装车的进口关税降至20%,将拆散配件组装车和配件的进口关税减至零,将其他非东盟国家各类型整装车的拆散配件组装车及配件的进口关税分别降至50%和10%。

（2）出口关税。马来西亚主要对野生动物、木材、棕榈油等产品征收 5% ~ 30% 的出口税，对石油统一征收 20% 的出口税。

2. 进出口管理制度

马来西亚将进口产品分为四类，包括禁止进口产品；实行进口许可的产品，如家禽、牛肉、大米、食糖和彩色复印机等；为保护国内产业而实行临时进口限制的产品，如牛奶、咖啡、部分电线电缆以及部分钢铁产品等；自由进口产品。

根据马来西亚 2005 年 7 月 1 日起开始执行的《营养标签及标识规定》，进口食物要进行营养标识，包括标明维生素、矿物质、胆固醇、食物纤维及脂肪酸的含量。但是在对营养进行说明时，禁止采用医疗用语。该规定涉及的产品包括本地生产和进口的精制谷物食品；各种类型的面包；各类甜食面点；各种奶类及奶粉制品以及各种类型的软饮料，包括植物性饮料、豆奶和大豆饮料等 50 多种普通消费食品。

马来西亚对出口产品实行分类管理。出口产品分为三类：禁止出口产品、实行出口许可管理的产品和自由出口产品。禁止出口的产品包括军火、珊瑚、海龟蛋和藤条等，实行出口许可管理的产品主要包括动物及动物产品、大米、食糖、橡胶、纺织品和钢铁等。出口橡胶须得到政府部门的特别许可，出口橡胶木则受出口配额的限制。由于国内家具业原料短缺，为增加木质产品的附加值，2005 年 6 月，马来西亚政府决定全面禁止出口橡胶木。

3. 进出口商品检验检疫

马来西亚检验检疫局负责所有入境口岸（包括海港、机场、陆地口岸以及邮件和快递收发中心）、检疫站、建议设施的检验检疫工作以及颁发有关植物、动物、冷冻肉制品、鱼类、农产品、土壤和微生物等产品的进出口许可证。

马来西亚对检疫工作非常重视，因为农业是马来西亚第三大支柱产业。关于动植物、水产品的检验检疫都是由马来西亚农业产业部负责。农业与农机部也是马来西亚唯一的负责农产品方面的部门。

为防止动物传染病、寄生虫病和植物危险性病、虫、杂草以及其他有害生物传入，马来西亚政府对进口动植物实施检验检疫。如携带动植物入境，须事先向马来西亚相关主管部门申请进口许可证并在入境时遵守各项检验检疫程序。马来西亚要求所有肉类、加工肉制品、禽肉、蛋和蛋制品必须来自经农业部兽医服务局检验和批准的工厂，所有进口产品必须获得兽医服务局颁发的进口许可证。

4. 海关管理规章制度

马来西亚皇家海关是管理商品的进出口、边境控制以及贸易便利化的政府部门。

除了管理关税之外，对金融的管制也有海关协助管理。携带金额超过 1 万美元（无论现金还是旅行支票等）的无论是马来西亚居民还是非马来西亚居民，每次出入马来西亚均须向海关申报；如需携带超过数额限制的现金或旅行支票出境，须事先向马来西亚国家银行取得书面许可。

此外，马来西亚海关对关于海关舱单的规定做出了修改要求。自 2018 年 10 月 1 日起，所有从马来西亚进出口及中转的货物，客户必须提供样单中货物描述部分正确的 6 位货物 HS 编码。缺失 HS 编码或信息有误，会影响货物在马来西亚清关放行，并可能造成海关罚款或其他责任后果。

二、投资管理体制

(一)主管部门

马来西亚主管制造业领域投资的政府部门是贸工部下属的马来西亚投资发展局,主要职责是制定工业发展规划;促进制造业和相关服务业领域的国内外投资;审批制造业执照、外籍员工职位以及企业税务优惠;协助企业落实和执行投资项目。马来西亚其他行业投资由马来西亚总理府经济计划署(EPU)及国内贸易、合作与消费者事务部(MDTCC)等有关政府部门负责,EPU负责审批涉及外资与土著持股比例变化的投资申请,而其他相关政府部门则负责业务有关事宜的审批。

马来西亚正在逐步放宽外资投资政策,已开始允许外资设立全资控股公司。外资在马投资后也可随时撤资。在马来西亚,只要投资100万美元即可获得永久居留权,外资企业中的高级专业人员可获得5~10年的居留权。为鼓励更多外国人到来,马来西亚还推出"第二家园计划",即在当地有6000美元存款即可带家人到马来西亚进行社会访问。

(二)投资方式的规定

投资的方式包括直接投资、跨国并购和股权投资等。

1.直接投资

外商可直接在马来西亚投资设立各类企业,开展业务。直接投资包括现金投入、设备入股、技术合作以及特许权等。

2.跨国并购

马来西亚允许外资收购本地注册企业股份,并购当地企业。一般而言,在制造业、采矿业、超级多媒体地位公司、伊斯兰银行等领域,以及鼓励外商投资的五大经济发展走廊,外资可获得100%股份。马来西亚政府还先后撤销了27个服务业分支领域和上市公司30%的股权配额限制,进一步开放了服务业和金融业。

3.股权收购

马来西亚股票市场向外国投资者开放,允许外国企业或投资者收购本地企业上市。同时废除了外资委员会(FIC)的审批权,拟在马上市的外资公司可以直接将申请递交给马来西亚证券委员会。

自20世纪80年代开始,马来西亚政府鼓励私人资本与政府合作,开展BOT项目建设与运营,在政策层面大力支持BOT/PPP项目的开展。

(三)投资行业的规定

外商投资在金融、保险、法律服务、电信、直销及分销等行业会受到股权方面的严格限制。一般外资持股比例不能超过50%或30%。

马来西亚政府为了进一步吸引外资,刺激本国经济发展,新开放了计算机相关服务、保健与社会服务、旅游服务、运输服务、体育及休闲服务、商业服务、租赁服务和运输救援服务等8个服务业领域的27个分支行业,允许外商独资,不设股权限制。马来西亚服务业发展理事会(MSDC)是分支领域开放的监管单位,负责审查服务业限制领域发展的有关规定,监督和协调各部门相关工作。

目前，马来西亚政府鼓励外国投资进入其出口导向型的生产企业和高科技领域。可享受优惠政策的行业主要包括农业生产、农产品加工、橡胶制品、石油化工、医药、木材、纸浆制品、纺织、钢铁、有色金属、机械设备及零部件、电子电器、医疗器械、科学测量仪器制造、塑料制品、防护设备仪器、可再生能源、研发、食品加工、冷链设备、酒店旅游及其他与制造业相关的服务业等。在制造业领域，外商投资者投资新项目可以持有100%的股权。

三、贸易壁垒

除关税和关税配额外，马来西亚政府为了保护国内产业发展和国民社会发展，也设置了相关的贸易壁垒。

(一)进口限制

在马来西亚进口商品海关总税目中，约有27%的税目下的产品受到非自动进口许可管理，主要涉及动物与植物产品、木材、机械、车辆及相关运输设备等。进口重型建筑机械必须得到马来西亚贸工部的许可，且进口许可的授予通常以该产品在马来西亚生产为条件，这对中国同类商品进入马来西亚市场造成了一定阻碍。

(二)技术性贸易壁垒

马来西亚禁止进口含有冰片、附子成分的中成药，限制在药品的包装和广告中提及如抗癌、避孕、壮阳补肾和治疗糖尿病、风湿等功效。此外，中医药产品要进入马市场首先须委托当地注册公司向马来西亚卫生部药监局提出申请，并向其公开配方，得到"Malal"许可证后方可进口及销售。马来西亚药品注册程序比较复杂。

(三)政府采购

马来西亚不是WTO《政府采购协议》的签署方。马来西亚要求政府采购要有助于国内公共政策的实施，如鼓励马来西亚人参与贸易，向当地工业转移先进技术，减少外汇的流出，为当地企业创造服务领域的机会以及提高马来西亚的出口能力等。因而，在政府采购领域外国公司不能与当地公司享有相同的竞争机会，并且，多数情况下外国公司与当地公司成为合作伙伴后才能参与招标。

(四)服务贸易壁垒

在金融、电信服务、建筑、工程、劳务法律服务以及渔业等领域，马来西亚对国外资本设定了股权比例、许可证以及相关的标准和执照要求。

第四节 中马经贸发展

马来西亚地理位置优越，扼守马六甲海峡，是"海上丝绸之路"的重要节点。在"一带一路"框架下，中马的经贸合作越来越密切。到2019年，中国已连续10年成为马来西亚最大的贸易伙伴。

一、简况

(一)进出口贸易

中马两国在资源构成、产业结构和贸易商品等方面各具特色,互补性很强,这为两国间贸易奠定了基础。长期以来,中国和马来西亚都致力于进一步加强相互之间的贸易、投资和经济合作等经贸关系,并签有《避免双重征税协定》《贸易协定》《投资保护协定》《海运协定》《民用航空运输协定》等10余项经贸合作协议。随着2010年中国—东盟自由贸易区的建成以及"一带一路"倡议的不断推进实施,双方的经贸关系越发紧密。

马来西亚现已取代新加坡成为中国在东盟的第二大贸易伙伴国,中国则是马来西亚第一大贸易伙伴(第一大进口来源地和第二大出口市场)。从图6-5可以看出马中双边贸易的发展状况。

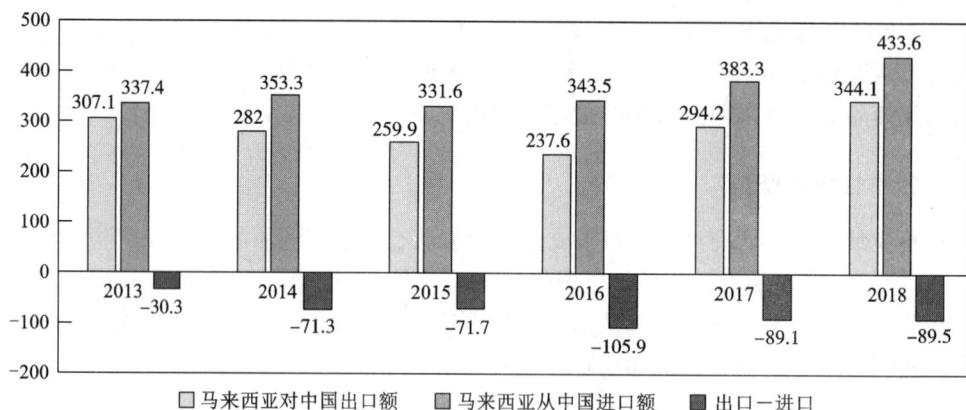

图6-5 2013—2018年中马双边贸易进出口及贸易顺/逆差情况(单位:亿美元)

从马来西亚对中国出口的产品情况来看,机电产品是马来西亚对中国出口的第一大类产品,2018年的出口额为149.2亿美元,增加14.6%,占对中国出口总额的43.4%。矿产品和塑料、橡胶是马对中国出口的第二和第三大类产品,出口额分别为62.4亿美元和39.4亿美元,分别增长了6.4%和22.0%。马来西亚自中国进口的主要商品为机电产品、贱金属及制品和化工产品,2018年的进口额分别为215.2亿美元、48.6亿美元和33.0亿美元,分别增加13.7%、18.9%和24.9%,分别占其自中国进口总额的49.6%、11.2%和7.6%,前三类进口商品占比合计68.4%。其中,中国加工组装工业发达,出口到马来西亚的"整体"机电产品占比较大。2019年1—11月中马进出口总值为1115万美元,同比增长12.4%,中对马出口468万美元,同比增长14.3%,从马进口647万美元,同比增长11.1%,逆差扩大。

在"一带一路"倡议下,中马贸易互补性依然明显,两国产业内贸易不断加强。中马双方均认为双方在数字经济、农业、汽车制造、高科技等领域有很大合作空间。2018年6月,马来西亚总理访华期间的杭州之行,也显示中马将进一步挖掘电商、科技、金融、生态等领域的合作潜力。可见,未来中马贸易或从以往注重基建合作向强调科创合作转变,新兴产业或将成为中马贸易新热点。

(二) 投资

马来西亚对华投资始于 1984 年。据中国商务部统计，2017 年当年马来西亚对华直接投资项目共 329 个，同比增长 36%，实际投资金额为 1.08 亿美元，同比下降 51%；截至 2017 年底，马来西亚累计在华投资项目有 6362 个，实际投资金额为 75.75 亿美元。

中国在 2016 年成为马来西亚制造业最大外资来源地后，连续 3 年成为马来西亚制造业最大的投资者。2017 年中国对马来西亚直接投资流量 17.22 亿美元，截至 2017 年底，中国对马来西亚直接投资存量 49.15 亿美元。根据马来西亚投资发展局 (MIDA) 公布的数据，2017 年批准的中国企业在马制造业投资总额是 39 亿马币 (约 9.8 亿美元)，同比下降 18.7%。截至 2018 年底，中国在马来西亚制造业投资项目共有 248 个，投资额达 42.3 亿美元，这些项目为马创造了 37000 多个就业机会。

双边合作的重要项目除前面介绍的铁路和港口项目外，中国在马来西亚投资进行的还有马中关丹产业园、广西北部湾国际港务集团关丹港、中广核 Edra 电站项目、华为技术有限公司、中车轨道交通装备东盟制造中心项目等多个项目，涉及金融、制造业、教育、农业科技、环保等多领域的合作。2019 年 7 月 25 日，中国和马来西亚合作建设的总长 640 千米、造价高达 100 亿美元的马来西亚"东部沿海铁路 (ECRL) 计划"正式宣布复工。

(三) 工程承包

中方统计，截至 2017 年 7 月底，我国企业累计在马签订承包工程合同额 596.6 亿美元，完成营业额 274.9 亿美元。其中，2017 年 1—7 月，新签合同额 174.7 亿美元，增长 624.3%，完成营业额 26.3 亿美元，增长 27.1%。2019 年 1—9 月，马对华投资 0.46 亿美元，同比下降 74%。

(四) 其他合作领域

中马两国人文领域交流合作不断取得进展。厦门大学马来西亚分校于 2016 年正式办学。马来西亚目前有 6 个孔子学院、1 个孔子课堂。马来西亚 2018 年接待了约 300 万中国游客。

两国本币互换持续扩大，人民币清算银行在马来西亚设立，使资金融通进一步拓展。2009 年 2 月，马来西亚与中国达成双边互换协议。2015 年 4 月，双边续签货币互换协议，决定维持 1800 亿人民币或 900 亿马币的互换额度，有效期为 3 年。此外，还有跨境抵押安排、人民币和马币间直接交易、在吉隆坡指定人民币清算以及向马方提供 500 亿元人民币合格境外机构投资者 (RQFII) 额度等。2018 年 8 月 20 日，中国人民银行与马来西亚国家银行在北京续签了中马 (来西亚) 双边本币互换协议，将规模保持为 1800 亿元人民币/1100 亿马币，旨在便利双边贸易和投资。协议有效期为 3 年，经双方同意可以展期。

二、中马经贸合作重点

新形势下，中国会继续将"一带一路"倡议与马来西亚国家发展战略对接，进一步拓展各领域务实合作，打造互联互通和产能合作示范项目，推动两国经济社会共同发展。马政府鼓励外资进入的服务业领域主要有高科技、高附加值、绿色环保型制造业，如有色金属采矿业、航天、机械及设备、医疗器械、制药等；高端服务业，如教育及行业培训、健康保健、旅游业、地区运营总部和供应链分销中心、石油天然气储运和贸易、研发活动等(见表6-6)。

表6-6 马来西亚允许外商独资的服务业领域

领域	细分行业
计算机相关服务	计算机硬件咨询；软件应用；资料处理；数据库服务；电脑维修服务；其他服务(包括资料恢复、培训、开发等)
保健和社区服务	兽医；养老院及残疾人中心；孤儿院；育儿服务；为残障人士提供职业培训
旅游服务	主题公园；会展中心(5000座以上)；旅行社(仅限国内旅游)；酒店与饭店(仅4、5星级)；餐饮(仅4、5星级)
运输服务	交通运输(限自用货物运输)
体育及休闲服务	体育服务(体育赛事承办与促销)
商业服务	区域分销中心；国际采购中心；科学检验与分析；管理咨询(商业税收除外)
租赁服务	船只租赁(不包括沿海及离岸贸易)；国际货船租赁
运输救援服务	海事机构；船只救援

注：根据相关信息整理。

三、合作注意事项

(一)贸易方面

必须熟悉和适应当地特殊的贸易环境，采取有效措施拓展业务，规避风险。谨慎选择贸易伙伴，采用信用证交易，适应当地支付条件；尽量采用本币结算，规避汇兑风险；坚持以质取胜，提升产品质量。熟悉自贸区规则，用好原产地证。

(二)投资方面

要客观评估投资环境，适应法律环境的复杂性，做好企业注册及申办各类执照的充分准备，适当调整对优惠政策的期望值，充分核算税负成本，有效控制工资成本。马来西亚企业工薪支出除工资外，还包括雇员公积金(EPF)、社保基金(SCOSO)及保险和年度花红等。中国企业需要了解当地劳动法令关于正常工资和加班工资的具体规定，精心核算工资成本，提高劳动生产效率。此外，投资者也应充分考虑马来西亚就业市场薪资逐年增长的实际情况。

根据马来西亚雇主联合会历年发布的数据，马来西亚就业市场每年雇员工资实际增幅为5%~7%，投资者对此须有充分认识。

(三)承包工程和劳务方面

要抓住市场机遇，选好经营方式，实行本地化经营，量力而行。对于中资企业承建的部分大型项目，马来西亚政府允许承包商以个案审批的方式从中国引进紧缺的技术工人和工程师，但须与雇主事先签订用工合同，约定工资及工作时间，并提前办好工作准证后方能入境。马政府不允许持旅游签证者在马务工。

【本章小结】

马来西亚在东盟各国中，人均 GDP 排在第 3 位。由于多方面的原因，马来西亚的工业现在发展得比较全面。这样全面的发展造成有些产业并不能形成有效的竞争力，如钢铁业。其汽车业也受到了来自泰国的竞争。如何根据国情，更好地发展具有特色和竞争力的产业，是马来西亚今后发展工业要考虑的问题。马来西亚的综合实力为中马合作提供了很大的潜力，从生产领域到服务领域均有大量的商机。而合作成功的关键之一就是要适应马来西亚的国情。

【关键名词或概念】

马来西亚经济特区

第二家园

中马关丹工业园

【思考题】

1. 马来西亚的国家特色是什么？

2. 马来西亚投资环境的有利因素和不利因素是什么？

3. 马来西亚的经贸管理制度包含哪些方面？

4. "一带一路"背景下马来西亚与中国经贸合作的重点有哪些？

5. "中马双园"建设对中马双边经贸合作会产生怎样的影响？

第七章 泰 国

本章简述了泰国的基本国情，介绍了该国的经济特色和对外经贸情况；介绍了泰国的主要产业和发展动向，以及泰国的清莱经济特区；重点介绍了"一带一路"下泰国与中国经贸往来的情况和特色。

本章重点要求学生理解掌握泰国的国家特色以及今后发展的方向；了解泰国在东盟国家中扮演的角色；了解泰国与中国的经贸合作重点。

第一节 国情概况

一、概况

(一)简史

泰族是世界上古老的民族之一，约公元 650 年自中国南部和东南部的长江流域一带迁徙至此地。自 13 世纪初叶起，泰国成为统一的国家。泰国原名暹罗，历史上存在过 4 个封建王朝，即素可泰王朝(1238—1350 年)、大城王朝(1350—1767 年)、吞武里王朝(1767—1782 年)和曼谷王朝(1782—)。1782 年，泰族首领扎克里在曼谷建立新都，登基为王，号称拉玛一世，成为扎克里王朝(即曼谷王朝)的第一世国王。16—17 世纪，泰国先后遭到荷兰、葡萄牙、法国和英国的侵略。1896 年，英、法签订条约，规定暹罗为英属缅甸和法属印度支那之间的"缓冲国"。暹罗成为东南亚唯一没有沦为殖民地的国家。1904 年，英、法又划湄南河以西为英国势力范围，以东为法国势力范围。1932 年 6 月，拉玛七世王时期，民党发动政变，改君主专制为君主立宪。1939 年更名为泰国。1941 年底，日本侵占泰国。1945 年日本战败后，恢复国名为暹罗，1949 年 5 月恢复现名。1851 年，拉玛四世蒙库继位执政以后，泰国开始实行有限的改革，并在西方顾问帮助下寻求实现国家的现代化。1932 年，泰国政体由君主制改为君主立宪制，国王作为最高统治的象征，但政权一直处于不断更迭的军人集团的控制中。1978 年颁布宪法。上任国王,即普密蓬·阿杜德(意为"祖国的力量,举世无双的权力")于 1950 年 6 月正式加冕成为扎克里王朝的第 9 任国王。2016 年 10 月 13 日,拉玛九世王普密蓬·阿杜德去世,现任国王哇集拉隆功国王(拉玛十世王)即位,2019 年 5 月 4 日至 6 日举行加冕仪式。

(二)国家知识

国名:泰王国。

国旗:呈长方形、长与宽比为 3∶2。由红、白、蓝三色的五个横长方形平行排列构成。上下方为红色,蓝色居中,蓝色上下方为白色。蓝色宽度等于两个红色或两个白色长方形的宽度。红色代表民族,象征各族人民的力量与献身精神。泰国以佛教为国教,白色代表宗教,象征宗教的纯洁。泰国是君主立宪政体国家,国王是至高无上的,蓝色代表王室。蓝色居中象征王室在各族人民和纯洁的宗教之中。见图 7-1。

国徽:图案是一只大鹏鸟,鸟背上蹲坐着那莱王。传说大鹏鸟是一种带有双翼的神灵,那莱王是守护神。见图 7-2。

图 7-1 泰国国旗

图 7-2 泰国国徽

国歌:《泰王国国歌》。

国花:睡莲。国树:桂树。

重要节日:宋干节(公历 4 月 13 日至 15 日);水灯节(泰历 12 月 15 日);国庆日(国王诞辰日,公历 12 月 5 日)。

首都:曼谷。

政治:实行君主立宪制,国王是国家元首和武装部队最高统帅。

君主立宪制,即"有限君主制",是相对于君主专制的一种国家体制。君主立宪是在保留君主制的前提下,通过立宪,树立人民主权、限制君主权力,实现事务上的共和主义理想但不采用共和政体。

二、地理与人口

泰王国位于中南半岛中南部,与柬埔寨、老挝、缅甸、马来西亚接壤,东南临泰国湾(太平洋),西南濒安达曼海(印度洋)。海岸线长 2600 千米。热带季风气候,全年分为热、雨、旱 3 季,年均气温 24℃~30℃。国土面积 513115 平方千米,分中部、南部、东部、北部和东北部5个地区,共有77个府,府下设县、区、村。截至2019年底,泰国总人口约6962.6万,每年人口增长率在0.21%左右。全国有30多个民族,第一大民族为泰族,其他民族还有华族、马来族、高棉族、克伦族、苗族等。泰族人曾称"暹罗人",属汉藏语系壮傣语族民族,和中国的傣族、壮族族源相近,在全国都有分布,占总人口的75%。华人在人数上仅次于泰族,占总人口的14%左右。泰语为国语。90%以上的居民信仰佛教,马来族信奉伊斯兰教,还有少数信奉基督教、天主教、印度教和锡克教。几百年来,风俗习惯、文学、艺术和建筑等各方面,几乎都和佛教有着密切关系。在泰国,凡是信佛教的男孩子,到了一定年龄,都要削发为僧,连王室和贵族也不例外。到泰国旅游,处处可见身披黄色袈裟的僧侣,以及富丽堂皇的寺院。因此,泰国又有"黄袍佛国"的美名。佛教为泰国人塑造了道德标准,使之形成了崇尚忍让、安宁和爱好和平的精神风范。

第二节　经贸发展

一、基本情况

泰国实行自由经济政策,鼓励私人投资和竞争,引导私营部门在国民经济发展中起主导作用;为加快经济体制改革步伐,解除了经常项目下外汇交易管制,允许外国银行在曼谷经办"离岸业务"(BIBF)。泰积极参与区域性经济合作,加入亚太经济合作组织(APEC)和东盟自由贸易区(AFTA),积极参加湄公河次区域合作,推动泰、马、印尼"增长三角"合作。随着制造业和服务业的发展,以及旅游业的崛起,泰经济结构已发生重大变化,由过去以农产品出口为主的农业国逐步向新兴工业国转化,工业制成品成为泰国主要出口商品。1995年泰国人均国民收入超过2500美元,世界银行将泰列入中等收入国家。亚洲金融危机给泰国带来巨大冲击。1999年下半年起,泰经济逐渐走出低谷,走向经济发展的新阶段。

2012年,泰国内阁批准了该国第十一个五年(2012—2016年)国民经济和社会发展计划。规划确定的目标包括稳定农业粮食产量,实现经济稳定增长,推动与邻国的良好关系及贸易往来,改善环境和保持可持续发展,推动社会公平,建立公民长期教育制度。2010—2019年,泰国经济增长情况见表7-1。2016年9月,泰国通过了由国家经济和社会发展委员会办公室提交的"十二五总体经济发展规划"。

表7-1　2010—2019年泰国经济增长情况

年份	GDP/亿美元	增长率/%	人均GDP/美元
2010	3188	7.8	4736
2011	3456	0.1	5113
2012	3650	6.4	5382
2013	3755	2.9	5673
2014	3690	0.7	5379
2015	3953	2.8	5879

续表7-1

年份	GDP/亿美元	增长率/%	人均GDP/美元
2016	4069	3.2	6033
2017	4554	3.9	7012
2018	5011	4.1	7387
2019	5590	2.4	8169

注:"2018年GDP"和"2018年人均GDP"按泰国央行公布的2018年12月期末汇率32.56计算。2019年数据按照2019年12月汇率30.196计算。增长率按1988年不变价格计算。

资料来源:泰国国家经济和社会发展委员会(NESDB),中国商务部国别指南(泰国)。

泰国GDP总量在东南亚6国中排名第2,仅位于印尼之后。2018年是泰国GDP增长良好的一年,2018年一季度GDP增速达4.8%,为近5年最高。国际上对泰国的评价颇高,泰国在美国新闻和世界报道网站连续两年(2016年和2017年)被评为"适宜创业的国家",并且在"投资国家"排名中位列第8。由于收入水平和就业的增加,私人消费会保持稳定,相应地,市场也将保持稳定。根据泰国中央银行统计,2018年泰国国内生产总值与上年同期相比增长了4.8%,为5年来较大的增长幅度。2018年全球财富报告指出,泰国的财富增长率为8.2%(约5250亿美元),人均财富增长了7.2%。失业率为1.2%,在全球失业率较低国家排名中,泰国排名第4。在美国新闻和世界报道网站发布的"2018年全球创业国家"排名中,泰国位列榜首。此外在"全球投资国家"排名中,泰国排在第8位。2018年泰国旅游业继续显著增长。在全球前20大目的地城市中,泰国成为唯一入选3个目的地城市的国家。2018年来泰旅游的外国游客突破3700万,为泰国旅游创收20200亿泰铢,旅游收入排名世界第三。其中,中国游客排名第一,达到1050万人次,同比增长了7%,创下新高。根据世界银行近期公布的物流绩效指数报告,在对全球160个国家的比较中,2018年泰国物流绩效指数排名由2016年第45位上升至第32位,物流发展速度紧跟中国。2018年全年获准在泰经营的外资企业共有272家,投资总值合计115.05亿泰铢,同比增长58%。在世界银行的全球各国营商环境排名中,泰国排在全球第27位。泰国已经成为"东南亚地区第二电商大国"。

2019年,由于国际贸易关系紧张、泰铢币值坚挺以及政治风险升高的影响,泰国经济增长退至五年新低。泰铢兑美元在2019年已升值8.3%,是亚洲表现最强劲的货币,但币值攀高不利于出口贸易及吸引游客到访。泰国虽然是东南亚第二大经济体,但其经济增长多年来一直落在区域国家之后。

2018年1月,泰国竞争力提升策略委员会向经济和社会发展委员会提出20年国家竞争力提升五大战略,旨在将泰国打造成东盟的农业、工业和新型服务业、旅游、物流中枢,其中第一条就是发展农业。

(一)第一产业

泰国全国47%的土地为农业用地,从事农业的人口占劳动力的14%。2017年农业产值占国内生产总值的9%。2017年,泰国农业家庭年收入约31万泰铢(约1万美元),支出24万泰铢。2015年初,泰国农业与合作社部等部门制定了2015—2021年有机农作物发展战略。后来泰国又制定了20年农业发展规划(2017—2036年),这一长期发展规划是国家20年发展战略的一部分,它坚持"农民稳定、农业富余、农业资源可持续发展"理念,制定了推动国内务农人口至少2500万、收入水平提高和可持续性发展的工作目标。同时,它明确要推动泰国农民成为国际农产品市场的重要参与者,使农产品质量达到较高标准,特别是热带作物的农产品要出产更多的优质产品;要充分利用国家植物资源丰富的优势,引用先进生产技术并创新,提升农产品附加值,让泰国在农业生产和农产品加工方面进入世界先进列。按照泰国4.0战略,要培养智慧农民,把新发明和现代科技运用于农业,包括信息研究、确定种植计划,以及在整个供应链有效管理农产品等方面。为逐步优化农业产业结构,泰政府还引导农民发展有机农业,出台了向有机农业转型的战略。政府通过发展多种有机农作物融合种植模式,大力推广包括有机大米在内的农作物种植。泰国是世界著名的大米生产国和出口国,大米出口是其外汇收入的主要来源之一,其出口额约占世界市场稻米交易额的1/3。泰国也是仅次于日本、中国的亚洲第三大海产国和世界第一产虾大国。橡胶产量居世界首位,其中90%用于出口。此外,泰国还盛产被誉为"果中之王"的榴梿和"果中之后"的山竹。荔枝、龙眼、红毛丹等热带水果同样名扬天下。泰国于2001年推出"一村一品"计划,以推广世代相传的传统手工业和特色农业产品。政府扶助每个村镇利用当地自然资源和特有材料,发展富有文化内涵的传统产业,生产特色产品。2018年1月,泰国社区发展办公室在北榄府设立了全国"一村一品"(OTOP)产品中心,专门进行OTOP产品的市场推广和展示分销。虽然2018年全球经济出现了减缓的情况,但是泰国农业经济还是获得了4.6%的增长。其中农作物同比增长5.4%,禽类同比增长1.9%,渔业同比下滑1%,农业管理类同比增长4%,林木类同比增长2%。

(二)第二产业

泰国工业化进程的一大特征是充分利用其丰富的农产品资源发展食品加工及其相关的制造业。这种以农业资源为基础的工业发展模式在过去20多年取得了显著成就,并将在今后发挥更大的作用。工业是泰国国内生产总值的两个主要行业之一,占泰国GDP总量的39.2%。制造业已成为泰国比重最大的产业,也是主要的出口产业。泰国工业化进程的一大特征是充分利用其丰富的农产品资源发展食品加工及其相关的制造业。主要工业门类有采矿、纺织、电子、塑料、食品加工、玩具、汽车装配、建材、石油化工等。自20世纪80年代以来,出口产品由过去以农产品为主逐步转为以工业品为主。主要出口产品有自动数据处理机、集成电路板、汽车及零配件、成衣、鲜冻虾、宝石和珠宝、初级化纤、大米、收音机和电视机、橡胶等。主要进口产品有电子和工业机械、集成电路、化学品、电脑配件、钢铁、珠宝、金属制品等。电子制造位居泰国出口的首位,占出口总额的25%、国民生产总值的15%。纺织制造是泰国最大的制造业之一,GDP总值占整个泰国的17%,共有4500家工厂。2018年,泰国是世界第12大机动车生产国和第5大轻型商用车生产国,也是东盟最大的机动车生产国。

为保持经济稳定增长,近年来泰国推出了多项改革措施,包括建设基础设施、加大投资力度、吸引外国游客、提振出口等。在这一背景下,泰国政府于2016年正式提出"泰国4.0"高附加值经济模式。通过把泰国经济升级到4.0,推动更多高新技术和创新技术应用,使创新真正成为推动泰国经济增长的主要动力。投资在4.0改革中起到重要作用,国家投资政策向"核心技术、人才、基础设施、企业和目标产业"五大领域倾斜。十大目标产业成为泰国经济发展的新引擎。新一代汽车制造、智能电子、高端旅游与医疗旅游、农业与生物技术、食品深加工等五大产业是泰国原有优势产业，还有五大产业是未来产业，包括工业机器人、航空与物流、生物能源与生物化工、数字经济、医疗中心。

东部地区春武里一带原本就为泰国的工业区和旅游区，在近30年间已经在泰国政府的全力开发下，成为世界级的著名旅游区和工业中心。泰国政府拟将此地区规划为高科技工业城市，并专门设立出口业的先进高科技工业中心，生产重要的出口产品，如汽车及其零配件、计算机和零件、石化工业、钢铁工业等。"东部经济走廊"是泰国政府近年来力推的大型项目，覆盖泰国罗勇府、北柳府和春武里府等东部沿海地区。2018年2月，《东部经济走廊发展法案》草案正式获得泰国国会通过。该计划将大幅放宽外资对该地区投资的限制，投资特定行业的企业在一定的条件下还将获得土地所有权。其目标是在以汽车零部件等传统制造业闻名的泰国部分地区，完善基础设施并进行生物技术、机器人及飞机维修等领域的先进产业建设。计划涉及的连接曼谷廊曼机场、素万那普机场和罗勇府乌塔堡机场的高铁项目被视为重中之重。

(三) 第三产业

服务业是泰国国内生产总值的两个主要行业之一，在泰国的GDP中，贸易业占13.4%，物流科技及通信业占9.8%，建筑及采矿业占4.3%，其他服务业包括金融、教育、酒店及餐厅等行业共占24.9%。电信和新型服务贸易业是泰国经济扩张和竞争的焦点。

1. 旅游业

近年来旅游业发展很快，已成为泰国外汇收入的主要来源之一。2017年泰国旅游业完成了预期目标，旅游收入达2.76万亿泰铢（约5520亿人民币），占国内生产总值（GDP）的20%。2017年赴泰外籍游客总数达350万人次，创收1.8万亿泰铢，其中中国游客仍是主力军，占外籍游客总数的1/3。2018年，入境泰国的外国游客再创历史新高，达到前所未有的3800万人次，旅游收入高达4000多亿人民币，据亚洲第一位，赴泰国旅游的中国游客超过1000万人。2019年，泰国接待游客高达3890万次，旅游业产值占该国GDP的18%。赴泰旅游人数最多的5个国家依次为中国、马来西亚、印度、韩国、老挝。2020年受新型冠状病毒肺炎影响，赴泰国游客人数大幅下降，旅游业收入损失高达5000亿泰铢（约158亿美元）。

2. 交通运输

以公路和航空运输为主。铁路总长4400多千米。公路总里程约51537千米，各府、县都有公路相连。水运：湄公河和湄南河为泰国两大水路运输干线；曼谷是最重要的港口，承担全国95%的出口和几乎全部进口商品的吞吐。此外，还有6个港口。海运线可达日、美、欧、中国和新加坡。空运：全国有28个机场。曼谷有两大国际机场，是东南亚地区重要的空中交通枢纽，国际航线可达欧、美、亚及大洋洲40多个城市。主要国际机场还有清迈、普吉、合艾等。另外，高铁线路正在建设中。

3. 文化教育

中小学教育为12年制，即小学6年、初中3年、高中3年。中等专科职业学校为3年制，大学一般为4年制，医科大学为5年制。著名高等院校有朱拉隆功大学、法政大学、玛希敦大学、诗纳卡琳威洛大学、亚洲理工学院等。

4.金融业

泰国当地主要商业银行有盘谷银行、开泰银行、暹罗商业银行、大城银行、军人银行、泰京银行等。外资银行主要有花旗银行、汇丰银行、大华银行等。盘谷银行、开泰银行、暹罗商业银行等当地银行与中国国内银行合作较密切。中资银行有中国银行(泰国)股份有限公司、中国工商银行(泰国)有限公司。泰国自2017年以来,金融科技的飞速发展让整体的经济走势呈现快速上扬状态,包括泰铢的汇率也在诸多不利因素影响下逆势走强。同时泰国还有约43%的金融科技公司专注于数字交易服务的开发,但这些公司基本都在泰国国有大型银行的监督下进行开发。这些银行也开发了自己的数字交易系统或从另一家公司购买,在一定程度上阻碍了金融科技公司的独立开发,抑制了其发展潜力。因此世界银行建议其放开监管。

5.电商行为

互联网用户高达5700万,是总人口的82%。活跃社交媒体用户高达5100万,移动社交媒体用户高达4900万。90%互联网用户在线搜索产品和服务。85%互联网用户访问在线商店。80%互联网用户在线购买产品和服务。32%互联网用户曾通过PC端进行在线商品/服务交易,而通过移动端交易的指数更是高达71%。74%互联网用户使用手机银行,47%互联网用户使用手机支付,71%互联网用户通过手机完成线上商品交易。

二、对外经贸

世界经济论坛《2017—2018年全球竞争力报告》显示,泰国在全球最具竞争力的137个国家和地区中,排第32位。世界银行发布的《2018年全球营商环境报告》显示,在190个经济体中,泰国营商环境排名从2017年的第46位大幅提升至第26位,综合得分72.53。泰国2019年营商便利度得分为78.45,营商便利分数变化正负值为+1.06。世界银行发布的《2020年全球营商环境报告》显示,泰国营商环境排名提升到了第21位。

(一)对外贸易

实行自由贸易政策。泰国是WTO的正式成员,与澳大利亚、新西兰、日本、印度、秘鲁等国家有双边优惠贸易安排,并通过东盟与中国、韩国、日本、印度、澳大利亚和新西兰等国签订了自贸区协议。泰国对外贸易在其经济中占有重要地位。2017年和2018年,泰国外贸出口总额分别增长9.9%和6.7%。2017年泰国进出口总额达4595亿美元,同比增长12.18%,其中出口2367亿美元,增长9.89%,进口2228亿美元,增长14.71%。泰主要贸易伙伴为中国、日本、美国、东盟、欧盟等。进口商品主要是原料及半成品、资本商品和燃料;出口商品主要是工业制成品、农产品、农业加工品和矿产品。2018年,泰国对外贸易转为逆差,该年泰国货物出口2498.9亿美元,增长5.9%;进口2510亿美元,增长11.8%;贸易逆差11.1亿美元。美国是泰国最大的贸易顺差来源地,顺差额为125.7亿美元,增长9.3%。泰国的贸易逆差主要来自中国和日本,2018年对两国的逆差分别为205.3亿美元和107.2亿美元。2019年泰国外贸出口总额为2462.44亿美元,同比下降2.65%,贸易顺差约96亿美元。

(二)投资

1.利用外资

泰国的主要外资来源为日本、美国、欧盟、中国以及新加坡和马来西亚等东盟国家。主要投资领域为服务业、石油开采、采矿、重型化工、汽车装配、家用电器、公共设施和农产品加工等。泰被联合国有关机构评为在全球排名第4位的有利于外国直接投资进入的国家。2018年获在泰经营的外资企业有20家，主要投资来源国为日本和中国，投资总值达7.72亿泰铢。由于受全球经济放缓等影响，2019年泰国吸收外来直接投资305.28亿泰铢，比上年(2018年为397.31亿泰铢)少了约23%。2019年外资来源地从多到少依次排序为日本、中国、中国香港、马来西亚、美国。2019年成功申请到泰国BOI促投的项目共有1642个，其中仅东部经济走廊(EEC)的就有506个，投资额达4448.8亿泰铢，占比59%。如果按区域划分，罗勇府引资额最高，其次是春武里，最后才是北柳。中泰合作的罗勇工业园区就在罗勇府。

2.对外投资

主要对美国、东盟各国、中国进行投资。2008年金融危机发生后，对外投资急剧减少。泰国央行公布2016年1—7月泰国投资者对外投资统计报告称，累计投资额仅为112.24亿美元。

第三节 贸易和投资管理

一、贸易投资管理

(一)管理制度

1.相关法律

泰国与贸易投资相关的法律、法规主要包括《货物进出口控制法》《关税法》《出口商品标准法》《反倾销和补贴法》《保障措施法》《外商经营企业法》《对销贸易法》《直销贸易法》《电子交易法》《商业协会法》《外汇管理法》和《商业竞争法》等。

2.贸易管理制度

(1)关税制度。泰国的关税水平仍然较高，平均适用最惠国关税税率为11.46%，其中农业部门的平均最惠国关税为24.32%，工业部门的平均最惠国关税为9.48%。高关税主要集中在同泰国产品构成竞争的进口产品上，包括农产品、汽车及汽车配件、酒精饮料、纺织品、纸及纸板制品、餐厅设备以及部分电器等。泰国的即食产品的进口关税为30%～50%，是东盟地区最高的，咖啡的进口关税甚至高达90%。肉类、新鲜水果及蔬菜、新鲜奶酪及豆类(干豌豆、小扁豆和鹰嘴豆)的关税也非常高。泰国对某些国内很少生产的产品也征收较高关税，例如对冷冻炸薯条征收30%的进口关税。根据2005年7月正式实施的《中国—东盟全面经济合作框架协议货物贸易协议》，2007年1月起，中国和东盟6个老成员国(泰国、马来西亚、印尼、菲律宾、新加坡、文莱)60%商品的关税降至0～5%；中国—东盟建成自贸区后，绝大多数正常产品关税降至0。

（2）进口。泰国实行自由进口政策，大部分产品可以自由进口到泰国，任何可开具信用证的进口商均可从事进口业务。泰国对部分产品实施禁止进口、关税配额和进口许可管理。泰国禁止进口涉及公共健康、国家安全等方面的产品，如摩托车旧发动机、博彩设备等。关税配额产品包括大米、糖、椰肉、大蒜、饲料用玉米、棕榈油、椰子油、龙眼、茶叶、大豆和豆饼、桂圆等24种农产品，但关税配额措施不适用于从东盟成员国的进口。进口许可分为自动进口许可和非自动进口许可。非自动进口许可产品包括关税配额产品和加工品，如鱼肉、生丝、旧柴油发动机等。自动进口许可产品包括部分服装、凹版打印机和彩色复印机。

（3）出口管理。泰国是出口导向型经济，大部分产品可以自由出口到国外。出口管理措施主要包括出口登记、出口配额、许可证、出口税、出口禁令或其他限制措施。受出口管制的产品目前有45种，其中征收出口税的有大米、皮毛皮革、柚木与其他木材、橡胶、钢渣或铁渣、动物皮革等。泰国卫生部食品和药品管理局规定，所有食品、药品及部分医疗设备的进口均须遵守进口许可证的管理。食品进口许可证每3年换一次，每次均须重新认证，文件送达食品药品管理局后须重新收费；药品进口许可证每年更换一次，同样需要缴纳有关费用。

3. 投资管理制度

泰国法律规定，任何不具有泰国国籍的自然人或法人在泰国经商时均享有与泰国公司同等的权利，除非法律另有规定。根据泰国1999年颁布的《外商经营企业法》，限制外商投资的行业分为三大类。第一类行业因特殊理由禁止外商投资，包括种植业、牧业、林业、报业等；第二类行业是涉及国家安全，或可能对艺术文化、风俗习惯和民间手工艺造成不良影响，或可能对自然资源或生态环境造成损害的领域，包括武器及其配件的生产、销售和修理业、国内运输和航空业等，外商经营此类领域必须得到泰国商业部长根据内阁决定的批准；第三类行业涉及泰国人相对于外国人不具竞争力的领域，包括碾米业、米粉和其他植物粉加工业、水产养殖业、石灰生产业、会计服务业、法律服务业、餐饮业等，外商经营此类领域必须得到商业注册厅长的批准。

（二）管理部门

1. 主管部门

泰国主管贸易和投资事务的主要部门是商业部、工业部投资促进委员会和财政部海关厅。商业部负责制定并实施外贸管理，出口促进政策，促进贸易并解决国内外贸易困难，发展贸易信息技术体系。工业部投资促进委员会负责促进投资优惠措施的审定和实施，鼓励向有利于国家经济和社会发展重点的地区投资；为投资者提供服务，帮助领取执照和许可证，为投资者寻找合资伙伴，在合资企业开业后，帮助其解决具体问题。财政部海关厅主要负责关税的征收，并代征进出口环节的增值税、消费税等；负责海关监管工作，打击走私、偷逃税等违法行为及国际贸易便利化。2006年2月，泰国政府内阁会议通过并成立发展国家特别投资委员会。

2. 投资促进政策

2000年8月，泰国政府在其投资政策中将泰国划分为一、二、三（投资）区，分别享受不同税务优惠政策。一区由中部的6个府组成，包括曼谷及周边5个府；二区由12个府组成，相当于第一区的外围；三区包括其他东西南北58个基础设施较差的边远府。泰国投资委员会每年都推出后续鼓励投资的政策，促进对目标产业的投资。

（1）BOI 将鼓励投资的行业分为 A1、A2、A3、A4、B1、B2 六类，最高可获"8 免 5 减半"的税收优惠并附加其他非税收优惠权益（见表7-2）。2015 年 11 月，泰国内阁通过了工业部提交的未来十大重点产业的建议。十大重点产业可分为两类，一类是泰国原有优势产业，包括新一代汽车制造、智能电子、高端旅游与医疗旅游、农业和生物技术、食品深加工；另一类是未来产业，包括工业机器人、航空和物流、生物能源与生物化工、数字经济、医疗中心。十大重点产业设有配套投资促进优惠政策。

表 7-2　BOI 鼓励投资的六类行业及鼓励政策

类别	特征	代表行业	鼓励政策
A1 类	知识型产业，以增强国家竞争力的设计和研发行业为主	垃圾发电、创意产品设计及开发中心、电子设计产品、研究发展项目等	免 8 年企业所得税，且无上限；免机器/原材料进口税及其他非税收优惠权益
A2 类	发展国家基础设施的行业，具有高附加值的高科技行业，并且在泰国投资较少或者尚未投资的行业	使用天然原材料生产具有活性成分的产品，生产技术纤维或功能纤维，应用高新科技生产汽车配件，生产活性药物成分等	免 8 年企业所得税，免机器原材料进口税及其他非税收优惠权益
A3 类	对国家发展具有重要意义，并且在国内投资极少的高科技行业	生产生物肥料、有机肥料、纳米有机化肥、生物农药，利用现工业区和保护环境的项目等	免 5 年企业所得税，免机器/原材料进口税及其他非税收优惠权益
A4 类	技术不如 A1 和 A2 类先进，但能增加国内原材料价值以及加强产业链发展的行业	利用农副产品及农业废弃物生产的产品，生产再生纤维、热处理工艺、机械及机械装备，生产以无菌纸为原料的产品等	免 3 年企业所得税，免机器/原材料进口税及其他非税收优惠权益
B1 类	没有使用高科技，但对产业链发展具有重要作用的辅助产业		免机器/原材料进口税及其他非税收优惠权益
B2 类	没有使用高科技，但对产业链发展具有重要作用的辅助产业		免原材料进口税及其他非税收优惠权益

（2）BOI 对鼓励投资的地区在行业优惠政策基础上给予不同程度的额外优惠政策。泰国目前重点促进南部边境地区和经济特区的投资。南部边境地区包括南部边境 3 个府以及宋卡府的 4 个县。泰国政府经济特区发展委员会首期已确定了 5 个经济特区，分别位于达府、莫拉限府、萨缴府、宋卡府和哒叻府境内。此外，在 20 个人均收入较低的府投资也可享受一些额外优惠。这 20 个府是胶拉信，猜也奔，那空帕农，难，汶干，武里喃，帕，马哈沙拉堪，莫拉限，夜丰颂，益梭通，黎逸，四色菊，沙功那空，萨缴，素可泰，素辇，依布兰普，乌汶以及庵纳乍能。

（3）根据《工业园机构条例》，泰国的工业园分为两类：一般工业区和自由经营区（原出口加工区)。在一般工业区投资的外国投资者,不必向 BOI 提交申请,即可获得工业园内的土地所有权和引进外国技术人员、专家来泰国工作的权利。在自由经营区的投资者,还可以享有更多的优惠政策,如无条件向国外出口产品,享受更大的进口物件和原材料便利,享受更多的除 BOI 鼓励投资政策提供的优惠条件外的税务优惠。目前,有 2 家中资企业与泰国当地企业合作参与了工业园的开发(均采用"园中园"形式)。一是泰中罗勇工业园。它位于泰国安美德城市工业园内。作为中国企业最早"走出去"建立的境外经济贸易合作区之一,罗勇工业园已经成为中国与东盟产能合作的重要平台。2018 年,该工业园迎来了历史上发展最好的一年,入园企业数量创历史新高。至 2018 年年底,园区带动中国对泰国投资超 35 亿美元,入园企业已达 118 家,累计工业总值超 120 亿美元,泰籍员工 32000 余人,中国员工 3000 余人。园区规模效应和带动效应进一步凸显,为当地创造就业、产业升级、经济发展发挥了很大作用。二是泰国湖南工业园。它位于泰国甲民武里工业园内。

泰国还十分重视智慧城市的建设,即智慧区域、智慧系统和智慧园区,并对提供智慧服务企业的所得收入实行 5 至 8 年的免税优惠。

关于工业园区的地理位置、基本信息、产业方向、优惠政策等请见工业园管理局网站。有关投资优惠政策详细情况请见 BOI 网站。

二、贸易壁垒

(一)进口许可证

泰国要求在食品进口登记中提供关于食品生产工艺及组成成分的详细信息,这个公开产品成分和产品生产方法的要求被许多国家视为进口障碍。泰国卫生部食品和药品管理局规定所有食品、药品及部分医疗设备的进口均须进口许可证。例如,食品进口许可证每三年更换一次,每次须重新认证,并要到驻泰国使馆经商处签章,文件送达管理局后须重新收费;药品进口许可证每年更换一次,同样需要缴纳有关费用。肉类产品的进口许可证需要缴纳较高的费用。牛肉和猪肉的进口许可证费约为每吨 114 美元,禽肉每吨 227 美元,内脏每吨 114 美元。这些要求大大增加了进口的成本。泰国对进口许可证的这种管理方法是外国相关产品进入泰国市场的主要障碍。

(二)技术性贸易壁垒

1. 认证制度

泰国政府要求对 10 个领域的 78 种产品进行强制性认证,这些产品包括农产品、建筑原料、消费品、电气设备及附件、PVC(聚氯乙烯)管、医疗设备、LPG(液化石油气)气体容器、表层涂料及交通工具等。另外,泰国也曾在缺乏前期准备或试验检查设备不齐全的情况下推行新的强制性标准,导致产品无法适时通关,从而对出口商造成了损失。

2. 技术标准

2005 年 8 月 25 日,泰国工业部工业标准研究院发布关于家用冰箱安全要求的标准,并建议将该标准作为强制性标准执行。该标准规定了家用冰箱的安全要求和测试方法。产品适用范围为单相设备的额定电压不超过 250 V,其他设备的额定电压不超过 480 V。该标准涉及设备中使用的电动压缩机带给家中成员或周围人员的通常危害。

3. 食品残留毒物

2005 年 1 月 7 日，泰国对食品内残留毒物做了新的规定。残留毒物指污染食品的农业毒物，包括其不同形式的派生物，如转化产物、代谢物、反应产物，或这些物质中任何其他毒性外来物质。农业毒物指在栽培、储藏、运输、发送或销售过程中为防止、消灭、引诱、驱逐或控制有害生物、动物或非有意混入的植物和动物所应用的物质，以及为控制动物皮外寄生虫和为控制植物生长，如脱叶、落果、抑制嫩叶所应用的物质，或在植物产品收获前或收获后使用的防止其在储存及运输期间腐败的物质，但不包括作为肥料、植物及动物的营养物质、食品添加剂和兽药使用的物质。关于食品内的残留毒物，必须符合以下标准：①适用最大残留限量的农业毒物经官方注册且制定了最大残留限制的；②根据农业合作部通报正式禁止的农业毒物，不允许存在残留，但规定的外来最大残留限量除外。除了上述两条之外，残留毒物必须符合食品法典委员会、世界粮农组织和世界卫生组织联合食品标准计划规定的最大残留限量。

4. 政府采购

泰国不是 WTO《政府采购协议》的签署国。虽然泰国有关政府采购的法规要求给予其他国家非歧视待遇，并对所有竞标者开放竞争，但在实际操作时，泰国国内企业在招标首轮价格评估中可以自动得到 15% 的价格优惠。政府采购部门有权在任何时候接受或拒绝部分或所有投标，甚至可以在招标过程中修改技术要求，这在很大程度上影响了招标结果。这些做法导致包括中国企业在内的外国企业在投标中处于不公平的地位。此外，根据泰国的法规，对于每个金额超过 3 亿泰铢或者 770 万美元的政府采购合同，外国中标企业必须回购价值不低于合同金额 50% 的泰国产品。这种规定提高了中标外国企业的经营成本。

(三) 服务贸易壁垒

1. 银行

泰国政府自金融危机以后对外资进入金融部门采取了自由化举措，但目前仍然存在较大限制。例如，外商可以从事经纪服务，但外资比例超过 49% 的泰国证券公司仍需要逐个批准。外商对泰国银行的最大持股比例不得超过 25%。由泰国央行起草并通过的《金融部门管理计划》规定，将在央行"认为合适"的时候将这一比例提高到 49%。该计划还要求所有的泰国存款机构都应成为零售银行或商业银行。泰国银行还表示，在泰国银行市场条件能够允许更多的竞争参与之前，不再发放新的银行许可证。目前外资银行在与泰国国内银行的竞争中处于不利的地位。泰国仅允许外资银行开设一家分行，而且不允许经营异地自动提款机业务，否则将被视为开设分支机构。外资银行还必须拿出至少 1.25 亿泰铢的资本金(约 310 万美元)用于购买泰国政府或国有企业的证券或直接存入泰国银行。

2. 建筑

泰国对于建筑承包工程市场实行有条件的开放。建筑业不在泰国鼓励投资目录之列。泰政府对要求在泰国设立办事处、代表处等非营利性机构的外国申请者从严审批甚至不批。外国企业要在当地注册经营一般需要与当地企业合资，且外方持股不得高于 49%。泰国对外国承包商输入经营管理类人员也有严格限制。一般规定，企业注册资金在 1 亿泰铢以上者，每输入 1 名外国人员须雇用 4 名当地劳工；企业注册资金在 1 亿泰铢以下者，每申请 1 名外籍人员须雇用 5 名当地劳工。输入一般工种劳务严格受限。外国公司只能承包外资资本在 5 亿泰铢(约1350万美元)以上的公共设施建设工程,一般不得参与泰国政府预算内各类项目的承建。泰国禁止外国人从事工程师或建筑师职业,外国人只能从事这一领域的咨询工作。

3. 电信服务

1989年以来,泰国政府开始允许外资通过合资的形式进入电信市场,但开放程度有限。2005年泰国政府对电信领域进行了改革,取得了很大进步,泰国承诺根据WTO协议在2006年1月全面放开包括基础电信业务和增值电信业务在内的电信服务业市场,允许外资经营,但是外国投资者进入泰国电信业仍然有一定的条件限制。目前泰国的移动电话业务有3家主要的私人移动运营商:高级信息服务(AIS)、DTAC和True Corporation(TRUE)。这3家公司都和外资建立了一定的联系,但是固定电话和国际长途业务继续由国有企业泰国通信管理局(CAT)和泰国电信组织(TOT)占据着大部分市场份额。

4. 法律和会计服务

根据泰国的法律,外资参与泰国律师事务所的股份不得超过49%,外籍律师禁止在泰国执业,只能从事法律咨询业务。

外国人不能获得泰国注册会计师许可证,无法在泰国提供会计服务。外籍会计师只能作为商业咨询师提供服务。

5. 劳务

泰国是世界劳务输出大国。泰国对外籍劳工实行严格的市场准入制度。普通外籍劳工被严格禁止进入泰国市场,只有在泰国当地无法找到的技术性较强的工种和管理人员,在泰国劳工部申请并办理劳工证后可在当地工作。

6. 医疗

泰国政府严格限制医疗服务领域(如医院、诊所、体检服务)的市场准入。泰国政府所有的医疗机构不需要向其他私营机构一样进行注册。政府医疗机构不需要进行安全检测,就可以直接生产和销售外国上市的通用配方药。

7. 运输

泰国规定,公路运输中外资的持股比例不得超过49%。2005年出台的《多式联运法》对于运输服务贸易构成了新的壁垒,对外国船运公司开展业务造成了不确定性。该法案要求外国船运公司在泰国经营多式联运服务时,须在泰国组建公司或者指定一家泰国机构。否则,将予以重罚,包括每笔合同5万泰铢(约1350美元)的罚款。

(四)投资壁垒

1. 投资准入壁垒

根据泰国《外商经营企业法》的规定,泰国的外资准入领域分为三类,其中外籍法人必须符合以下两个条件,才可以从事第二类中规定的行业。①泰籍人或按照该法规定的非外国法人所持的股份不少于外商经营企业法人公司资本的40%(除非有适当原因,商业部长根据内阁的决议可以放宽上述持股比例,但最低不得低于25%);②泰籍人在外商经营企业中所占的董事职位不少于40%。在持股比例限制上,农业、畜牧业、渔业、勘探与开采矿业和1999年颁布的《外商经营企业法》中的服务行业,泰籍投资者的持股比例必须不低于51%。凡是《外商经营企业法》规定须经过许可才能投资的行业,外籍法人在泰国开始商业经营的最低投资额不得少于300万泰铢,其他行业最低不少于200万泰铢。

2.投资经营壁垒

除从事泰国投资促进委员会鼓励的行业以外,泰国禁止外国人拥有土地。泰国为与国际贸易和投资协定相一致,取消了投资措施中对出口额的限制以及使用国内配件/原料比例的规定,但是奶制品的生产、汽车发动机以及摩托车装配仍然受泰国本地制造含量的限制。

(五)检验检疫

1.食品化学添加剂的检测

泰国非常重视食品安全问题,建立了比较严密的食品安全体系,成立了专门的农产品与食品管理机构管理全国农产品与食品的生产、进出口、认证。对于食品安全,食品和药品管理局还提出了新的检测规定,要求许多进口食品接受化学添加剂的检测和证明,从2005年4月1日开始执行。另外,泰国还规定,所有加工食品必须提供详尽的成分列表和生产过程说明。这些规定增加了进口商的负担,而且泰国未提供该规定的风险评估依据。

2.与食品安全有关的检验检疫法规

主要有《食品法》(1979年),《工业产品标准法》(1968年),《进出口商品管理法》(1979年),《渔业法》(1947年),《危险品法》(1992年),《植物多样性保护法》(1999年),《泰国出口或经泰国转口动物及动物胴体的部级法规》(2001年),《动物流行病法》(1956年),《动物饲料质量控制法》(1982年)等。

第四节 中泰经贸发展

一、简况

泰国是东盟成员国中第一个与中国建立战略性合作关系的国家。中国是泰国第一大出口目的地和第二大进口来源国,泰国是中国在东盟国家中的第三大贸易伙伴。中泰双方还签订了《促进和保护投资协定》(1985年)、《避免双重征税和防止偷漏税协定》(1986年)、《贸易经济和技术合作谅解备忘录》(1997年)、《双边货币互换协议》(2001年)等。2012年,中泰决定将双边关系从此前的战略性合作关系提升至全面战略合作伙伴关系。

(一)进出口贸易

中方统计,2017年中泰双边贸易额为802.9亿美元,增长6%。2018年中泰双边贸易额为875.2亿美元,增长9.2%。其中,中方出口428.9亿美元,增长11.3%,进口446.3亿美元,增长7.3%。据泰国海关统计,2019年泰国与中国双边货物进出口额为800亿美元,下降0.3%。其中,泰国对中国出口290.2亿美元,下降3.4%,占泰国出口总额的11.8%;泰国自中国进口509.8亿美元,增长1.6%,占泰国进口总额的21.2%。泰国贸易逆差219.6亿美元,增长9.2%。受疫情等因素影响,截至2020年11月,中泰双边进出口贸易额为721.28亿美元,其中中国对泰出口为453.89亿美元,泰国对中国出口267.39亿美元。

(二)投资

中方统计,截至2017年底,中对泰直接投资存量53.6亿美元;2018年,中对泰新增非金融类直接投资 6.4 亿美元,增长 26.9%;截至 2018 年底,泰累计对华实际投资 42.7 亿美元。2019 年 1—9 月,中国企业对泰投资 6.03 亿美元,同比增长 25.7%。2019 年,泰国共计收到了 1624 个投资项目的申请,投资申请总额达到 7560 亿泰铢,其中,中国企业投资申请额达到 2600 亿泰铢,远超日本的 730 亿泰铢。这是中国在 2017 年超越美国成为泰国第二大投资来源国之后,首次超越日本,成为泰国最大的投资来源国,并且投资金额是日本的 3.6 倍。中国第一个第三方市场合作地点,就是与日本在泰国 EEC 的合作。

中国在泰国的一个重要合作项目是"中国—东盟北斗科技城"。2015 年,武汉与泰方宣布投资 100 亿元,在泰国合作共建以泰国为主的"中国—东盟北斗科技城"。其建成后将成为武汉最大的海外投资项目。它占地 50 平方千米,建设期是 2015 年至 2025 年。科技城将建设面向东盟、以泰国为主的北斗应用和服务产业支撑平台,推进北斗在东盟地区通信、交通、物联网等关键领域和重点行业的应用。"中国—东盟北斗科技城"将主要建设三个方面的项目。①基础设施建设方面,计划建设机场、港口和码头;②智慧城市建设方面,将全面运用北斗技术做城市顶层设计,并建设智慧交通、智慧医疗、智慧教育、智慧旅游等;③产业建设方面,将吸引商业、金融、地产等企业前往投资。"中国—东盟北斗科技城"建成后,将成为在泰国建设的东盟地区最大的北斗产业应用基地,可以巩固北斗在泰国智慧城市及重大行业应用的基础,加快北斗导航系统在东盟地区的应用延伸。"中国—东盟北斗科技城"将面向东盟,为东盟地区提供北斗应用服务,与"鄂泰技术转移中心"实现内外并举,共同发展。

(三)工程承包

中方统计,2017 年中国企业在泰国新签承包工程额 37.26 亿美元,完成营业额 33.84 亿美元;当年派出各类劳务人员 1689 人,年末在泰国劳务人员 3405 人。截至 2018 年底,中国企业在泰累计签订工程承包合同额 281 亿美元,完成营业额 218.1 亿美元。2018 年,新签工程承包合同额 28.6 亿美元,下降 23.2%,完成营业额 33.6 亿美元,下降 0.8%。2019 年 1—9 月,中国企业在泰新签工程承包合同额 17.2 亿美元,同比下降 22.7%;完成营业额 18.7 亿美元,同比下降 12.4%。

二、中泰经贸合作重点

在商务部等发布的《对外投资国别产业导向目录》里,对泰国属于该目录的有:①农、林、牧、渔业。有薯类种植、森林开发。②采矿业。有钾盐矿、钨矿、锑矿。③制造业。有纺织业,电动机、空调器、冰箱等电气机械及器材制造,农业机械制造,橡胶制品制造,造纸及纸制品业,化学原料及化学制品。④服务业。有贸易、分销,建筑,旅游。

中国是泰国的第一大投资来源地。2018 年阿里巴巴、京东等中国企业均和泰国签署了经济技术合作协议,投资领域包括数字业务、电子商务培训、智能仓储物流等,释放出中国企业助推泰国经济转型升级的信号。

(一)在泰国投资前景好的重点行业

泰国是"一带一路"建设的支点国家,地处东南亚中心,可辐射东盟及与泰国经济关系紧密的欧、美、日等国家和地区。

1.机床业

泰国95%的机床靠进口,进口量每年增长4%。泰国主要出口机床到越南、印尼、马来西亚、缅甸、新加坡。目前,泰机床工业企业共有30多家,其中12家是泰自己拥有的企业,其余是外商企业。泰国的汽车工业,电子、电器工业,金属加工业,模具制造业快速发展,对机床的需求大幅度增加,对机床的零配件及附件的需求量也非常大。由于泰国自己的机床企业缺乏专业技术和人才,不能满足市场的需要,泰国政府特别鼓励外商投资机床项目和机床维修服务中心,并为此制定了以下优惠政策:投资公司可将生产设备安置在任何地方;可从净收入中扣除25%的基础设施安装费;可从所得税中双倍扣除运输成本及水电费10年;可免交法人所得税8年;免征进口设备关税;免征进口模具关税;外商可拥有100%的股权;允许携带外国专家和技术人员进入泰国工作等。

2.农产品加工业

农业是泰传统的经济部门,也是其经济的重要组成部分。投资泰国农产品加工业,首先应关注稻米加工、罐装海产品加工、木薯、新鲜或速冻水果加工出口等。在很多时候,泰国质优价廉的水果和蔬菜因卖不出去而被丢弃。投资新鲜水果、蔬菜加工,将其推销到国际市场会有巨大的利润空间。泰国还有几种特别丰富的自然资源可以用来发展加工业。如木材资源丰富,可以加工家具出口到世界各地。再如可利用泰国丰富的桉树资源发展纸浆工业,其加工增值空间很大。

3.木薯业

泰国是世界第三大木薯生产国。农民通常以自然的方式种植,不施肥,不使用杀虫剂,没有进行基因改良,因此品质有其独特性。目前平均每莱(约1600平方米)木薯产量2450千克。泰国木薯产品有60%用于出口,是世界上最大的木薯产品出口国,占世界木薯产品出口总量的80%以上。

与泰国进行木薯合作应注意:①严格掌握木薯产品进口标准;②加强对木薯产品的开发研究,提高木薯产品附加值,拓宽木薯产品在工业生产方面的应用领域;③到泰国投资木薯生产及加工,建立木薯生产和加工基地;④加强与泰国在木薯生产方面的技术合作和交流,提高种植木薯的水平。

4.蔬菜水果业

中国,尤其是北方的水果和蔬菜,在泰国一定有市场。要提高流通组织化程度,减少流通环节,提高产品包装及保鲜质量,通过建立生产、加工、集散基地来提高产品附加价值。还应加强冷藏、运输和装卸等相关配套设施方面的建设,提高物流水平,降低出口成本;实施品牌战略,重视蔬菜水果的质量;加强中国与泰国的农业合作。泰国实行优先发展农业的政策,目前已经发展30多年,主要以种植园为主,农业技术水平高,产业化程度高,管理水平高,具有较强的国际竞争力。以此为契机,可以积极地开展中泰农业科技合作。同时,应做好泰国水果进入中国市场的工作。

5.汽车业

泰国投资委员会(BOI)将汽车行业列入五大投资促进行业,并采取一系列的鼓励措施,以吸引更多的汽车制造企业落户泰国。此外,根据东盟自由贸易区东盟工业合作计划,达到40%当地含量的任何汽车零部件、全散件和整车,可在东盟内部享受0~5%的特别关税。泰国再次获得欧盟新普惠制优惠待遇,其中受益最大的汽车类产品应该是皮卡车、微型乘用厢型车和摩托车。因为泰国的此类产品已经获得了欧盟市场的认可，其对欧盟的出口在各个出口市场中位居第一，所以也更容易扩大对欧盟市场的出口。泰国的 12 个目标产业中有 6 个产业与中国相关制造规划相契合，新能源汽车就在其中。

6. 承包工程

泰承包工程市场有条件向外国企业开放。建筑业不在泰鼓励投资目录之列。现阶段，泰政府对要求在泰设立办事处、代表处等非营利性机构的外国申请者从紧审批甚至不批。若外国企业要在当地注册经营，一般都要求其与当地企业合资，且外方占股不高于 49%。泰方对外国承包商输入经营管理类人员也有严格限制，一般规定，企业注册资金在 1 亿泰铢以上者，每输入 1 名外国人员须雇用 4 名当地劳工；1 亿泰铢以下者，每申请 1 名外籍人员则须雇用 5 名当地劳工。输入一般工种劳务严格受限。此外，泰对外国承包商在投标、经营业绩等方面还采取了较为严格的市场准入条件。外国承包商所用外汇管制受当地《外汇管理法》严格监管。工程项目质量、安全、进口材料等方面基本采用国际标准。中国企业可以积极谨慎地进入。

7. 交通业

2015 年 12 月 3 日，中泰签署政府间铁路合作框架文件。双方就中泰铁路的合作模式、工程建设分工、运营管理方案、人员培训方案等进行了深入交谈，达成了多项共识。中泰铁路全长约 850 千米，包括坎桂—曼谷、坎桂—玛塔卜、呵叻—坎桂、呵叻—廊开 4 条线路，建成后将成为泛亚铁路的重要组成部分。中泰铁路的每一个进展，都让中国"一带一路"建设与"泰国 4.0"发展规划的衔接更加紧密。2019 年 9 月，中泰铁路合作项目一期工程在泰国呵叻府举行开工仪式。这条铁路是泰国第一条标准轨高速铁路。一期工程连接首都曼谷与东部的呵叻府，全长 253 千米，设计最高时速 250 千米，预计 2022 年建成。

8. 东部经济走廊

东部经济走廊是"泰国 4.0"的旗舰项目，将为中泰两国企业开展高端制造业合作提供良好的契机与平台。"泰国 4.0"与"一带一路"携手共进，"东部经济走廊"与"一带一路"有效对接，是推动中泰关系再上新台阶的切入点。泰国东部经济走廊对于推动地区经济增长、提升产业发展水平和发展质量具有重要促进作用。中泰日三国领导人高度重视东部经济走廊三方合作。泰中罗勇工业园就在东部经济走廊，其已成为中国传统优势产业在泰国的产业集群中心与制造出口基地，也是中国和东盟产能合作的重要平台。在总体规划面积 12 平方千米，已开发 4 平方千米的罗勇工业园区里，目前已有汽配、摩托车、新能源新材料、电子机械以及其他中国传统优势产业企业进驻。

(二)对泰投资的几点建议

(1)加强对泰国投资政策、法规及投资环境、市场条件的调研，加强投资项目的可行性研究，确保投资项目的可操作性和成功率。

(2)进一步扩展投资领域，特别是被列入泰国鼓励投资的产业或行业。

(3)加强对投资的管理、协调力度，避免出现钱投进来就无人问津的情况。

(4)加强与泰方合作，适应泰国国情，尽量避免出现人为的分歧。

(5)在泰国的工业加工区和特区投资，可享受更多的政策优惠。

(6)可利用泰国的投资法律咨询中介。

(三) 对泰投资的注意事项

(1) 做好投资项目的可行性研究是项目成功的良好开端。

(2) 了解掌握泰国有关吸引外资的法律法规及优惠政策,特别是不同地区、行业的优惠政策,依法开公司或企业、依法经营,是保证项目成功的法宝。同时,有必要了解并适应当地的风俗习惯,做到入乡随俗。这对企业的立足及顺利发展很有必要。

(3) 如属合资项目,要对合资伙伴的资信等情况做深入调查了解。经验及教训表明,选择一个有实力、讲信誉的合作伙伴,对防止上当受骗或发生纠纷,从而对项目成功以及今后业务的顺利开展至关重要。

(4) 选派得力的管理人员(懂外语、善经营和管理)负责项目或公司的管理,是保障项目成功的人员保证。

(四) 清莱免税工业区

1. 清莱府的位置

该府位于泰国最北端,与缅甸和老挝接壤。从清莱通过陆路或湄公河可以进入云南的西双版纳,距离仅有 260 千米。清莱被认为是泰国北部商业发展最快的府之一,也是最繁华的一个府。它具有通过陆路、湄公河和航空进入缅甸、老挝和中国南部的便利条件。清莱距离曼谷 785 千米,连接曼谷的高速公路使得清莱到曼谷和泰国湾东海岸的货运只需 12 ~ 14 个小时,运输费用每吨仅 1000 ~ 1200 泰铢。清莱还拥有国际标准机场。估计两年内,清莱会进入泰国的整个铁路网。清莱的基础设施可以支持任何有实力的工业企业。

2. 清莱建经济特区

泰国宣布了清莱府的美赛、清盛和清孔地区为经济特区,其目的是促进缅甸、老挝和中国南部在贸易和工业方面的联合投资。这项政策还将促进旅游业(生态旅游)的发展。泰国政府已经拨款修建桥梁、公路、灌溉设施,并进行污水管理和城建规划。该区内的鼓励政策更加优惠,放宽了严格的外国劳动法。

3. 清莱免税工业区的优惠措施

(1) 免税区进口商品的优惠。免税区进口商品优惠有:①免征关税和印花税。②已交了关税和印花税的商品,在进入免税区时,可退还已交的关税和印花税。③燃料、煤气、酒精饮料、烟草之类应缴纳国内消费税的商品,可以免交国内消费税。④出口到泰国以外地方的商品可免税,内销仍要交进口税。⑤如原产地为东盟,商品的增值价值不低于商品总价值的40%,则按东盟自由贸易区税率征收。⑥如果某个商品以原料进口或是在泰国制造的商品,已经缴纳了相应税款,并在该商品进入免税区后没有根据关税规章要求将所交税款返还,那么该商品从免税区出口到泰国其他地方供国内消费的时候,就不需要缴纳其他税。⑦免税区的材料或当地产品的进口,其目的是加工,与其他材料混合并出口泰国以外地方的,不受地方当局的任何法规检验质量管制。⑧免税区内的生产厂家可以进行行业间的贸易,仍然免税。⑨免税区不限于只生产免税商品,还可从事包括仓储、免税商店、展览中心等在内的服务业。

(2) 可以享受泰国投资委员会制定的优惠和好处。投资项目不超过 5 亿泰铢,且有不少于20%的附加值,或其债务与资本的比例不超过 3∶1,无环境公害,在清莱府建立免税工业区就符合泰国投资委员会办公室的促进政策。如果投资项目超过了 5 亿泰铢，则必须提供一个项目可行性调查报告，附在供泰国投资委员会考虑的项目申请书之后。如果项目是关于农业的，那么泰国股东必须占 51%。在第 3 区(清莱在第 3 区)获得投资委员会促销政策的项目可以在前 8 年免缴所得税，后 5 年所得税减按 50% 减。

（3）原产地证的好处。泰国生产的商品以及产地在东盟国家的原材料和其他组件，且其价值不少于产品成本 40% 的，在出口到东盟自由贸易区时，可以向泰商业部申请原产地证，获得特别关税减让，在特别关税商品名录范围内可以实现零关税。此外，泰国目前正与澳大利亚、日本等进行自由贸易协定的磋商，这将更加有利于在清莱免税工业区投资的人。

4.建议在免税工业区投资的项目

可以考虑投资的项目有：①为泰国市场生产商品的项目。②为东盟(或世界)市场生产商品的项目。③为免税区内其他制造商生产和供应产品的项目。④为中国市场生产商品的项目。据泰国《世界日报》报道，清盛县经济特区启动后，云南省已有多家高新开发区内的民营高科技企业前往落户。

【本章小结】

泰国人均 GDP 在东盟各国中排第 2 位。泰国的产品在老挝、柬埔寨和缅甸占有很大的比例。近几年的政局动荡使泰国的经济发展受到了影响。泰国是与中国发展经贸往来最积极的东盟国家之一。从最早实施"早期收获"，到清莱和曼昆公路，均证明了这点。中国—东盟自由贸易区、大湄公河次区域合作以及澜湄合作三重合作机制，中泰铁路项目的实施，"一带一路"与"泰国 4.0"的对接，将推动中国与泰国的经贸合作进一步发展。

【关键名词或概念】

"泰国 4.0"

清莱免税工业区

泰中罗勇工业园

【思考题】

1.泰国的国家特色是什么？

2.泰国投资环境的有利因素和不利因素是什么？

3."泰国 4.0"的主要内容是什么？

4.泰国与中国经贸合作的重点有哪些？

第八章 印度尼西亚

【本章导读】

本章简述了印尼的基本国情，介绍了该国的经济特色和对外经贸情况；介绍了印尼的主要产业和潜在的巨大商机，包括巴淡自由贸易区；重点介绍了"一带一路"倡议下印尼与中国经贸往来的情况和特色。

【学习目标】

本章重点要求学生理解掌握印尼的国家特色以及今后发展的方向；了解印尼在东盟国家中扮演的角色；了解印尼与中国的经贸合作重点。

第一节 国情概况

一、概况

(一)简史

印尼有着悠久的历史。早在公元前2世纪后半期，在印尼就出现了最早的奴隶制国家叶调。公元3至7世纪，又出现了古泰、达鲁马、耶婆提、干陀利等分散的小王国。公元7至11世纪，大国室利佛逝(宁代以后称"三佛齐")崛起，同中国极为友好，使者商旅不绝于途。13世纪末14世纪初，在爪哇建立了印尼历史上最强大的麻喏巴歇国。15世纪起，葡萄牙、西班牙、英国先后入侵。16世纪末，荷兰逐步取代他国势力，建立了"荷属东印度"殖民地，实行长期殖民统治。1942年，日本占领印尼。1945年日本投降后，印尼爆发八月革命，于8月17日宣布独立，成立印尼共和国。1963年印尼从荷兰殖民者手中收复了西伊里安，建立了伊里安查亚省。荷兰与印尼经过多次战争和协商，终于签订印荷《圆桌会议协定》，并于1949年12月27日正式成立印尼联邦共和国。

(二)国家知识

国名：印尼共和国。

国旗：旗面由上红下白两个横长方形构成，长与宽比为3∶2。红色象征勇敢和正义，以及印尼独立以后的繁荣昌盛；白色象征自由、公正、纯洁，还表达了印尼人民反对侵略、爱好和平的美好愿望。见图8-1。

国徽：由一只金色的鹰、一面盾和鹰爪抓着的一条绶带组成。鹰象征创造力。鹰两翼各有17根羽毛，还有8根尾羽，这是为了纪念印尼的独立日——8月17日。鹰胸前的盾面由5部分组成：黑色小盾和金黄色的五角星代表宗教信仰，也象征"潘查希拉"——印尼建国的五项基本原则；水牛头象征主权属于人民；榕树象征民族意识；棉桃和稻穗象征富足和公正；金色饰环象征人道主义和世代相传。盾面上的粗黑线代表赤道。鹰爪抓着的绶带上用印尼文写着"异中有同"。见图8-2。

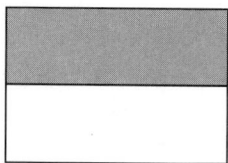

图8-1　印尼国旗

图8-2　印尼国徽

国歌：《伟大的印尼》。

国花：毛茉莉。

重要节日：伊斯兰教开斋节、宰牲节；民族觉醒日(5月20日，纪念1908年印尼民族运动组织"至善社"成立)；独立日(8月17日)。

首都：雅加达。东盟总部也在这里。印尼2019年宣布迁都到东加里曼丹省。

二、地理、人口与自然资源

印尼位于亚洲东南部太平洋和印度洋之间，横跨赤道，由1.75万个大小岛屿组成，其中6000个有人居住。属典型的热带雨林气候，具有高温多雨以及潮湿等特点，年平均温度为25℃～27℃，终年温差很小，无寒暑季节变化。每年分旱、雨两季，年均降水量2000毫米以上。印尼有许多海峡和内海，其中马六甲海峡是沟通太平洋和印度洋的重要通道。印尼面积约190万平方千米，在东盟国家中面积最大。印尼全国分为26个省、2个特别自治区和1个大雅加达都市区。

印尼是世界上排名第四的人口大国，2017年人口2.64亿，约50%的人口居住在爪哇岛。印尼共有100多个民族，其中爪哇族最大，占全国人口的47%。各民族基本上都有自己特定的分布区域，许多小岛往往是一个岛上住着一个民族。民族语言有200多种，官方语言为印尼语，通用英语。居民90%信奉伊斯兰教，其余的人信奉基督新教、天主教、印度教和佛教等。

印尼矿产资源丰富，主要有石油、天然气、煤、锡、铝矾土、镍、铜和金、银、锰等，其中石油和锡在世界上占重要地位。锡生产量居世界第二位。镍矿储量为562万吨，居世界前列。截至2018年底，已发现的镍矿储量为2100万吨，铜矿储量为5100万吨，金矿储量为

2500 吨,锡矿储量为 80 万吨,铝土矿储量为 12 亿吨,分别占世界总储量的 23.6%、6.1%、4.6%、17.0% 和 4.0%。印尼盛产各种名贵的热带树种,铁木、檀木、乌木和柚木等均驰名于世。印尼海洋资源也很丰富。

第二节 经贸发展

一、经济

尽管遭受了 2008 年国际金融危机的影响,印尼依然保持了较高的经济增长率,2009 年增长 4.5%,2010 年至 2012 年均实现了 6% 以上的经济增长。印尼中央统计局从 2014 年开始,将实际 GDP 的计算基准年由原来的 2000 年改为 2010 年。如果按照原来的基准,2014 年的增长率为 5.06%,为 2009 年(4.63%)以来的最低水平。2013 年的实际 GDP 增长率按照原来的基准为 5.73%,按照新基准为 5.58%。2018 年,印尼 GDP 突破万亿美元,稳居全球第 16 位(见表 8-1)。

表 8-1 2014—2018 年印尼主要经济数据

年份 指标	2014	2015	2016	2017	2018
人均 GDP/美元	3491	3331	3562	3836	3893
名义 GDP/亿美元	8908	8608	9318	10154	10421
GDP 增长率/%	5.01	4.88	5.03	5.07	5.17
通货膨胀率/%	6.39	6.36	3.53	3.81	3.20
财政收入占 GDP 的比重/%	−2.39	−9.63	−3.61	−1.97	5.95
财政支出占的比重/%	−2.49	−6.06	−3.74	−1.54	0.48
财政余额占 GDP 的比重/%	−8.05	13.79	−7.54	−1.66	−30.25
公共债务占 GDP 比重/%	24.68	27.46	28.34	28.77	—
商品出口/亿美元	1762.93	1503.66	1447.43	1687.75	1802.15
商品进口/亿美元	1781.79	1426.95	1356.53	1569.76	1887.12
经常账户余额占 GDP 的比重/%	−3.1	−2.0	−1.8	−1.6	−3.0
国际储备亿美元	1118.60	1059.30	1163.60	1301.90	1206.50

注:GDP 增长率为印尼盾计价,GDP 数量为变价美元计价。数据源自世界银行、Windeed。

2018 年印尼失业率降至 5.34%,处在 1998 年亚洲金融危机以来的较低水平。

(一)第一产业

印尼农林牧渔业占 GDP 的比重约为 12.8%。印尼是世界上大的热带经济作物生产国之一,形成了很有竞争力的外向型农业格局。全国耕地面积约 8000 万公顷,农业人口约 4200 万人约占总人口的 59%。农产品出口是外汇收入和贸易顺差的来源之一。农业有以种植粮食作物业为主的小农经济和种植园经济两种形式,主要种植各种热带粮食作物和经济作物。主要有橡胶、咖啡、棕榈油、椰子、甘蔗、胡椒、木棉、茶叶等,其中胡椒、木棉、奎宁、藤条、竹类、天然树脂和龙脑香脂的产量均居世界首位;橡胶、棕榈油和椰子的产量均居世界第二位;咖啡和可可分别居亚洲第一位、世界第三位。2018 年,印尼毛棕榈油产量达到创纪录的 4300 万吨,同比增加约 12.5%。截至 2020 年底,印尼森林覆盖率为 67.8%,永久林区为 1.12 亿公顷,是世界第三大热带森林国家。胶合板、纸浆、纸张出口在印尼的出口中占很大份额,其中藤条出口占世界 80%~90% 的份额。

(二)第二产业

2018 年,印尼制造业占 GDP 的比重约为 19.9%。印尼的工业化水平相对不高,制造业有 30 多个不同种类的部门,主要有纺织、电子、木材加工、钢铁、机械、汽车、纸浆、纸张、化工、橡胶加工、皮革、制鞋、食品、饮料等。其中纺织、电子、木材加工、钢铁、机械、汽车是出口创汇的重要门类。采矿业占 GDP 的比重约为 8%。印尼为世界主要石油生产国之一,已探明石油储量为 41.5 亿桶,居东南亚国家第一位。印尼为世界最大的天然气输出国,已探明天然气储量约 73 万亿立方米。木材及木材产品是印尼第三大出口创汇产品,印尼是世界最大的胶合板生产和出口国(占世界胶合板供应量的 58%),每年出口总额为 75 亿~80 亿美元,占非石油天然气产品出口的 20%。2016 年,印尼国有企业全面启动基础设施工程建设工作,根据印尼国家预算,2016 年国有企业工程支出为 350 万亿印尼盾,其中有 313.5 万亿印尼盾用于基础设施建设。国有企业的基础设施工程成为印尼经济增长的新引擎。

(三)第三产业

印尼批发零售和摩托车维修占 GDP 的比重约为 13%;建筑业占 GDP 的比重约为 10.5%;交通仓储业占 GDP 的比重约为 5.4%;金融保险业占 GDP 的比重约为 4.2%;其他行业(含旅游业)占 GDP 的比重约为 26.2%。

1. 旅游

旅游业是印尼第二大创汇行业。印尼是世界 20 个旅游强国之一。它以秀丽的热带风光、灿烂的历史文明及多姿多彩的民俗风情而闻名于世。目前旅游业日益成为印尼创汇的一个重要行业。2018 年印尼共吸引国际游客 1580.62 万人,比 2017 年增加了 12.58%,其中马来西亚以 250.16 万人排在第一位;中国内地游客人数为 213.75 万人次,比 2017 年的 209.32 万人增加 2.1%,占印尼国际游客总数的 13.52%,中国是印尼第二大国际游客来源地;新加坡、东帝汶和澳大利亚分别以 176.86 万人、176.21 万人和 130.12 万人排在第三、四、五位。印尼提出了要再建设"10 个巴厘岛"的规划,以促进旅游业的发展。

2. 交通

印尼的基础设施建设相对滞后,基础设施是制约印尼经济增长和投资环境改善的一个主要瓶颈。印尼陆路运输比较发达的地区是爪哇、苏门答腊、苏拉威西、巴厘岛等。印尼公路全长 34 万千米,但公路质量不高,高速公路建设停滞不前。印尼把高速公路建设列为重点工程之一。印尼全国铁路总长 6458 千米,窄轨铁路长 5961 千米,爪哇岛和苏门答腊岛铁路运输比较发达,其中爪哇岛铁路长 4684 千米,占全国铁路总长的 73.6%。印尼全国有 179 个航空港，其中达到国际标准的有 23 个。印尼水路运输较发达，水运航道 21579 千米，其中苏门答腊 5471 千米，爪哇义马都拉 820 千米，加里曼丹 10460 千米。印尼各类港口约有 670 个，其中主要港口 25 个。雅加达丹绒不碌港是印尼最大的国际港。

3. 金融

经过 1997 年亚洲金融危机后的整顿，印尼银行业的效益明显改观。印尼金融服务管理局修订了有关条例，如对个人投资者的相关程序适度放松，对投资额度不大的新投资者可以延后其尽职调查等。上述条例旨在简化投资程序，吸引更多的个人投资者投资。印尼货币为印尼盾，印尼盾可自由兑换。根据印尼央行公布数据，截至 2020 年 10 月底，印尼外汇储备增至 1337 亿美元。

印尼中央银行是印尼银行，它是与内阁各部门平级的独立机构，具有不受其他部门干预，独立行使职能的权力。印尼当地的主要商业银行银行有 Bank Mandiri、Bank Central Asia、Bank Nasionla Indonesia。印尼当地的外资银行有汇丰银行、花旗银行、美国运通银行、JP 摩根大通银行、荷兰银行、东京三菱银行、德意志银行、渣打银行、盘谷银行以及中国银行和中国工商银行。与中国银行合作较多的当地代理银行有汇丰银行、Bank Danamon。印尼信用卡的使用较普遍，中国发行的 VISA 卡和万事达卡在当地可用，中国银联卡也可以在当地使用。中国工商银行印尼分行已经在当地发行 VISA 卡和万事达卡，中国银行雅加达办事处也已在印尼发行借记卡。

4. 教育

印尼实行小学初中的 9 年义务教育。著名大学有印尼大学、加查马达大学、艾尔郎卡大学等。

(四)主要发展规划

1. "全球海洋支点"愿景

2014 年，佐科总统竞选获胜后随即提出旨在振兴印尼在亚太地区经济与政治地位的"海洋强国"战略，大力开展"海上高速公路"建设，倡导将印尼建成"全球海上支点、全球文明枢纽"的愿景。其"海上高速公路"的概念要求印尼成为沟通太平洋和印度洋的通衢，形成有效联通印尼国内上万个岛屿的局面。印尼国家港口发展计划将耗资 699 万亿印尼盾(约 574 亿美元)，主要内容是建设 24 个商业港口、1481 个非商业港口以及采购相关船只。计划在 2014 年后的 5 年内，投入 4590 亿美元来满足基础设施建设的需要，每年的投入约占印尼财政收入的 50%。佐科总统于 2014 年 11 月在东亚峰会上提出了"全球海洋支点"愿景，提出将优先考虑建成 5 个支点，即复兴海洋文化、保护和经营海洋资源、发展海上交通基础设施、进行海上外交、提升海上防御能力。这表明印尼国家发展战略已经开始从以往的重视陆地转向重视海洋。海洋基础设施建设和捍卫海洋主权是印尼"全球海洋支点"战略构想的两条主线。2019 年，佐科大选连任后承诺将发展人力资源、创造就业机会、让教育资源触达全国各个角落列为第二任期的执政重点，确定了印尼要在建国 100 周年时成为世界前五大经济体的宏伟发展目标。即到 2045 年印尼独立 100 周年时，国内生产总值达到 7 万亿美元。他表示，将在未来 5 年的任期中率领政府全力确保发展目标的实现。

印尼还提出了构建"东盟版"的印度洋—太平洋地区合作的战略。即通过提升地处印太地区的印尼和东盟的战略地位，以其为增长中心，密切印度洋与太平洋邻近国家之间关系，加强海上合作、互联互通和可持续发展,保持地区和平与稳定。印尼已与东盟国家进行了沟通,并已向中国、俄罗斯、美国、日本、澳大利亚、韩国和印度等一些东盟合作伙伴提出了这一战略合作概念。

2.工业4.0路线图

2018年,印尼推出工业4.0(第四次工业革命)路线图,以协助国内工业准备好应对数字时代。工业4.0主要由5大关键技术支持,包括物联网、人工智能、人机界面、机器人、传感技术以及3D打印。印尼工业4.0路线图描述了每个行业的创新计划。在工业4.0路线图中,食品饮料行业、汽车行业、电子行业、纺织行业、化工行业这五大行业获得优先发展地位。印尼通过10个关键指标对16个工业行业进行全民评估,最终确定了上述重点发展的5个领域。这10个关键指标包括:对GDP贡献度、产业产出、贸易量、国内市场增长率、出口增长率、收入、投资、行业内大公司数量、雇员、结构性优势(物流等)。被列入评估的16个行业除了上述5大产业外,还包括基础金属、金属制品、工业机械设备、珠宝和贵重品、制药业、烟草业、煤油气、橡胶塑料制品、木材家具、纸张、非金属制品。印尼还因此成立了国家工业委员会(KINAS),该委员会由其他相关部门代表组成,由总统直接主持,由经济统筹部长协调。国家工业委员会将加强各部委和相关机构与国内工业界的合作关系,以便国内工业在数字时代具有竞争力。印尼设想通过实施该战略,为经济增长贡献1~2个百分点,即在2018—2030年,使GDP增速达每年6%~7%,制造业在GDP中的贡献率达到21%~26%,创造就业机会700万~1900万个。工业4.0路线图将是确保印尼在2030年前进入全球十大经济体的重要抓手,将促进包容性经济增长,让社会各方共享其成果。

为推动电子商务发展,印尼政府制定了"电子商务发展路线图",计划在资金支持、税收、消费者保护、教育和人力资源、电信基础设施、物流、网络安全和管理实施路线图这8个方面对印尼电子商务提供支持。印尼发展数字经济的目标是在2020年前成为东南亚地区最大的数字经济体,并使数字经济成为国家的主要经济领域。

3.迁都东加里曼丹省

佐科总统于2019年8月26日宣布,印尼将把首都从雅加达迁往婆罗洲的东加里曼丹省。该计划预计会支出330亿美元,包括新建政府办公大楼和150万名政府人员的安置工作。新首都建设需要资金466万亿印尼盾,其他4个城市建设需要资金274.5万亿印尼盾,相关资金将通过国家预算、私营部门投资以及政府和社会资本合作(PPP)筹集。佐科说,希望议会能在2020年完成相关立法,若一切顺利,将于2021年开始新首都的建设,2024年开始迁都。根据国家2020—2024年中期发展规划草案,除建设新首都外,政府还计划将南苏门答腊省巨港、南加里曼丹省马辰、南苏拉威西省望加锡、巴厘省登巴萨4个地方城市建设为主要都市,从而将经济活动扩展至外岛,并服务建设经济新强国。建设4个新都市旨在增加外岛地区的国内生产总值份额,提高都市地区的城市可持续发展指数。为支持这一计划,政府还将在雅加达、东爪哇省泗水、西爪哇省万隆、北苏门答腊省棉兰、南苏拉威西省三宝垄和望加锡6个都市地区建设捷运系统,共需资金约156.1万亿印尼盾。伴随资本转移,东加里曼丹省投资将增长47.7%,地区生产总值预计增长7.3个百分点。根据乘数效应其有望为全国国内生产总值贡献0.6个百分点。目前爪哇岛和巴厘岛对印尼国内生产总值贡献最大。印尼国家统计局数据显示,在国内生产总值占比上,爪哇岛为59%,加里曼丹岛为7.95%,苏拉威西岛为6.43%,巴厘岛和努沙登加拉岛为3.06%,马鲁古岛和巴布亚岛为2.27%。

东加里曼丹省位于婆罗洲,这是一座由印尼、马来西亚和文莱三国共享的岛屿,占地面积74.33万平方千米,是世界第三大岛。目前,新首都还没有确定名称,预计将占地18万公顷,面积与伦敦相当。新首都位于印尼中部战略要地,紧邻新兴城市区,即与印尼"石油中心"港口城市巴厘巴板、"煤炭大码头"三马林达相邻。这两座城市均配备了国际机场,领跑区域经济,是印尼国内城市中的佼佼者。

4. 国家重建计划

继决定迁都后,印尼政府再次提出更为雄心勃勃的国家发展计划——总投资高达4120亿美元的"国家重建计划",希望以此拉动印尼经济增长。这项重大计划将从2020年持续至2024年,包括新建25个机场,升级165个机场,修建电站和海上高速公路建设等。其投资额比印尼总统佐科2014年提出的3500亿美元规模的《国家发展五年规划》大得多。总投资额的40%直接由财政提供,25%来自国有企业,剩下的35%来自私营部门;总投资中约2470亿美元将用于交通领域基础设施建设,约700亿美元和40亿美元分别用于电力部门和水利设施。该计划还有待总统批准。据反映,该计划因印尼滋生财政等问题实施难度很大。新计划投资总额将占到未来5年国民生产总值的5.7%。这意味着若没有巨额外资进入,该计划势必对印尼公、私营部门形成新的债务压力。

二、对外经贸

(一)对外贸易

对外贸易在印尼国民经济中占有重要地位。对外贸易总额相当于其国民生产总值的40%左右。印尼主要出口商品有矿物燃料、动植物油、机电产品、橡胶及制品、机械设备等。其他出口商品还有矿砂、运输设备、纸张、纺织品、鞋类制品和木制品等。印尼其他进口商品还有有机化学品、塑料制品、航天器、钢铁、粮食、肥料、橡胶制品、棉花和无机化学品等。

据印尼统计局统计,2018年印尼货物进出口额为3681.4亿美元,同比增长13.4%。其中,出口1802.2亿美元,同比增长7.5%;进口1879.2亿美元,同比增长19.7%,贸易逆差77亿美元。前三大贸易伙伴为中国、日本和美国。印尼对上述三国的出口分别为271.3亿美元、194.8亿美元和184.3亿美元,同比增长18.9%、11.4%和3.6%,三国合计占印尼出口总额的36.1%;自上述三国分别进口453.5亿美元、178.8亿美元和101.5亿美元,同比增长26.8%、17.3%和24.9%,三国合计占印尼进口总额的39%。印度是印尼最大的贸易顺差来源地,顺差额为87.2亿美元,同比下降11.2%。印尼对越南的出口增长最快,自沙特阿拉伯和尼日利亚的进口额大增55%和96%。矿产品和动物油脂是印尼的主要出口商品,两类产品合计占印尼出口总额的37.7%。机电产品和纺织品及原料分别占印尼出口总额的8.2%和7.3%。进口方面,2018年印尼主要进口商品普遍增长,其中机电产品、矿产品和贱金属及制品进口合计占进口总额的54%,化工产品占10%,塑料橡胶占6.1%。

2019年,印尼进出口总额为3373.91亿美元,同比下降8.55%。其中,出口1670.03亿美元,下降7.33%;进口1703.88亿美元,下降9.71%;贸易逆差33.85亿美元,下降60.13%。分国别(地区)看,中国、日本、新加坡、美国、马来西亚是印尼前五大贸易伙伴,出口额分别为727.71亿、315.37亿、300.25亿、268.96亿、166.66亿美元,增长0.15%、下降15.80%、下降12.80%、下降5.97%、下降7.61%,占印尼进出口总额的21.57%、9.35%、

8.90%、7.97%、4.94%。

截至 2018 年 9 月，印尼政府已提高了约 1100 类商品的进口关税，其中消费类商品关税幅度提高最为明显，最高达原来的 4 倍。目前商品进口税率为 7.5%~10%，之前进口税率为 2.5%~7.5%。关税提高使得许多项目的落地成本增加。

印尼除加入东盟成立的自贸区外，与多个国家签订了多个优惠贸易协定，如印度、巴基斯坦、孟加拉国等，与欧盟等地区和国家的自贸区谈判也正在进行中。

(二)投资

印尼《投资法》于 2007 年 4 月 26 日正式颁布。自 2015 年以来，印尼已陆续推出 16 套经济改革措施，包括增强分配公平性、推进基础设施建设、改善商业环境、促进投资和出口以及调整投资负面清单等，意在增强外国投资者信心。2018 年 7 月 6 日，印尼投资协调委员会 (BKPM)正式启动"全国单一网上提交系统"(OSS)，除采矿、石油天然气以及金融、房地产外，其他所有业务领域均可通过 OSS 办理。2018 年底，印尼政府宣布对 2016 年版外商投资负面清单进行修订，允许外国投资者在医疗卫生、艺术表演、电信服务、商业服务、能源工业 5 大领域的 54 个子领域拥有 100% 股权。世界银行发布的《2019 年营商环境报告》显示，印尼营商环境在全球排第 73 位，各细项排名分别为：开办企业(134)、办理施工许可证(112)、获得电力(33)、登记财产(100)、获得信贷(44)、保护少数投资者(51)、纳税(112)、跨境贸易(17)、执行合同(146)、办理破产(36)。

2017 年，印尼吸收外资 323.4 亿美元，同比下降 11.4%。2018 年，印尼吸收外资 293.1 亿美元，同比下降 8.8%。2018 年，印尼吸收外国投资的前五大来源地依次为：新加坡(91.9 亿美元，占比 31.4%)、日本(49.5 亿美元，占比 16.7%)、中国内地(23.8 亿美元，占比 8.2%)、中国香港(20.1 亿美元，占比 6.8%)和马来西亚(17.7 亿美元，占比 6.2%)。中国连续 3 年成为印尼第三大外资来源国。据联合国贸易和发展会议《2019 年世界投资报告》显示，截至 2018 年底印尼吸收外资存量 2263.3 亿美元。

2019 年，印尼吸收外国直接投资(FDI)423.1 万亿印尼盾(282 亿美元)，同比增长 7.7%。按投资地域分布，爪哇岛落实投资 434.6 万亿印尼盾，同比增长 7.2%，占比 53.7%；爪哇岛外落实投资 375.0 万亿卢比，同比增长 18.7%，占比 46.3%。外资进入的五大行业依次为：水电气供应业(59 亿美元)、交通仓储通信业(47 亿美元)、金属制品业(36 亿美元)、房屋园区建筑业(29.0 亿美元)和矿产业(23 亿美元)。国外投资进入的前五大区域依次为：西爪哇省(59 亿美元)、雅加达特区(41 亿美元)、中爪哇省(27 亿美元)、万丹省(19 亿美元)和东爪哇省(18 亿美元)。从投资来源地看，国外投资前五大来源地依次为：新加坡(65 亿美元，占比 23.1%)、中国内地(47 亿美元，占比 16.8%)、日本(43 亿美元，占比 15.3%)、中国香港(29 亿美元，占比 10.2%)和荷兰(26 亿美元，占比 9.2%)。与 2018 年全年外资来源分布相比，新加坡外资份额占比下降 8.3 个百分点，中国内地外资份额占比上升 8.6 个百分点，日本外资份额占比下降 1.4 个百分点，中国香港外资份额占比上升 3.4 个百分点，荷兰代替马来西亚成为印尼外资来源国第 5 名。

（三）自由贸易区和工业园区

1. 自由贸易区

2007 年 8 月 20 日，印尼政府正式设立巴淡、宾丹和吉里汶 3 大自由港和自由贸易区。巴淡自贸区包括巴淡岛、东东岛、史托科克岛、尼巴岛、联邦岛、加朗岛和新加朗岛；宾丹自贸区包括加朗巴当工业区、海事工业区、罗班岛以及包括 Senggarang 和 Dompak Darat 两个工业区在内的丹戎槟榔部分地区；吉里汶自贸区包括吉里汶本岛及周边所有小岛屿。3 个自贸区期限均为 70 年。这 3 个岛屿免进口税、增值税、奢侈品税和国产税。印尼政府选择巴淡、宾丹和吉里汶成为第一批自由贸易区，是因为这些地区在印尼商业交通线上占据了战略性的位置。印尼希望这 3 个自由贸易区能成为世界经济在亚洲的发展支柱。这 3 个岛屿成为自贸区后，可成为外国投资的入口、国际商船交通关口和工业生产中心。巴淡岛位于世界海运繁忙的马六甲海峡。实行自由港与自由贸易区政策后，巴淡将向那些转运货船提供关税优惠，以鼓励更多外国船停泊于巴淡岛。宾丹岛分为丹戎槟榔市与宾丹县，当地风景优美，是廖内群岛省著名的旅游区。根据资料，该岛每个月可吸引至少 4.2 万人次的外国游客。吉里汶岛具有很大的商业潜能，它位于国际航运主要干线，是国际贸易的战略关隘。廖内省是印尼的第二大省，自然资源丰富，地理位置优越，农业、采矿业、渔产业、食品业、化工制造业和旅游业都是具有发展潜能的领域。巴淡是廖内省的重要城市之一，有充足的劳动力资源，非常欢迎制造业、高科技产业及劳动力密集型产业到此地来安家落户。

2. 工业园区

为吸引国内外投资，促进印尼各地区平衡发展，印尼工业部集中精力开发建设了 13 个工业园区，其中有 7 个位于印尼的东部。工业园区的建设均依托当地的资源优势，打造各具特色的上下游产业链，走可持续发展道路。这 13 个工业园区分别为西巴布亚省的 TelukBintuni 工业区，重点发展石化产业；北马鲁古省的 Halmahera Timur 工业区，重点发展镍冶炼产业；北苏拉威西省的 Bitung 工业区；中苏拉威西省的 Palu 和 Morowali 工业区，东南苏拉威西省的 Konawe 工业区；南苏拉威西省的 Bantaeng 工业区；南加里曼丹省的 Batu Licin 工业区；西加里曼丹省的 Ketapan 和 Landak 工业区；北苏门答腊省的 Kuala Tanjung 和 Sei Mangke 工业区；楠榜省的 Tanggamus 工业区。

第三节　贸易和投资管理

一、贸易管理制度

（一）法律体系

印尼与贸易有关的法律主要包括《1934 年贸易法》《海关法》《建立世界贸易组织法》《产业法》《国库法》《禁止垄断行为和不正当贸易竞争法》《外国投资法》《国内投资法》。

（二）关税制度

自 1988 年起，财政部每年以部长令的方式发布一揽子"放松工业和经济管制"计划，其中包括对进口关税税率的调整。印尼进口产品的关税分为一般关税和优惠关税两种。印尼关税制度的执行机构是财政部下属的关税总局。2009 年印尼的简单平均约束关税税率为 37.1%，简单平均最惠国适用关税税率为 6.8%，其中，农产品为 8.4%，非农产品为 6.6%。根据《中国—东盟全面经济合作框架协议货物贸易协议》，中国和印尼逐步削减货物贸易关税。2010 年在中国—东盟自由贸易区建成后，中国和印尼 90% 以上的进出口产品实现零关税。

(三)进口管理制度

2015 年 7 月，印尼贸易部颁布了 2015 年第 48 号贸易部长条例，对原进口有关条例进行了修订，要求进口商在产品抵港前办理进口许可证，并于 2016 年 1 月 1 日开始实施。2010 年，印尼开始实施新的进口许可制度，将现有的许可证分为两种，即一般进口许可证和制造商进口许可证。出口货物必须持有商业企业注册号/商业企业准字或由技术部根据有关法律签发的商业许可，以及企业注册证。出口货物分为四类：受管制的出口货物、受监视的出口货物、严禁出口的货物和免检出口货物。

二、投资管理制度

印尼投资协调委员会负责促进外商投资和管理工业及服务部门的投资活动，但不包括金融服务部门。印尼财政部负责管理金融服务部门的投资活动，这里的金融服务部门包括银行和保险部门。印尼能矿部负责批准能源项目，而与矿业有关的项目则由能矿部的下属机构负责。2007 年 4 月 26 日，印尼颁布第 25 号《投资法》，其取代 1967 年的《外国投资法》和 1968 年的《国内投资法》，成为一部统一规范国内外投资的法律。

2016 年，印尼调整了外资政策，将之前禁止外资涉及的 35 个行业从投资负面清单中移除，并且允许外资拥有 100% 的股份，包括冷藏、旅游(餐馆、咖啡馆、酒吧和体育馆等)、仓储、电影、电子商务、高速公路运营、电信设备检测、垃圾处理及药物原料等。其中电子商务投资额须达到 1000 亿印尼盾，电影发行放映 60% 应为印尼影片。2017 年 12 月 4 日，印尼颁布 13 号令，对于无须在公司运营前进行前期准备且满足特定条件行业要求(比如不需要建设厂房，引进生产经营设备)的行业领域，允许其直接申请营业许可证，但必须满足下列条件：①依照现行规定已注册外资公司，②获得税务登记号码(NPWP)，③已有办公室(签署了租赁合同)。2018 年 11 月，印尼政府修订并公布了投资负面清单，大幅放宽外资准入或持股比例。外国投资者可以在互联网服务、制药、针灸服务设施、商业性画廊、艺术表演画廊及旅游开发等行业拥有 100% 股权。此次被排除出投资负面清单的有五大领域的 54 项业务。这些投资领域包括制药行业、针灸服务设施、艺术表演画廊、商业画廊、旅游业开发、市场调研服务；固定电信网络、移动电信网络、电信服务内容、互联网接入、信息服务中心或呼叫中心等数据通信服务；海上石油天然气钻井、地热钻井、地热发电厂、职业培训、征信调查等。印尼政府希望该项投资放宽政策的实施能够吸引更多的外商投资印尼。本轮投资负面清单调整是印尼政府推出第 16 套经济改革措施的重要内容。该套经济改革措施还包括减税和出口收入回流等措施，意在增加外国投资者信心和弥补贸易逆差。

印尼中央与地方政府实行投资审批一站式服务。2018 年 7 月 6 日，印尼 OSS 正式启动。设立该系统一是为了方便外国投资者处理注册公司、办理许可证等一系列在印尼投资所需要的手续，二是为了减少办理许可证的繁杂程序。2011年以来，印尼推出财政奖励政策，大力支持资本和劳动力密集型产业的发展。对原金属、炼油、天然气、有机基础化学、可再生能源和电信设备等5个工业部门，投资规模在1万亿印尼盾（约1.17亿美元）以上的企业，免除其开始商业运行后5～10年的税款，对已投资印尼但经营尚不足1年的企业也适用此项优惠税收政策。同时对符合印尼产业导向和优先发展领域的120个产业和地区提供相应的税收优惠。印尼鼓励钢铁工业和炼油厂的投资建设。为提高本国钢铁产能，印尼政府一直鼓励钢铁工业和炼油厂的投资建设，包括给予长达15年的免税期和两年期的减税50%优惠。

印尼实行中央和地方两级课税制度，税收立法权和征收权主要集中在中央。现行的主要税种有公司所得税、个人所得税、增值税、奢侈品销售税、土地和建筑物税、离境税、印花税、娱乐税、电台与电视税、道路税、机动车税、自行车税、广告税、外国人税和发展税等。印尼依照属人原则和属地原则行使其税收管辖权。自2011年12月1日起，在印尼的投资者可以申请免税优惠，相关执行准则规定，凡有意申请免税优惠的投资者，必须把总投资额10%的资金存放在印尼国民银行。投资者可以向印尼工业部或投资协调署提出免税申请。企业所得税率，2010年后降为25%。印尼的增值税标准税率为10%，根据不同货物可调整为5%～15%。2018年8月2日，有关采矿企业的新税率生效，新税法明确要求矿业公司将目前的合同转换为特别采矿许可。新税法规定公司税率为25%。矿业公司还需要向中央政府缴纳净利润的4%，向地方政府缴纳净利润的6%。

三、对外国公司承包当地工程的规定

按照印尼法律规定，外国承包商在印尼执行承包工程须获得许可。印尼限制外企承接政府基础设施工程，以保护国内企业市场份额。外资企业只被允许参加基础设施部门建筑价值在1000亿印尼盾以上和其他部门采购和服务价值在200亿印尼盾以上的投标。此外，但外资企业只许参加合同价值在100亿印尼盾以上的服务咨询投标。但外企投资受限制的范围只在经费来源为国家收支预算的政府采购方面，如果工程由私企主导，则不受此限制。

四、检验检疫

(一)检验检疫

印尼农业检疫局的主要工作是对动植物进行检疫，对出入境动物和动物产品、植物和植物产品及国内运输过程中的生物安全进行监管。实施动植物检疫的宗旨为：①保护植物、动物和人类；②促进出口（出口认证）；③保护生物安全。在食品法典中主要涉及的是：①生物；②化学；③物理；④清真食品。

(二)卫生与植物卫生

印尼所有进口食品必须注册，进口商必须向印尼药品食品管理局申请注册号，并由其进行检测。检测过程烦琐且费用昂贵，每项检测费用从5万卢比（约6美元）到250万卢比（约300美元）不等，每一件产品的检测费用在100万卢比（约120美元）到1000万卢比（约1200美元）之间。此外，印尼药品食品管理局在测试过程中要求提供极其详细的产品配料和加工工艺情况说明，这可能泄露商业秘密。这些规定加重了出口商的负担。

2007 年 11 月,印尼针对新鲜球茎蔬菜采取更为严格的检验检疫措施和技术要求,以提高印尼新鲜植物产品的国际竞争力。此次颁布的植物产品进口检验检疫要求是印尼政府 2007 年第 2 次针对进口植物产品的修改规定,重点对以球茎形式进口的新鲜蔬菜的检验检疫和技术两方面提出了要求。在检验检疫方面,该规定扩大了证书要求范围,除了须具备与 2005 年法规相同的原产国权威机构签发的证书外,经转运的产品还须提供转运国授权的证书。在技术要求方面,该规定加强了对原产国无虫害地区的调查及对植物性检疫虫害的风险分析。

2009 年以来,印尼政府开始在食品、饮料等诸多行业强制推行国家标准。印尼贸易部出台新规定,要求包括进口产品在内的所有产品必须附有印尼文说明。印尼海洋渔业部的规定要求 81 种渔业产品必须符合印尼国家标准,甚至将捕鱼工具、渔产加工程序及微生物学测试程序等也列入印尼国家标准。印尼工业部等政府部门在 2011 年对电线、电子、汽车零部件、家电、五金建材、玩具等几十种产品强制推行国家标准。印尼贸易部出台新规定,要求包括进口产品在内的所有产品必须附有印尼文说明。

第四节　中印经贸发展

2013 年习近平主席在访问印尼时提出建设"21 世纪海上丝绸之路"的倡议,不久之后上任的印尼总统佐科·维多多则提出了建设"海洋强国"的战略。5 年来,双方积极对接发展战略,全面深化合作,取得了丰硕成果。尽管"一带一路"倡议下的双边合作还面临诸多挑战与问题,但两国政府和企业都在积极努力,为"一带一路"对接"全球海洋支点"以及两国经济合作缔造良好氛围。中国与印尼的战略对接实践,为"一带一路"建设和推动形成全面开放新格局提供了新思路。2017 年 5 月,李克强总理访问印尼与佐科总统讨论了在"一带一路"倡议以及"全球海洋支点"构想框架内共同开发"区域综合经济走廊"的计划,以及如何加强贸易和投资领域的合作,包括加强印尼基础设施开发项目方面的合作。2018 年是印尼与中国建立全面战略伙伴关系的第 5 年,亦是中国与东南亚国家联盟(东盟)建立战略伙伴关系的第 15 年。在李克强总理访问印尼期间,双方同意在合作框架之内推动相关合作,并希望印尼在"中国—东盟"关系当中发挥更好的建设性作用,借此推动"中国—东盟"合作的改善和升级。在过去的几年里,中国一直都是印尼最大的贸易伙伴,也是印尼最主要的外国投资来源。

(一)进出口贸易

近年来,我国与印尼双边贸易快速增长,从进出口贸易数据来看,截至 2017 年,中国已成为印尼第一大出口市场和第一大进口来源地。2015 年,中国和印尼发表联合新闻公报,称双方承诺积极落实《中印尼经贸合作五年发展规划》,尽快签署优先项目清单。

据印尼统计局统计,2017 年印尼与中国双边货物进出口额为 585.8 亿美元(中方统计 633 亿美元),增长 23.1%。其中,印尼对中国出口 228.1 亿美元,增长 35.9%,占其出口总额的 13.6%;自中国进口 357.7 亿美元,增长 16.1%,占其进口总额的 22.8%;逆差 129.6 亿美元,下降 7.5%。

中国连续 7 年成为印尼最大贸易伙伴,且双边贸易上升的趋势显著,2018 年同比增长 23.7%。据印尼统计局统计,2018 年印尼与中国双边货物进出口额为 724.8 亿美元,增长

23.7%。其中，印尼对中国出口271.3亿美元，增长18.9%，占其出口总额的15.1%；自中国进口453.5亿美元，增长26.8%，占进口总额的24.1%。印尼方逆差182.2亿美元，增长40.6%。

矿产品和动植物油脂是印尼对中国出口的两大主要商品，2018年的出口额分别为107.9亿美元和32.5亿美元，其中矿产品出口增长43.1%，动植物油脂出口下降0.1%，占印尼对中国出口总额的39.8%和12%。印尼贱金属及制品出口31.9亿美元，增长27.4%，占对中国出口总额的11.8%，为印尼对中国出口的第三大类商品。印尼对中国出口的第四和第五大类商品为纤维素浆和化工产品，2018年分别出口25亿美元和23.2亿美元，增长18%和21.8%，两类产品合计占印尼对中国出口总额的17.8%。

机电产品占据印尼自中国进口总额的半壁江山，2018年进口198.1亿美元，增长28.3%，占印尼自中国进口总额的43.7%。贱金属及制品、化工产品、纺织品及原料及塑料橡胶分居第二至第五大类商品，2018年的进口额分别为57.1亿美元、45.6亿美元、40.8亿美元和21.2亿美元，增长35.9%、18.8%、23.1%和30.5%，四类商品合计占印尼自中国进口总额的36.3%。

2018年11月，首届中国国际进口博览会在上海成功举办，印尼是全球12个主宾国之一，共有43家印尼企业参展，展览面积超过1700平方米，成交金额超过7.2亿美元。中方统计，2019年1—9月，两国贸易额为576.6亿美元，同比增长0.06%。其中，中国对印尼出口326亿美元，自印尼进口250.6亿美元，同比增长4.3%和下降5.1%。

(二)投资

1. 中国对印尼投资

据中国商务部备案数据显示，截至2019年7月，直接赴印尼投资的中资企业共有616家，印尼成为中国在亚洲的第三大投资目的地。2003—2018年，中国对印尼直接投资从2680万美元增至23.8亿美元。同时，中资企业在印尼投资项目增速明显加快。2005—2018年，中资企业投资印尼项目增加514例，增速为3例/月。2017年中国对印尼投资达33亿美元，比2015年增长了5倍，对印尼投资从第9位上升到第3位。2018年8月至2019年7月，中资企业投资印尼项目增至616例，增速达8.5例/月，是过去13年增速的2.8倍。据印尼官方统计，中国已连续3年成为印尼第三大外资来源地，2018年中国对印尼直接投资达24亿美元，占当年印尼吸收外资总额的8.2%，中国企业对印尼的投资涵盖了三大产业，涉及农业、矿冶、电力、房地产、制造业、产业园区、数字经济和金融保险等领域，遍布印尼各大主要岛屿，产能合作取得显著成效。2019年1—9月，中国企业对印尼投资7.5亿美元，同比下降16.5%。

中国不断加强对印尼基础建设的投资，大型投资项目不断涌现，如风港电站、达延桥项等工程项目，爪哇7号、南苏1号等一大批电站建设项目，以及青山镍铁工业园、西电变电器生产项目等。尤其在中国"一带一路"倡议的带动下，大批中国企业、中国资本、中国品牌来到印尼，广泛参与了印尼的经济建设活动。除在商品贸易、基建、能源、工程承包等传统领域不断取得成果外，中企对印尼的投资还流向工业制造、人员培训、金融创新、数字经济等新兴领域，合作新增长点不断涌现。2019年9月，五菱印尼工厂生产的多功能家用车正式向泰国、文莱和斐济出口。在五菱工厂旁边，蒙牛乳业投资5000万美元的乳制品工厂已正式建成投产,为当地提供1000余个就业机会,产品辐射整个东南亚。数字经济合作更是双边投资合作的一大亮点,中国互联网企业正在印尼加速布局电商市场。京东、阿里巴巴、腾讯利用自身优势先后在印尼投资入股。

2.印尼对中国投资

截至2015年底,印尼在华实际投资额为24.8亿美元。2015年印尼在来华实际投资金额为10754万美元,增长37.8%。2019年1—9月,印尼对华投资897万美元,同比下降68.9%。

(三)工程承包

印尼长期是中国企业开展工程承包的前十大海外市场之一。中方统计,截至2014年6月底,中国企业在印尼累计签订承包工程合同额为401.3亿美元,完成营业额255.1亿美元。2015年,中国企业在印尼新签承包工程合同额为74亿美元,增长42.6%,完成营业额48.2亿美元,增长5.0%。2018年,中国企业在印尼工程承包新签合同额和完成营业额分别达114亿美元和61亿美元。中国企业积极参与印尼的电站、高速公路、桥梁、水坝等项目建设,为增进印尼各地的互联互通、推进基础设施建设做出了积极贡献。当前,东南亚首条高铁——雅加达—万隆高铁、印尼目前单机容量最大的机组——爪哇7号燃煤电站项目等代表性项目正在稳步推进之中。2019年1—9月,中国企业在印尼新签工程承包合同额为68.9亿美元,同比增长17.2%;完成营业额49.9亿美元,同比增长28.6%。

2019年1月21日,印尼首条高速铁路——雅加达至万隆高铁项目正式开工。雅万高铁是中印尼合作的重大标志性项目,是中国"一带一路"倡议与印尼"全球海洋支点"战略对接的初步收获,是两国全面战略伙伴关系的生动体现。全长150千米的雅加达至万隆高铁是印尼首都雅加达市至泗水市高速铁路(全长约765千米)项目的第一段,设计运行时速每小时350千米,计划3年建成通车,总投资55亿美元。这是国际上首个由政府主导搭台、两国企业进行合作建设和管理的高铁项目,也是中国高速铁路从技术标准、勘察设计、工程施工、装备制造、物资供应,到运营管理、人才培训、沿线综合开发等全方位整体走出去的第一个项目,对于推动中国铁路特别是高铁走出去,具有重要的示范效应。

(四)中国企业在印尼的工业区

中国与印尼已合作建立了多个合作区,如中国·印尼经贸合作区、中国印尼综合产业园区青山园区、中国·印尼聚龙农业产业合作区、印尼东加里曼丹岛农工贸经济合作区、印尼苏拉威西镍铁工业园、印尼西加里曼丹铝加工园区、中民投印尼产业园、广西印尼沃诺吉利经贸合作区、华夏幸福印尼卡拉旺产业园等。下面重点介绍前3个国家级境外经贸合作区。

1.中国·印尼经贸合作区

中国·印尼经贸合作区是广西农垦集团有限责任公司于2007年9月投标获得的国家级项目,是国家商务部批准的19个境外经贸合作区之一,2013年中国商务部正式验收。该合作区位于距雅加达37千米的西部"绿壤国际工业中心"内,距雅加达国际码头50千米,距雅加达苏加诺国际机场60千米,距著名旅游城市万隆市128千米。定位为综合性的合作区,重点布局家用电器、机械制造、农产品精深、精细化工、生物制药、建材及新材料相关产业等。以独资或合资的形式购买土地(土地使用权),租用土地,或租用标准厂房等方式合作。合作区总体规划面积 200 公顷，分两期建设，总投资 6.5 亿元人民币。首期启动 120 公顷土地的"七通一平"，包括园区办公、生活设施以及其他配套设施的建设。印尼政府给予合作区的优惠政策如下。

（1）普惠制（GSP）。享受欧盟国普惠制的关税减免待遇。

（2）进口关税。企业自用的生产原材料、机械设备、零配件及辅助设备等基本物资均免征进口税。

（3）税收便利。6 年内对实现的投资利润降低 30% 所得税、加速折旧、10 年内结转亏损等便利。

（4）出口退税。在印尼国内购买的出口产品所需的奢侈品与原材料，免征增值税与销售税。

（5）保税区。凡经印尼政府核准在保税区内设立的企业，皆可享受进口关税、进口货物税、扣缴税及国内货物税等各项税收的减免优惠待遇。

（6）外汇管制。印尼属非外汇管制国家，外国投资者的外汇投资及在印尼国内完税后利润可自由汇至境外。

2. 中国印尼综合产业园区青山园区

该区位于中苏拉威西省摩罗瓦里县。2009 年，上海鼎信投资（集团）有限公司与印尼苏拉威西矿业投资有限公司（SMI）合作，提前布局印尼镍矿的采掘、出口及镍铁冶炼产业，并投资建设中国印尼综合产业园区青山园区。2015 年该园区被印尼工业部评为"工业园区新秀"，2016 年 8 月被国家商务部和财政部联合确认为中国境外经济贸易合作区。园区总规划用地约 2000 公顷。园区筹建前就已实现与青山在中国福安生产基地码头的海运航线，现扩展到与中国各大沿海口岸的直航，口岸间物流、清关顺畅。2017 年年中全部建成后，园区将形成年产 200 万吨不锈钢坯的生产能力，年销售额可达 40 亿～50 亿美元，创造就业岗位约 12000 个，并将带动一批不锈钢深加工企业陆续入园设厂，打造双边国际产能和装备制造合作的示范区和产业合作平台。该区过去 5 年圆满完成了年产 300 万吨不锈钢的生产目标，使印尼一跃成为世界并列第二的不锈钢生产大国。其优惠政策如下。

（1）投资审批。印尼政府推出并加强了投资"一站式"服务，建立了"电子追溯系统"网上公布投资申办手续的状态及投资信息，以简化手续、提升服务的方式促进外商投资。

（2）市场准入。印尼对外国投资总体比较开放，多数行业准予外资进入。为扩大吸引外资、鼓励外资进入亟待发展的特定行业，印尼投资协调委员会对"负面清单"进行了较大的调整，一方面，扩大了外商投资的领域，开放了部分原先仅限当地投资的行业；另一方面，放宽了对外资的持股比例要求，一些行业外商可以控股。

（3）外汇管制方面。印尼实行相对自由的外汇管理制度。印尼盾可自由兑换，资本可以自由转移，外商投资所得利润和红利可自由汇出。

（4）税收优惠。印尼工业部、财政部出台税收优惠，外商投资企业自用设备免征进口关税，出口产品的进口原材料实行退税，在印尼国内购买用于生产出口产品的物资免增值税和奢侈品税，特定行业和大规模投资可申请所得税减免。

3. 中国·印尼聚龙农业产业合作区

2011 年，该合作区由天津聚龙嘉华投资集团有限公司全资子公司天津市邦柱贸易有限责任公司投资开发建设，海外建设主体企业为印尼格拉哈公司。2016 年 8 月，合作区通过商务部、财政部确认考核,正式获批为国家级境外经贸合作区。该合作区采取"一区多园"模式建设,总体规划面积4.21平方千米,其中中加里曼丹园区占地1.68平方千米,南加里曼丹园区占地0.67平方千米,西加里曼丹园区占地1.26平方千米,北加里曼丹园区占地0.31平方千米,楠榜港园区占地0.29平方千米(共计5大园区)。其中,中加里曼丹园区、南加里曼丹园区、西加里曼丹园区以及北加里曼丹园区可辐射加里曼丹岛10个种植园,楠榜港园区可借助其地理交通优势作为棕榈油精深加工中心和国际物流中心。合作区主导产业定位为油棕种植开发、棕榈油初加工、精炼与分提、品牌油包装生产、油脂化工(脂肪酸、甘油及衍生品生产)及生物柴油提炼等,同时配套发展仓储、物流等产业。合作区将建设成为以油棕种植开发、精深加工、收购、仓储物流为主导的农业产业型园区,打造海外棕榈全产业链,实现从原材料供给到销售的纵向一体化经营,构建庞大的交通运输能力和完善的物流网络,为大宗商品交易奠定坚实的物流基础。其优惠政策如下。

(1)两国政策方面。中印之间签订了《投资保护协定》《海运协定》《避免双重征税协定》,并就农业、林业、渔业等领域合作签署了谅解备忘录,为中企投资印尼提供保护。

(2)安全保卫方面。为确保入区企业正常生产,保证良好的生产秩序和运营秩序,在当地政府的支持下,合作区建立了一支由20名退伍军人组成的保安队伍,配备了对讲机、警棍、巡逻车等安保装备,购置了20辆川崎摩托巡逻车。

(3)管理服务。合作区实行管委会负责制。合作区下设咨询服务公司、物业管理公司、生产资料供应公司等平台专业公司,它们分工明确,各司其职,立足于农业资源开发服务,提升企业入驻效率及合作区服务水平。同时,合作区所有手续办理实行"一站式"服务。

(五)注意事项

1. 贸易方面

印尼市场整体环境复杂,风险较高。要做充分的市场调研,结合当地特殊的贸易环境,采取有效措施拓展业务,规避风险。注意合作伙伴和中介问题,注重提升产品质量,与人交往要文明礼貌,讲究诚信,守法经营,共同维护企业和国家形象。

2. 投资方面

要适应法律环境的复杂性,做好企业注册的充分准备,适当调整优惠政策期望值,充分核算税赋成本,有效控制工资成本等。

3. 承包工程和劳务合作方面

工程承包中要主动抓住市场机遇,合理控制风险,加强经营管理;劳务合作中,印尼劳动力成本较低,但技能普遍不高,工作效率低下,因此,要加强施工前的人员培训和施工中的科学管理;获取工作许可不容易,要避免出现非法居留工作问题,计算好企业用工成本。

【本章小结】

印尼人口众多,伊斯兰教特色明显,资源丰富,开发程度较低。印尼改革成效明显,政局相对稳定,软硬投资环境不断改善,风险不断降低,具有能源、资源、市场等优势。随着东盟自由贸易区和中国—东盟自由贸易区升级版的推进,印尼的开放度会不断加大,经贸合作的商机潜力巨大。2015 年习近平强调，中国提出的"21 世纪海上丝绸之路"构想和印尼打造"全球海洋支点"发展规划高度契合，两国发展互补性强，互利合作潜力巨大，合作前景广阔。在"一带一路"推动下，双方应携手努力，加强"中国制造 2025"与"印尼工业 4.0"对接，推动全面战略伙伴关系不断向前发展。

【思考题】

巴淡自由贸易区

全球海洋支点

印尼工业 4.0

中国·印尼经贸合作区

【思考题】

1. 印尼的国家特色是什么？

2. 印尼投资环境的有利因素和不利因素是什么？

3. 印尼与中国经贸合作的重点有哪些？

4. 中国·印尼经贸合作区的作用是什么？

第九章 菲律宾

【本章导读】

　　本章简述了菲律宾的基本国情，介绍了该国的经济特色和对外经贸情况。介绍了菲律宾的主要产业和发展动向，以及清莱经济特区；重点介绍了"一带一路"下菲律宾与中国经贸往来的情况和特色。

【学习目标】

　　本章重点要求学生理解掌握菲律宾的国家特色以及今后发展的方向；了解菲律宾在东盟国家中扮演的角色；了解菲律宾与中国的经贸合作重点。

第一节 国情概况

一、概况

（一）简史

　　菲律宾人的祖先是亚洲大陆的移民。菲律宾在14世纪前后出现了由土著部落和马来族移民构成的一些割据王国，其中最著名的是14世纪70年代兴起的海上强国苏禄王国。1521年，麦哲伦率领西班牙远征队到达菲律宾群岛。1565年，西班牙侵占菲律宾，自此统治菲300多年。1898年6月12日，菲律宾宣告独立，成立菲律宾共和国。同年，美国依据对西班牙战后签订的《巴黎条约》占领菲律宾。1942年，菲律宾被日本占领。二战后，菲律宾重新沦为美国殖民地。1946年7月4日，美国被迫同意菲律宾独立。菲独立后，自由党和国民党轮流执政。1996年9月2日，菲政府与最大的反政府组织摩洛民族解放阵线签署和平协议，结束了南部长达24年的战乱局面。

（二）国家知识

国名：菲律宾共和国。
国旗：呈横长方形，长与宽比为2∶1。靠旗杆一侧为白色等边三角形，中间是放射着八束光芒的黄色太阳,三颗黄色的五角星分别在三角形的三个角上。旗面右边是红蓝两色的直角梯形,两色的上下位置可以调换。和平时期蓝色在上,战争时期红色在上。太阳和光芒图案象征自由;八道较长的光束代表最初起义争取民族解放和独立的八个省,其余光芒表示其他省。三颗五角星代表菲律宾的三大地区:吕宋、萨马和棉兰老岛。蓝色象征忠诚、正直,红色象征勇气,白色象征和平和纯洁。见图9-1。

国徽:为盾形。中央是太阳放射光芒图案,三颗五角星在盾面上部,其寓意同国旗。左下方为蓝地黄色的鹰,右下方为红底黄色狮子。狮子和鹰图案分别为西班牙和美国殖民统治时期菲律宾的标志,象征菲律宾摆脱殖民统治、获得独立的历史进程。盾徽下面的白色绶带上用英文写着"菲律宾共和国"。见图9-2。

图9-1　菲律宾国旗

图9-2　菲律宾国徽

国歌:《菲律宾民族进行曲/亲爱的土地》。

国花:茉莉花。国树:纳拉树。国石:珍珠。国鸟:菲律宾鹰。

重要节日:独立日,6月12日(1898年);国庆日,6月12日(1898年);自由日,2月25日;巴丹日,4月9日(纪念二战阵亡战士);五月花节,5月最后一个星期日;国家英雄日,8月27日;英雄节(纪念民族英雄黎刹就义),12月30日。

首都:大马尼拉,位于吕宋岛西岸马尼拉湾畔,是全国最大的港口,早在16世纪就是著名商港。由17个市(区)组成,总面积638平方千米,人口1500万。菲律宾第二大城市为宿务,位于维萨亚群岛中部,市区人口约500万。

二、地理与人口

1.地理位置

菲律宾位于亚洲东南部,北隔巴士海峡与中国台湾遥遥相对,南和西南隔苏拉威西海、巴拉巴克海峡与印尼、马来西亚相望,西濒南中国海,东临太平洋。总面积29.97万平方千米,共有大小岛屿7000多个,其中吕宋岛、棉兰老岛、萨马岛等11个主要岛屿占全国总面积的96%。海岸线长约18533千米。

菲律宾地处东8时区,当地时间与北京时间一致,没有时差,无夏令时。

2.气候条件

菲律宾属季风型热带雨林气候,高温多雨,湿度大,台风多。全年平均气温为27℃,年降水量 2000～3000 毫米，年平均湿度 78%。群岛西部有旱季(每年 11 月—次年 4 月)和雨季(5—10 月)之分，东部海岸终年有雨，并以冬雨最多。南部地区也终年多雨，无明显旱、雨季之分。东部的太平洋洋面是台风发源地，每年 6—11 月多台风。

3. 自然资源

菲律宾矿产资源丰富，储量巨大，分布广泛。菲律宾矿藏主要有铜、金、银、铁、铬、镍等 20 余种。铜蕴藏量约 48 亿吨，镍蕴藏量约 10.9 亿吨，金蕴藏量约 1.36 亿吨。地热资源丰富，预计有 20.9 亿桶原油标准的地热能源。巴拉望岛西北部海域初步探测的石油储量约 3.5 亿桶。森林面积 1585 万公顷，覆盖率达 53%，有乌木、紫檀等名贵木材。境内野生植物有近万种，其中高等植物有 2500 余种。水产资源丰富，鱼类品种达 2400 多种，金枪鱼资源居世界前列。

4. 人口分布

截至 2018 年 5 月，菲律宾总人口 1.06 亿，是世界第 13 大人口国。近年来，菲律宾人口年增长率近 1.6%，是亚洲人口增长率最高的国家。由于地区发展差异，菲律宾人口分布很不平衡，马尼拉的人口密度高达 48000 人/平方千米，吕宋岛北部的一些省人口密度仅有几十人每平方千米。城市人口占总人口的 44.4%。

马来族人占菲律宾总人口的 85% 以上，包括他加禄人、伊洛戈人、邦板牙人、维萨亚人和比科尔人等；少数民族及外来后裔有华人、阿拉伯人、印度人、西班牙人和美国人；还有为数不多的原住民。据不完全统计，居住在菲律宾的华侨华人约有 250 万，占总人口的 2%～3%。

菲律宾约有 70 多种语言。国语是以他加禄语为基础的菲律宾语；英语为官方语言，在菲律宾较普及，凡上过学的菲律宾人均会说英语，菲律宾自称"世界第三大英语国家"。

第二节　经贸发展

一、经济

2012—2014 年，菲律宾经济分别增长 6.8%、7.2% 和 6.1%，2015 年回落至 5.8%，2016 年回升至 6.8%。2017 年增长 6.7%，在东亚地区位列第三，仅次于中国和越南。2017 年，菲律宾 GDP 构成中，农业、工业和服务业占 GDP 的比重分别为 9.66%、30.45%、59.89%；消费占 84.8%（其中，家庭消费占 73.47%，政府消费占 11.32%），出口占 30.95%（其中货物贸易出口占 17.94%，服务贸易出口占 13.01%），进口占 40.88%（其中货物贸易进口占 32.81%，服务贸易进口占 8.07%）。2018 年菲律宾经济增长率滑落至三年来的最低年度增幅，为 6.2%。2018 年，菲律宾第四季度 GDP 增长率为 6.1%，增长的主要推动因素是建筑业、汽车、摩托车、个人和家庭用品的贸易和维修以及其他服务，虽然低于政府下调 6.5%～6.9% 的目标，但仍是亚洲增长最快的国家之一。2019 年全年经济实际增速为 5.9%，未达到预期目标，是 2011 年以来的最低增速，GDP 总量达 8.8 万亿比索，约相当于 1.5 万亿人民币(见表 9-1)。分析认为，外部因素主要是世界经济增长乏力、国际贸易局势紧张，以及全球投资不振等造成的冲击；内部因素主要是在 2019 年遭遇了极端天气，对菲律宾的农业、工业生产产生了影响。

表9-1　2011—2019年菲律宾经济增长情况

年份	经济增长率/%	人均GDP/美元
2011	3.7	2379
2012	6.8	2612
2013	7.2	2794
2014	6.1	2850
2015	5.8	2858
2016	6.8	2947
2017	6.7	2989
2018	6.2	3104
2019	5.9	3319

注：根据中华人民共和国驻菲律宾经商参处资料整理。

2016年，杜特尔特总统签署行政命令，正式提出"2040愿景"。"2040愿景"提出菲律宾长期发展目标：到2040年，使菲律宾成为富足的中产国家，人民充满智慧、创新，生活幸福、健康，多元化家庭充满活力，社会信任度高，抵抗灾害能力强。《2017—2022年菲律宾发展规划（PDP）》（简称《规划》）是与杜特尔特总统提出的"2040愿景"相呼应的菲律宾中期发展规划。《规划》确定，要优化社会结构，建设高度信任的社会；缩小贫富差距，拓展经济增长机会；开发经济增长潜力；保障可持续增长的经济环境；促进包容性可持续增长等。《规划》还确定了一系列至2022年应达到的目标：至2022年，使菲律宾成为上中等收入国家，较2016年经济增长50%，人均收入从2015年的3550美元上升到5000美元以上；促进包容性增长，农村贫困率从2015年的30%降至20%，整体贫困率从21.6%降至14%；提升教育、医疗水平和居民收入，促进人民整体发展；失业率从5.5%降至3%～5%，每年增加95万～110万个新就业机会；增加政府、社会公信度；增加个人和小区抗灾能力；鼓励创新，全球创新指数排名从目前的第74名上升至整体排名的前1/3。

（一）第一产业

菲律宾经济以农业为主，有可耕地1400万公顷，占全国土地总面积的46.9%。全国一半劳力从事农业。粮食作物面积约占总耕地面积的2/3；经济作物面积约占总耕地面积的1/3，主要粮食作物有稻米和玉米，主要经济作物有椰子、甘蔗、香蕉、菠萝、杧果、木薯、烟草、热带水果等。每年农产品贸易额为50亿美元左右。菲律宾农业潜力较大，但缺乏足够的基础设施、资金，以及过去农业政策不合理等制约了农业的发展。

2017年，菲农业产值为302.89亿美元，占GDP的9.66%。主要出口产品为椰子油、香蕉、鱼和虾、糖及糖制品、椰丝、菠萝和菠萝汁、未加工烟草、天然橡胶、椰子粉粕和海藻。根据菲律宾统计局（PSA）发布的2018年《菲律宾农业商品对外贸易统计》重点摘要显示，农产品出口同比下降7%，农业出口占总出口的份额也下降了0.8%。菲律宾的农业贸易总值同比增长10.2%，但2018年农业贸易仍处于赤字状态。2019年全年农业仅同比增长1.5%。

(二)第二产业

菲律宾工业总产值约占 GDP 的 1/3。20 世纪 90 年代初，菲律宾加快了产业结构调整，使制造业产值在 GDP 的比重首次超过农业跃居首位。其中电子工业发展迅速，引起了整个国家产业结构、投资结构、出口商品结构的重大变化。2017 年工业产值为 954.97 亿美元，同比增长 1.6%。其中，矿业、制造业、建筑和电力能源产值分别为 26.69 亿美元、609.99 亿美元、221.48 亿美元和 96.81 亿美元，占 GDP 的 0.85%、19.45%、7.06% 和 3.09%。菲制成品主要是电子、食品等轻工产品，占制造业产出的近 60%。2018 年，工业在主要经济部门中增长最快，为 6.9%。2019 年全年工业增长 4.9%。

(三)第三产业

旅游业是菲律宾外汇收入的重要来源之一。主要旅游点有百胜滩、蓝色港湾、碧瑶市、马荣火山、伊富高省原始梯田等。菲律宾旅游业发达，2017 年到访游客 662 万人次，同比增长 11%；旅游收入约占 GDP 的 8.6%。据菲律宾旅游部公布的数据显示，2018 年共有 712 万名外国游客抵达菲律宾，比 2017 年的 662 万人次高出 7.55%，创下历史最高纪录。韩国仍然是菲律宾最大的旅游市场，共有 158 万人次到访。中国排名第二，共有 125 万游客到访，同比增长 29.62%。2019 年菲律宾接待外国游客 826 万人次，同比增长超过 15%，超过了"致力于可持续发展的新举措"所制定的首个年度目标，韩国游客居榜首达到 198 万人次，增长 22.5%；中国大陆排名第二，达到 174 万人次，增长 38.6%；美国第三，达到 106 万人次，第四第五是日本、澳大利亚。2018 年，服务业增长了 6.3%，旅游业产值占国内生产总值的 12.7%。2019 年旅游业全年实际增长 7.1%。根据菲政府的规划，到 2022 年其将吸引外国游客 1200 万人次。

菲律宾人是国际流动性最高的人群，有世界知名的菲律宾海外劳工(OFW)。菲律宾是全球主要劳务输出国之一，在海外工作的劳工有 1000 多万人。根据菲律宾央行发布的最新数据显示，2018 年菲律宾海外劳工个人汇款达 322 亿美元，同比增长 3%，创下历史新高，占菲律宾国内生产总值(GDP)的 9.7%，占国民总收入的 8.1%。2019 年菲律宾海外劳工个人汇款达 301.3 亿美元。其中，中东地区汇款下降了 9.8%，亚洲、美洲和非洲地区的汇款分别增长了 12.3%、10.6% 和 4.8%，美国是第一大汇款来源国，占比 37.6%，紧随其后的依次为沙特阿拉伯、新加坡、日本、阿联酋、英国、加拿大、中国香港、德国和科威特等。

(三)其他方面

1.基础设施

与其他老东盟成员相比，菲律宾的基础设施比较落后。但近年来，菲律宾对基础设施的投入不断加大。前总统阿基诺执政期间，提倡通过公私伙伴关系(PPP)项目，吸引私人投资，改善基础设施。政府利用日本、美国、欧盟、世界银行、亚洲开发银行及国际货币基金组织的融贷，吸引许多国内外企业参与公共工程投资、兴建及运营，但由于种种原因，很多成熟的 PPP 项目未能在阿基诺政府时期开工建设。杜特尔特政府将基础设施建设作为重点发展领域，提出了"大建特建"的基础设施建设规划，拟定基础设施支出占 GDP 的比重达到 7.4% 的目标，计划至 2022 年在基础设施领域投入 8 万亿~9 万亿比索。

菲律宾公路通行里程约 21.6 万千米，国道占 15%，省道占 13%，市镇路占 12%，其余 60% 为乡村土路，道路密度为 0.72 千米/平方千米。高速公路总长 500 多千米。全国共有 7440 座桥梁。公路客运量占全国运输总量的 90%，货运量占全国运输货运量的 65%。

铁路总长 1200 千米，主要集中于吕宋岛，其中可运营的铁路 400 多千米，其余均需改造升级。由于铁路设施远远无法满足交通需要，菲律宾政府大力发展铁路建设，计划在吕宋岛和棉兰老岛新建南北铁路、苏比克—克拉克铁路、棉兰老铁路等，以改善居民出行交通和满足货运需求。

菲律宾有 288 个机场，国内航线遍及 40 多个城市，主要机场有首都马尼拉的尼诺·阿基诺国际机场、宿务市的马克丹国际机场和达沃机场等，但很多机场设施落后，许多省会机场是土石跑道的简易机场。菲律宾与 30 多个国家（地区）签订了国际航运协议，大多数主要航线每天或每周都有多个航班从马尼拉飞往亚洲国家和地区以及美国、欧洲与中东地区的主要城市。

菲律宾水运总长 3219 千米，共有 414 个主要港口。大多数港口需要扩建和升级，以容纳大吨位轮船和货物。菲律宾的集装箱码头设施完善，能高速有效地处理货运。

2. 教育

菲律宾宪法规定，中小学实行义务教育。政府重视教育，鼓励私人办学，为私立学校提供长期低息贷款，并免征财产税。初、中等教育以政府办学为主。全国共有小学 39312 所，小学入学率达 97%；中学 7128 所，中学入学率达 65%；高等教育机构 1599 所，主要由私人控制，在校生约 244 万人。著名高等院校有菲律宾大学、德拉萨大学、雅典耀大学、东方大学、远东大学、圣托玛斯大学等。

二、对外经贸

（一）对外贸易

菲律宾是世贸组织（WTO）、亚太经合组织（APEC）和东盟（ASEAN）成员国，承诺推进区域自由贸易和到 2020 年消除贸易壁垒。迄今，菲律宾已同近 40 个国家和地区签订了各类双边经贸协定。2008 年 10 月 8 日，菲律宾批准了《日菲经济伙伴关系协议》；2010 年 10 月 7 日，菲律宾与哈萨克斯坦签订双边《自由贸易协定》和《保护投资协定》；2012 年 7 月 11 日，菲律宾与欧盟签署《伙伴与合作协议》（PCA）。菲律宾已与 36 个国家签署了税务条约。这些条约旨在促进国际贸易和投资，避免双重征税，打击逃税。目前，欧盟给予菲律宾进口产品普惠制+（GSP+）待遇，超过 6000 种菲律宾进口商品可享受零关税待遇。此外，美国于 2018 年 3 月将对菲普惠制（GSP）关税优惠政策延至 2020 年 12 月 31 日，涵盖 5057 种商品。

2017 年菲律宾对外贸易额为 1648 亿美元，比上年增长 16.5%。其中出口 687.1 亿美元，同比增长 19.7%；进口 960.9 亿美元，增长 14.2%。菲律宾国家统计署的数据显示，菲律宾 2018 年的货物贸易赤字达到了历史最高，其中货物出口 674.88 亿美元，货物进口 1089.28 亿美元，国际货物贸易赤字达到了 414.4 亿美元。菲律宾主要出口商品为电子产品、其他生产产品、机械及运输设备、金属组件、黄金；主要进口商品为电子产品、矿物燃料和润滑油、运输设备、工业机械和设备、钢铁。

2019 年菲进出口总额为 1825.2 亿美元，同比增长 0.2%。菲律宾的前七大贸易伙伴是中国、日本、美国、韩国、中国香港、泰国、印尼、新加坡、中国台湾、马来西亚(见表9-2)。

表9-2　2017年菲律宾前三大贸易伙伴贸易额

国家	金额/亿美元	占比/%
中国	238.25	14.47
日本	207.85	12.61
美国	166.05	10.08

注：根据中华人民共和国商务部资料整理。

(二)利用外资

菲律宾最大的优势是拥有数量众多、廉价、受过教育、懂英语的劳动力。菲律宾居民识字率达到94.6%，在亚洲地区名列前茅。菲律宾劳动力成本大大低于发达国家，因而吸引了大量西方公司把业务转移到菲律宾。

根据联合国贸易和发展会议《2018世界投资报告》，2017年菲律宾吸收外国直接投资102.56亿美元，对外直接投资16.14亿美元；截至2017年底，菲律宾吸收外国直接投资累计787.88亿美元，累计对外直接投资478.24亿美元。这些投资主要来自日本、新加坡、中国香港、中国台湾、英国等，主要流向零售业及汽车摩托车维修业、房地产、金融和保险活动、信息通信业、制造业、水电气供应等行业。2018年菲律宾外国直接投资净流入总额仅为98.02亿美元，同比下降4.4%。菲律宾央行预设2019年外国直接投资净流入目标为102亿美元。

三、经济区

(一)种类

1. 工业园区

工业园区指为工业发展设立的专门区域。它拥有一定的基础设施，如道路、供水、排水系统、厂房和住宅。

2. 出口加工区

出口加工区是区域内企业主要为出口导向型的工业园区。出口加工区的优惠政策包括进口设备、原材料和零部件的税收和关税减免等。

3. 自由贸易区

自由贸易区一般设在交通枢纽附近，如海港或空港周边。进口的货物可以免交进口关税，并在此进行卸货、分类、重新包装等。但如果这些货物进入非自由贸易区，仍须缴纳关税。

4. 旅游经济区

旅游经济区指专门为旅游业发展而设立的经济特区，该区域适合建立旅游休闲设施，比如体育休闲中心、宾馆、文化和会议设施、餐饮中心等以及相应的基础设施。

5. IT 园区或建筑

IT 园区或建筑指专门为 IT 项目或服务设立的区域。IT 园区可以是一片区域或一栋建筑，其整体或部分一般要具备为 IT 企业提供相应设施和服务的条件。

(二)优惠政策

各经济区内的企业从事不同性质的活动，可享受的优惠政策有：

(1)进口固定设备、原材料、零部件、良种牲畜和基因材料等免除关税。

(2)传统项目 4 年免所得税，先锋项目 6 年免所得税。

(3)免所得税后的收入，仅需根据 5% 的税率纳税，以此替代其他各项国家和地方税收。

(4)扣除进口替代品课税。

(5)免除码头费用、出口税和进口费。

(6)减免国内固定设备、良种牲畜和基因材料的课税。

(7)可征税收入中额外减去人工费用。

(8)托运设备的非限制使用。

(9)外国投资者和家庭的永久居留权。

(10)雇用外国公民。

(11)可不经菲律宾中央银行审批汇出收入。

(12)免除地方营业税。

(13)如果已缴纳 5% 综合所得税，外企在菲律宾分支机构免利润汇回税。

菲律宾央行规定外国直接投资者(FDI)从 2015 年 4 月 19 日起，必须在向菲境内实际汇入资金后一年内在菲央行登记注册。为更有效地监控外资的流动，菲律宾中央银行将登记时限从过去的两年之内完成缩短至现在的 1 年。

第三节　贸易和投资管理

一、管理体制

(一)贸易管理制度

1.贸易法规体系

菲律宾是世界贸易组织(WTO)和亚太经合组织(APEC)成员，也是东南亚国家联盟(ASEAN)的成员，实行多边的、自由的、外向型的贸易政策，同时对国内幼稚产业进行适当保护。菲律宾政府不断对其贸易政策进行调整，并出台了一系列出口鼓励措施。菲律宾管理进出口贸易的相关法律主要包括《海关法》《出口发展法》《反倾销法》《反补贴法》《保障措施法》等。

2.进出口关税管理制度

菲律宾进出口关税的主要法律是《菲律宾关税与海关法》，进口关税税率由菲律宾关税委员会确定公布，出口关税税率由海关总署确定，并由海关通过有授权的菲律宾中央银行征收。

3.主要进口管理制度

菲律宾将进口商品分为三类：禁止进口产品、限制进口产品和自由进口产品，绝大多数商品为自由进口产品(见表9-3)。

表9-3　菲律宾进口商品分类明细

类别	商品明细
禁止进口商品	枪支弹药；不道德的印刷品、底片、电影、相片、艺术品；用于违法堕胎的物品及宣传广告；用于赌博的装备及用具；含金、银或其他贵重金属或合金制成的物品；假冒劣质的食品或药品；鸦片或其他麻醉品及其合成品；合成盐或成品盐；鸦片吸管及配件；有关菲律宾法律禁止进口的物品及配件
限制进口产品	限制进口产品必须获得菲律宾政府机构如农业部、食品药品局核发的进口许可证才能进口，主要涉及汽车、拖拉机、小汽车、柴油机、汽油机、摩托车、耐用消费品、新闻出版和印刷设备、水泥、与健康及公共安全有关的产品等，约占进口商品的4%
自由进口商品	除了上述禁止进口商品和限制进口商品以外的商品

注：根据中华人民共和国商务部资料整理。

4.主要出口管理制度

菲律宾政府对出口贸易采取鼓励政策，主要包括简化出口手续并免征出口附加税，进口商品再出口可享受增值税退税、外汇资助和使用出口加工区的低成本设施等。但部分矿产品、动植物产品、海产品和农产品需要获得批准后方可出口。

5.进出口商品检验检疫

菲律宾是《关税与贸易总协议》东京回合中《技术贸易壁垒协议》的签约国。该技术协议要求政府机构在采用标准程序和建立争端解决审议程序时公开，目的是确保政府机构遵守这些规定。菲律宾产品质量局是负责产品质量标准的机构，它用质量管理认证的手段来促进产品质量的提高，并通过对进口商品粘贴合格标志来管理进口商品。适用的标准是ISO9000和ISO14000。

目前，植物及植物产品进入菲律宾市场须办理如下检疫手续：出口商将发票和箱单传给菲律宾进口商，进口商凭出口商的发票和箱单向菲律宾农业部农作物局植物检疫处(BPI)申请进口许可证，该证会注明每种产品离岸前的要求。进口商将该证交给出口商，出口商提请出口国检疫部门对产品进行离岸检疫并出具检疫证明。出口商将检疫证明和其他运输单据一起以适当途径转交菲律宾进口商。在货物到达菲律宾港口后，进口商给菲律宾检疫部门提供进口许可证和出口国的检疫证明。菲律宾检疫部门根据进口许可证和检疫证明进行复验，合格后方可进入。

菲律宾农业部动物产业局是负责动物、动物产品及其副产品进出口检疫的政府部门。动物产业局对不同动物的进出口有不同的进出口程序和检疫规定。

(二)投资管理制度

菲律宾政府将投资领域分为三类，即优先投资领域、限制投资领域和禁止投资领域。对于优先投资领域，菲律宾政府每年制定一个《投资优先计划》，列出政府鼓励投资的领域和可以享受的优惠条件，引导内外资向国家指定行业投资。优惠条件包括减免所得税、免除进口设备及零部件的进口关税、免除进口码头税、免除出口税费等财政优惠，以及无限制使用托运设备、简化进出口通关程序等非财政优惠。菲律宾政府不定期更新限制外资项目清单，2018 年以前沿用 2015 年由前总统阿基诺三世签署的第 10 版。2018 年 11 月，菲律宾发布了第 11 版的外国投资负面清单（FINL）。FINL 每两年审查一次，列出外国投资者有限参与的行业。最新负面清单只有"适度增长"，没有达到国家经济发展署（NEDA）所追求的"积极"变化。FINL 只是个清单，无法改变法律规定。在这份清单中，外国人参与当地资金支持的公共工程以及私人无线电通信网络的建设和维修的比例增加到 40%，此前分别为 25% 和 20%。但本地零售市场的进入壁垒仍然是相同的，这对小型本地企业是有利的。

杜特尔特总统执政后，新政府提出了"10 项社会经济议程"，包括改善基础设施、建立农业产业价值链、改善人力资源和社会保障体系等，旨在最终促进平等、减贫并推动区域经济发展，其中有一项是修改宪法，废除限制性的外资法令，吸引更多外国投资。杜特尔特政府的经济蓝图要求，2018 年到 2022 年，国内生产总值增长率要从 2016 年的 6.5% ~7.5% 增长到 7% ~8%，贫困率从 2015 年的 21.6% 下降到 2022 年的 16%。2017 年，杜特尔特总统签署了《2017—2019 年投资优先计划》（IPP）。按照以往的惯例，投资优先计划的有效期为 3 年。3 年滚动计划确保了政策对国内和外国投资者的连续性、一致性和可预测性。

2017 年投资优先计划的主题是"扩大和分散机会"。计划中被视为"首选"投资领域的有：制造业（包括农业加工）；农业，渔业和林业；战略服务（集成电路设计、创意产业、飞机维修、电动充电站、工业废弃物处理、电信业等）；医疗服务（包括戒毒康复）；大众住房；地方政府参与的公私合作基础设施和物流项目；创新驱动项目；包容性商业模式（如农业和旅游行业里的大中型企业在其价值链里给小微型企业提供商业机会）；与环境或气候变化相关的项目；发电等能源行业。投资优先项目还包括出口业务，包括生产和制造出口产品、对出口企业的支持和服务。

新的投资优先计划与《2014—2016 年投资优先计划》相比更多地体现了中小微型企业导向、创新驱动、健康和环保意识，鼓励投资向大城市以外转移，旨在扩大就业机会，使更多的企业进入本地和全球的价值链。旧版中仅对部分地区的农产品加工产业给予补贴。为了刺激制造业发展，创造更多就业，新版中完全取消了这一类区域性限制。此外，新版放宽了对旅游业补贴的区域性限制，以刺激兴建更多的旅游设施。此外，新版将在投资署注册的能享受优惠政策的大众住房价格上限从以前的 300 万比索降低到了 200 万比索。除城市里的保障性廉租房外，只有位于马尼拉市外的项目才有资格获得投资津贴。政府的激励措施包括财政奖励，如所得税假期、对进口备件免税、免除码头费和出口税、关税等费用、税收抵免、应纳税所得额外扣除；也包括非财政奖励，如简化海关手续、外国人就业、经营贸易保税仓库的特权等。投资署制定详细的符合补贴条件的标准，如创造就业、投资和技术转让的要求等。投资者可能获得的补助政策将根据该企业对经济发展的实际贡献而决定。企业的所得税免税期限基于以下因素决定：投资项目的净附加收益、创造工作机会、乘数递增效应、实际能力等。

(三)管理部门

1. 贸易管理部门

贸工部(DTI)是菲律宾的外贸政策制定及管理部门,其前身为菲律宾商务部。贸工部的职责是,制定综合的工业发展战略和进出口政策;创造有利于产业发展和投资的环境;促进竞争和公平贸易;负责双边和多边投资贸易合作的谈判;支持中小企业的发展,保护消费者权益。贸工部下设的产品标准化局主要负责产品技术标准和法规的管理和实施;进口服务署主要负责特定产品进口法规的实施以及发起和指导反倾销、反补贴及保障措施的初步调查。

其他贸易有关部门还有:海关总署、国家经济发展署、中央银行、环境管理署、卫生部、技术转让署、食品和医药品局、危险药品局、渔业和水产资源局、国家肉类检疫委员会、计划工业局、能源管理署和服装纺织品出口局等。菲律宾国家经济发展署(NADA)下设的关税委员会负责关税政策的制定(包括关税的减让、变更、退还)、反倾销和反补贴的公众听证会和磋商以及保障措施的调查工作。菲律宾财政部下设的关税局负责关税法律的具体实施和进出口关税、进口产品增值税及其他附加税的征收。

2. 投资管理部门

贸工部是主管投资的职能部门,负责投资政策实施和协调,以及促进投资便利化。贸工部下设的投资署(BOI)、经济特区管理委员会(PEZA)负责投资政策(包括外资政策)的实施和管理。此外,菲律宾在苏比克、克拉克等地设立了自由港区或经济特区,并成立了相应的政府机构对其进行管理。

二、贸易壁垒

(一)货物贸易壁垒

1. 关税

菲律宾管理进出口贸易相关法律主要是《菲律宾海关与关税法》。该法对菲律宾管理进出口货物海关估价、税费征收及海关监管等方面做出了规定。菲律宾关税委员会主要负责关税政策的制定。菲律宾财政部下设的关税局负责防止走私等不法行为,管制从事国际贸易的轮船和航空器,执行关税法,管制进出口货物,实施没收扣押等措施。

菲律宾对大部分进口产品征收从价关税,但对酒精饮料、烟花爆竹、烟草制品、手表、矿物燃料、卡通、糖精、扑克等产品征收从量关税。海关对汽车、烟草、汽油、酒精以及其他非必要商品征收进口消费税。进口产品还应向菲律宾海关当局缴纳12%的增值税,征税基础为海关估价价值加上所征关税和消费税。

菲律宾还对进口货物征收印花税,该税一般用于提货单、接货单、汇票,其他交易单、保险单、抵押契据、委托书及其他文件。菲律宾关税与海关法将应税进口商品分为21类,进口关税税率一般为3%~30%。具体商品的税率可从关税委员会的网页查阅。

2. 配额

菲律宾对部分农产品实行关税与配额并用的措施,对配额内的产品征收正常关税,对配额外的商品则征收高关税。如活动物及其产品、新鲜蔬菜等。

(二)服务贸易壁垒

1. 银行

2014 年 7 月，菲律宾国会通过了新的外资银行法修正案，对外资银行准入和经营范围实行全面开放。此前菲法律只允许外资银行购买或拥有本地银行 60% 的股份或设立分行，为此许多外商一直在呼吁菲律宾放开对外资银行的限制。菲律宾政府宣称，此举也是菲律宾迈向东盟经济一体化包括金融一体化的需要。菲律宾前总统阿基诺已签署此项修正案。

现阶段，菲律宾《外商投资限制清单》规定如下：证券交易委员会监管的金融企业以及证券交易委员会监管的投资公司为外资最高不超过 60% 的行业。菲律宾中央银行规定外资银行在菲境内设立分行不得超过 6 家，且在分行内不得提供全套服务，仅 1948 年以前成立的外资银行不受此限制。菲律宾强制要求其境内金融机构必须向指定部门提供一定比例的贷款，加重了外资银行的负担。

2. 证券交易

菲律宾允许外国公司参与菲律宾证券交易所的证券投资交易，但所持公司股份有上限，通常为 40%。菲律宾证券交易所每月都会发布外国持有股票情况报告。

3. 文化领域

菲律宾最主要的文化产业法律是《全国文化遗产法案》(共和国第 10066 号法令)。该法是菲律宾第一部参照国际公约、各文化遗产法以及本国实际情况而制定的关于文化和文化财产保护的综合性法律，旨在保护、保存国家文化遗产。2015 年 5 月 29 日发布的《第 10 版一般外商投资负面清单》规定，外商禁止投资大众传媒，其他文化类外资最高股权可达 40%。

4. 劳动就业

菲律宾《劳动法》对于工资标准和雇佣关系进行了规定。雇员的工作时间为每天工作不超过 8 小时或每周工作不超过 48 小时，应给这个时间段工作的雇员支付正常工资。雇员在连续工作 6 天后应享受连续 24 小时的休息。该要求不适用于政府雇员、管理人员、野外作业人员、提供私人服务者及根据工作成果领取工资者。

私人雇员适用社会保险系统(SSS)，政府雇员适用政府服务保险系统(GSIS)。国家健康保险计划(NHIP)是强制性的，适用于每一个拥有一个或更多雇员的雇主、国家政府及其具有政府职能的分支机构，包括政府拥有和控制的公司。他们每月须向国家健康保险计划(NHIP)支付贡献金，相当于其雇员工资的 1%。

劳动和就业部要求每个雇主都要提供紧急救助药物和设备。如果是危险工作，还必须配备兼职的内科医生或牙医。如果雇员人数达到一定标准，则要求配备全职的内科医生。如果工作不是危险性的，内科医生和牙医应随叫随到。

政府保证工人在职的安全性，保护工人不被任意剥夺工作。因此，所有雇主不得终止雇员的服务，除非有特殊原因或得到劳动法的授权。这些特殊原因包括：犯了一系列的错误或故意不听从命令，明显的和经常性地对工作忽视，欺骗、犯罪或冒犯其雇主，或类似的行为。如果开除是基于上述任何原因，雇主必须给雇员 2 次书面通知和 1 次听取申诉的机会。另外，在以下情况下雇主也可中止对雇员的雇用：雇主安装了节约劳动力的设备，存在很多冗员，为了节省费用以避免损失，或关闭、终止经营。在这种情况下，法律规定雇主必须提前 1 个月向雇员和劳动部出示书面通知。

(三)投资壁垒

1.股权限制

对于绝大多数公司,菲律宾公民须拥有至少60%的股份以及表决权,不少于60%的董事会成员是菲律宾公民。如果公司不能满足上述关于菲律宾公民所占比例的要求,则必须满足以下条件:

(1)经投资署批准,属于先进项目,菲律宾公民无法承担,且至少70%的产品用于出口。

(2)从注册之日起30年内,必须成为菲律宾本国企业。但是产品100%出口的公司无须满足该要求。

(3)公司涉及的先进项目领域不属于宪法或其他法律规定应由菲律宾公民所有或控制的领域。

2.跨国并购的限制

菲律宾关于并购等商业行为有一系列法律法规,其中《公司法》对并购的手续和流程进行了相关规定,《反垄断和限制贸易的合并法》明确了由于并购等行为造成的垄断或贸易阻碍的情形及相关处罚措施。

如无法律明文禁止,外资企业可按菲律宾国内企业并购流程并购菲律宾企业,具体做法如下:

(1)由双方董事会各自通过并购方案,并至少在专门召开的股东或成员大会两周前提交方案。股东大会上,2/3以上股权票或2/3以上成员票赞成即为方案通过(并购方案如需修改,亦须在股东大会上获得相同比例的赞成票)。

(2)方案获股东大会通过后,合并双方总裁或副总裁在注明合并方案、投票情况的合并书上签字,由董事会秘书或秘书助理认证后,提交至证券交易委员会(SEC)批准(如合并涉及银行、银行业金融机构、信托公司、保险公司、公用事业、教育机构或其他由特别法律规范的特别行业,须先由相关政府机构出具推荐函)。

(3)SEC认定并购行为不与《公司法》或其他相关法律抵触后,出具并购许可,并购行为自此生效。

3.BOT方式的管制

菲律宾于1993年颁布《BOT法》,第一部分共18款,详细介绍了法令本身,规定了各种BOT参与方式的定义、优先项目范围、公开投标规定、合同谈判、偿还计划、合同中止、项目监督、投资激励、项目协调与指导、规章制度委员会成员规定等内容。第二部分为规章制度执行的有关具体规定,共15条84款。该部分除了进一步阐明上述条款的有关政策,授命组成资格审核及合同授予委员会之外,对BOT立项的各个过程,包括投标前期工作、投标评估、合同审批、合同授予等做了详尽的规定。对投资承建商的资格、拥有股份、投资领域、投资形式、偿还计划、收益分配、融资、鼓励措施和项目监察等细节做了严格的规定。根据该法案,特许经营年限最高为50年。

第四节　中菲经贸发展

中菲经贸合作发展较快,1975年中菲建交时双边贸易额只有7200万美元。近年来,两国贸易保持了持续快速增长势头。2018 年,习近平主席访问菲律宾期间,将中菲关系提升为全面战略合作关系,中国与菲律宾签订了包括《中华人民共和国政府与菲律宾共和国政府关于共同推进丝绸之路经济带和 21 世纪海上丝绸之路建设的谅解备忘录》在内的 29 项协议,其中包括解决资源共享的石油和天然气开发合作。2019 年 4 月,在第 2 届"一带一路"国际合作高峰论坛期间,中菲共签订了 19 个项目,其中之一是《中菲人才交流战略合作协定》,该协定将给 20 多万菲律宾人提供就业机会。同时,协定还要求发挥智库作用,建设好智库联盟和合作网络等。这些均是"一带一路"的丰硕成果。

(一)进出口贸易

中国 2016 年首次超过日本成为菲律宾第一大贸易伙伴。据中国海关统计数据显示,2017 年,中菲双边贸易总额为 512.7 亿美元,同比增长 8.6%,其中中方出口 320.4 亿美元,同比增长 7.4%,进口 192.3 亿美元,同比增长 10.5%。2019 年中国与菲律宾双边货物进出口总额为 609.5 亿万美元,其中中方出口 407.5 亿美元,增幅为 9.5%,进口 202 亿美元,降幅为 2%(见表 9-4)。

表 9-4　2011—2019 年菲律宾与中国贸易统计

年份	2011	2012	2013	2014	2015	2016	2017	2018	2019
进出口总额/亿美元	322.5	363.7	380.6	444.6	456.5	472.1	512.7	556.7	609.5
增长/%	16.2	12.8	4.6	16.8	2.7	3.4	8.6	8.6	9.5

资料来源:中华人民共和国商务部。

(二)投资

2017 年,中方对菲直接投资额为 5384 万美元,同比增长 67.2%。菲对华投资 500 万美元,同比下降 93.6%。截至 2017 年底,中方对菲累计投资 7.7 亿美元,菲对华累计投资 33.1 亿美元,中方在菲累计承包工程合同额为 213.3 亿美元,完成营业额 150.4 亿美元。2018 年 1—11 月中国对菲律宾的投资总额达到了 487 亿元人民币,同比增长了 80 多倍。在 2018 年菲律宾吸引的外商投资总额中,中国比重高达 46.8%,比 2017 年高出约 47.1%。2018 年,中国跃升为菲律宾的第一大外国投资来源国。根据菲官方统计数据,2018 年中国对菲律宾的获准投资额达到了 506.9 亿比索(约 9.75 亿美元),比 2017 年上涨了 20.72%。2019 年 1—9 月,中国企业对菲投资 3209 万美元,同比下降 36.1%;同期菲对华投资 1251 万美元,同比下降 15.8%。

(三)工程承包

双方在交通基础设施、工业园区、能源、民生等领域合作广泛,截至 2018 年 9 月底,中国企业在菲律宾签订工程承包合同额 228.7 亿美元,完成营业额 164.7 亿美元。2019 年 1—9 月,中国企业在菲新签工程承包合同额 35.4 亿美元,同比增长 129.6%;完成营业额 17 亿美元,同比增长 18.9%。

(四)重点合作领域

1.鼓励项目

菲律宾杜特尔特总统签署了《2017—2019年投资优先计划》(IPP)。该投资优先计划规定了政府鼓励政策的具体准则。激励措施包括财政奖励：①所得税假期、对进口备件免税、免除码头费和出口税、关税等费用、税收抵免、应纳税所得额外扣除；②非财政奖励：简化海关手续、外国人就业、经营贸易保税仓库的特权等。

中菲两国经济互补性强，都处在快速发展的时期，开展务实合作前景广阔。中国企业可以抓住两国关系改善的机遇，推动中菲合作向更大规模、更宽领域、更深层次发展，优化贸易结构，加大对菲投资力度，加强双方在经贸、投资、基础设施建设、农渔业、旅游等领域的合作。一是对接菲方经济发展规划，加强基础工业、加工制造业等领域的投资。二是与菲方分享农业现代化经验，在杂交水稻、农业机械、农药与化肥、农产品加工等领域开展合作，帮助菲方提高农业可持续发展能力。三是在交通运输、冷链物流、供应链管理等方面开展务实合作。四是积极拓展大数据、创意产业等新兴领域的合作。同时，注意了解菲律宾国情、投资政策、劳工政策，加强对安全、自然灾害等方面的预备和防范，建立应急预案，在保障自身安全和遵守当地法律法规的前提下，通过投资合作获得双赢。

2.农业

菲律宾是中国的友好近邻和重要伙伴，水稻是当地最重要的农作物，然而在很长一段时间里，菲律宾的水稻产量一直在低水平徘徊。1998年开始，中国的水稻专家将杂交水稻技术引入菲律宾，从此，中国的农业技术便在菲律宾田野扎下了根。

近年来，菲律宾政府在农业吸引投资上具有较高热情，在《菲律宾综合投资法典》及《2017—2019年投资优先计划实施指南》中都将农业作为菲律宾优先投资领域之一。2019年7月，在中国—菲律宾农业联合工作组第6次会议上，中菲双方磋商制定《中菲农业合作行动计划(2020—2022)》，拟在能力建设、农业科技合作、农业贸易与投资合作、农产品精深加工等领域展开进一步合作，为中国企业投资菲律宾农业项目提供了良好的发展机遇。

3.矿业

根据菲律宾国家地质矿业局的数据，以单位面积矿产储量计算，菲律宾金矿储量居世界第三位、铜矿储量居世界第四位、镍矿储量居世界第五位、铬矿储量居世界第六位。仅目前已探明储量的矿藏中，就有13种金属矿和29种非金属矿。

主要问题：①菲律宾公众的反采矿情绪严重阻碍了菲矿业的发展。特别是来自地方政府、部族和社会团体中的根深蒂固的反采矿情绪，迫使许多外国投资者放弃了已取得的探矿许可。②动荡不安的社会环境和较差的投资环境，使国外投资者对菲律宾望而却步，影响了外资进入菲采矿业，阻碍了矿业的发展。③落后的技术和管理，难以适应现代化矿业的要求；低附加值的原矿石不能转化成高附加值的矿产品出口，影响了矿业的增值。

中国在矿产资源的勘探、开采和冶炼技术方面拥有较强的实力，而菲律宾虽然矿产资源丰富，但矿产开采和加工能力较弱，绝大部分矿藏至今未开采。因此，中国与菲律宾在矿业方面具有较大的合作潜力和前景。但是，菲律宾当地政府和居民非常重视环保问题，在开发矿业时尤其要重视这一点。

4.旅游业

菲律宾是千岛之国，地处热带，气候适宜，具有美丽的自然风光和鲜明的民族文化，对旅游业的发展非常有利。菲律宾是亚洲的中心，其独特的旅游资源与地理位置，为菲律宾旅游业发展提供了很好的条件。一旦菲律宾国内治安得到改变，国内外对旅游业的投资势必会迅速增加，国外游客也将蜂拥而至，这对菲律宾经济的发展会产生重大影响。中国在这方面可以与菲开展合作。

【本章小结】

菲律宾先受西班牙影响，后又受到美国的影响，进而形成了现在的国情特色，特别在民主方面。人口增长过快影响着其经济的发展。在与中国经贸上，菲律宾一方面在合作框架上是与中国签订相关协定最全的国家，另一方面又是最后与中国签订"早期收获"的国家。菲律宾欢迎外资去投资铁路、水产养殖业和农业等领域。在"一带一路"下，中国与菲律宾的经贸合作前景广阔。

【关键名词或概念】

菲律宾经济区

《2017—2022 年菲律宾发展规划(PDP)》

《2017—2019 年菲律宾投资优先计划》

【思考题】

1.菲律宾的国家特色是什么？

2.菲律宾投资环境的有利因素和不利因素是什么？

3.菲律宾经济特区的种类及优惠政策有哪些？

4.菲律宾与中国经贸合作的重点有哪些？

第十章　越　南

本章简述了越南的基本国情，介绍了该国的经济特色和对外经贸情况；介绍了越南的主要产业和发展动向，以及自贸区发展动态；重点介绍了"一带一路"下越南与中国经贸往来的情况和特色。

【学习目标】

本章重点要求学生理解掌握越南的国家特色以及今后发展的方向；了解越南在东盟国家中扮演的角色；了解越南与中国的经贸合作重点。

第一节　国情概况

一、概况

(一)简史

古时越南人民居住领域为今越南北部。公元192年今越南中部为占婆王国，湄公河三角洲地区即今越南南部，属扶南和真腊王国(今柬埔寨)。10世纪中叶越南建立自主封建国家，到1945年封建制度废除为止，历经丁、前黎、李、陈、后黎、西山、阮等王朝。在此900年中，越南历代封建王朝将其疆域逐步向南扩展，以至形成今日越南的版图。

1858年法国势力开始侵入越南。1884年法国侵占整个越南，将其分割为交趾支那(今越南南部)、安南(今越南中部)和东京(今越南北部)3个地区。交趾支那为法国殖民地，安南和东京为法国保护地。1940年9月到1945年8月，越南被日本侵占。1945年9月2日越南宣布独立，成立越南民主共和国。

1945年9月23日法国重新入侵越南。1946年12月19日越南全国抗法战争开始。1954年5月法军在奠边府战败，同年7月《日内瓦协议》签订，协议规定越南暂时分为两部分，以北纬17°线为界的越南北方获得解放。随后法国撤离，美国取代法国对越南南方进行控制。1960年12月越南南方民族解放阵线成立。1973年1月27日美国和越南3方签订《巴黎协定》。1973年3月美军全部撤出越南南方。1975年5月越南南方全部解放。1976年

4 月 25 日越南普选选出全国统一的国会,7 月宣布国家统一,定国名为越南社会主义共和国。

(二)国家知识

国名:越南社会主义共和国。

国旗:越南宪法规定,"越南社会主义共和国国旗为长方形,其宽度为长度的 2/3,红底中间有五角金星。"即通常说的金星红旗。国旗旗地为红色,旗中心为一枚五角金星。红色象征革命和胜利,五角金星象征越南劳动党对国家的领导,五角金星的五个角分别代表工人、农民、士兵、知识分子和青年。见图 10-1。

国徽:呈圆形。红色的圆面上方镶嵌着一颗金黄色的五角星;下端有一个金黄色的齿轮,象征工业;圆面周围对称地环绕着两捆由红色饰带束扎的稻穗,象征农业;金色齿轮下方的饰带上用越文写着"越南社会主义共和国"。国徽图案是 1956 年选定的。见图 10-2。

图 10-1 越南国旗

图 10-2 越南国徽

国歌:《进军歌》。

国花:目前还没有确定,但普遍认为是莲花。

首都:河内。首都地区规划总面积为 24300 平方千米,是过去的一倍。调整范围涉及与河内接壤的周边 9 省全部界限,其中富寿、太原和北江三省是规划新增省份,人口规模为 1760 万。

重要节日:越南共产党成立日,2 月 3 日(1930 年)。越南南方解放日,4 月 30 日(1975 年)。越南国庆日,9 月 2 日(1945 年)。胡志明诞辰日,5 月 19 日(1890 年)。

二、地理与人口

越南位于中南半岛东部,北与中国接壤,西与老挝、柬埔寨交界,东面和南面临南海。海岸线长 3260 多千米。地处北回归线以南,属热带季风气候,高温多雨。夏季平均气温 28.9℃,冬季平均气温 16.5℃,年平均气温 24℃ 左右。年平均降雨量为 1500 ~ 2000 毫米。北方分春、夏、秋、冬四季。南方雨、旱两季分明,大部分地区 5 月至 10 月为雨季,11 月至次年 4 月为旱季。全国划分为 58 个省和 5 个直辖市。有 54 个民族,京族(近 90%)、岱依族、泰族、芒族、华族、侬族人口均超过 50 万。通用越南语。主要宗教为佛教、天主教、和好教与高台教。2011 年越南进入人口老龄化阶段,2014 年越南老年人占全国人口的 10.5%。根据越南公布的 2019 年人口和住房普查结果,截至 2019 年 4 月 1 日,越南总人口达 9621 万,在东南亚地区排第 3 位,在世界排第 15 位;男女占比分别为 49.8% 和 50.2%,年均增长率达 1.14%,与 10 年前比年均下降 1.18%。在 10 年内增加了 1040 万人,人口老龄化速度加快,65 岁以上的人口占总人口的比重增长最快。越南仍然处于人口红利期,15 ~ 64 岁人口占总人口的 68%,预计越南人口红利阶段将于 2040 年结束。

第二节 经贸发展

一、经济

1986 年以来,越南实行革新开放,以发展经济为重心,加快融入世界经济的步伐。自越共"六大"推行革新开放和计划经济向市场经济转型方针政策之后,越南经济取得较好增长。越南 2006 年加入世界贸易组织。2000 年至 2007 年 1 月加入世贸组织前,越南 GDP 基本保持 7% 以上的高增速。2008 年后受全球金融危机影响,越南经济增速回落至 5% ~7% 的水平。2018 年越南国内生产总值(GDP)实际增长 7.08%,GDP 总量达到了 5535.27 万亿越南盾,按照全年平均汇率折算约为 2425 亿美元,创 11 年来新高。2019 年越南 GDP 增长达 7.02%,这是越南连续第两年经济增长超过 7%,超额完成了年初提出的增长 6.6% 至 6.8% 的目标。从经济结构来看,农林水产业增长 2.01%,对国民经济的贡献率为 4.6%,占 GDP 的 14.57%;工业与建设业增长 8.9%,对国民经济的贡献率为 50.4%,占 GDP 的 34.28%;服务业增长 7.3%,对国民经济的贡献率为 45%,占 GDP 的 41.17%。在经济保持较高增长的同时,CPI 维持了较低水平,全年增幅为 2.79%,创 3 年来新低(见表 10-1)。

表 10-1 2012—2019 年越南宏观经济数据

年份	GDP/亿美元	增长率/%	人均 GDP/美元
2012	1558	5.25	1755
2013	1712	5.42	1909
2014	1840	5.98	2028
2015	1906	6.68	2100
2016	2046	6.21	2215
2017	2276	6.88	2431
2018	2476	7.08	2617
2019	2620	7.02	2786

资料来源:越南统计局。

2016 年,《2035 年越南报告》发布,计划越南在 2035 年成高收入国家(人均 GDP 达到 1.5 万至 1.8 万美元),在 2045 年成为发达国家,力争到 2050 年挤进世界第 20 大经济体。2018 年,越南公布了《2030 年面向 2045 年越南制定工业发展政策方向的决议》,要求越南到 2030 年基本建成现代工业国家,工业跻身东盟国家前三,部分工业行业具有国际竞争力,深入参与全球价值链;到 2045 年建成现代工业国家。其中,到 2030 年的具体目标为:工业在 GDP 中占比超 40%,其中制造业和加工业在 GDP 中占比超 30%,高科技产品产值在制造业和加工业中占比超过45%，工业增加值年增长率超过8.5%，劳动生产率年均增长7.5%，行业竞争力指数（CIP）跻身东盟国家前三名，工业和服务业劳动占比超过70%，建立一些具有国际竞争力的大型跨国工业企业和产业集群。据越南国家经济社会预报和信息中心预测，2021—2025年越南GDP年均增速约7%，宏观经济保持稳定，通胀率为3.5%~4.5%，劳动生产率以每年6.3%的速度增长。这样，到2025年越南的人均GDP有望达到4688美元，越南将加入中等偏高收入国家行列。

（一）第一产业

目前，越南农村人口约占总人口的65%，耕地及林地约占总面积的60%。粮食作物包括稻米、玉米、马铃薯、番薯和木薯等，经济作物主要有咖啡、橡胶、腰果、茶叶、花生、蚕丝等。农业占GDP比重逐年减少，但绝对值仍在增加。越南是世界15个主要农产品出口国之一，但是农民收入却在降低。这反映了越南农业结构的弱点。目前，农业已成为越南产品出口比例最高的行业之一。越南农业生产严重依赖世界市场。越南农业生产结构调整战略实施5年来，已取得丰硕成果。一是促进农业较快增幅，2017年农业总产值同比增长2.9%，增幅高于2016年2倍有余。二是农业产品出口结构不断优化，2017年农业出口超额完成计划，达363.7亿美元，同比增长13%，其中水产品出口首次达83.2亿美元，木制品及林产品出口达80亿美元，果蔬出口达34.5亿美元（超过大米出口的26亿美元），贸易顺差85.5亿美元，较2016年多10亿美元。三是许多地方形成规模化、商品化集中生产，吸引众多企业投资并应用先进技术及流程提高产品质量和附加值。越南的劳动生产率总量一直在快速增长。平均劳动生产率从2006年的3864万越盾/（人·年）增加到2017年的6073万越盾/（人·年）。2019年，越南农林水产业增长2.01%，对国民经济贡献率为4.6%。肉类总产量为559万吨，同比增长4.1%。畜牧产品出口额从2018年的5.5亿美元增至2019年的8亿美元。农业是越南唯一保持贸易顺差的项目。越南是稻米、咖啡、胡椒、橡胶、木产品和海鲜等多种农产品的主要出口国之一。但是，越南农业仍然存在许多需要克服的问题，例如农场规模小、基础设施差、技术应用水平低、连锁与农业供应链尚未形成、人力资源质量低等。

（二）第二产业

越南已经成为东盟地区的制造中心。2019年，越南表示必须成为世界工厂。现在，越南制造业覆盖很全面，几乎包揽了所有的产品，越南经济靠着制造业和外国投资正在快速增长。越南主要工业产业包括能源、食品、纺织、化工、建筑、加工制造等，劳动力禀赋突出使得越南加工制造业获得较快发展。电子、纺织和鞋类已成为越南最具优势的三大产业。总体来看，越南尚处于工业化早期阶段，多数行业不具备完整的产业链，缺乏高新技术，产品附加值较低。近年来越来越多的高新技术产业开始投资越南。

2017年，越南汽车行业共有12家外资企业和100多家本国企业，其中近20家从事整车组装，近20家生产汽车车身，60多家生产汽车零部件。越南电子产品、计算机和光学产品行业生产同比增长32.7%，出口额约700亿美元。三星、微软、尼康、松下、富士康等大型企业均在越投资设厂。越南生产和购买电力总量1770亿千瓦时。水泥厂生产的水泥和钢铁厂生产的钢材可供出口。越南石油储量25亿桶，天然气储量2300亿立方米。越南原油产量1552万吨，天然气产量99亿立方米。越南首家炼油厂容桔炼油厂已于2010年5月30日正式投产，年加工原油 650 万吨。

2013 年 1 月 1 日至 2020 年 2 月 1 日，越南的工业生产指数增长平均值为 10.6%。该数据的历史最高值出现于 2017 年 9 月 1 日，高达 53.8%，历史最低值则出现于 2013 年 2 月 1 日，为 -13.7%。2018 年 1—11 月越南工业生产指数增长 10%。越南统计局公布，2018 年全国工业生产指数同比增长 10.1%，但仍低于 2017 年同期 10.3% 的水平。工业生产指数同比大幅增长的部分产业包括焦炭、精炼油生产业（增长 63%），金属制造业（增长 23.7%），药物化学与药材生产（增长 22.3%），机动车生产（增长 16.3%），电子产品、电脑与光学产品（增长 11.2%），矿业（增长 0.2%），加工制造业（增长 11%），电力生产与分配（增长 9.2%），供排水、废弃物处理业（增长 4.5%）。2018 年越南 63 个省市的工业生产指数均同比大幅增长。增长幅度排在前三的省为河静省、清化省、巴地头顿省。部分工业规模较大的省市的工业生产指数均有所增长，如海防、永福、平阳、海阳、广宁、同奈、北宁、芹苴、胡志明、河内等。各工业企业在岗职工人数同比增长 3.1%；其中，国有企业职工人数下降 0.9%，非国有企业职工人数增长 4.1%，外资企业职工人数增长 3.4%。2019 年该指数保持在 9% 以上。2017 年加工制造业为经济增长的主要驱动力，同比增长 14.4%，为近 7 年来最高增幅。2019 年，加工制造业继续在越南经济中扮演重要角色，全年增长率达 11.29%。越南提出，2020 年加工制造业要增长 12%，出口总额要达到 3000 亿美元。

（三）第三产业

2017 年越南国内零售和消费服务业总值 1788 亿美元，同比增长 10.9%，排除价格因素实际增长 9.46%。2018 年上半年零售和消费服务业总值 964 亿美元，同比增长 10.7%。2016 年、2017 年、2018 上半年 CPI 涨幅分别为 2.66%、3.53% 和 3.29%。2019 年，国内贸易、服务活动稳定增长，社会消费品零售总额增长 11.8%，为 2016 年至 2019 年的最高水平。

1. 交通运输

公路为越南主要运输方式，国道、省道和高速公路构成了主要公路交通网。近年来，越南大力发展高速公路，现通车里程 1000 多千米。越南国家铁路网总长 3160 千米，主要是米轨。从河内到中国的铁路有准轨相通。准备上马的准轨线路是从海防到老街。高速铁路已在酝酿之中。越南有 21 个航空港正在运营，其中 7 个国际港，14 个国内港。目前有 52 家外国航空公司经营越南航线，已开通连接国内 20 多个城市和 70 多条国际航线。越南管理、开拓内地水路总长 1.9 万千米，大部分为自然开拓，其中 6700 千米为国家级内运线。近年来，越南海洋运输发展较快。现有海港 49 个，其中一类港口 17 个，二类港口 23 个，三类港口 9 个。全国尚无国际中转港，进出口货物均须经新加坡、中国香港等地中转。2019 年 4 月，海防港通过靠港首次开通了到美洲的航线。

世界银行《2019 年越南发展报告》指出，越南全国交通基础设施发展不均衡，各大口岸货物拥堵，供需严重失衡。越南贸易活动主要集中在越南口岸，包括 2 个机场、5 个港口和 5 个边境口岸。贸易发展意味着国际口岸和边境通关站拥堵更加严重。

2. 电力与通信

近年来越南电力需求增长较快，电力供不应求，限电情况时有发生。越南不建核电站，清洁能源发电项目建得很快。

越南通信业发展较快。全国移动覆盖率达 95%，全部乡镇都通电话并设有邮政服务点。

无线电覆盖面积达 98%，覆盖 99.5% 的人口，地面电视覆盖率的 90%。越南率先与欧洲合作，开通 5G 业务。2016 年，越南政府批准了《2016—2020 年电子商务发展总体规划》，提出了越南电子商务在基础设施、市场规模、企业和政府应用程度等 4 个方面的发展目标；至 2020 年，50% 的企业拥有网站，可在线推介和出售产品；80% 的企业通过电子商务平台提交和接受订单；100% 的超市、采购中心、现代批发商安装 POS 机，满足客户非现金结算需要；70% 的水、电、通信传媒供给商提供非现金结算业务等。

3. 旅游

主要旅游景点有位于河内市的还剑湖、胡志明陵墓、文庙、巴亭广场，位于胡志明市的统一宫、芽龙港口、莲潭公园、古芝地道和位于广宁省的下龙湾以及顺化市、会安市、大叻市、芽庄市等。越南的旅游资源在 141 个国家中名列第 24，在全球旅游竞争能力中仅排名第 75；在对世界的开放程度上名列第 89，在关于签证需求上排名第 119。目前，越南仅对 22 个国家公民实施免签，而泰国、马来西亚、新加坡、印尼的免签数据分别为 61、155、158、169。政府已通过《至 2025 年旅游业结构调整提案》，致力于 2025 年成为东南亚地区中旅游业领先发展的国家，接待外国游客量达 3000 万到 3200 万人次；越南国内游客量达 1.3 亿人次，旅游业收入达 450 亿美元，通过旅游的出口价值约 270 亿美元。旅游业为国内生产总值的贡献率达 10%，提供 600 万个工作岗位，其中直接工作岗位 200 万个，70% 以上接受过旅游业务和技能培训。2018 年，越南接待外国游客约 1550 万人次，同比增长 19.9%，接待越南国内游客达 8000 万人次；旅游业总收入达 620 万亿越盾。这是第三年越南旅游业在世界旅游地图上的位置上升。越南在世界旅游大奖亚洲及大洋洲地区颁奖典礼上首次荣获“2018 年亚太地区最佳旅游目的地”奖。2019 年旅游业再次取得可喜成绩，前 11 个月，来自亚洲地区的外国游客量达近 1300 万人次，占外国游客总量的 79.6%，同比增长 18.2%。来自中国、韩国、日本、马来西亚、泰国等国的游客量均呈现增长态势。其中，中国赴越游客达 520 万人次，同比增长 15.1%。

4. 金融

银行机构有越南国家银行。越南本土商业银行包括 4 家国有银行（越南农业农村发展银行、全球石油商业银行、海洋商业银行、越南建设银行），31 家股份商业银行，16 家金融公司，11 家融资租赁公司。越南已有 49 家外国银行分行、4 家合资银行、8 家外国全资子银行和 50 家外国银行代表处，以来自日本、韩国、中国的银行为主。中国工商银行和中国农业银行在河内设立了分行，中国银行、中国建设银行、中国交通银行在胡志明市设立了分行，国家开发银行在河内设立了工作组。

越南货币为越南盾，不可自由兑换。2017 年 11 月，彭博新闻社将越南盾被入亚洲最稳定的货币名单。外汇管理方面，外国投资者可根据越南外汇管理规定，在越南金融机构开设越盾或外汇账户。如需在国外银行开设账户，须经越南国家银行批准。为了缓和美元的压力，越南 2018 年底批准在中越边境地区使用人民币支付业务。

越南证券市场建立于 2000 年。目前，越南有两个证券交易市场，一个是 2000 年 7 月 28 日开业的胡志明市证券交易所，另一个是 2005 年 3 月 8 日开业的河内证券交易中心。越南证券市场保持快速增长势头，被评为东南亚地区增长速度最快的 5 大证券市场之一。2018 年越南 IPO 项目总集资额达 26 亿美元，超过新加坡，位列东南亚地区第一。

二、对外经贸

越南自 2006 年加入世界贸易组织后,积极参与自由贸易区的谈判,现在已是东盟国家中签订自贸区最多的国家之一。这加快了越南革新开放的力度,尤其是加入 CPTPP 后,营商环境明显改善。2018 年 7 月欧洲商业理事会公布了 2018 年第二季度越南商业调查结果:欧洲企业对其商业环境保持乐观;2018 年第二季度越南商业环境指数(BCI)为 78 点,与上一季度相比,单位评级为"优秀"的商业环境下降了 10%,越南的商业环境"好"评级增加了 7%。世界银行发布的《2018 年营商环境报告》中,越南比上年上升了 19 位,排第 104 位,世界银行发布的《2020 年营商环境报告》中,越南排第 70 位。

(一)对外贸易

越南是典型的"出口导向型"国家,其外贸总额长期是其 GDP 总量的 2 倍左右。越南在东盟国家中是签订自贸区协定最多的国家,已经成了自贸区的"轴心国"。目前,越南已与 15 个国家建立战略伙伴关系,与 11 个国家建立全面伙伴关系,与 55 个国家建立自由贸易关系(其中 15 个国家是 20 国集团成员),与 224 个国家和地区建立了经贸关系。近年来,其对外贸易迅速发展,早由逆差转为顺差,外企的进入成为推动越南对外贸易较快发展的主力。

2017 年越南贸易总额 4249 亿美元,出口额 2137.7 亿美元,顺差 27 亿美元。2018 年进出口总额约 4822.3 亿美元,创历史新高。其中内资企业达 692 亿美元,增长 15.9%,占出口总额的 28.3%;外商投资企业(含有原油)达 1755.2 亿美元,增长 12.9%,占出口总额的 71.7%。2018 年,越南贸易顺差额为 72.1 亿美元,其中内资企业顺差额达 256 亿美元,外资企业顺差额为 328 亿美元。2018 年,29 种商品出口额超 10 亿美元,占全国出口总额的 91.7%。其中 9 种商品出口额超 50 亿美元,5 种超 100 亿美元。其中手机及零件 500 亿美元;纺织品服装 304 亿美元;电子、电脑及零件 294 亿美元;机械设备和零件 165 亿美元,鞋类产品 163 亿美元。部分农产品和水产品出口额也良好增长,如水产品 88 亿美元,增长 6.3%;果蔬 38 亿美元,增长 9.2%;咖啡 35 亿美元,增长 1.2%。原油出口 23 亿美元,下降 21.2%。2019 年越南的对外货物贸易总额为 5170 亿美元,其中出口额 2635 亿美元,同比增长 8.1%;进口 2535 亿美元,同比增长 7%。贸易顺差约 100 亿美元。美国是越南最大出口市场,中国是越南最大进口市场。

(二)投资

1. 吸收外资

2018 年越南批准外商新增投资、增资和融资资金为 355 亿美元,相当于 2017 年同期的 99%,但到位资金增加了近 20 亿美元。2018 年是外商直接投资资金到位率创下新纪录的第 3 年。2018 年,越南批准外资项目 3000 多个,合同外资近 180 亿美元;增资项目 1170 个,增资资金为 75 亿美元,外商融资、购买股份 6500 次,出资近 99 亿美元。外国投资商对越南的 18 个领域进行了投资,其中加工制造业是吸引外资最多的领域,投资资金为 165 亿美元,占越南外商直接投资的 47%。其次是房地产领域,引资总额达 66 亿美元;批发零售业位居第三,引资总额达到了 36 亿美元。在对越投资的国家和地区中,日本投资项目最多,其次是韩国、新加坡等。越南吸收外资最多的地方为河内、胡志明市和海防等。

2019 年，越南全年吸引外资 380 亿美元，同比增长 7.2%，为 10 年来最高水平，实际利用外资 203.8 亿美元，创历史纪录。FDI 到位资金约 203.8 亿美元，创下有史以来新高。越南新签投资项目 3883 个，增长 27.5%，新注册资本达 167.5 亿美元，同比增长 93.2%；调整投资资金的项目 1381 项次，增长 18.1%，注册资本总额为 58 亿美元，同比增长 76.4%。外国投资者合资购买股权 9842 次，合资总额达 154.7 亿美元，同比增长 56.4%，占注册资本总额的 40.7%。外资来源排名前三的是韩国、中国香港、新加坡。

2020 年前 2 个月越南全国吸引外资 64.7 亿美元，相当于 2019 年同期的 76.4%。外资项目实际到位资金达 24.5 亿美元，相当于 2019 年同期的 95%。从投资领域来看，外国投资商对 18 个领域进行了投资。其中，电力生产与分配业是吸引外资最多的领域，协议资金达 38.9 亿美元，占协议总额的 60.2%。其次是加工制造业、批发零售业、科技业等领域。从投资伙伴来看，73 个国家和地区中，新加坡居首位，其次是中国、韩国和日本等。外国投资商已对越南 48 个省市进行投资，其中薄辽省是吸引外资最多的地方，其次是西宁省和胡志明市。

截至 2018 年底，全国设立工业园区和经济园区共 326 个，使用自然土地总面积约 9.3 万公顷，其中工业用地 6.4 万公顷，约占总面积的 68%。已经投入使用的园区共 250 个，用地 6.8 万公顷，其余 76 个园区 2.5 万公顷土地正在征地、补偿和进行基础设施建设。截至 2018 年底，入园项目累计 15500 万个，其中内资项目 7500 个，外资项目 8000 个，投资协议总额分别为 970 万亿越盾（约 422 亿美元）和 1450 亿美元。

2. 对外投资

2018 年越南共有 149 个境外投资项目获颁投资许可证，投资额达 3.76 亿美元；投资项目达 35 个，增资额达 5600 万美元。在境外的新批和增资项目的投资总额达 4.32 亿美元。在越南境外投资领域中，金融银行领域位居第一，投资资金达 1.05 亿美元，占越南境外投资总额的 24.5%；批发零售业和汽车、摩托车维修业达 8290 万美元，占 19.2%；农林水产业达 5230 万美元，占 12.1%；加工制造业达 5210 万美元，占 12%。2018 年越南对 38 个国家和地区进行了投资，其中对老挝的投资额达 8150 万美元，占总额的 18.9%，其次是对澳大利亚和美国，投资资金分别达 5550 万美元和 5300 万美元，分别占总额的 12.8% 和 12.3%。第三为柬埔寨。2019 年前 8 个月，越南境外投资累计 4.39 亿美元。其中，对批发零售业、汽车和摩托车维修领域的投资额达 8860 万美元，占总额的 20.2%；对科学技术领域的投资额达 8340 万美元，占总额的 19%；对房地产领域的投资额达 7200 万美元，占总额的 16.4%。2019 年 1—8 月，越南对 30 个国家和地区进行了投资。其中，越南对澳大利亚的投资占其投资总额的 40.7%，位居第一；对西班牙的投资占其境外投资总额的 13.6%，对美国的投资占其境外投资总额的 11.2%，对柬埔寨的投资占其境外投资总额的 8.8%。

（三）自贸区协定

越南加入了 10 个自由贸易区，包括 7 个区域性自贸区和 3 个双边自贸区。其中，已经实施的有东盟自贸区、东盟—中国自贸协定、东盟—韩国自贸协定、东盟—日本自贸协定、东盟—印度自贸协定、东盟—澳大利亚和新西兰自贸协定、越南—日本自贸协定，越南—韩国自贸协定，越南—智利自贸协定。2018 年，越南加快推进了《越欧自贸协定》(EVFTA)、欧亚联盟协定、《全面与进步跨太平洋伙伴关系协定》(CPTPP) 和《区域全面经济伙伴关系协定》

（RCEP）；越南—古巴、越南—以色列、东盟—香港等自贸协定正在谈判。据越南有关部门预测，2021—2025年，越南国内生产总值有望增长7%。越南签署的CPTPP和EVFTA将对越南经济发展产生深刻影响。预计到2030年CPTPP可促使越南GDP增长4.3%，到2035年越南对CPTPP成员国的出口将增长14.3%；到2030年，EVFTA可促使越南GDP增长1.3%，对欧盟出口额增长44.4%。越南营商环境的改善，导致外资大量涌入，2019年多地出现了工业园开园即满园的现象，促进了对外贸易的发展。2020年8月1日，越南和欧盟的自贸协定正式生效。2020年12月29日，《越南与英国自由贸易协定(UKVFTA)》正式签署。

第三节　贸易和投资管理

一、贸易管理

（一）法律法规

越南关于贸易的法律法规主要有《会计法》《统计法》《食品安全与卫生法令》《保护国内改进新植物品种法令》《反倾销法令》《反补贴法令》《外国投资法》《外国在越南投资法实施细则》等。越南负责管理贸易的部门主要有贸易部、财政部、计划投资部、农业和农村发展部、文化信息部、邮电部、科学技术部、工业部、交通运输部、建设部、资源环境部、越南国家银行等。2005年以来越南政府将一些职能下放给了地方贸易管理部门。如贸易部将中国从越南过境的货物管理职能下放给河内、岘港和胡志明市的进出口管理处。

（二）贸易管理制度

1.关税制度

2005年6月14日越南国会通过的《越南进出口税法》规定，越南实行三种税率：一是最惠国关税税率，适用于与越南签订双边贸易协议国家的进口产品；二是特惠关税税率，适用于来自于越南实行特惠关税国家的进口产品；三是普通关税税率，比最惠国关税税率高出70%，适用于未与越南建立正常贸易关系国家的进口产品。从2015年起，越南开始实施东盟自贸区和中国—东盟自由贸易区协定关税，即零关税(一轨产品)，二轨产品要到2020年才全部实施零关税。越南还会根据与其他国家签订的自贸区协议规定的降税时间表来实施零关税。

2.进出口管理制度

按照2001年4月发布的关于《2001—2005年进出口产品管理决定》，越南对进出口产品实施分类管理，包括禁止进出口产品、贸易部按照许可证管理的进出口产品和由专业机构管理的进出口产品。越南禁止出口的产品主要包括武器、弹药、爆炸物和军事装备器材，毒品，有毒化学品，古玩，伐自国内天然林的圆木、锯材，来源于国内天然林的木材、木炭，野生动物和珍稀动物，用于保护国家秘密的专用密码及密码软件。2005年10月10日，越南贸易部下文禁止以暂进再出、转口形式经营武器、弹药、爆炸物(除法律特别规定的工业用爆炸物外)、军用技术装备、木制品、各类麻醉品(除特别规定外)、野生动物和珍稀动物、有毒化学品、属保护国家机密的各类专用密码和软件、废弃物品(除经批准进口用作国内生产原料外)。

(三)贸易壁垒

1. 进口限制

根据加入 WTO 的承诺,越南逐步取消进口配额限制,基本按照市场原则管理。禁止进口的商品主要包括武器、弹药、除工业用以外的易燃易爆物、毒品、有毒化学品、军事技术设备、麻醉剂、部分儿童玩具、规定禁止发行和散布的文化品、各类爆竹(交通运输部批准用于安全航海用途的除外)、烟草制品、二手消费品(纺织品、鞋类、衣物、电子产品、制冷设备、家用电器、医疗设备、室内装饰)、二手通信设备、右舵驾驶机动车、二手物资、低于 30 马力的二手内燃机、含有石棉的产品和材料、各类专用密码及各种密码软件等。越南工贸部还组织讨论了《贸易法实施细则决议草案》,拟禁止进口二手纺织品和电子产品等。越南科学技术部于 2012 年 9 月颁布关于进口中国机械设备的新规定。该规定称,暂停进口中国 2255 家企业淘汰的 18 个领域的落后技术和设备,包括钢铁、合金、炼煤、铜、铅、锌、电解铝、冶炼、化纤、水泥、平板玻璃、造纸、酒及酒精、味精、熟皮、柠檬酸印染等生产行业二手设备。从 2012 年 9 月 15 日起,越南海关总局只允许经由科学技术部确认不属于暂停进口范围的中国产二手设备通关。。

2. 出口限制

越南主要采取出口禁令、出口关税、数量限制等措施进行出口管理。

3. 贸易救济措施

越南分别于 2004 年 4 月 29 日和 2004 年 8 月 20 日颁布了《反倾销法》和《反补贴法》。《越南进出口税法》规定,对已构成倾销损害的进口商品、有补贴的进口商品和来自对越南商品采取歧视性行为国家的商品,按照法律的有关规定,除征收进口税外,还分别增收反倾销税、反补贴税和反歧视税。越南至今尚无针对中国出口产品的反倾销和反补贴调查。

4. 服务贸易壁垒

(1)证券。2005 年 10 月 17 日越南财政部《关于落实政府总理有关外商在越南证券市场持股比例规定的通知》规定,外国组织、个人可用自有资金在证券交易中心自行或委托证券公司和基金管理者买卖上市股票、登记交易;外国证券经营组织可使用合股资金购买股份或成立合资证券或基金管理公司。外资同时也可以在证券公司购买上市债券。但外资持有单个股票、基金和债券的最高比例为 49%,在外资证券公司和基金管理公司中出资比例也不得超过 49%。

(2)双轨制收费和个人所得税。长期以来,越在水电、邮电通信、宾馆饭店、交通运输、广告、旅游区门票等实行的是内外有别的双轨制收费。此种做法不合理地增加了在越外资企业的生产成本,使其在竞争中处于不利地位。自 2000 年起,上述双轨收费制逐步缩小,到 2005 年所有双轨收费制度基本取消。

2004 年 7 月,越政府第 147/2004/ND—CP 号法令规定,从 2004 年 7 月 1 日起,上调个人所得税的起征点。对原来的个人收入所得税税率进行放宽调整,具体内容如下。

①对在越南国内定居的越南公民和其他个人,其个人所得税为收入 500 万越南盾(约 2500 人民币)以下,税率为 0;500 万～1500 万,税率为 10%;1500 万～2500 万,税率为 20%;2500 万～4000 万,税率为 30%;4000 万以上,税率为 40%。②对在越南居住的外国人及在国外工作的越南人,其个人所得税为:收入 800 万越南盾以下,税率为 0;800 万～2000 万,

税率为10%；2000万～5000万，税率为20%；5000万～8000万，税率为30%；8000万以上，税率为40%。

另外，越南在"早期收获"计划中，将鸡、鸭、鹅、蛋、柚子、柠檬、柑橘等产品例为"例外清单"，从"早期收获"计划中削除这些产品，以保护本国产业，这对中国扩大对越出口是不利的。

二、投资管理

越南主管投资的政府部门是计划投资部，设有31个司局和研究院，主要负责对全国"计划和投资"进行管理。同时，还为制定全国经济社会发展规划和经济管理政策提供综合参考，负责管理国内外投资，工业区和出口加工区建设，官方发展援助的使用，部分项目的招投标，各个经济区、企业的成立和发展，集体经济和合作社及部分统计职责等。其《外国投资法实施细则》对限制投资和禁止投资领域规定如下。

(一)限制和禁止投资领域

1. 禁止投资项目

(1)危害国防、国家安全和公共利益的项目。

(2)危害越南文化历史遗迹、道德和风俗的项目。

(3)危害人民身体健康、破坏资源和环境的项目。

(4)处理从国外输入越南的有毒废弃物、生产有毒化学品或使用国际条约禁用毒素的项目。

2. 限制投资项目

(1)对国防、国家安全、社会秩序有影响的项目。

(2)财政、金融项目。

(3)影响大众健康的项目。

(4)文化、通信、报纸、出版等项目。

(5)娱乐项目。

(6)房地产项目。

(7)自然资源的考察、寻找、勘探、开采及生态环境项目。

(8)教育和培训项目。

(9)法律规定的其他项目。

3. 特别鼓励投资项目

(1)新材料、新能源的生产；高科技产品的生产；生物技术；信息技术；机械制造；配套工业。具体包括：

①复合材料、轻型建材、珍稀材料。

②高级钢材、合金、特种金属、钢坯。

③太阳能、风能、生物燃气、地热及海潮等新型能源应用。

④医疗分析设备生产、医学遗注技术应用、整形设备、残疾人专用车辆及设备生产。

⑤应用先进技术和生态技术生产药物达国际GMP标准、抗生素原材料生产。

⑥计算机、通信设备、电信、互联网及重点通信技术产品生产。

⑦半导体和高科技电子配件生产、软件及数码通信素材生产，软件服务、通信技术研究及通信技术人才培养。

⑧精密机械设备生产制造，工业生产安全监控及检测设备生产，工业机器人开发。

（2）种、养及加工农林水产；制盐；培育新的植物和畜禽种子。包括：

①植护林。

②荒地、沼泽区域种养农林水产。

③远洋捕捞作业。

④物种、树种及家禽种苗培养。

⑤盐业生产、开发及精炼。

（3）应用高科技、现代技术；保护生态环境；高科技研发与培育。包括：

①在越南未投入使用的新技术和高工艺，生态技术应用。

②污染处理及环境保护，环保处理、观测及分析设备生产。

③污水、废气及固体排放物处理及回收再利用。

④研究、发展和培育新工艺。

（4）使用5000人以上的劳动密集型产业。

（5）工业区、出口加工区、高新技术区、经济区及由政府总理批准重要项目的基础设施建设。

（6）发展教育、培训、医疗、体育和民族文化事业的项目。包括：

①投资建设戒毒、戒烟中心。

②投资成立疫病防御中心。

③投资建设老年中心、集中救助中心、残疾人看护中心及孤儿院。

④投资建设现代化教育培训中心和体育场所。

（7）其他需鼓励的生产和服务项目：25％以上的纯利润用于研究与发展。

4.鼓励投资项目

（1）新材料、新能源的生产；高科技产品的生产；生物技术；信息技术；机械制造；配套工业。包括：

①隔音、隔热、隔电材料；木材替代材料；防火材料；建筑软体材料；特种水泥；玻璃纤维。

②有色金属、炼钢；金属类及非金属类模具生产。

③新建电及配送电项目；中、高压电设备及大型发电设备生产。

④医疗设备生产；用于天灾人祸、危险疫病药品储备设施建设项目；用于食品卫生检验的设备生产。

⑤发展炼油工业；焦煤及活性炭生产；油气、矿产、能源、水泥开发；大型搬运；金属加工；冶金等行业设备及其零配件生产。

⑥植物保护药物、农药、动物和水产治疗药品；药品及社会疾病防御药材原料生产；破伤风类药品；生物制品；中草药；药品检验检测及研制中心建设；中草药研究中心建设；新药物研制中心建设。

⑦电子产品生产；柴油机投资生产；轮船制造及保养；运输及渔船设备和零配件生产；动力、水力及其他抗压设备及零配件生产；设备、车辆、建筑机械设备生产；运输行业技术设

备;火车发动机及车身生产。

⑧机床、机械设备、零配件、农林机械、食品加工设备、胡椒浇灌设。

⑨纺织、鞋帽箱包类生产设备。

(2)种、养及加工农林水产;制盐;培育新的植物和畜禽种子。包括:

①药材种植。

②农产品、水产品及食品保鲜。

③灌装果汁生产。

④生产及深加工家禽、水产品。

⑤为经济作物、造林、饲养、水产品等提供技术服务行业。

⑥新树种和物种的培植和生产。

(3)应用高科技、现代技术;保护生态环境;高科技研发与培育。包括:

①石油泄漏处理设备生产。

②排污、排废处理设备生产。

③投资建设服务于生产的新技术研究中心、实验中心及研究院。

(4)使用 500~5000 人劳动密集型产业。

(5)基础设施建设。

①合作社基础建设及农村生活基础建设。

②工业区、民间传统手工艺项目基础建设及生产经营。

③水厂及生活用水、工业用水配送系统建设;排水系统建设。

④投资建设公路、桥梁、航空港、海港、火车站、汽车站、停车场;新增火车线路。

⑤特别艰苦地区和艰苦地区基础建设。

(6)发展教育、培训、医疗、体育和民族文化事业的项目。包括:

①教育和培训基础设施建设;投资校舍建设、基础教育、民办教育。

②成立民办及私人医院。

③体育场建设;体育场设备生产及维修服务等。

④成立民族文化中心、民族歌舞团;成立剧院、影视城;经营影视冲印、电影院;民族器乐生产和维修服务;博物馆、民族文化馆、民族艺术。院校建设与维护服务等。

⑤投资建设国家旅游景点、生态旅游区及公园娱乐设施。

(7)发展民间传统手工业。

(8)其他需鼓励的生产和服务项目。包括:

①特别鼓励和鼓励投资区域的通信、网络连接服务项目。

②公共运输服务,包括海运、陆运、铁路运输等。

③城区生产转移服务;私人信贷服务;法律咨询、知识产权、工业产权咨询服务。

④Ⅰ类市场投资建设;展览中心建设。

⑤儿童玩具生产。

⑥农药原料生产。

⑦基础化工原料和清洁化工原料生产、专用化工原料生产、染剂等;干洗剂原料生产和化工添加剂生产;用国内农林原料生产的纸张、封面、板材;纸浆生产。

⑧织布、纺纱材料生产;各种纱线、纤维生产;熟皮料、初加工皮料生产。

⑨政府总理审批成立的工业区内所有投资项目。

(二) 投资壁垒

1. 投资准入壁垒

在矿产资源开采加工领域,越南《外资法实施细则》规定,政府鼓励外商投资矿产勘探、开发和深加工项目,但对石油、稀贵矿产开采、加工项目实行限制投资政策。2005 年 4 月越政府总理关于加强国家对矿产勘探开采加工和出口管理的指示(第 10/2005/CT—TTg 号),要求中央有关职能部门和各地方政府对矿产活动进行一次全面清理整顿,实行更为严格的矿产活动许可管理。越对外商投资一些重要和大型矿产开采项目,如中方正在与越南商谈的多农铝矿和贵沙铁矿项目,只许以合资方式进行合作,且提出必须由越方控股。2005 年 10 月,越政府做出规定,年产 100 万吨氧化铝以上规模的项目及 2010 年后设立的铝冶炼项目,可与外商合资建设,但须由越方控股。

在汽车和摩托车工业领域,越南政府于 2003 年 11 月出台政策规定,除产品全部外销的投资项目外,暂停批准外商设立新的汽车和摩托车组装生产项目,而对越内资企业则不受此限。2005 年上半年越南政府总理特批,分别向日本本田(HONDA)公司和马来西亚 JRD 公司发放了汽车组装生产项目投资许可证。2005 年 7 月中越两国政府签署的关于越南加入 WTO 组织双边市场准入协议规定,越南同意中方在越投资设立一个汽车组装生产项目和新增设立一个摩托车组装生产项目(此前没有中国企业获准在越设立汽车组装项目,只合资设立了一个摩托车组装项目)。

在钢铁、水泥、煤炭工业领域,越方规定只许外商以合资或合作经营方式进行投资。

越各级对各类投资项目的受理审批时限均有明文规定,5～30 个工作日不等,但外商抱怨,办理投资项目申请手续烦琐,审批周期长,有的项目申请领照时间长达几个月,甚至半年或更长。

2. 投资经营壁垒

2005 年 4 月,越南政府办公厅发出第 1854/VPCP—HTQT 号通知,决定取消摩托车整车组装生产企业的整车产量限制,改由市场和企业决定产量。但越政府直接干预企业的生产,规定整车组装厂必须生产车架等 20% 以上的摩托车零部件,发动机厂必须生产 8 个发动机部件中的 1 个。此外,越南对电子、汽车、蔗糖、乳品、纸业、木材等产业的加工生产仍然规定了国产化比例要求。2005 年 2 月,越南政府颁布第 11/2005/ND—CP 号法令,决定取消外商投资以技术入股不得超过投资额的 20% 的限制规定,改由合作双方或各方商定。

3. 投资方式

根据越南《投资法》,外国投资者可选择投资领域、投资形式、融资渠道、投资地点和规模、投资伙伴及投资项目活动期限。外国投资者可登记注册经营一个或多个行业;根据法律规定成立企业;自主决定已登记注册的投资经营活动。

(1)直接投资。直接投资方式包括外商独资企业;成立与当地投资商合资的企业;按 BOO、BOT、BTO 和 BT 合同方式进行投资;通过购买股份或融资方式参与投资活动管理;通过合并、并购当地企业的方式投资;其他直接投资方式。

(2)间接投资。间接投资方式包括购买股份、股票、债券和其他有价证券;通过证券投资基金进行投资;通过其他中介金融机构进行投资;通过对当地企业和个人的股份、股票、债券和其他有价证券进行买卖的方式投资。间接投资的手续根据证券法和其他相关法律的规定办理。

(3)外资并购。越南正在对隶属于70多家集团和总公司的1600多家国企进行改革,包括银行、航空、通信、造船、汽车、电力、水泥、交通等重要行业,鼓励外商参与,允许外商购买股份和参与管理,仅保留554家与国防、安全等有关的国有全资企业。外商可通过购买上市企业的股票或购买股份制企业的股权等方式进行并购。

4.行业鼓励政策

越南鼓励外商直接投资发展高新技术产业,尤其是鼓励外商到高新技术开发区投资建厂。根据规定,入驻高新技术园区的企业应符合以下条件:①高科技产品的销售额占营业收入的70%以上;②生产技术须达到先进程度;③产品可以出口或替代同类进口产品;④产品质量达到ISO9000标准;⑤人均产值4万美元以上等。为加快人才培养,越南还规定:①至少40%的企业员工拥有高等学历,并在国外研究机构或现代化生产一线受过业务培训;②100%的中层干部和工人应得到业务和技术培训,其中至少5%的员工需经过国外现代生产线操作培训;③科研经费的支出不得低于年营业收入的2%;④对于法定资金超过1000万美元的项目,科研和培训经费至少每年20万美元,人均营业收入需达到7万美元(法定资金超过3000万美元,员工超过1000人的企业除外)等。越南对此类投资项目提供以下政策优惠:

(1)外商投资高新技术产业,可长期适用10%的企业所得税税率(园区外高科技项目为15%,一般性生产项目为20%~25%),并从盈利之时起,享受4年免税和随后9年减半征税的优惠政策。

(2)在高新技术企业工作的越南籍员工与外籍员工在缴纳个人所得税方面适用同等纳税标准。

(3)外国投资者和越南国内投资者适用统一租地价格;投资者可以土地使用权价值及与该土地使用面积相关联的财产作抵押,依法向在越南经营的金融机构贷款;对高新技术研发和高科技人才培训项目,可根据政府规定免缴土地使用租金。

(4)在出入境和居留方面,外籍员工及其家属可申请签发与其工作期限相等的多次入境签证;越南政府依据有关法律规定为外籍员工在居留、租房购房等方面提供便利条件。

(5)高新技术项目方面,投资者根据其他投资优惠政策法规文件的规定享受最高的优惠政策待遇。

5.地区鼓励政策

越南政府鼓励投资的行政区域分为经济社会条件特别艰苦地区和艰苦地区两大类,分别享受特别鼓励优惠及鼓励优惠政策。

(1)企业所得税优惠:A区享受4年免税优惠(从产生纯利润起计算,最迟不超过3年),免税期满后9年征收5%,紧接的6年征收10%,之后按普通项目征税;B区享受2年免税优惠(从产生纯利润起计算,最迟不超过3年),免税期满后4年征收7.5%,紧接的8年征收15%,之后按普通项目征税。

(2)进出口关税优惠:A区免固定资产进口关税及从投产之日起免前5年原料、物资或半成品进口关税;属出口产品生产加工可免征出口关税或退税。

(3)减免土地租用费:租用A区土地最长减免15年;租用B区土地最长减免11年。

6.特殊经济区域的规定

越南的工业区、出口加工区对外资企业实行一定的优惠税收政策。自2009年越南新所得税法实施以来，园区内企业所得税与园区外一致，优惠政策均以2006年颁布的鼓励与特别鼓励项目以及艰苦和特别艰苦地区为优惠依据，对工业区吸收外资产生很大影响。

工业区内的外资企业按以下规定缴税：生产性企业和服务性企业均免征出口税。鼓励投资的生产性企业进口构成企业固定资产的各种机械设备、专用运输车免征进口税；对用于生产出口商品的物资、原料、零配件和其他原料可暂不缴进口税，企业出口成品时，再按进出口税法补缴进口税。服务性企业按进口税法缴税。

出口加工区的外资企业按以下规定缴税：生产性企业和服务性企业均免征出口税，生产性企业和服务性企业进口构成企业固定资产的各种机械设备、专用运输车辆和各类物资，原料免征进口税。

7.口岸经济区

越南鼓励在边境地区建设口岸经济区，目的是促进地方经济社会发展，维护边疆稳定和安全。中央和地方政府在口岸经济区建设过程中提供土地、税收和资金方面的支持。1996年，越南试点在广宁省芒街市建立口岸经济区，随后分别在谅山省同登市和老街省老街市建立口岸经济区。迄今为止，越南25个边境省份（分别与中国、老挝和柬埔寨接壤）中已有21个省份建立口岸经济区。口岸经济区享受以下优惠政策：①政府优先考虑利用外国政府和国际组织提供的官方发展援助促进口岸经济区基础设施建设，同时鼓励外商以BOT、BT和BTO等方式参与基础设施建设；②在口岸经济区投资的项目，可享受所得税免4年，减半9年、之后连续10年减10%的优惠；③在口岸经济区工作的外国人，可免50%的个人所得税；④接壤国家公民持因私护照（按规定应办理签证）可免签进入口岸经济区并停留15天；接壤国家的货车可进入口岸经济区，在区内交接货物。口岸经济区分布为广宁省芒街、谅山省同登—谅山、高平省那隆、河江省清水、老街省、莱州省麻鲁塘、奠边西庄、山罗省、河静省悬桥、广平茶萝、广治省劳保、顺化省阿品、广南省南江、良篙省波宜、嘉莱省19公路、平福省花芦、西宁木排、隆安省、同塔省、安江省和坚江省河仙口岸经济区。2012年12月，越南政府总理同意选择8个口岸经济区作为2013—2015年度财政重点建设项目，包括广宁省芒街口岸经济区、谅山省同登—谅山口岸经济区、老街省老街口岸经济区、河静省悬桥口岸经济区、广治省劳保口岸经济区、伊岸国际口岸经济区、西宁省木排口岸经济区和安江省安江口岸经济区。由越南计划投资部牵头，中央财政每年将下拨项目资金的70%用于口岸经济区的基础设施建设。

8.越南《劳动法》及在越工作须知

1995年1月1日越南《劳动法》实施。《劳动法》规定劳务合同应包括工种、工作时间、工作场所、休息时间、薪资、合同期限、劳动安全、劳动卫生、社会保险等内容。在越南工作3个月以上的外籍劳务人员须向所在省（直辖市）劳动部门申请劳动许可证。外籍人员在越南工作条件有①年满18岁；②身体状况符合工作要求，提供健康证明。③具高技术水平，在行业及管理方面具有丰富经验。此类人员的技术水平、管理经验等资质须有该人员所在国主管部门颁发的认证书。④无犯罪记录，由所在国当地公安部门开具证明。⑤有越南职能部门颁发的3个月以上劳动许可证。申办劳动许可证时，申请人须向当地劳动伤兵社会厅提交经国内公证机关公证、中国外交部及越南驻华使馆认证的健康证明、专业技术证书及无犯罪记录证明等资料。

无须办理劳动证的人员有①工作期在3个月以下；②公司董事会成员、总经理、副总经理、经理、副经理；③驻越南代表处代表、分公司领导；④已取得越南司法部颁发行业许可的律师。

越南劳动荣军与社会部颁发了《关于外国人在越南就业管理规定实施细则》第03/2014汀下BLD下BX日号通知。按要求，雇主(承包商除外)应按102/2013/N D-CP号议定第4条第1款规定在拟雇佣外国人前至少30天向雇主公司所在地劳动荣军与社会厅提交外籍劳务雇佣需求书面报告，报告内容包括工作岗位、外国人聘用人数、专业水平、工作经验、工资水平、工作期限等。若有变化，雇主应在拟招聘或聘用新人替代前至少30天向雇主公司所在地劳动荣军与社会厅提交外籍劳务雇佣需求调整(书面)报告。劳动荣军与社会厅应在收到雇主的外籍劳务雇佣需求报告或外籍劳务雇佣需求调整报告后15天内将其决定向雇主反馈。该通知从2014年3月10日起生效。

三、检验检疫

越南政府一直高度重视进口产品质量的检验。此外，越南政府还保护消费者和社会的权益，促进公平竞争，创造良好的商业环境和区域以及国际间的一体化。越南进出口商品检验检疫工作根据不同商品种类由不同部门负责，食品和药品检验由卫生部负责，动植物和其他农产品检验由农业与农村发展部负责，具体规定可在网上查询。

(一) 商品检验和质量管理

为了与东盟成员和世界上其他国家在产品质量以及管理达到协调发展，越南由科技部标准与质量管理局负责管理全国的标准和质量工作，制定了以下法律、法规，并设立了相关的机构体系。

1. 商品检验和质量管理的法律、法规

(1)发布了标准化法和技术法规。

(2)正在起草产品质量法。越南政府指定科技部负责统一管理国内市场流通以及进出口货物的质量和标志；负责协调其他相关部门组织对口岸货物和市场的产品质量进行检验和检测。

(3)发布了由专门的管理部门负责特殊商品的产品质量国家管理职责分工法规。

(4)发布了与东盟成员国协调一致的法定质量检验的国内和进口产品目录，检验的依据是与国际标准相协调的越南国家标准。

(5)发布了相关部门适用的进口商品检验规章。

(6)有关部门正在制定各自职责范围内的特定商品的技术法规。

2. 检验机构体系

(1)中央政府层级现在几乎所有技术性的部门都设置了质量管理司，如：

①邮政电信和信息技术质量管理司(隶属邮政和电信部)；

②产品质量控制司(隶属科技部标准和质量局)；

③越南注册司，道路建设检验和质量管理司(隶属交通部)；

④国家渔业检验质量保证和兽医司(隶属农业部)；

⑤食品安全管理司，药物管理司，卫生和艾滋病预防司（隶属卫生部）；

⑥植物保护司，兽医司（隶属农业和农村发展部）；

⑦建设质量控制和管理局（隶属建设部）；

⑧考试司（隶属教育和培训部）。

（2）省级口岸。由相关部门负责对进口产品进行质量控制工作。

3. 进口产品控制

进口产品质量控制采取了以下方式：

（1）标准声明；

（2）产品合格声明；

（3）产品合格认证。

属于前面提到的《法检目录》的进口产品，须在口岸提供由指定的国内机构和批准的国外机构签发的产品合格证书。

双边或多边互认协议中规定的相互承认检验/检测结果的有：

（1）中国和越南已经承诺对摩托车零件的质量检验开展试点；

（2）根据东盟电工和电子产品互认协议，2006年4月第一季度和第三季度越南获得了新加坡、马来西亚、印尼和菲律宾的互认；

（3）根据最近在一些口岸进行的质量检验审批，越南海关和有关国家同意在一些口岸开展通关和质量检验"一站式"服务，为进出口企业创造了有利的条件。这一质量检验的成功经验值得推广。

4. 关于 WTO/TBT 协议的执行

为了适应加入 WTO 的需要，越南成立了 TBT 办公室并已开始运作。TBT 办公室在发展进口产品技术标准与 WTO 规则相吻合方面提供建议，在技术标准、食品安全和卫生标准上实施新的管理方式，以适应全球经济一体化和进口产品关税减免方面的需求。

越南的 TBT 办公室实际上就是 TBT 咨询点，由总理批准成立。2005年5月26日，越南总理已审定了关于 TBT 协议的444/Q-TTg 项目，形成 114/2005/Q-TTg 决议。在此协议下，成立了 TBT 咨询点，建立了 TBT 通报机制，并在全国64个省12个部委建立了相应的组织机构系统。

（二）检疫工作

越南的检疫工作由农业农村发展部、卫生部等部门负责。

1. 植物检疫工作

与植物检疫有关的法规有《越南社会主义共和国植物检疫和植物保护法》和《越南社会主义共和国植物检疫条例》。

《越南社会主义共和国植物检疫和植物保护法》颁布于2001年7月25日，自2002年1月1日起施行，共有7章45条，规定的内容分别为总则、植物有害生物的防治、植物检疫、农业管理、国家植物检疫和植物保护管理机构、奖励和惩处、条款施行等。

《越南社会主义共和国植物检疫条例》对植物检疫工作进行了更为详细的规定，共分为6章33条，内容分别为总则、入境植物检疫、出境植物检疫、境内植物检疫、检疫物的熏蒸和除害处理等。

2. 卫生检疫工作

越南的卫生检疫工作由卫生部负责。卫生部在全国各出入境口岸均设有卫生检疫机构，按照《国际卫生检疫条例》和越南的国内卫生检疫法规行使卫生检疫的职权。

3. 动物检疫工作

越南的动物检疫工作由农业与农村发展部负责。其下属机构动物检疫局负责具体工作。渔业检疫属于另一个部门的管理范围。

第四节　中越经贸发展

近年来，中越经贸关系发展迅速，中国已连续16年成为越南第一大贸易伙伴。2011年10月，两国签署《中越经贸合作五年发展规划》。2013年10月，双方签署《关于建设发展跨境经济合作区的谅解备忘录》。2016年9月，中越双方签署《中越经贸合作五年发展规划补充和延期协定》，并重签《中越边境贸易协定》。2017年11月，双方签署"一带一路"倡议与"两廊一圈"规划发展战略对接协议，并就电子商务、基础设施合作、跨境合作区谈判等签署相关协议，制定五年规划重点项目清单。

(一)进出口贸易

在东盟国家中，越南先后超过泰国、新加坡、马来西亚成为中国的第一大贸易伙伴，是双边贸易额第一个突破1000亿美元的国家。中国也是越南最大的逆差国。原因之一是越南从中国进口原材料，再加工出口。这反映了越南工业化速度加快，进口了大量的中国机械设备。近年双边贸易额见表10-2。另外，边境贸易方式在中越贸易方式中比重较大。

表10-2　2015—2019年中越贸易额

年份	2014	2015	2016	2017	2018	2019
总额	836.4	959.6	982	1213.2	1478.6	1620
增长率/%	27.7	14.7	2.5	23.5	21.2	9.6
中方出口/亿美元	637.4	661.2	611.0	709.9	839	978.7
中方进口/亿美元	199	296.4	371.3	503.3	639.6	641.3

资料来源：中国海关。

(二)投资

1. 中对越投资

从前面的数据可以看到，中企在越南近年来发展很快。从外资来源地排名来看，2016年排第8位、2018年排第5位、2019年增长65%排第5位，2020年头2个月上升到第2位。中方统计，2017年中国对越南直接投资流量7.64亿美元。截至2017年底，我国企业对越直接投资存量49.7亿美元。2018年，中国对越投资总额为24.6亿美元，对越新增非金融类直接投资12.3亿美元，增长60%。截至2018年底，越累计对华实际投资2.7亿美元。2019年

1—9月，中国企业对越投资8.2亿美元，同比增长13.5%。投资的主要行业是制造业、房地产和电力。TCL、格力、美的、苏泊尔、海尔、华为等均在越南进行了投资。较大的投资项目包括铃中出口加工区、龙江工业园、深圳—海防经贸合作区、赛轮（越南）有限公司、百隆东方、天虹集团、申州国际、河内新希望集团有限公司、永兴一期火电厂、越南光伏等。

2. 越对中投资

中方统计，截至2016年6月底，越对中累计实际投资1.24亿美元。截至2018年8月底，越累计对中实际投资额为2.2亿美元。2019年1—9月，越南对中投资711万美元，同比下降93.4%。

（三）工程承包

越南是中国在东盟的重要工程承包市场。目前，中方承建的部分大型项目陆续建成投产。2017年中国企业在越南新签承包工程合同246份，新签合同额60.98亿美元，完成营业额28.79亿美元；累计派出各类劳务人员4168人，年末在越南的劳务人员为9744人。新签大型工程承包项目包括中国华电科工集团有限公司承建越南沿海二期燃煤电厂；中国电力工程顾问集团华北电力设计院有限公司承建越南安庆北江燃煤电厂总承包项目；广西海外建设集团有限公司承建东方国际疗养综合性高等级医院等。截至2018年8月底，我国企业在越累计签订工程承包合同额499.7亿美元，完成营业额355.9亿美元。2018年1—8月，新签工程承包合同额33亿美元，增长2.2%，完成营业额14.9亿美元，下降16.9%。2019年1—9月，中国企业在越南新签工程承包合同额27.7亿美元，同比下降33.6%；完成营业额22.8亿美元，同比增长34.8%。

（四）中国在越南设立的工业园区

目前，中资企业在越南共投资建设了5个工业园区，即铃中出口加工区（约600公顷）、龙江工业园（600公顷）、越南中国深圳—海防经贸合作区（800公顷）、仁会工业区B区（450公顷）和海河工业区（3300公顷），都取得了不同进展。其中，铃中出口加工区已实施三期项目，效果较好，是越南工业区建设典范。龙江工业园成为中国国家级境外经贸合作区，有利于推动中国企业"集群式"走出去，扩大对越南投资合作规模。海河工业区位于越中边境，核心行业为纺织，园区建设起点高、规模大。

1. 铃中出口加工区

铃中出口加工区是由中国电器联营总公司和越南胡志明市西贡工业区开发公司合资经营开发的工业区项目。项目总投资2650万美元，法定资金850万美元，中越双方各占50%，合资期限50年。目前双方在对方国家的投资还有很大的发展空间，越南非常欢迎中国企业赴越投资，特别是以下几个领域：①基础设施，②机械制造，③日用品的生产，④农林产品和矿产品的加工，⑤旅游开发和服务业开发。铃中出口加工区的成功经验主要有几点：①越南政府的支持。②抓住机遇，大胆决策。③选好人才，用好人才。④出口加工区的海关监管严格度比较适中。⑤出口加工区政策灵活。铃中出口加工区内的半成品也可拿到区外加工。⑥良好的软硬环境。⑦出口加工区的选择非常重要。⑧合理运作，科学管理。⑨良好的服务。⑩滚动发展。

2. 龙江工业园

该园区由中国浙江协力皮革股份有限公司、四川乾盛矿业有限责任公司、海亮集团有限公司三家企业投资兴建。项目总投资 1.05 亿美元，占地 600 公顷，包括工业区 540 公顷和住宅服务区 60 公顷。2011 年，该项目正式成为中国境外经贸合作区。越南龙江工业园位于越南南部的九龙江平原前江省新福县，紧邻忠良高速公路，距胡志明市中心、新山一国际机场、西贡港国际集装箱码头均 50 千米，交通便利，物流成本低。入园企业可以享受越南政府提供的"4 免 9 减半"（免 4 年减半 9 年）的优惠税收政策。龙江工业园享有的优惠税收政策有企业自有收入之年起享受 15 年的企业所得税优惠期，优惠税率为 10%；自盈利之年起 4 年免税；后续 9 年税率为应缴税款额度的 50%。此外，投资商还获得对于构成固定资产的机器设备免进口税、对于越南未能生产的原料、物资及零件免 5 年进口税的优惠。在"一带一路"倡议提出之后，越来越多的中国企业开始进入该园区，龙江工业园为"走出去"的企业搭建好公共平台，降低海外投资风险，成了名副其实的"避风港"。如今园区共引入了 37 家企业，其中 25 家是中资企业。

3. 越南中国（深圳—海防）经贸合作区

该合作区由中国航空技术进出口深圳公司、中国深圳国际合作股份有限公司、深圳海王集团有限公司、深圳市宝德科技股份有限公司、海全球物流有限公司等组建成"深圳市深越联合投资有限公司"共同投资、建设及经营。该工业园区位于越南海防市安阳县内，占地 800 公顷，基础设施建设计划投资 2 亿美元，规划建设工业产业园区和综合配套服务园区两个功能区。工业园区主要以电子、服装等轻工业为主，致力于建设成为技术先进、产业发达、人文荟萃、生态优良的现代化工业园区。该工业园区的目标为：建成中国境外经贸合作示范区，为国内企业"走出去"创造国际一流水平的专业化海外投资发展平台。合作区产业定位以轻工制造为主，重点引进有品牌知名度和国际竞争力的绿色科技企业，争取打造成代表"深圳制造""中国制造"的优秀企业集聚区和名优产品展示区。

4. 仁会工业区 B 区

该区由康洋集团承办。仁会是平定省的省会，地处越南中南沿海地区。2004 年越南政府成立了 5 大经济区：保税区、港口区、工业区、旅游区、生态区。2018 年，越南颁布了关于批准到 2040 年平定省仁汇经济区建设总体规划调整方案的决定。据决定，总体规划调整范围占地面积 14308 公顷。B 区工业区是 1300 多公顷，LLC 集团在该园区里面。该园区规划做食品、工业、电池、纺织等五大类区。该区优势为①南边口岸离老挝 200 千米，离柬埔寨东边 180 千米，是越南、老挝、柬埔寨三个经济角的通道，19 号公路直接到归云岗出口。②"六通一平"工程已经基本完成。经济优惠政策有享受 4 免 9 减半，企业所得税仅 6%。经济区所有的零配件或者半成品到园区生产免进口关税。

5. 海河工业区

由天虹集团承建的天虹海河工业区位于越南广宁省海河县，距离中国广西壮族自治区东兴市约 30 千米。工业区占地约 3100 公顷，总投资额预计达 250 亿美元，其中耗资 10 亿美元的基础设施建设，于 2014 年开工，2015 年投入运营。园区力求打造涵盖原料、纺纱、制造、染整、制衣及品牌全产业链，实现上下游整合的综合效益。天虹目前产能为 290 万锭，其中，在越南 125 万锭，占越南产能的 18%；棉纱产量总计 60 万吨，在越产量达 30 万吨，占越南棉纱产量的 40%，产品全部为棉纺弹力纱。当时建立该工业区的主要目的是应对 TPP，享受该自贸区规则零关税将产品出口到美国等市场。

（四）中越经贸合作的注意事项

1.贸易方面

要深入调研越南市场，认真了解越南客户需求。要坚决贯彻"以质取胜"战略，杜绝假冒伪劣商品。要重视品牌建设和售后服务，有长期经营越南市场的意识，注意建立产品和公司的品牌。要慎重选择合作伙伴，加强风险管理，避免遭受损失。要规范操作，对贸易流程各环节严格把关。要采用稳健的付款方式，严谨地商谈合同，并严格按合同执行。用电子邮件进行商务交流时要有防范安全意识。要提高知识产权意识，重视商标专利延伸保护工作。

2.投资方面

要认真进行项目调查和市场考察，避免盲目投资。充分了解越南吸收外资的法规政策和投资环境，遵守越南的法律法规和相关规定，守法经营。尽量以独资方式投资设厂，如合资要选好合作对象。加强投资风险防范，按规定办理国内外投资报批许可手续。选派能力强、素质高、越语或英语好的业务人员赴越开展工作。处理好与合作方以及当地有关部门的关系，注意内部协调。注意履行企业社会责任，与当地政府和民众搞好关系。树立以质取胜的经营理念。保持与中国驻越南使馆经商参处的联系，定期汇报企业生产经营和管理情况。

3.承包工程方面

要抓住拓展越南市场的机遇。实行本地化经营。越南对外国人在越劳务管理非常严格，中方承包商在签订合同时应综合考虑工人比例、工程进度问题，避免为赶工程非法使用劳工，注意加强对中方劳务人员的安全保障，业务通过正规中介进行，在当地办好劳动许可证。注意中方劳务人员是否持有合法证件以及是合法入境等。

【本章小结】

越南是东盟国家中人口增长最快的国家之一，也是经济发展最快的国家。在东盟10国中，越南是中国第一大贸易伙伴。越南已经成为亚洲签订自贸区涵盖范围最广的国家，这将加快越南的革新开放。越南正在工业化过程中，与中国的贸易逆差最多。中越经济相互促进。中越经贸合作中还有边境地区跨境合作的优势。"一带一路"与"两廊一圈"的对接以及国际陆海新通道的建设，将推动中越经贸合作有一个更大的发展。

【关键名词或概念】

两廊一圈
口岸经济区
跨境经济合作区

【思考题】

1.越南的国家特色是什么？

2. 越南签订自贸区有何动向和效应？

3. 中企在越南工业园区投资的有利因素和不利因素有哪些？

4. 越南与中国边境地区的跨境合作有哪些作用？

5. "一带一路"与"两廊一圈"如何更好地对接？

6. 中国与越南经贸合作有哪些注意事项？

第十一章 柬埔寨

本章简述了柬埔寨的基本国情,介绍了该国的经济特色和对外经贸情况;介绍了柬埔寨的主要产业和潜在的巨大商机;重点介绍了柬埔寨与中国经贸往来的情况和特色。

本章要求学生理解掌握柬埔寨的国家特色以及今后发展的方向;了解柬埔寨在东盟国家中扮演的角色;了解"一带一路"下柬埔寨与中国的经贸合作重点。

第一节 国情概况

一、概况

(一)简史

柬埔寨古称高棉。公元1世纪,在今柬埔寨南部的人民建立了东南亚早期最强大的王国之一扶南,后逐渐衰落,于公元7世纪为其北方兴起的真腊所兼并。真腊王国存在9个多世纪,可分为早期真腊、吴哥王朝和晚期真腊3个时期。其中从9世纪到15世纪初的吴哥王朝,为真腊历史上的极盛时期,创造了举世闻名的吴哥文明。16世纪末,真腊改称柬埔寨。从此至19世纪中叶,柬埔寨处于完全衰落时期,成为强邻暹罗和越南的属国。同时,越南从17世纪至18世纪中叶逐步侵占了柬埔寨的湄公河三角洲地区,形成了今日的越南南部。1863年,柬埔寨沦为法国保护国,并于1887年并入法属印度支那联邦。

柬二战期间被日本占领,1945年8月日本投降后,同年10月重遭法国控制。1953年11月9日,柬埔寨(当时名为柬埔寨王国)获得独立。1954年7月在关于印度支那问题的日内瓦会议上,柬埔寨独立得到与会大国一致承认。1970年3月18日,朗诺集团在美国策动下发动政变,推翻西哈努克亲王政权,改国名为"高棉共和国"。3月23日,西哈努克亲王在北京宣布成立柬埔寨民族统一阵线,开展抗美救国斗争。5月5日,成立以宾努亲王为首相的柬埔寨王国民族团结政府。1975年4月17日柬抗美救国斗争取得胜利。1976年1月,柬颁布新宪法,改国名为"民主柬埔寨"。1978 年 12 月,越南出兵柬埔寨,成立"柬埔寨人民共和国"。1982 年 7 月,西哈努克亲王、宋双、乔森潘三方组成民主柬埔寨联合政府。1990 年 9 月成立柬全国最高委员会,西哈努克出任主席。10 月 23 日,柬埔寨问题国际会议在巴黎召开,签署了《柬埔寨冲突全面政治解决协定》,历时 13 年之久的柬埔寨问题最终实现政治解决。1993 年 9 月 21 日制宪会议通过新宪法,决定恢复君主立宪制。9 月 24 日,西哈努克亲王签署新宪法,柬埔寨恢复成为君主立宪制的王国,制宪会议转为国民议会。

(二)国家知识

国名:柬埔寨王国。

国旗:呈长方形,长与宽比为 3∶2。由 3 个平行的横长方形相连构成,中间是红色宽面,上下均为蓝色长条。红色象征吉祥和喜庆,蓝色象征光明和自由。红色宽面中间绘有白色镶金边的吴哥庙,它是著名的佛教建筑,象征柬埔寨悠久的历史和古老的文化(见图 11-1)。

国徽:以王剑为中心线两边对称的图案。菱形图案中的王剑由托盘托举,意为王权至高无上;两侧为狮子守护着五层华盖,五在柬埔寨风俗里象征完美、吉祥;两边的棕榈树叶象征胜利。底部的饰带上用柬文写着"柬埔寨王国之国王"。整个图案象征柬埔寨王国在国王的领导下,是一个统一、完整、团结、幸福的国家(见图 11-2)。

图 11-1　柬埔寨国旗

图 11-2　柬埔寨国徽

国歌:《吴哥王国歌》。

国花:还未指定,但普遍认为是"槟榔花"。

重要节日:①独立节,11 月 9 日。1953 年 11 月 9 日,柬埔寨王国摆脱法国殖民统治宣告独立,这天被定为柬埔寨国庆日,也是柬建军日。②国王诞辰,5 月 14 日。全国庆祝 3 天。③佛历新年,4 月 13—15 日。④御耕节,佛历 6 月下弦初四,由国王或其代表在毗邻王宫的王家田举行象征性耕种仪式,祈祷来年风调雨顺,五谷丰登。⑤送水节(也称龙舟节),柬民族传统节日。11 月 13—15 日,时值雨季结束进入旱季,柬人民在王宫前洞里萨河上举行龙舟比赛,表达对洞里萨河、湄公河养育之恩的感谢。⑥"太皇"西哈努克生日,10 月 31 日,全国庆祝 1 天。

首都:金边,人口 212 多万(2019 年)。

二、地理与人口

(一)地理位置

柬埔寨王国,位于中南半岛南部。东和东南部同越南接壤,北部与老挝相邻,西和西北部与泰国毗邻，西南濒临暹罗湾。全国 181035 平方千米，海岸线长约 460 千米。柬埔寨首都金边属于东 7 时区，当地时间比北京时间晚 1 小时，无夏令时。

(二) 气候条件

柬埔寨属热带季风气候，全年分两季：每年 5 月到 10 月为雨季，11 月到次年 4 月为旱季。年平均气温 24℃，4 月份最热，最高温度达 40℃。年均降雨量为 2000 毫米，其中 90% 集中在 5—10 月。

(三) 自然资源

有着中南半岛"粮仓"之称的柬埔寨林业、渔业、果木资源丰富。矿藏主要有金、磷酸盐、宝石和石油，还有少量铁、煤。木材种类有 200 余种，盛产贵重的柚木、铁木、紫檀、黑檀等热带林木，并有多种竹类。由于战乱和滥伐，森林资源破坏严重，森林覆盖率从占全国总面积的 70% 降为 35%，主要分布在东、北和西部山区，木材储量约 11 亿立方米。水资源方面，洞里萨湖为东南亚最大的天然淡水渔场，素有"鱼湖"之称。西南沿海也是重要渔场，多产鱼虾。近年来，由于生态环境失衡和捕捞不当，水产资源有所下降。

(四) 人口

柬埔寨分为 20 个省和 4 个直辖市，人口 1528 万 (2019 年)，全国有 20 多个民族，高棉族占 80%，其余为占族、普农族、老族、泰族、斯丁族等少数民族。高棉语为通用语言，与英语、法语同为官方语言。佛教为国教，80% 以上的人信奉佛教，占族多信奉伊斯兰教，少数城市居民信奉天主教。目前的高人口增长率将对其经济增长带来不利影响。

第二节　经贸发展

一、经济

柬埔寨是传统农业国，贫困人口占总人口的 28%。柬政府实行对外开放的自由市场经济，推行经济私有化和贸易自由化，把发展经济、消除贫困作为首要任务，把农业、加工业、旅游业、基础设施建设及人才培训作为优先发展领域，推进行政、财经、军队和司法等改革，提高政府工作效率，改善投资环境，取得了一定成效。

2003 年柬埔寨大选产生了第 3 届政府，提出了以"发展、就业、公正、效率"为核心的"四角战略"。2009 年，柬埔寨政府坚定不移地落实"四角战略"第二阶段发展政策。柬埔寨首家证券交易所于 2011 年成立。2013 年，柬埔寨第 5 届王国政府发布了《四角战略第三阶段政策》，确定了今后 5 年四大优先发展领域：①发展人力资源。②继续投资基础设施和建设商业协调机制，加大对交通基础设施的投入，推动互联互通。③继续发展农业和提高农业附加值。④加强国家机构的良政实施力度，提高公共服务效率，改善投资环境，继续推进司法体系改革，鼓励经济特区的实施和运作等。

2014 年，柬埔寨宣布《2014—2018 年国家发展战略计划》，旨在进一步推动各领域发展，实现经济可持续发展目标；预计公共领域的投资额达 110 亿美元，以确保经济高速发展，实现减贫目标，以及减少各种灾害。在所需的 266 亿美元投资中，私人领域投资 190 亿美元，公共领域投资 76 亿美元。该战略计划将提升柬埔寨的竞争能力，使柬埔寨更好地融入 2015 年东盟经济共同体，努力退出欠发达国家行列，并且争取 2030 年进入中高收入国家之列。世界经济论坛《2017—2018 年全球竞争力报告》显示，柬埔寨在全球最具竞争力的 137 个国家和地区中，排第 94 位。世界银行发布的《2018 年营商环境报告》显示，柬埔寨在全球 190 个经济体中排第 135 位。据美国传统基金会"2018 年度经济自由度指数"排名，柬埔寨居第 101 位。

2019 年，柬埔寨继续保持稳定的政治经济环境，积极融入区域、次区域合作，重点参与区域连通计划的软硬设施建设，加大吸引投资特别是私人领域参与国家建设，"四架马车"（农业、以纺织和建筑为主导的工业、旅游业和外国直接投资）拉动经济稳步前行。

近年来，柬埔寨经济以年均 7% 以上的速度快速发展。2018 年柬埔寨国内生产总值（GDP）约合 245.7 亿美元，增速达到 7.3%，创近 5 年最高纪录，高于区域国家和其他发展中国家的平均经济增长率。2019 年柬埔寨国内生产总值（GDP）约合 268 亿美元，同比增长 7.1%，人均 GDP 增至 1679 美元，通胀率从 2018 年的 2.5% 小幅升至 2.8%（见表 12-1）。

表 12-1　2014—2019 年柬埔寨宏观经济数据

年份	GDP 总额/亿美元	GDP 增长率/%	人均 GDP/美元
2014	173.1	7.1	1122
2015	185.2	7.0	1228
2016	198.2	7.0	1300
2017	222.8	6.9	1453
2018	245.7	7.3	1548
2019	268	7.1	1679

资料来源：柬埔寨财经部。

服装鞋业加工、旅游、建筑业、农业为柬埔寨传统经济支柱产业。据柬埔寨商业部统计，2019 年前 10 个月，柬埔寨总出口额达到 108 亿美元，同比增长 6.4%。其中，服装纺织品和鞋类占比 68%，为 73.5 亿美元；大米占比 2.6%，为 2.86 亿美元。

（一）第一产业

柬埔寨是传统的农业国家，80% 的人从事农业生产，农业是该国国民经济的第一大支柱。柬埔寨政府正在实施推进国家发展"四角战略"，加快农业发展是其首要目标。尽管存在基础设施和技术落后、资金和人才匮乏、土地私有制问题等制约因素，但柬埔寨农业资源丰富、自然条件优越、劳动力充足、市场潜力较大，农业经济效益良好。此外，柬埔寨历届政府都高度重视农业发展，将其列为优先发展的领域，竭力改善农业生产及其投资环境，充分挖掘潜力，发挥优势，开拓市场，发展前景广阔。水稻是柬埔寨最主要的农作物，占整个农业总产值的 50% 以上。2019 年，柬埔寨农产品总出口量达 700 万吨。柬埔寨高度重视稻谷生产和大米出口，2019 年大米出口总量达 62 万吨，其中对中国出口 24.8 万吨，占出口总量的

40.7%，同比增长 3.7%；对欧盟出口 20.3 万吨，占出口总量的 32%；对东盟各国出口 8.3 万吨，占出口总量的 13.41%；对其他市场出口近 8.6 万吨。除大米之外，2019 年柬埔寨还出口了 162.6 万吨木薯淀粉、20.23 万吨腰果、近 12 万吨玉米、5.72 万吨豆浆、近 15.8 万吨香蕉、近 60 吨杧果、3693 吨胡椒和近 27.4 万吨其他农产品。

柬埔寨的畜牧养殖业虽然起步较晚，但已成为本国农业种植业后的第二大产业。近年来在政府的扶持下，无论是工业化还是家庭养殖均有了长足的发展，取得了可喜成果。柬埔寨政府正大力扶植畜牧养殖业，使其系统化、智能化。

柬埔寨水资源丰富，不仅有东南亚最大的淡水湖——洞里萨湖，还有长达 460 千米的海岸线。渔业也成了柬埔寨农业的重要组成部分，是柬埔寨重要的经济增长点之一。据柬埔寨农林渔业统计数据显示，渔业在整体农业中的比重达 25%，占 GDP 比重的 10% 至 12%。目前，柬埔寨鱼产量保持在 60 万吨左右。柬埔寨成了继挪威和日本之后，鱼肉消费量最多的国家之一。有鉴于此，柬埔寨政府制定了《2010—2019 年水产业发展战略》，以大力扶植渔业养殖业发展，同时鼓励外资企业投资柬埔寨水产业。

(二) 第二产业

制衣业和建筑业是柬埔寨工业的两大支柱。2012 年，柬埔寨充分利用欧盟给予的新普惠制 (GSP) 和美国、欧盟、日本等 28 个国家和地区给予的最惠国待遇 (MFN) 等优惠政策，凭借本国劳工成本低廉的优势，积极吸引外资投入制衣和制鞋业。柬埔寨央行表示，2018 年柬埔寨成衣业出口增长 24.7%，部分产品出口更以双位数和三位数增长。例如，自行车出口增长 12%，车辆零件出口增长 3 倍。服装和鞋类产品仍是柬埔寨最重要的出口产品，占全国出口商品总额的 78%。欧盟是第一大出口市场，其次为美国；销往欧盟和美国的服装鞋类产品占总出口额的 65%，销往日本和加拿大的市场份额也不断增加。纺织制衣业既是柬埔寨工业的支柱，又是柬埔寨提供就业、消减贫困、保持社会稳定的主要力量。据柬埔寨劳工部统计，2017 年柬共有 1154 家纺织、服装、制鞋厂，增长 4.25%，雇佣工人 77.7 万，增长 4.42%，制衣制鞋业出口 76 亿美元。2018 年柬制衣制鞋业工人最低工资为每个月 170 美元，增长 11%。

基础建设方面，据柬埔寨土地管理、城市规划和建设披露，2019 年 1 月至 9 月，柬埔寨国土、城市规划和建设部共向 3433 个建设项目发放了许可证，比 2018 年同期增长 35%。建筑业投资者主要来自中国、韩国和日本。2019 年前 11 个月，该行业吸引了 87 亿美元投资，比 2018 年同期增长 67%，建设项目主要包括住宅、工厂、商业大楼、酒店和赌场等。

柬埔寨政府制定的《2015—2025 工业发展计划》主要目标是到 2025 年，使柬埔寨工业由劳动密集型向技术密集型转变，工业占 GDP 比重从 2013 年的 24.1% 提高到 30%，其中制衣业从 15.5% 提高到 20%；促进出口产品多元化，非纺织品出口比重提升至 15%，其中农产品出口比重达到 12%；实现 80% 的小型企业和 95% 的中型企业合法登记，50% 小型企业和 70% 中型企业建立规范的会计账户和财务报表。重点发展高附加值新型工业、制造业，医药、建材、包装、家具制造等领域中小企业，农业加工业，农业、旅游业、纺织业上下游配套产业，以及信息、通信、能源、重工业、文化、历史、传统手工业及环保产业。

(三) 第三产业

旅游业是柬埔寨的第二大支柱产业,占 GDP 的比例超过 10%,由旅游业带动的相关产业的 GDP 贡献率接近 40%,是亚洲地区旅游业占 GDP 百分比最高的国家之一。柬埔寨旅游资源丰富,首都金边有塔仔山、王宫和湄公岛、巴地湖风景区、"小吴哥"等名胜古迹。暹粒省有世界七大奇观之一的吴哥窟和吴哥王朝遗址群。西哈努克港拥有银白沙滩和碧蓝大海,以其热带自然风光和天然良港而闻名于世。全国主要旅游景点有 1300 余处,其中包括 100 余处自然景观、1161 个历史文化景点和约 40 个休闲胜地。2018 年柬埔寨国际游客到访量达 620 万人次,其中中国游客 200 万人次;旅游营业收入达 43.5 亿美元。唐坤部长表示,旅游收入为该国国内生产总值贡献了 12.7%。2019 年前 10 个月外国游客赴柬人数达到 529 万人次,同比增长 9.7%。其中中国游客超过 200 万,和 2018 年同期相比增长 24.4%。2019 年上半年,参观吴哥古迹的国际游客数量下降 8.3%,前往西哈努克省等沿海地区的国际游客数量增加 27%。此外,前往首都金边观光的国际游客同比增长 27.3%。

2019 年旅游业在快速发展的同时,也显露出部分隐忧。吴哥古迹作为柬埔寨最知名的旅游资源,2019 年接待外国游客人数持续下滑:1—10 月份,吴哥古迹一共接待了 180 万国际游客,同比下降了 13.7%,10 月份接待外国游客人数约 14 万人,同比下降了 25%。

(四) 其他行业

1. 消费水平

2018 年,柬埔寨国内消费市场价格温和上涨,全年通货膨胀率为 2.5%。2018 年柬埔寨总体消费支出达 392.89 亿瑞尔(约 987 万美元);个人可支配收入达 194.7 万瑞尔(约 489 美元),较 8 年前增长 63%。

2. 交通运输

以公路和内河运输为主。主要交通线集中于中部平原地区以及洞里萨河流域。北部和南部山区交通闭塞。最主要的公路有 5 条:1 号公路从金边通往越南胡志明市;4 号公路从金边通往西哈努克港;5 号公路从金边经马德望通向泰国边境;6 号公路从金边经磅同、暹粒通向吴哥古迹;7 号公路通往老挝。内河航运以湄公河、洞里萨湖为主,主要河港有金边、磅湛和磅清扬。雨季 4000 吨轮船可沿湄公河上溯至金边,旱季可通航 2000 吨货轮。西哈努克港为主要对外海港。全国有两条铁路:金边—波贝,全长 385 千米,可通曼谷;金边—西哈努克市,全长 270 千米,是交通运输的大动脉,但铁路年久失修,运输能力很低。有波成东和暹粒 2 个大型机场,设有 10 多条航线。

3. 人民生活

实行低工资制。贫富悬殊、两极分化现象严重。政府普通公务员、军警月工资 70 ~ 100 美元,外资工厂工人月工资 100 ~ 120 美元。物价平稳,市场消费价格指数为 121%。全国共有 121 家国家医院,521 家医疗中心。农村缺医少药,医疗设施较差。柬贫困人口占总人口的 25%。摩托车是百姓的主要代步工具,多为自日本、中国进口的二手车。

二、对外经贸

(一) 对外贸易

柬埔寨着力推动经济的对外开放，是世界上经济自由度最高的国家之一，并享受欧、美等发达国家普惠制(GSP)最惠国待遇，产品出口无配额限制且多数产品享受零关税待遇，有利于规避贸易壁垒。2018 年柬埔寨进出口贸易总额达 249.85 亿美元，比 2017 年的 237.96 亿美元增长 5%。2018 年柬埔寨贸易出口额达 112.14 亿美元，比 2017 年的 107.77 亿美元同比增长 4.05%；2018 年柬埔寨贸易进口额 137.71 亿美元，比 2017 年的 130.19 亿美元同比增长 5.78%。2019 年，柬埔寨国家银行(NBC)的报告表示，经济增长受到出口以及建筑，房地产和旅游业强劲表现的支撑。相比之下，农业增长放缓。2019 年上半年，工业增长了 10.5%，服务业增长了 6.6%。NBC 表示，农业仅增长 1.4%，并指出该行业对 GDP 的贡献降至仅 17%。工业部门占 GDP 的比重上升至 36.4%，而服务业占 39%。2019 年上半柬埔寨进出口贸易总额达 173 亿美元，比 2018 年同期的 139.85 亿美元同比增长了 23.7%。贸易逆差为 37 亿美元。其中，出口额为 68 亿美元，比 2018 年同期的 57.94 亿美元同比增长了 17.36%；进口额为 105 亿美元，比 2018 年同期的 81.91 亿美元同比增长了 28.19%。

作为最不发达国家之一，柬埔寨享有向欧盟市场出口"除武器外全部商品免关税、免配额(简称 EBA 政策)"待遇。2018 年，柬埔寨对欧盟出口总额为 58.6 亿美元，占柬埔寨每年出口的近 50%，其中约 95% 利用 EBA 政策免税进入欧盟，在 5 年内增加了 1 倍。欧盟贸易委员 2020 年 2 月 12 日决定，部分撤销柬埔寨对欧盟市场的这个待遇。其涉及出口额占柬埔寨每年对欧盟出口额的 20% 或 10 亿欧元(约 11 亿美元)。除非欧洲议会和理事会反对，否则该法案于 2020 年 8 月 12 日生效。欧盟称，将关税优惠改为欧盟的标准关税(最惠国待遇)，涉及服装、鞋类产品以及所有旅游商品、食糖等。如果撤销优待政策，服装、鞋类和自行车产品进入欧盟市场的关税将分别增加 12%、16% 和 10%，柬埔寨每年出口到欧盟商品将多缴纳近 10 亿美元关税。此外，一旦失去 EBA，柬埔寨对欧出口将减少 5.14 亿~6.53 亿美元，其中影响最大的是制鞋业与成衣业，预计出口额可能减少 5.1 亿美元。EBA 撤销可能会影响柬埔寨经济增长。针对可能出现的风险挑战，2019 年以来，柬政府宣布了一系列措施，其中包括降低物流成本、减少公众假期、降低电费、简化出口程序，取消原产地认证收费等，以降低制造业和出口成本，增强自身外部竞争力，增强经济独立性。

(二) 投资

柬埔寨实行自由经济政策，所有行业都对外开放，鼓励外商投资。1994 年柬国会通过投资法。外商投资方式有独资、合资、合作和租赁四种，生产性企业可由外商独资，贸易性企业不允许外商独资。柬政府还出台了一系列法规，同投资商建立了定期磋商和对话机制。柬埔寨投资环境的主要优势在于：①实行开放的自由市场经济政策，经济活动高度自由化。②美国、欧盟、日本等 28 个国家和地区给予柬埔寨的普惠制待遇。对于自柬埔寨进口的纺织服装产品，美国给予较宽松的配额和减免征收进口关税，欧盟不设限，加拿大给予免征进口关税等优惠。③柬埔寨劳动力资源丰富，成本较低，人口红利明显。据世界经济论坛

《2017—2018 年全球竞争力报告》显示，柬埔寨在全球最具竞争力的 137 个国家和地区中，排第 94 位。据世界银行发布的《2018 年营商环境报告》显示，柬埔寨在全球 190 个经济体中排名第 135 位。总体而言，柬埔寨在东南亚地区落后于马来西亚和泰国，在越南和老挝之前。

外国投资者对柬埔寨经济发展比较看好，2019 年 1 月至 9 月，柬国土、城市规划和建设部共向 3433 个建设项目发放了许可证，比 2018 年同期增长 35%。建筑业投资者主要来自中国、韩国和日本。2019 年前 11 个月，该行业吸引了 87 亿美元投资，比 2018 年同期增长 67%。建筑行业快速发展反映了投资者对柬政治和宏观经济稳定的信心。

2018 年外国在柬注册投资 58 亿美元，涉及 149 个投资项目。2018 年，中国对柬埔寨投资总额达 36 亿美元，占外国对柬埔寨投资总额 68 亿美元的 53%，比 2017 年增长 54%。2014 年到 2018 年，柬埔寨政府共批准 959 个投资项目，协议投资额约 230 亿美元，创造了约 100 万个工作岗位。截至目前，中国对柬埔寨累计投资总额已超越 200 亿美元大关。2019 年上半年，柬埔寨发展理事会(CDC)所批准的新项目投资和扩大产能项目共有 153 个，与去年同期相比，增长了 40 多个项目，投资总额达 51.81 亿美元，为人民创造了 167330 个就业机会。在 153 个投资项目中，在经济特区进行投资的项目共有 43 个，而非经济特区的投资项目共有 110 个。

在旅游投资项目方面，2019 年柬埔寨相关旅游领域投资总额突破 60 亿美元，投资项目涉及酒店、商场、旅游景点和餐厅等。旅游业投资项目多数在西哈努克省，其次是首都金边。西哈努克省旅游业成为柬埔寨吸引外来直接投资的"磁铁"。2019 年 6 月，共有 11 个投资项目获批准，投资总额达 56750 万美元，创造的就业机会为 15006 个。

第三节　贸易和投资管理

一、经贸管理

(一)通关的特殊规定

(1)所有商品出口到柬埔寨都必须取得进口许可证。由国家核准的对外贸易公司负责进口业务。为方便进口商取得进口许可证，出口方不仅须出示形式发票，而且必须递交有关出口商品的样品、目录、说明、计划或图片。形式发票必须包括详细的商品名称和税则编号。许可证的有效期限一般为 6 个月。不容许误差。

(2)商业发票 4 份，计征关税的发票(最好用法语)必须填写所有商业通常说明，包括详细的货物名称。对机器必须在单据中准确地说明使用目的和主要规格，同时附上机器图片。必要时须提供 1 份目录，发票结尾一般必须有出口商签署的具有法律效力的原产地声明和价格声明："我们在此证明，发票上列举的商品原产地为……发票价格与商品输出国市场上的通告价格一致。"发票必须经商会公证。

(3)所有出口商品都必须提供原产地证明书两份。

另外，柬埔寨为了制止森林乱砍滥伐，对木材出口严格控制。

(二)法律体系

由于历史原因，柬埔寨的法律体系十分不健全、不完善。整个法律体系缺乏系统性，没有具体的法律分工，缺乏必要的部门法，关于经济、商业、贸易等方面的法律、法规尤其欠缺。如，柬至今尚无《公司法》；又如，在商业活动中常适用的《合同法》系 1988 年金边政权时期制定，其相关规定已完全不能适应现代商业合作发展的需要。

由于柬埔寨无经济法庭等专业法庭，经济纠纷、民事、刑事等都由同一法庭受理。在实际司法过程中，由于法律、法规的欠缺，不同历史时期的法律混用，造成了司法标准不统一，以至于法官的执法空间很大，对各类案件的裁决有很强的随意性，把经济纠纷当作刑事案件来处理的案例时有发生，并且"权比法大""人比法大"的现象在柬较为普遍。同时，1993 年以来借鉴西方发达国家的法律法规而制定的一些法律法规，在体系上与柬以前的法律法规有着很大的区别，包括《投资法》《劳工法》《商业注册法》等，这些新的法律法规尚未真正进入司法适用程序，在具体执法过程中也尚未得到严格遵循。另外，一些国际性条约和法规、双边协定，如《投资贸易保护》等，在柬实际司法过程中也未得到充分适用。

(三) 不鼓励外商投资的项目

①各种商业活动；②各种运输服务；③免税商店；④国际标准酒店范围外的餐厅、卡拉 OK 厅、夜总会和各种按摩室；⑤贸易中心；⑥与新闻各宣传有关的活动（广播、电视、报刊）；⑦批发零售；⑧专业性服务；⑨电话服务；⑩开发自然资源（勘探石油和天然气除外）。

二、检验检疫

2004 年 10 月，柬埔寨成为 WTO 的新成员。对《实施卫生与植物卫生措施协定》，柬埔寨要求工作组给予过渡期，时间为入世到 2008 年 1 月 1 日，以使柬埔寨获得并使用技术援助，全面实施协定规定的义务。

(一) 动植物、林业、野生生物和渔产品检验的相关法律法规

1. 国内法
(1) 质量管理和产品安全及服务法；
(2) 林业法；
(3) 渔业法；
(4) 次法令第 64 号《关于柬埔寨全境国际边境检验办公室，双边国境核查点，边境地区核查点和海港核查点的决定及其管理》(2001 年 7 月 9 日)；
(5) 次法令第 69 号《关于农业原料的标准和管理》(1998 年 10 月 28 日)；
(6) 次法令第 15 号《植物卫生检验》(2003 年 3 月 13 日)；
(7) 次法令第 16 号《动物和动物源性产品的检验》(2003 年 3 月 13 日)；
(8) 次法令第 21 号《通过风险管理便利贸易》(2006 年 2 月 1 日)。
2. 国际法
《CITES 濒危野生动植物物种国际贸易公约》。

(二) 职能和组织机构

农林渔业部 (MAFF) 负责柬埔寨的动植物检验检疫工作，具体职能如下：
(1) 控制农业生产中使用的原料的质量，制定使用方法和使用指南；

（2）开展植物卫生检验和履行 IPPC 规定的其他职责；

（3）保护公众健康，防止与动物和动物产品的直接或间接接触引起疾病跨境传染；

（4）控制牲畜的进出口；

（5）控制农业投入，即化肥、农产品、种子、兽药、饲料和饲料添加剂。

（三）农林渔业部负责检验检疫的机构

（1）DAALI：农艺和农地改进司；

（2）DAHP：动物卫生和生产司；

（3）DAL：农业立法司。

（四）高级部际协调组

高级部际协调组由柬埔寨政府负责海关和税收司（CED）的代表主持，成员包括海关和税收司、柬埔寨进出口检验和反欺诈司、商务部（MOC）的其他部门、卫生部（MOH）、农林渔业部（MAFF）、工业部、矿业能源部（MIME）和所有其他部门的高级代表。

MOC、MOH、MAFF 和 MIME 全面负责在不同的时间制定具体商品或产品的政策，并由柬埔寨政府审定颁布。这些部门负责确保这些产品满足国际义务，符合国家有关相关法律、法规，并对实现这些目标进行风险管理。这些机构为这些商品建立明确的以风险为基础的筛选标准。

（五）检验时的进口要求

1. 植物和植物产品

须进行植物检疫（PQ）的进口货物应满足下列要求：

（1）必须附有出口国植物检疫主管机构签发的植物卫生证书，并适用 1951 年《国际植物保护公约》规定的模式；

（2）必须没有植物检疫性病虫害或柬埔寨的其他危险病虫害，否则在投入市场之前必须经过检疫处理；

（3）植物卫生措施可以适用于柬埔寨出口的特定进口国要求的货物。

2. 货物

须检疫的植物原料为：

（1）没有经过非疫病认证的植物、植物部分、植物产品、农产品；

（2）包装材料或者木箱、托盘或其他运输和储存工具；

（3）土壤或附着于根或植物部分的土壤；

（4）活的或死的昆虫或有益组织；

（5）非植物源性但可能为昆虫提供生活环境的其他物体。

（六）动植物检验检疫的合作和援助领域

（1）制定和审议与植物保护、检疫、农药管理和跨境动物疫病控制的法律。

（2）人力资源发展，重点是以下方面的人才：①虫害监测；②虫害诊断；③虫害风险评估；④农药及残留分析；⑤GMO 检测和筛选；⑥P&AO 和 FS 检验程序；⑦病原体检测，如

H5N1；⑧增强诊断性实验室。

（3）公众关注意识的提高。

①病原和昆虫导致的损失；②IPM，GAP，有机农业。

（4）法律实施和全球信息交换。

（5）国际合作，主要与本地区国家，特别是与中国合作。

（6）加强跨境检验检疫和合作。

第四节　中柬经贸发展

2018 年，中柬两国隆重庆祝建交 60 周年。中柬不仅成为全面战略合作伙伴，还商定要积极构建具有战略意义的命运共同体，中柬关系进入历史最好时期。2018 年 1 月，中柬共签订了 19 项双边合作文件，涉及经贸、科技、卫生、林业、农业、人文等领域。这是为了落实中柬两国领导人的重要共识，加强双方在改善民生和基础设施等领域的务实合作，深入推进"一带一路"建设，不断提升中柬全面战略合作伙伴关系。2020 年 1 月中柬自贸协定谈判启动，7 月完成，10 月 12 日正式签署自由贸易协定。该协定货物贸易自由化和服务市场准入都达到目前中国自贸协定最高缔约水平。

一、简况

（一）进出口贸易

据中方统计，2017 年中柬双边贸易额为 57.9 亿美元，增长 21.7%。2018 年双边贸易额 73.9 亿美元，增长 27.6%。其中，中方出口 60.1 亿美元，增长 25.7%，进口 13.8 亿美元，增长 36.7%。2019 年，双边贸易达额 94.3 亿美元，较上年同期增长 27.7%。中国向柬埔寨出口 79.9 亿美元，较上年同期增长 32.9%；中国从柬埔寨进口 14.4 亿美元，较上年同期增长 4.9%。

（二）投资

据中方统计，截至 2017 年底，我国企业对柬直接投资存量 54.5 亿美元。2018 年中国对柬埔寨投资总额达 36 亿美元，占外国对柬埔寨投资总额 68 亿美元的 53%，比 2017 年增长 54%，其中对柬新增非金融类直接投资 6.4 亿美元，增长 17.6%。2019 年 1—9 月，中国企业对柬投资 4.18 亿美元，同比下降 11%。

（三）工程承包

据中方统计，截至 2018 年底，我国企业在柬累计签订工程承包合同额 204.2 亿美元，完成营业额 128.8 亿美元。2018 年，新签工程承包合同额 28.8 亿美元，下降 12.7%；完成营业额 18 亿美元，增长 2.1%。2019 年 1—9 月，中国企业在柬新签工程承包合同额 36.1 亿美元，同比增长 89%，完成营业额 15.8 亿美元，同比增长 44.6%。

二、与柬埔寨经贸合作的事宜

(一)有关市场介绍

1.农业市场与合作

随着"一带一路"建设的推进,中柬两国的建设发展正努力实现对接,为双方农业合作提供了广阔空间。2016年,柬埔寨农林渔业部与天睿(柬)农业经贸合作特区在柬埔寨首都金边签署合作备忘录,标志中国—柬埔寨国家级农业经贸合作项目正式确立。双方将大力支持该项目的建设发展,共同将其建设成从研发、培育、种植,到收购、仓储、加工,再到销售、物流、服务等上中下游产业链一体化的中柬国家级农业经贸合作项目。2019年上半年,中国与柬埔寨先后签署了柬埔寨香蕉输华工作计划、柬埔寨杧果输华检验检疫准入的工作计划等;2019年下半年,柬埔寨新增4家输华香蕉企业、18家大米企业,至此具有出口中国资质的柬埔寨香蕉企业共有9家,大米企业总数达44家。2019年,柬埔寨大米出口总量为62万吨,出口中国24.8万吨,占总出口量的41%,与2018年相比增长了33.3%;同时,柬埔寨2019年全年香蕉出口量为15.8万吨,大部分出口中国,与2018年1万吨的香蕉出口量相比,实现历史大突破。

近年来,除中国北海外经公司外,云南国际公司、中国农垦集团、中国海外经济合作公司等中国企业在柬努力探索农业领域内的合作,进行农业综合开发。目前,除云南公司在试种我优质杂交稻及其他经济作物等方面取得初步成效外,其他农业合作项目均无实质性进展。除中资企业自身所具有的局限性外,一方面,是由于柬土地产权纠纷严重、各方面掣肘太多。上述有关中资企业均面临土地所有权、使用权纠纷,由于柬政府对全国土地的管理和调控能力较差,致使中资企业的土地纠纷问题长期无法解决,项目实施无法展开。另一方面,从事农业土地开发,就要涉及残林、疏林等的清除,会受到柬森林法的约束和有关非政府组织的干涉,对有关工作形成掣肘。

2.石油产品市场

柬没有自己的石油工业,产品全部依赖进口。目前,每年的石油产品平均消耗量为70万吨左右,大部分来自新加坡、泰国和越南。据估计,走私石油产品大约是合法进口量的20%。据报道,柬埔寨将建首个油井平台,其"石油梦"终于跨出了重要一步。随后可能会有相应工业的配套。

3.建材市场

柬建材市场大宗产品为钢材和水泥。柬目前尚无钢材生产企业,虽有水泥投资项目,但都因故未能投入生产运营。因此钢材和水泥全部依赖进口。近年来,柬建材市场钢材和水泥的年进口量分别为10万吨和70万吨左右。钢材主要来自中国,水泥主要来自泰国、印尼和菲律宾。柬有300多家经营建材产品的公司,多数规模小。目前柬市场经营钢材进口的企业主要为莱隆公司(私营)和首钢(柬埔寨)公司两家中资企业,其中前者进口产品约占柬市场的80%;水泥经营规模最大的企业是泰国一大水泥厂在柬设立的公司,主要进口泰国大象牌水泥,该公司年进口量约60万吨。

4.机动车辆市场

柬埔寨每年进口6万辆汽车,二手车占90%以上,二手车依然占柬埔寨汽车市场的主导地位。目前，汽车进口税占海关总税收的40%以上，柬埔寨每月进口5000～6000辆汽车。近10年以来，柬埔寨车辆爆发式增长，车辆的增多一方面反映了柬埔寨经济增长的良性现象，另一方面也带来了高居不下的交通事故、城市交通拥堵现象，以及空气污染等问题。目前，丰田汽车仍是柬埔寨民众的首选，占据了柬埔寨进口汽车60%～70%的市场份额。截至2018年底，柬埔寨全国共有80多万辆汽车和300多万辆摩托车。2017年共有423652辆车辆在运输部注册牌照，其中摩托车364343辆、汽车59309辆，同时还签发了91516张汽车驾照。

5. 家电市场

柬电力发展严重滞后，电价昂贵，全国可用上电的人口只有30%，而且集中在金边等中心城市，因此家电的普及率很低。市场上销售的主要家电产品大部分来自日本、韩国和马来西亚等。进入柬市场的中国品牌家电产品只有康佳彩电，且销售规模较小。中国康佳彩电的市场销售价仅相当于同等质量的日本索尼彩电价格的一半。柬经营家电产品的商家约有100家，另有相同数量的商家经营日本二手家电。二手家电对新家电的冲击很大，几乎占市场总额的70%。由于市场小，所有商家都无法售卖单一品种商品或品牌。经营家电的大批发商有两类，一类是正牌进口，另一类是走私。两者相互制衡市场价格，因此资本积累都比较慢。

6. 服装原辅料市场

柬目前有近200家纺织服装厂，其产品绝大部分出口美、欧市场，近两年其服装出口额达10亿多美元。据柬海关统计，柬每出口100美元的服装，需进口约63美元的原材料，其中80%以上来自中国。因此欧盟对柬埔寨的限制，将对该市场产生很大影响。

(二)对柬投资的有利和不利条件

1. 有利条件

为了吸引外商投资，柬政府制定了一系列的优惠政策，如可向CDC(柬发展理事会)申办投资执照和免税进口一切投资所需要设备和原料；对投资农业尤为鼓励，可向国家租赁70年至90年土地。劳动力价格低。柬埔寨的工人每月工资只需300～500美元。税收低，外汇进出方便，这对投资当地的外资企业而言也非常有利。外商赚了钱可自由汇出，市面上流通的货币除了柬币，还有美金、泰币等一切外币，包括人民币、法郎等，都可随时自由兑换而不受任何限制。出口税只有1%，外汇自由进出很方便。

2. 不利条件

柬埔寨资源贫乏，所需的原材料当地没办法提供，所以都必须从国内解决，时间差就是大问题。服装订单的时间一般很紧张，有些面料和颜色要凭肉眼看，不行的就要更换。原材料抵达柬埔寨至少需要22天，包括两边报关的时间、海运的时间等，加上在柬埔寨当地的加工时间，这样算下来，一个订单的交货期至少要45天，数量如大出自己的生产能力，还要面临寻找合作生产厂家的困难。

柬员工不适应中资企业的管理。存在劳动法与交运期加班发生冲突的问题。柬尽管国家穷，但劳动法很完善，劳工本身的劳动法意识很强，所以周末或节假日加班当地工人肯定不接受。比如，做服装出口抢时间很重要。由于休息时间长、法定假日多，对于比较紧张的交货期根本无法安排并做到。必须全面进入正规化的运行和管理，才能减少这些方面的问题。

(三)中国公司在柬从事经贸活动须知

(1)需要了解的是,柬埔寨属于世界上最不发达的国家之一,市场容量较小,人均收入低,购买力有限。进入柬埔寨应选择以既可当地销售又可外销的产品为主。

(2)柬市场对中国具有相对优势的商品如家电等的认知度尚不高,习惯用日本和韩国等国的进口产品。这方面尚需国内知名品牌、有实力的企业来柬埔寨开拓市场,打开销路。

(3)柬的外商投资环境仍不尽人意。法制尚不健全,办事效率低,治安环境差等都是导致许多投资失败的主要原因。中国企业来柬投资一定要慎重决策,做好相应的可行性研究,全面了解柬的投资环境,切不能操之过急,一拥而上,盲目下结论。

(4)柬吸纳外劳人员的主要行业为制衣业,尤以服装熟练技工和指导工为主,另有少部分是在服务业和建筑业。目前,柬埔寨外劳市场已日趋饱和。柬政府在使用外劳方面的原则是护国内民众的就业,只有柬埔寨缺乏的技术、管理人才,才能获准在柬埔寨工作。

(5)柬是我国外派劳务的市场之一。由于近年来中国劳务输出秩序和柬埔寨劳务市场较乱,各类劳务纠纷频繁发生。有关劳务人员在与劳务公司签订劳务合同时,应审查该劳务公司是否存有中国驻柬埔寨使馆经商处批复的《对外劳务合作项目确认申请》,如没有该文件,即可能有项目不实之嫌。

(6)有关劳务公司要严格按中国有关规定,在确保中国劳务人员合法权益和人身安全的前提下,积极稳妥地在柬埔寨开展劳务业务。

【本章小结】

由于多年战乱,柬埔寨国内基础设施大部分遭到破坏,工业薄弱单一,服务配套跟不上经济发展需要。在多个发达国家的援助下,其经济发展潜力很大,尤其是旅游业。为了吸引外资,柬埔寨实行宽松的投资政策,在"一带一路"的推动下,中柬经贸合作发展前景看好。

【关键名词或概念】

四角战略
柬埔寨的经济特区

【思考题】

1.柬埔寨的国家特色是什么?
2.柬埔寨投资环境的有利因素和不利因素是什么?
3.柬埔寨与中国经贸合作的重点有哪些?

第十二章 老 挝

【本章导读】

【本章导读】

本章简述了老挝的基本国情，介绍了该国的地理环境、政治环境、社会文化环境、经济状况以及对外经贸情况；重点介绍了老挝的政治外交关系、宏观经济指标、基础设施发展规划和重点/特色产业；最后介绍了在"一带一路"下中国与老挝经贸往来的情况、中老经济走廊、中国企业投资老挝应该注意的事项等。

【学习目标】

本章重点要求学生理解掌握老挝的国家特色以及今后发展的方向；了解老挝与中国的经贸合作重点。

第一节 国情概况

一、概况

公元 1353 年建立的澜沧王国是老挝历史的鼎盛时期，1893 年澜沧王国沦为法国保护国，1940 年 9 月被日本占领，1945 年 10 月 12 日宣布独立。1946 年法国再次入侵，1954 年 7 月签署了关于恢复印度支那和平的《日内瓦协议》，法国从老挝撤军，不久美国取而代之。1962 年签订关于老挝问题的日内瓦协议。老挝成立以富马亲王为首相、苏发努冯亲王为副首相的联合政府。1964 年，美国支持亲美势力破坏联合政府，进攻解放区。1973 年 2 月，老挝各方签署了关于在老挝恢复和平与民族和睦的协定。1974 年 4 月成立以富马为首相的新联合政府和以苏发努冯为主席的政治联合委员会。1975 年 12 月 2 日宣布废除君主制，成立老挝人民民主共和国。

1986 年 11 月，老挝人民革命党"四大"根据老挝国情和国际形势，提出要推行革新政策，以此为标志，老挝进入革新时期。1997 年 7 月老挝正式加入东盟，1997 年申请加入世界贸易组织，1998 年成为观察国，2013 年 2 月 2 日正式加入世贸组织。2012 年 11 月，亚欧首脑会议在万象举行，这是老挝首次承办大规模国际会议，有 50 多个国家元首参会。

国名：老挝人民民主共和国(The Lao People's Democratic Republic)。

国旗：国旗旗面中间平行长方形为蓝色，占旗地一半，上下为红色长方形，各占旗地的四分之一。蓝色部分中间为白色圆轮，轮的直径为蓝色部分宽度的4/5。蓝色象征富饶，红色象征革命，白色图轮表示圆月。此旗原为老挝爱国战线旗帜。见图12-1。

国徽：呈圆形，由两束稻穗环饰的圆面上有具象征意义的图案——大塔是著名古迹，是老挝的象征；齿轮、拦河坝、森林、田野等分别象征工业、水力、林业；稻穗象征农业。两侧的饰带上写着"和平、独立、民主、统一、繁荣昌盛"，底部的饰带上写着"老挝人民民主共和国"。见图12-2。

图12-1　老挝国旗

图12-2　老挝国徽

国歌：《老挝人民颂歌》。

国花：鸡蛋花。

首都：万象。万象是一座历史古城，自16世纪中叶塞塔提腊国王从琅勃拉邦迁都于此后，一直是老挝政治、经济和文化中心。万象意为"檀木之城"，据传从前此处多檀木。万象位于湄公河中游北岸的河谷平原，隔河与泰国相望。由于城市沿湄公河岸延伸发展，呈新月形，万象又有"月亮城"之称。万象是老挝最大的工商业城市。市内各种寺庙、古塔处处可见。塔銮为老挝最著名的佛塔，塔身高大雄伟，金碧辉煌，是万象市的标志和东南亚重要名胜古迹之一。

二、地理环境

老挝是中南半岛北部唯一的内陆国家，北邻中国，南接柬埔寨，东接越南，西北达缅甸，西南毗连泰国。湄公河流经1900千米，国土面积23.68万平方千米。首都万象市属于东7区，比北京时间晚1个小时。老挝实行社会主义制度，人民革命党是老挝唯一政党。

全国共有17个省、1个直辖市。首都万象是全国的政治、经济、文化和科研中心。其他主要的经济中心城市包括位于老挝北部的古都琅勃拉邦市、中部的沙湾拿吉市以及南部占巴塞省的巴色市。

自然资源丰富，有锡、铅、钾、铜、铁、金、石膏、煤、盐等矿藏。迄今得到少量开采的有锡、石膏、钾、盐、煤等。水力资源丰富。森林面积约900万公顷，全国森林覆盖率约42%，产柚木、紫檀等名贵木材。

老挝属热带、亚热带季风气候。5月至10月为雨季，11月至次年4月为旱季。年平均气温约26℃，年降水量1250~3750毫米。

三、社会文化环境

老挝有 49 个民族，大致分为老泰语族（约占全国人口的 60%）、孟高棉语族、汉藏语族和苗瑶语族四大语族。根据 2018 年统计的人口普查结果，老挝人口总数 706 万。

官方语言为老挝语，英语正逐步普及，部分人会法语。资格较老的政府官员多会说俄语或越南语。近年来随着中老两国经贸合作不断加强，老挝国内出现了学习汉语的热潮。

老挝国民大多信奉小乘佛教，1961 年老挝宪法规定佛教为国教。最近的统计结果显示，有 65% 的老挝人信奉佛教。其主要禁忌也多与佛教有关。

在气候炎热湿润的老挝，人们的衣着打扮具有明显的热带风格，各民族的服饰各有特色，男人的服装比较简单，妇女则喜欢穿筒裙。泼水节（佛历 5 月，公历 4 月 13—15 日）又称"宋干节"或"五月节"，是佛历新年，相当于中国农历的春节，是老挝民间最隆重的节日。

老挝学制为小学 5 年，初、高中各 3 年。现有 3 所大学，位于首都万象的老挝国立大学前身为万象师范学院；于 1996 年 11 月与其他 10 所高等院校合并而成，有 8 个学院。近两年，老挝南部占巴塞省、北部琅勃拉邦省的国立大学分校相继独立，被正式命名为占巴塞大学和苏发努冯大学。中老两国于 1990 年开始互派留学生和进修生。2009 年，中、老两国共同批准创建老挝苏州大学。老挝是中国对外提供奖学金人数最多的国家之一。

老挝的医疗卫生事业逐年发展，国家职工和普通居民均享受免费医疗。截至 2018 年，老挝拥有医院 165 所，其中省属医院 17 所、县级医院 135 所，卫生站 1020 所，私立医院 15 所，全国共计床位约 8000 张，私人诊所约 1000 所。老挝最大的医院为万象玛洪索医院，属于公立医院性质，床位 450 张，医务人员 1040 人，开设 13 个科室。2018 年，该医院的年门急诊量约 11 万人次，出院量约 2 万人次。

第二节　经贸发展

一、经济

2019 年，老挝工业增长从 2018 年的 8.0% 小幅升至 8.1%，主要是因为基础设施的不断完善和发电量的增加。由于农业生产复苏，发电、建筑和旅游相关服务强劲增长，老挝的经济增长将比较稳定。

2018 年，在全球经济放缓，国际矿产品原材料价格大幅下降，老挝矿产品出口遭受较大损失，国内连续遭遇水灾等自然灾害的背景下，老挝 GDP 年度增长率从 2017 年的 6.89% 降至 6.25%。据老方统计，2014—2018 年，老挝 GDP 年度增长率呈持续下降的走势（见表 12-1）。

表 12-1　2014—2019 年老挝 GDP 年增长

年份	2014	2015	2016	2017	2018	2019
GDP 年增长率/%	7.61	7.27	7.02	6.89	6.25	6.4
人均 GDP/美元	1998	2135	2308	2432	2567	2715

资料来源：老挝商务部。

2018 年老挝国内生产总值（GDP）达 181.31 亿美元，人均为 2567.54 美元，经济增长 6.25%。其中，农业增长 2.9%，占 GDP 的 15.9%；工业增长 7%，占 GDP 的 31.2%；服务业增长 7.9%，占 GDP 的 41.7%。2018 年老挝进出口贸易额达 112 亿美元，同比增长 16%，其中老出口 54 亿美元，同比增长 10.9%，进口 58 亿美元，同比增长 21%。老挝经济特区 2018 年进出口总额达到 6.79 亿美元，其中，进口额为 4.3 亿美元，主要进口商品为原材料、机械、生产设备和基建设备等，出口额为 2.49 亿美元，主要出口商品为电子器材、眼镜、相机、服装、假发、玩具等。据统计，目前共有 592 家老挝国内外公司入驻各经济特区（其中 89 家为老挝国内公司，474 家为外资公司，29 家为合资公司），经济特区的发展为国家创造了 8105 个工作岗位，贡献了 1300 万美元的财政收入。

老挝为世界最不发达国家之一。1996 年老挝党"六大"提出，到 2020 年摆脱最不发达国家状态；2001 年老挝党"七大"确定了老挝国家长期发展规划的三个特别目标。2011 年 6 月，老挝七届国会一次会议通过了第七个五年（2011—2015 年）经济社会发展规划。"七五规划"期间，农林业增长 3.5%，占总量的 23%；工业增长 15%，占总量的 39%；服务业增长 6.5%，占总量的 38%；实现联合国千年发展目标，主动与地区和国际融合。2012 年正式加入世界贸易组织，2015 年完全加入东盟自由贸易区，为 2020 年摆脱最不发达状态打下坚实基础。2018 年，老挝政府总理通伦告知国会，2020 年前老挝很难从最不发达国家行列中脱离。最不发达国家的评定标准有三个：评估健康和教育目标的人力资产指数（HAI）、经济脆弱性指数及人均国民收入（GNI）。老挝通过了 HAI 和人均 GNI 指数，但是经济脆弱性指数尚未达到。联合国指出，如果老挝保持经济增速并在 2021 年达到上述指标，那么到 2024 年将正式把老挝从最不发达国家名单中删除。2019 年 11 月，老挝国会（NA）批准了《2020 年国家社会经济发展计划》，这是老挝 2020—2025 年的五年发展计划。其主要目标之一是将预算赤字缩小到 GDP 的 3.7%，力争在 2020 年将经济增长保持在 6.5% 的高水平。老挝政府还将采取措施，促进和支持老挝制造企业使用当地自然资源作为原材料，使产品增值。农村发展和减贫也被列为老挝政府支持的优先部门。政府还将沿着主要战略走廊促进投资，旨在将老挝从"陆锁国"转变为"陆联国"。

（一）第一产业

老挝以农业为主，工业基础薄弱。1986 年起推行革新开放，调整经济结构，即农林业、工业和服务业相结合，优先发展农林业；取消高度集中的经济管理体制，转入经营核算制，实行多种所有制形式并存的经济政策，逐步完善市场经济机制，努力把自然和半自然经济转为商品经济；对外实行开放，颁布外资法，改善投资环境；扩大对外经济关系，争取引进更多的资金、先进技术和管理方式。2016—2018 年，农业年平均增长率为 2.7%。农作物主要有水稻、玉米、薯类、咖啡、烟叶、花生、棉花等。全国可耕地面积约 800 万公顷，农业用地约 470 万公顷。由于极端天气、灌溉系统受损和蝗灾，农业、林业和农村发展部门增长缓慢。尽管如此，农业继续在老挝的经济中发挥重要作用，2018 年农业对经济的贡献率为 15.73%。2018 年，世界银行与老挝财政部签署农业合作协议。根据该协议，世界银行将提供 2500 万美元支持 224 个村庄约 28000 名农户提高农产品产量和质量，为农民带来更高的收益。

2019 年，老挝谷类产量 543 万吨，大米稻谷产量 403 万吨，玉米产量 160 万吨，甘蔗产量 22 万吨，柑橘类水果 10 万吨，咖啡 15 万吨，香蕉产量 94 万吨。根据农林部的数据，

2019 年上半年老挝的农业生产持续增长，农产品特别是蔬菜产量达 119 万吨，比 2018 年同期增长 19%。

农业和林业方面，老挝制定了《2016—2020 年农林业五年发展计划》，预期 2020 年在食品安全、商业化农业、林业领域有更大的发展。该发展计划包括 10 个行动计划，涉及包括食物的生产和食品安全、农作物、畜牧业、林业资源的管理、边缘地区的管理、基础设施、土地开发等。这 5 年老挝在农业和畜牧业的投资，如土地管理和开发、生产和食品处理的推广以及农业金融等实行优先安排计划。

(二) 第二产业

2016—2018 年，老挝工业年平均增长率为 10.4%。主要工业企业有发电、锯木、采矿、炼铁、水泥、服装、食品、啤酒、制药等及小型修理厂和编织、竹木加工等作坊。2018 年老挝工业增长 12%，远超预期的 8.7%，占国内生产总值（GDP）的 28.7%。

老挝能源矿产开发第 8 个五年规划（2016—2020 年）强调，能矿业发展坚持社会主义市场经济方向，把发挥老挝比较优势和加强国际地区合作结合起来。重视解决电力生产和电网建设发展不平衡问题，加快北部电力主产区的电网建设，通过将政府投资转变为 BOT（Build-Operate-Transfer，建设—经营—转让）模式解决电网建设资金短缺问题，推动更多电力销往泰国和缅甸。加强对运营电站特别是即将投产电站的安全检查工作，调整工业和农产品加工等领域电价，确保老挝电力不会过度亏损。矿业发展要继续贯彻矿石开发加工和矿成品出口结合的方针，取代原矿出口。目前，第 8 个五年规划（2016—2020 年）执行良好，能源矿产业发展顺利。在电力方面，目前老挝共有 78 座水电站，装机容量 997.2 万千瓦，年发电 522.11 亿度。此外还有 1 座火电站、4 座生物发电站、5 座太阳能发电站和 4 座风力发电站，全国输变电线路共 65563 千米。共计出口 645.7 万度电，其中向泰国、越南和缅甸分别出口 562 万度、57 万度和 1 万度。在矿产领域，老政府共批准 193 家公司从事地质勘探和矿产开发，其中地质勘探公司 69 家，项目咨询公司 43 家，矿产开发公司 81 家。

水力发电是另一个促进经济增长的机会。水力发电支持其他领域的部门的发展，为其他部门发展提供电能，也为国家的发展提供资金支持。截至 2018 年底，老挝全国 61 个水电站已实现发电，总装机容量 7207 兆瓦，可满足国内需求并向泰国、越南、马来西亚、柬埔寨和缅甸出口富余电力。老挝现在在建水电站有 36 座。

制造业方面，2019 年老挝服装进出口额达 2.35 亿美元，其中向欧洲、亚洲、拉美和中东等地区 55 个国家出口服装 2.12 亿美元，前三大出口目的地国是德国、日本和瑞典；进口服装 0.23 亿美元，前三大进口来源国为中国、越南和泰国。

(三) 第三产业

老挝琅勃拉邦市、巴色瓦普寺已被列入世界文化遗产名册，著名景点还有万象塔銮、玉佛寺和占巴塞孔埠瀑布、琅勃拉邦光西瀑布等。革新开放以来，旅游业成为老挝经济发展的新兴产业。2013 年 5 月，老挝被欧盟理事会评为"全球最佳旅游目的地"。近年来，老挝与超过 500 家国外旅游公司签署合作协议，开放 15 个国际旅游口岸，同时采取加大旅游基础设施投入、减少签证费、放宽边境旅游手续等措施，使旅游业持续发展。据老挝官方统计，2018 年前 9 个月，老挝共接待外国游客 290 万人次，同比增长 3.2%，其中，来自中国的游客达 56.8 万人次，同比增长 35%；旅游收入 7.8 亿美元，同比增长 2.6%。近年来，老挝旅游业发展迅速，仅次于矿产业，已成为国家外汇收入的第二大产业。

旅游业是老挝主要收入来源之一，不仅带动经济增长，解决当地就业，同时带动服务和基础设施改善。2018 年旅游业为老挝人民提供了 114000 份工作，预计到 2028 年将创造 121000 份工作。同时，旅游业的发展带来了基础设施及相关服务的改善，包括公路、酒店、餐厅及机场等。2019 年 12 月 31 日上午，老挝在首都万象瓦岱国际机场迎来了 2019 年第 100 万位中国游客。

（四）基础设施

老挝是内陆国，基础设施比较落后，近年来政府加大对基础设施的投入，贯通南北的 13 号公路始终保持通畅，中心城市基础设施有所改善。目前已修建了 4 座连接泰国的跨湄公河大桥（万象—廊开、沙湾拿吉省—穆达汉府、甘蒙他曲—那空伯侬府、波乔会晒—泰国清孔）。2015 年 5 月 9 日，老挝、缅甸两国间第一座跨湄公河友谊大桥正式通车。

1. 公路

老挝全国公路里程 43604 千米，其中混凝土路 866 千米，柏油路 6496 千米，碎石路 15324 千米，土路 20919 千米。老挝全国没有高速公路，公路运输占全国运输总量的 79%。昆曼公路的贯通降低了中国与东南亚国家的陆路运输成本，有利于中国与东南亚国家的经贸往来。

2. 铁路

老挝现有铁路 3.5 千米，从首都万象的塔那凉车站通往老泰边境的友谊大桥，由泰国政府投资 1.97 亿泰铢修建，于 2008 年 5 月完工，2009 年 3 月正式通车。2014 年 12 月，中老启动铁路合作。

3. 空运

老挝全国有 7 个机场，首都万象机场能起降大飞机。国际航线有万象—昆明、万象—南宁、万象—广州、万象—常州、万象—曼谷、万象—仁川、万象—河内、万象—胡志明市、巴色—暹粒、万象—吉隆坡、万象—新加坡、琅勃拉邦—曼谷、琅勃拉邦—景洪、琅勃拉邦—成都，客运量为 44 万人次/年，货运量为 2 万吨/年。机场有万象瓦岱机场、琅勃拉邦机场和巴色机场等。

4. 水运

老挝的水路运输全长 3000 千米。湄公河在老挝境内全长 1800 多千米，流经 13 个省（市），沿湄公河有 20 多个小型码头，占运输总量的 18%。上湄公河部分航道整治后，旱季能通行 150 吨级船只，雨季能通行 300 吨级船只，下湄公河航段从会晒以下仍未畅通。

5. 通信

老挝基本建成全国通信网络，光缆分南北和东西走向，全长 6000 千米。固话容量 100 万门，移动电话容量 300 万门，3G 网于 2008 年开始投入使用，目前容量 28 万门。

（五）金融环境

老挝金融环境相对宽松，外汇管制逐渐放宽，为外国投资者营造了较好环境。目前，工商银行、中国银行已在老挝设立分行，富滇银行已成立合资银行，太平洋证券已成立合资证券公司。老挝货币为基普(KIP)。根据老挝外汇管理规定,基普为有条件兑换,鼓励使用本国货币,但在市场上基普、美元及泰铢均能相互兑换及使用。人民币仅在老挝北部中老边境地区兑换及使用。根据老挝外汇管理规定,在老挝注册的外国企业可以在老挝银行开设外汇账户,用于进出口结算。

老挝中央银行(老挝国家银行 BOL)负责监管老挝商业银行及金融机构。老挝现有 3 家国有商业银行,即老挝外贸银行(BCEL)、农业促进银行(APB)、老挝发展银行(LD);1 家政策性银行(NB);7 家私有银行,即 JDB、PSVB、ICB、IDB、STB、BYB、LCB;3 家合资银行,即老越银行(LVB)、老法银行(BFL)、老中银行(LCNB);3 家外资子行,即澳新银行(ANZV)、SACB、ACLEDA;22 家外资分行,即 BBL、SCB、KTB、TMB、AYBVC、AYBSV、PBBV、PBBSK、PBBSV、VITIN、MHJB、ICBC、SHB、MYB、PBBS、BOC、CIMB、RHB、CATHAY、FCB、MB、KB。

外汇储备方面,2017 年 1 月—2019 年 7 月,老挝的外汇储备量总体呈现下降趋势(见图12-3)。老挝外汇储备水平低,对外支付能力弱。此外,老挝金融风险指标评分较低,风险较高。老挝的银行业务涉及面较窄,银行业发展水平比较滞后,对投资的支持作用相当有限。老挝属于国际货币基金组织认定的重债穷国之一,政府财政收入和偿债能力有限。目前老挝公共债务已超 GDP 的 60%,其中外债占 GDP 的 53.34%,约 97 亿美元。

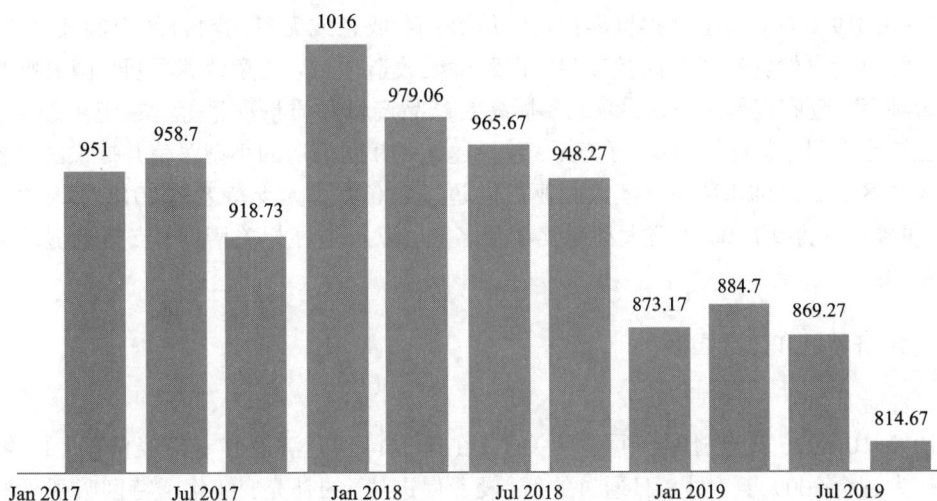

图 12-3 2017 年 1 月—2019 年 7 月老挝外汇储备水平(单位:百万美元)

2010 年 10 月 10 日,老证券市场在万象举行挂牌仪式,2011 年 1 月 11 日正式开盘。

三、对外经贸

老挝贸易便利指数在全球 190 个国家中从 2018 年的第 141 位下降到 2019 年第 154 位,在东盟国家中排第 9 位(第 10 位为缅甸)。

(一)对外贸易

老挝同 50 多个国家和地区有贸易关系,与 19 个国家签署了贸易协定,中国、日本、韩国、俄罗斯、澳大利亚、新西兰、欧盟、瑞士、加拿大等35个国家(地区)向老挝提供优惠关税待遇。主要外贸对象为泰国、越南、中国、日本、欧盟、美国、加拿大和其他东盟国家。1997年7月老挝正式加入东盟,成为东盟新四国之一;目前是中国—东盟自由贸易区(10+1)、大湄公河次区域(GMS)以及澜湄合作成员。2013年2月2日,老挝正式加入世界贸易组织。2018年老挝进出口贸易额达112亿美元,同比增长16%,其中老出口54亿美元,同比增长10%;进口58亿美元,同比增长21%。出口商品主要以矿产品、电力、农产品、手工业产品为主,进口主要是工业品、加工制成品、建材、日用品及食品、家用电器等。老挝设立了磨丁特区,计划将其打造成"老挝深圳"式的先行先试特区,给予了一系列的特殊优惠政策。由于老挝具有大量廉价的劳动力,经济比较发达的国家将成熟的技术转移至老挝,在老挝投资设厂,再将组装出口好的商品出口至世界各地,以此获得价格优势。

(二)外资

老挝的13个经济特区和经济专区在制造业、服务业、旅游业领域提供了丰富的商业机会和激励政策。老挝鼓励外商投资的领域主要包括电力开发、高附加值的农林商品生产和加工、养殖业、加工业、手工业和服务业。老挝自1988年开放投资以来,项目投资的资金日益增长。2017—2018财年,老挝吸收外国投资金额约16.7亿美元。项目投资主要在矿业、水电、农业、服务业、工业和手工业等领域。

2018—2019财年,老挝获得世界银行无偿援助、低息或无息的项目的金额共计3720万美元,主要包括自然灾害风险防控项目、道路桥梁改造项目、儿童营养项目、国家财政电子管理系统项目、政府官员能力建设项目、提高农产品产量和质量项目等。在卫生领域,日本援助老挝7个项目,总价值约41万美元,包括建5~10间病房的小型医院并提供医疗器材以及在受灾地区实施清洁水项目。澳大利亚提供超过800万澳元支持老挝2018年人力资源开发项目,内容包括新增100个澳大利亚奖学金名额,以及举办相关培训,支持老挝政府进行政策改革。

(三)经济特区和工业园区

1.经济特区

2010年10月26日老挝国会通过了关于《在老挝特别经济区和专门经济区》的政府令。该法令作为国会2009年7月8日通过的新《投资促进法》的补充,细化了特区吸引外资及管理的相关条款,将"老挝经济特区建设项目指导委员会"更名为"老挝经济特区管理委员会"(简称特管委)。特管委的主要职责为协助老政府研究制定特区相关政策、法规和发展规划。自2003年以来,老挝政府已经批准了3个经济特区和2个经济专区项目,即沙湾拿吉省的色诺经济特区、波乔省的金三角经济特区、南塔省的磨丁黄金城经济特区和万象市的挪通贸易工业园区、甘蒙省的普乔经济专区。上述5个经济特区和专区共占地1万多公顷,创造就业3000多个。目前政府正在审批的还有14个经济特区和专区,即万象市的东坡喜专区、会山专区、塔銮湖专区、赛萨坛专区;占巴色省的西潘敦专区、巴松菠萝芬高原专区、万道专区;甘蒙省的甘蒙黄金城专区;沙耶武里省的南横口岸专区;波里坎赛省的万坎开发区;华潘省的浓康专区;沙湾拿吉省的老堡边境贸易区;川圹省的石缸平原专区和波乔省的湄公河大桥桥头专区等。

(1)色诺经济特区。2009年由联合国工业发展组织和亚洲开发银行出资80万美元帮助老挝提高能力建设的项目。联合国和亚行之所以关注和帮助特区发展，是因为特区的发展具有示范和带动性，可以带动老挝的就业和摆脱贫困，实现联合国千年目标。只要利用好特区的优惠政策，做好服务和管理，就能推动特区的发展。

(2)金三角经济特区。2010年2月4日，老挝签署了《关于在老挝人民民主共和国博乔省墩鹏县设立金三角经济特区的活动和管理》的第090号总理政令，批准成立金三角经济特区，规定期限为99年(自2007年4月27日始)。范围包括金三角天堂827公顷、苏万那空佛教文化发展区2250公顷、班磨工业区150公顷、金龙山原始森林保护区7000公顷，共10227公顷。同时，老挝政府全面授权金三角经济特区行使特区的管理和开发权。

(3)磨丁黄金城经济特区。2014年4月，云南海诚实业集团与老挝政府签订合同，正式启动老挝磨丁经济开发专区项目。老挝政府划拨磨丁1640公顷土地交给海诚集团管理和使用，期限为90年。由云南海诚集团与老方委派人员组成老挝磨丁经济开发专区管委会，公司董事长出任管委会主席，负责地区的管理事宜。

2. 工业园区(仅介绍中国投资的园区)

(1)重庆(老挝)综合农业园区。该项目是2004年在时任国务院副总理吴仪和老挝国家领导人见证下，由重庆市政府与老挝万象市政府签署合作协议而成立的一个农业合作示范项目，园区开发总面积为5000公顷。老挝国家主席朱马里·赛雅颂曾于2008年12月底在万象市委书记宋巴·叶力赫和我驻老使馆潘广学大使等官员陪同下视察园区并充分肯定了园区建设成绩，希望尽快建成一个集人才培训、技术推广和旅游观光于一体的现代化综合农业园，为加快老挝社会经济特别是农业发展，为中老两国友谊与合作做出积极贡献。重庆市政府于2009年年初决定安排1000万元人民币扶持中国重庆(老挝)农业综合园区示范项目配套建设并于2019年7月10日将首笔资金50万元人民币划拨到位。

(2)塔銮湖专业经济区。该项目由上海万峰房地产有限公司投资，位于万象市塔銮湖周边，占地365公顷，总投资约128000亿吉普(约16亿美元)，拟在万象塔銮湖地区建成集文化、旅游、休闲、居住为一体的湖滨新城。2011年12月28日该公司与老挝政府签署了《塔銮湖专业经济区开发协议》。

(3)赛色塔开发区。2012年，中老签署《中华人民共和国政府和老挝人民民主共和国政府关于万象赛色塔综合开发区的协定》。该项目位于老挝万象市塞塔尼县东北部21千米新城内，开发区面积1000.06公顷。该项目运营主体为老中联合投资有限公司(简称LCC)。LCC由云南省海外投资有限公司(简称云南海投)与老挝万象市政府共同出资组建，公司股本总额为1.28亿美元，云南海投出资9800万美元，占股本总额的75%。优惠政策有：①普惠制政策。②老挝政府对投资者减免利润所得税及进口生产原料、设备和交通工具的关税，满足投资者在土地和自然资源以及生产劳务使用方面的需求，在居住和进出口方面也给予便利和支持。土地使用期限75年，视情况还可以申请更长的期限；生产类企业3～10年税收全免，视行业及投资额具体确定；服务类行业3～10年税收减半或更低；商业行为可单独注册，3年以上免税；一般税在免税期内全免；对外国人的个人所得税按5%的税率征收。园区提供一站式服务。

第三节　贸易和投资管理

一、贸易管理体制

(一)列入优惠关税目录的老挝商品名录

根据东盟自由贸易区原则,将所有商品进行自由贸易化分类。即将老挝的所有商品列入东盟自由贸易区规定的4大目录:①就地削减关税目录;②临时暂停削减关税目录;③敏感商品目录;④永久保护目录。由于临时暂停削减关税目录的实质是临时暂停削减关税,因此要求成员国必须改革,符合各项规范,具体包括满足宏观稳定的需要,确定法规销售体系,加强基础设施建设,开发人力资源等。

(二)关于就地削减关税目录(IL)

拟在老挝就地削减关税的商品共有1247种,根据获特别关照国原则(MFN),上述各项商品享受5%的关税率。1995年上述诸项的进口额约1800万美元,仅占从东盟进口总额的5%。而其出口额仅是老挝向东盟出口额的0.07%。老挝的出口商品几乎没有列入此项目录。

(三)临时暂停削减关税目录(TEL)

在约2126项商品目录中,就有在2001—2006年关税降至5%以下的水泥产品。列入此目录的各类商品总额为3.27亿美元或占老挝从东盟进口的84%,从东盟进口商品的平均关税率为13%。出口方面,此项共计7200万美元,占老挝向东盟出口的90%。

(四)敏感商品目录(SL)

敏感商品共88项,大部分是未加工的农产品。此外还有7项列入最敏感商品目录(HSL),这部分视作SL目录的补充部分。该目录的关税削减在1998—2015年随时进行。上述诸项总金额为700万美元,占从东盟进口额的2%,上述各类平均税率为10%。上述商品出口额为800万美元,占出口总额的10%。

(五)永久保护目录(GEL)

列入该目录的各类商品共有90项,根据GATI第10条定义,各项又有差别。列入该目录的大部分商品是替代进口、拟在国内开发的商品,如纸张、卷烟、烤烟等。这些商品金额为3900万美元,占从东盟进口总额的10%,这类商品平均关税率高于37%,为东盟成员国关税收入的主要部分。此类商品大部分属已加工的食品、饮料和交通工具等。上述各项仅占老挝出口总额的0.04%。许多发达国家给予老挝出口上的优惠。例如,2003年7月1日澳大利亚商务部长宣布,即日起取消老挝的商品进口关税。老挝向澳大利亚出口的主要商品有服装和家具等,每年出口商品金额约150万美元。

二、投资管理体制

(一)老挝投资法

老挝 1998 年颁布了《外资法》，1989 年颁布了《投资法实施细则》，1994 年通过了新的《管理和促进外国在老挝投资法》，2001 年颁布了《投资法实施细则》。除了有关国家安全、环境、公民的医疗与文化事业以外，外资可以投资于任何经济领域与部门。老挝设有国家外国投资管理委员会。管理外国在老挝投资的常设机构是国内国外投资管理局。外国投资者在老挝投资须通过投资管理局"一站式"的审批。针对中小投资者，老挝还制定了一些新的投资政策，如简化投资审批手续。投资额低于 500 万美元的投资项目可以无须国家部门核准，直接接受地方政府审批，在 15～25 个工作日内可以完成审批手续。而须经国家部门批准的投资项目可在 45 个工作日内完成审批手续。实行优惠的税收政策。投资者可以享受 2～7 年的免税期，过了免税期，投资者还可以享受每年 10%～20% 的税收减免优惠政策。大幅度提升中小投资者在各个项目中的投资比重。在基础设施，特别是旅游方面的基础设施如道路、酒店等的投资比重最高可达 100%，而在旅游公司中的投资比重可达 70%。

老挝把投资区域分为三类，把投资产业分为一类优先鼓励投资的产业，如种植水果、咖啡、油料作物、大牲畜养殖、饲料加工厂、屠宰厂、粮油加工厂等；二类鼓励投资的产业，如水稻、玉米种植等；三类一般性鼓励投资的产业。在一类投资区进行鼓励的项目投资，属一类鼓励投资的项目，免除 10 年利润税；二类鼓励投资项目，免除 6 年利润税；三类鼓励投资项目，免除 4 年利润税。在二类投资区，属一类鼓励投资项目的，免除 6 年利润税；属二类鼓励投资项目的，免除 4 年利润税；属三类鼓励投资项目的，免除两年利润税。在三类投资区，属一类鼓励投资项目的，免除 4 年利润税；属二类鼓励投资项目的，免除两年利润税；属三类鼓励投资项目的，免除 1 年利润税。

(二)申请投资开办企业的有关手续

(1)以法人名义向老挝投资局提出书面申请，后附投资委提供的表格及相关文件。

(2)投资局接到申请文件后，在规定的时间内有权召集有关主管部门和相关省的部门对投资项目进行研究和统一意见，在决定同意批准投资项目后颁发投资许可证。

(3)获得投资许可证后，投资者可修建厂房、安装设备，并申请主管部门进行检查、取得营业许可证，再到税务局进行税务登记及到银行设立企业账户后，方可进行生产经营活动。

(三)劳务人员的管理

按规定，在老挝申请输入劳务的公司须办理以下手续。如申请公司是在老挝投资企业将须是有合法手续的投资企业、投资委签发的投资许可证、税务登记证、营业证等有关证件及需输入劳务人员数量申请书，递交老挝劳动和社会福利部下属的老挝就业服务公司；如是在老实施承包工程项目的公司，须有工程承包合同、项目业主开具的介绍信，由老挝就业服务公司补审后上报劳动部审批，批准后劳动和社会福利部签发劳务输入许可证。申请输入劳务的公司在劳务人员进入老挝后，须立即将护照交给老挝劳动就业服务公司，由该公司凭劳动部签发的劳务许可证到内政部移民局办理居住证，到劳动部劳动司劳务管理处办理工作证。

劳务输入公司向老挝就业服务公司支付服务费,每名劳务人员半年约为 50 美元,一年约为 80 美元。

(四) 对进出口商品实行管制的措施

一是采取禁止进口或出口措施。二是采取颁发进口或出口许可证管理办法。如对摩托车、汽车、水泥、钢材等商品进口实行许可证管理。三是禁止或限制部分商品的进口或出口经营。四是对进口商品的质量进行认证,包括数量、容量、体积、种类、品种、规格、商标、商品原产地证明等。五是采取其他便于管制进口和出口的必要措施。如商品平衡计划、关税等。老挝政府对本国采取较多的贸易保护政策,有 88 个关税目录的商品列为敏感商品,有 7 个关税目录的商品列为最敏感商品,这些商品大部分是未加工的农产品。老挝还将 90 项关税目录的商品列为永久保护商品,列入该目录的大部分商品是替代进口、拟在国内开发的商品种类,如纸张、卷烟、烤烟等,这些商品的平均关税高于 37%。由于老挝采取以上保护措施,中国产品很难进入老挝市场。1988 年 4 月老挝政府颁布《外国在老挝投资法》,1994 年 3 月又颁布修改后的《促进和管理外国在老挝投资法》,但直到 2001 年 3 月《促进和管理外国在老挝投资法实施细则》才出台。上述法规在实际操作中存在不少问题,优惠政策透明度不高,对外商的投资信心和积极性有影响。

三、老挝检验检疫

当前,老挝正努力建立科学的法规体系,以保障人民的药品和食品安全。

(一) 国家药品政策和国家药品法

通过制定合理的与时俱进的医药管理方面的法律、法规来确保成功地贯彻执行国家药品政策。国家药品政策的总体目标是通过获得药品和加强管理来治疗疾病,以改善老挝人民的健康状况。一是以公平的方式和合理的价格提供药品,重点考虑边远贫困地区的人口,优先治疗重点疾病。二是确保医护人员和消费者所用药品的质量、安全和疗效。三是在全国范围内推广传统药品。

(二) 国家食品安全政策

老挝卫生部的所有司、处的代表以及全体食品安全项目组成员参加了国家食品安全政策草案的讨论,并一致通过该草案。在 2006 年 1 月举行为期 3 天的研讨会上,来自不同部委和不同行业的食品安全的相关代表也受邀提交了书面评论。

老挝宪法(2003 年 5 月 28 日)第 25 条规定了健康保护的通则,这为食品安全和相关活动提供了法律依据。其他有关检验检疫的法律、法规有《药品和医疗产品法》《食品法》《农业法》《卫生、疾病预防与健康法》《环境保护法》《水与水资源法》《加工工业法》《商业法》等。

(三) 检验检疫的最新动态

在大湄公河次区域合作(GMS)的框架下,老挝通过并同意在泰国春梅和老挝 Wang Tao 执行《初步实施"柬埔寨、中国、老挝、缅甸、泰国和越南政府之间的关于跨境货物和人员运输便利化协议"及"三个附件"的备忘录》。为了消除关税征收障碍,老挝海关进一步提高关税管理现代化水平，在全国海关安装智能报关系统、东盟过境商品运输管理系统（ACTS）、旅游车辆监管系统、手续费智能收费系统等。同时，还在重点关口建立了国家"一站式"报关机构。

第四节　中老经贸发展

中老经贸合作增长很快。2019 年中国与东盟十个国家贸易按增速排序，老挝处于前 3 位，同比增长 17.4%；中国从东盟十个国家进口额按增速排序，老挝居第 3 位，同比增长 8.9%；中国向东盟十个国家出口额按增速排序，老挝居第 2 位，同比增长 29.6%。中国企业在"一带一路"沿线对 56 个国家非金融类直接投资中，老挝高居第 2 位。2019 年是中国与老挝建立全面战略合作伙伴关系 10 周年，10 年来双方合作得到深入发展。目前两国正在实施《构建中老命运共同体行动计划》。

一、进出口贸易

据中国海关统计，2019 年，老中贸易总价值达 35.4 亿美元，与 2018 年同期比增长 17.4%，其中，进口贸易价值为 16 亿美元，与 2018 年同期比增长 29.6%，出口贸易价值为 19.4 亿美元，与 2018 年同期比增长 8.9%（见表 12-2）。

表 12-2　2012—2019 年中老贸易统计

年份	贸易总额		中国出口		中国进口	
	金额/亿美元	同比/%	金额/亿美元	同比/%	金额/亿美元	同比/%
2012	17.28	32.8	9.37	96.8	7.91	-4.1
2013	27.41	59.3	17.20	84.2	10.28	29.8
2014	36.14	31.87	18.43	7.13	17.72	73.56
2015	27.81	-23.10	12.27	-33.39	15.54	-12.40
2016	23.38	-15.7	9.86	-19.6	13.53	-12.6
2017	30.17	28.6	14.27	44.5	15.91	17.0
2018	34.74	14.9	14.54	2.5	20.19	25.8
2019	35.4	17.4	16	29.6	19.4	8.9

资料来源：中国海关。

二、投资

21 世纪以来中老贸易保持稳步增长。近年来中资企业对老挝投资热情不断上升。中国在老挝的重要投资项目涉及经济合作区、铁路、电网、水电站、房地产和通信卫星等多个领域。中国目前是老挝的第一大投资国，在老投资项目达 785 个，投资总价值达 120 亿美元。中国主要投资老挝的矿产、工程建设、服务业、电力和农业方面。中方统计，2017 年中国是老最大外资来源国。截至 2017 年底，我国企业对老直接投资存量 66.5 亿美元。2018 年 1—8 月，中国企业对老新增非金融类直接投资 9.9 亿美元，增长 30.3%。2019 年 1—9 月，中国企业对老投资 7.1 亿美元，同比下降 33.9%。2019 年，中对老非金融类直接投资达 118 百万美元，位居东盟国家第 3，全球第 9。中老铁路是泛亚铁路中线的重要组成部分，项目总投资 505.45 亿元人民币，工期 5 年，预计 2021 年建成通车。中老铁路全线建成后，贯通昆明至老挝万象，有望带动老挝经济、旅游业发展。

三、工程承包

中方统计，截至 2018 年 8 月底，中方企业在老累计签订工程承包合同额 337.6 亿美元，完成营业额 229.1 亿美元。2018 年 1—8 月，中企在老新签工程承包合同额 6.9 亿美元，下降 17.5%，完成营业额 27.1 亿美元，增长 54.1%。2019 年 1—11 月中对老挝工程承包新签合同额达 18.8 亿美元，同比增长 25.9%。中对老挝工程承包完成营业额达 40.8 亿美元，位居东盟国家第 3，全球第 8。据中国商务部统计，截至 2019 年 11 月，中对老期末在外各类劳务人员达 24748 人，位居东盟国家第 2，全球第 7，其中工程承包项下期末在外人数达 22134 人，劳务合作项下期末在外人数达 2614 人。

四、老挝在"一带一路"上的区位优势

中国—中南半岛经济走廊是"一带一路"六大经济走廊之一。老挝就处于该走廊的始端。2009 年，中老建立"全面战略伙伴关系"。2013 年 12 月，连接泰国老挝的清孔—会晒大桥在正式通车后，被称为"黄金通道"的昆明至曼谷公路全线贯通。2015 年连接中国的老挝铁路开工，预计 2021 年通车，将帮助老挝向"内联国"转变。2015 年两国批准建立"中国老挝磨憨—磨丁经济合作区"，2015 年 8 月，中老双方签署《中老磨憨—磨丁经济合作区建设共同总体方案》。2016 年 4 月，该合作区正式获得国务院批复同意设立，成为中国西南方向建设的第一个跨境经济合作区。2017 年 3 月，双方签订了《中老磨憨—磨丁经济合作区总体规划》。"一带一路"的国际产能合作，有利于中老经贸合作进一步的发展。

2017 年 11 月，中共中央总书记、国家主席习近平在访问老挝时，双方一致同意打造中老具有战略意义的命运共同体。两国发表的联合声明中指出，要加快中国"一带一路"倡议同老挝"变陆锁国为陆联国"战略对接，落实好此访期间签署的关于加强基础设施领域合作的谅解备忘录，加快推进中老铁路等标志性项目，并以此为依托共建中老经济走廊。中老双方还签署了《关于共同推进中老经济走廊建设的谅解备忘录》《关于加强"数字（网上）丝绸之路"建设合作的谅解备忘录》《中老政府间科技合作协定》《关于共同建设中老现代化农业产业合作示范园区的谅解备忘录》《关于加强基础设施领域合作的谅解备忘录》《关于人力资源开发合作的谅解备忘录》《关于建立电力合作战略伙伴关系的谅解备忘录》《关于金融支持老挝中小企业发展合作的协议》等多个合作文件。

2020 年 1 月 6 日，中共中央总书记、国家主席习近平在人民大会堂会见老挝总理通伦，习近平强调，2021 年是中老建交 60 周年，两国关系进入承前启后的关键阶段。我们愿同老方一道，推动中老命运共同体建设，推进发展战略对接，加快中老经济走廊建设，扎实推进铁路、经济园区等大项目合作，促进人文交流，加强在国际和地区事务中的协调和配合，推动中老全面战略合作伙伴关系再上新台阶。

五、与老挝经贸合作中需注意的问题

(一)贸易方面

(1)随时了解老挝的贸易管理规定,了解老挝享受普惠制待遇的情况,利用好中国—东盟自由贸易区中老挝降税的步骤,灵活运用东盟签订的各自贸区的原产地规则,使用好原产地证,做好进出口贸易。比如:木材贸易中原木、锯材等禁止出口,只有木材制成品才能出口;矿产品贸易中原矿不能出口,必须半加工品以上才能出口;药材贸易中大黄藤须向老政府申请配额后方能出口等。2020 年,老方按中国—东盟自由贸易区进程完成全部降税。另外,对老援助和投资项目进入老挝的产品在实施期内可享受零关税。

(2)支付条件。2014 年老中银行在老挝万象正式营业,使中老银行之间的业务往来比以前方便了很多,但还是要注意规避汇率风险和信用风险等。

(3)商品质量和服务。由于老挝和泰国之间的文字、信仰、习俗、气候、地理条件相近,老挝公民容易接受泰国产品,中国产品要进入老挝市场必须了解泰国同类产品的质量、性能、包装等,尤其在商品包装的文字方面,以及在稳定供货及售后服务等方面,同时要注意使商品适应老挝炎热的气候。

(二)投资方面

在商务部、外交部发布的《对外投资国别产业导向目录》中,对老挝属于该目录的有:一是农、林、牧、渔业,有森林开发、谷物种植;二是制造业,有发电机等电气机械制造、电动工具制造、摩托车等交通运输设备及零部件制造、造纸及纸制品制造、农副食品加工;三是其他,有电力的生产和供应。老挝需要投资的项目有橡胶种植和加工,棉纺厂等级提升项目,种植甘蔗和制糖,粮食生产项目,养殖项目,贵重金属勘探和采掘项目,建材、家电、自来水管等生产项目。2019 年中国"一路一带"在老挝的新项目依然围绕水电、新能源开发,结合扶贫合作项目推进。在老挝投资,需要注意的主要的以下几点。

(1)客观评估投资环境。老挝的法律、法规基本齐备,但执行中存在有法不依、执法不严的问题,需注意法律风险。老挝社会总体稳定,少有暴力、恐怖事件,但对外国投资企业的偷盗、抢劫案件时有发生,需注意人身、财物安全。老挝人口少,市场小,难以规模化生产制造,大部分物品靠进口,成本相对高,投资经营中需注意成本调查、核算。老挝基础建设条件较差,工业基本不配套,造成物流成本高,运输时间长;煤炭严重缺乏;水电丰富,但电网建设跟不上,全国仍有六分之一的村不通电。老挝劳动力不足,且素质偏低,技能不高,当地雇员一般不愿加班加点,赶时间、工期的项目执行难度较大。

(2)适应法律环境的复杂性。近年来随着对外开放力度加大,各种法律都在修改完善之中,需不断关注最新法律、法规和政策的出台和修订,可聘用律师事务所和政府部门中的资深法律专家作为法律顾问,也可随时登门或电话咨询和请教。还需特别注意两点:①在同老政府签订投资协议中,老方承诺的优惠政策应有法律做依据,否则在执行中仍可能会出现争议;②老挝计划投资部为老方外商投资的统一受理窗口部门,但在实际运作中仍存在内部程序多、时间长的问题,因此需要有耐心并保持沟通,及时提供补充资料和解答有关问题。

(3)全面客观地了解老挝的优惠政策。老挝政府公布的外商投资优惠政策对不同行业、不同地区、不同贡献的企业有不同的标准,要全面、客观地了解优惠政策申报条件、时限等,做好科研调查,规避政策风险。进入经济特区、工业园区的投资企业,虽然可享受保税、免税的政策,但要自行解决"三通一平"等基础设施的建设投入,需要统筹评估利弊关系。

(三)工程承包与劳务

现老挝承包工程市场竞争激烈,在承揽业务时应注意以下几个问题:技术要求相当严格,难以清关运输较难,老挝熟练工人较缺乏,应找好当地代理,但不轻信"代理",多询问大使馆,并且选择不同的经营方式,注意规避支付风险。认真做好劳动成本核算。中国项目承建商需从国内带出劳务,就会涉及在老的居住证、就业证、多次往返证等,因证件费用昂贵,企业需认真核算成本。防范投资合作风险。要特别注意事前调查、分析、评估相关风险,事中做好风险规避和管理工作,切实保障自身利益。在劳务合作方面,应按老挝有关规定,在老挝申请输入劳务的公司办好相关手续。

【本章小结】

老挝是东盟国家中唯一的内陆国,"内陆国向陆联国转变"对老挝改变不发达国家意义重大。"一带一路"的中国—中南半岛经济走廊建设,加上国际陆海新通道建设、中老铁路2021年通车等,将推进老挝从内陆国向陆联国转变。老挝又是 GMS 和澜湄合作国家,在"一带一路"下,通过"中国老挝磨憨—磨丁经济合作区"、中老经济走廊等多个合作平台,老挝与中国的经贸合作将继续推进。

【关键名词或概念】

老挝的经济特区

中老磨憨—磨丁经济合作区

中老经济走廊

【思考题】

1. 老挝的国家特色是什么?

2. 老挝投资环境的有利因素和不利因素是什么?老挝与中国经贸合作应该注意哪些问题?

3. 中老铁路的建设,对老挝经济发展会起到什么样的作用?

4. 中老磨憨—磨丁经济合作区对中老经贸合作有何作用?

5. 中老经济走廊对中老经贸合作有何作用?

第十三章 缅 甸

　　本章简要介绍了缅甸基本国情，以及缅甸的经济特区、产业园区建设和国际区域合作情况；重点概述了缅甸经贸管理机构、经贸法律法规体系，以及"一带一路"倡议背景下缅甸与中国经贸往来的情况和发展趋向。

　　本章重点要求学生理解掌握缅甸的国家特色、产业发展及对外贸易的发展状况；了解缅甸在东盟国家扮演的角色；了解"一带一路"倡议背景下缅甸与中国的经贸合作重点。

第一节　国家概况

一、概况

(一) 简史

　　缅甸联邦共和国，简称缅甸，是一个历史悠久的文明古国，旧称洪沙瓦底。1044 年形成统一国家后，经历了蒲甘、东吁和贡榜三个封建王朝。1824—1885 年，英国先后发动了 3 次侵缅战争并占领了缅甸，1886 年英国将缅甸划为英属印度的一个省。1937 年英国又将缅甸从英属印度划出，由英国总督直接统治。1942 年日本军队占领缅甸。1945 年日本投降后，英国重新占领缅甸。1947 年 10 月英国被迫公布缅甸独立法案，并签订英缅条约。1948 年 1 月 4 日缅甸脱离英联邦宣布独立，成立缅甸联邦。1974 年 1 月改称缅甸联邦社会主义共和国。1988 年 7 月，因经济形势恶化，缅甸全国爆发游行示威。同年 9 月 18 日，以国防部长苏貌将军为首的军人接管政权，成立"国家恢复法律和秩序委员会"（1997 年改名为"缅甸国家和平与发展委员会"），宣布废除宪法，解散人民议会和国家权力机构。1988 年 9 月 23 日，国名由"缅甸联邦社会主义共和国"改为"缅甸联邦"。2008 年 5 月，缅甸新宪法在全民公决中获得通过。缅甸实行总统制，总统由议会选举产生，议会分民族院（相当于上议院）和人民院（相当于下议院）。总统为国家元首和政府首脑，同时还是包括三军总司令在内的国家国防和安全委员会的主席。三军总司令为各种武装力量的最高统帅，军队继续在国家民族政治方面发挥作用。缅甸实行多党制、市场经济制度，奉行自主、积极、不结盟的外交政策，不允许外国在缅甸驻军。2010 年 11 月 7 日，缅甸举行大选。2011 年 1 月 31 日，缅甸联邦议会召开首次会议，正式将国名改为"缅甸联邦共和国"，并启用新的国旗和国徽，选举瑞曼为人民院议长，钦昂敏为民族院议长；3 月 30 日，吴登盛总统及两位副总统正式宣誓就职。2011 年 4 月 1 日，军政府同民选政府顺利进行了权力交接。2011 年 10 月 18 日，总统颁布选举法修正案，昂山素季获得参选议员资格。2012 年 4 月 1 日，缅甸举行议会补选，昂山素季领导的民盟赢得多数补选议席，成为议会第一大反对党。2015 年 11 月 8 日，缅甸再次举行全国多党制大选，民盟以压倒性优势胜出。2016 年 2 月 1 日，缅甸新一届议会召开首次会议，选举吴温敏为人民院议长，吴温凯丹为民族院议长。2016 年 3 月 30 日，吴廷觉总统及两位副总统宣誓就职。昂山素季后被任命为国务资政，兼外交部部长、总统府部长。2018 年 3 月 21 日，缅甸总统吴廷觉在任期临近届满两年时突然宣布辞职，同日，缅甸联邦议会人民院议长吴温敏也宣布辞职。3 月 28 日，经过联邦议会选举，吴温敏当选缅甸新一任总统。2020 年 11 月 15 日，民盟在大选中获胜；2021 年 2 月 1 日，军队接管政府。

(二) 缅甸国家知识

国名：缅甸联邦共和国。

国旗：新国旗为黄绿红三色，中有白色五角星。绿色代表和平、安宁、草木茂盛、青葱翠绿的环境，黄色象征团结，红色象征勇敢与决心。白星表达坚强联邦永恒不坠的意义(见图 13-1)。

国徽：中心为一个由谷穗环绕的有 14 个齿的齿轮，上面绘有缅甸地图。谷穗两侧各有一个狮子，狮子被誉为缅甸的国兽，称圣狮，是吉祥的标志。顶端为一颗五角星，在其两侧和谷穗周围装饰着缅甸花卉；底部的饰带上用缅文写着"缅甸联邦"(见图 13-2)。

图 13-1　缅甸国旗

图 13-2　缅甸国徽

国歌：《我们热爱缅甸》。

国花：红龙船花(茜草科)。

国树：柚木。

重要节日：独立节，1 月 4 日；建军节，3 月 27 日；泼水节(缅历新年)，4 月 13 日。

首都：内比都。内比都以前是缅甸中部的一个县级城市，位于仰光以北 390 千米处，北距第二大古都城市曼德勒 320 千米，坐落在勃固山脉与本弄山脉之间锡唐河谷的狭长地带，北依山势，南望平川，周围都是丛林山区，战略地位重要。

二、地理、行政区划与人口

缅甸位于中南半岛西部,在西藏高原和马来半岛之间。东北与中国毗邻,西北与印度、孟加拉国相接,东南与老挝、泰国交界,西南濒临孟加拉湾和安达曼海。海岸线长 2832 千米。属热带季风气候,年平均气温 27℃。面积 676581 平方千米(相当于英国和法国的总和)。森林覆盖占总面积的 50% 以上。全国分 7 个省、7 个邦和 2 个直辖市。7 省是缅族主要聚居区,7 邦多为少数民族聚居地。

人口约 5370.84 万(截至 2018 年),共有 135 个民族,缅族人约占总人口的 68%。缅甸语为官方语言,各少数民族均有自己的语言。华人华侨约有 250 万人。佛教徒崇尚建造浮屠,建庙必建塔,缅甸全国到处佛塔林立。因此,缅甸又被誉为"佛塔之国"。千姿百态、金碧辉煌的佛塔使缅甸成为旅游胜地。

缅甸华人目前几乎涉及缅甸社会的各个领域,主要在商贸零售业、服务业、加工制造业、农林牧渔业等领域从事生产服务活动,缅甸华人经济是缅甸私营经济发展的重要动力。缅甸积极推行私有化、自由化和对外开放的经济政策,使中缅经贸关系不断升温,缅甸国家整体经济不断发展,缅甸华人经济也朝着更高层次的方向发展。

第二节 经贸发展

一、经济

缅甸经济发展相对落后,工业基础薄弱,水、电、公路、铁路、港口等基础设施不足,制约了经济的进一步发展,但矿产资源、森林资源、水力资源和海洋资源丰富,为其未来经济发展提供了良好基础。近几年缅甸经济呈较快增长态势。2010 年,缅甸国内生产总值仅为 495.4 亿美元,人均 GDP 为 979.05 美元。2018 年缅甸国内生产总值增长至 844.2 亿美元,人均 GDP 增长至 1571.91 美元。2010—2018 年国内生产总值及人均 GDP 年均增长率分别为 6.89%、6.1%。像成农业这样的生产行业及建筑业已获得加速发展,政府的改革方案使零售及大宗(买卖)交易情况好转。另外,工业及服务行业也推动了经济向前发展,在 2020—2021 财年其经济增长率有望达到 6.7%。

表 13-1 2010—2019 年缅甸宏观经济数据

年份	国内生产总值(GDP) /亿美元	GDP 增长率 /%	人均 GDP /美元	人均 GDP 增长率 /%
2010	295.41	9.63	979.05	8.88
2011	599.77	21.06	1176.24	20.14
2012	599.38	−0.06	1165.79	−0.89
2013	602.70	0.55	1162.33	−0.29
2014	654.46	8.59	1251.82	7.70

续表13-1

年份	国内生产总值(GDP)/亿美元	GDP 增长率/%	人均 GDP/美元	人均 GDP 增长率/%
2015	678.23	3.63	1287.43	2.84
2016	671.84	-0.94	1266.55	-1.62
2017	689.46	2.62	1291.54	1.97
2018	761.68	10.47	1418.18	9.80
2019	760.86	-0.10	1407.81	-0.73

数据来源:世界银行。

缅甸 2019—2020 年度财政预算数据显示,2019—2020 财年国内经济增长率为 7%。在 2019 年,因全球经济发展缓慢,该国的贸易和投资都受到了影响。国内运输业、旅游服务业发展前景看好。从领域来看,农业领域增长 2.5%,工业领域增长 8.6%,服务领域增长 8.1%。

缅甸政府正致力调整经济和产业结构,通过提高服务业和制造业占比,促进经济发展。根据缅甸计划财政部统计,2016—2017 财年缅甸 GDP 中,农业占 25.5%,工业占 35.0%,服务业占 39.5%;消费占 73.3%,投资占 33.1%,出口占 17.4%。2018 年,农业所占比重降至 24.56%,工业和服务业所占比重分别升至 32.29% 和 43.15%(见图 13-1)。

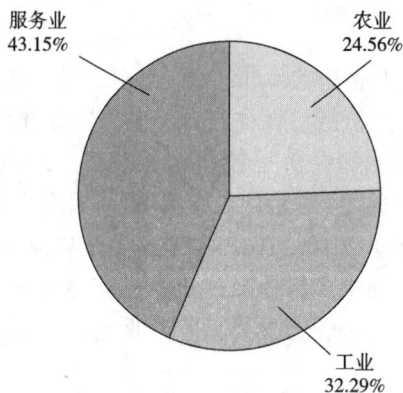

图13-3 2018 年缅甸产业结构

数据来源:世界银行。

2018 年 8 月,缅甸规划和财政部发布了《缅甸可持续发展规划(2018—2030)》。此计划重在创造高质量的就业机会,同时发展私营企业,作为环境意识和社会责任经济增长的引擎。这是一个长期规划,其和联合国《2030 年可持续发展议程》是一致的。根据该规划,缅甸在各个领域都有目标,它们和经济发展挂钩,包括和平,民族和解,安全与善治,经济稳定及加强宏观经济管理,创造就业及私营经济主导的增长,面向 21 世纪的人力资源与社会发展,自然资源及为子孙后代创造的环境。该计划包含 5 个目标、28 个战略和 238 个行动计划。缅甸联邦的 12 点经济政策和东盟经济共同体保持一致,包括经济稳定,创造就业机会,以私企为主导的增长。

（一）第一产业

农业是缅甸国民经济基础。目前，缅甸农村人口约占总人口的70%，其中大多以农业和畜牧业为生。可耕土地约1821万公顷，人均耕地面积4.8亩。净种植面积为1133万公顷，可浇灌耕地面积占净种植总面积的18.5%，尚有600多万公顷的空地、闲地和荒地有待开发。缅甸的主要农作物包括水稻、小麦、玉米、豆类等常规作物以及橡胶、甘蔗、棉花、棕榈等工业用作物。缅甸农业产品现在不仅是供应国内市场，而且还在积极扩大出口。近年来，豆类已超过大米成为缅甸出口创汇的最主要农产品。2017—2018财年，缅甸农产品出口额为13.24亿美元，其中豆类出口6.27亿美元，占到农产品出口额的50%以上，大米出口额紧随其后，约5.04亿美元。

（二）第二产业

缅甸现代工业基础薄弱，主要集中在纺织、印染、碾米、木材加工、制糖、造纸、化肥和制药等行业，其中食品及饮料行业多集中在稻米、食油、糖、盐等农产品加工制作，产品主要供当地市场消费。制衣业是本地制造业的代表，成衣制造企业超过200家。近年来，随着欧盟及美国相继对缅甸解除经济制裁，缅甸劳动力资源丰富且成本较低的优势不断凸显，加之欧美给予缅甸的普惠制待遇，以纺织制衣业为代表的劳动密集型加工制造业在缅甸蓬勃发展。2017—2018财年，缅甸纺织品出口额达25.59亿美元，约为2005—2006财年缅甸纺织品出口额的9倍。2020年，缅甸成衣制造业给缅甸全国创造了近150万个就业岗位。

（三）第三产业

1. 金融服务行业

缅甸已建立以中央银行为中心，以国营专业银行为主体，私营商业银行、外资银行分行等多种金融组织并存的银行体系。缅甸通过金融业的改革打破了由国家垄断银行业的局面。银行所有制形式包括国营、国家和私人联营、私营与外国经营。商业银行分支机构数逐年增长，每10万成年人拥有的商业银行分支机构数由2010年的1.53大幅增长至2018年的5.09（见表13-2）。目前，缅甸已开设了4家国有银行和28家私营银行。主要私人银行有妙瓦底银行、甘波扎银行、合作社银行、伊洛瓦底银行、亚洲绿色发展银行、佑玛银行、环球财富银行和东方银行等。在缅甸开设代表处的外资银行和信贷公司共有48家。缅甸政府于2014年10月1日首次为9家外国银行颁发牌照，有限制地准许外国银行经营业务。2016年3月，另外4家外资银行获得缅甸政府颁发的第二批银行牌照。目前获批在缅开设分行的外资银行共有13家。2019年11月7日缅甸中央银行发布了关于开放第三批外国银行执照申请的通知，开始接受第三次外国银行牌照申请。外资银行的开设可对缅甸经济金融领域的现代化进程发挥重要作用。

表13-2 缅甸商业银行分支机构数

年份	2010	2011	2012	2013	2014	2015	2016	2017	2018
商业银行分支机构数（每10万成年人）	1.53	1.68	1.86	2.74	3.39	3.36	3.40	4.70	5.09

数据来源：世界银行。

在保险服务方面，缅甸保险公司是缅甸唯一的国营保险机构，其任务是保护投保者和国内外企业主的社会及经济利益，提供人寿、航空、工程、石油天然气、伤残、旅游等30种保险。缅甸保险公司总部位于仰光，在全国各省邦建有39个分支机构。2019年4月5日，缅甸计划与财政部公布了"优先申请者"外资保险公司名单，允许英国保诚、日本第一生命、美国友邦、美国丘博和加拿大宏利保险公司等5家外国保险企业通过全资子公司在缅经营人寿保险。

在证券市场方面，2016年3月25日，缅甸首家证券交易所——仰光证券交易所正式开盘交易。2018年8月新缅甸公司法生效，外国公民可在仰光证券交易所购买缅甸国内公司股票。截至目前共有5家上市公司的股票可供交易：缅甸第一投资公司(FMI)、缅甸迪洛瓦经济特区股份公司(MTSH)、缅甸国民银行(MCB)、第一私人银行(FPB)及TMH电信公众有限公司(TMH)。2016年3月25日至2019年3月25日，仰交所证券成交总额为1177.8亿缅币(约0.78亿美元)，市场较为低迷。

2. 交通运输业

(1)公路。近年来，缅甸陆路交通有所改善，截至2017—2018财年末，缅甸公路总里程为4.19万千米，其中沥青路2.59万千米，碎石路3011千米，土路4491千米，货运量为113.9万吨。缅甸与中国、老挝、泰国、印度、孟加拉国接壤。连接中国与缅甸的公路主要有腾密公路。腾密公路缅甸段起点为云南腾冲与缅甸接壤的中缅南四号界桩，终点是缅甸北部重镇密支那，公路全部由中国援建。印度政府也将提供5亿美元经济援助，部分援款将用于修建连接印度、缅甸和泰国的三边公路，从印缅边境德木口岸途径曼德勒、内比都，最终抵达缅泰边境的妙瓦底口岸，公路全长约3200千米，预计将于2021年4月完工。

(2)铁路。截至2017—2018财年末，缅甸铁路全长6112.29千米，多为窄轨，有960个站点；拥有客车厢1021节、货车厢1838节。2017—2018财年客运量为4653万人次，货运量为179.9万吨。与周边国家互联互通方面，缅甸正规划推动中缅、缅泰、缅印互联互通项目，其中中缅铁路项目近期计划建设木姐—曼德勒段，目前已完成可行性研究，远期计划从中国瑞丽延伸至缅甸皎漂。

(3)水运。缅甸主要港口有仰光港、勃生港和毛淡棉港，其中仰光港是缅甸最大的海港。缅甸交通与通信部数据显示，内河航道约14842.6千米。2017—2018财年，缅甸进/出港船只总吨位分别为2673.3万吨和2687.3万吨；水路运输旅客达1002.4万人次。

(4)空运。缅甸全国有大小机场70余个，主要机场有仰光机场、曼德勒机场、内比都机场、黑河机场、蒲甘机场、丹兑机场等。仰光、内比都和曼德勒机场为国际机场。截至2018年底，缅甸已与20多个国家和地区建立了直达航线，缅甸国内大城市和主要旅游景点均已通航。主要国际航线可达曼谷、清迈、北京、昆明、广州、南宁、成都、西安、杭州、重庆、香港、台北、新加坡、吉隆坡、达卡、金边、河内、胡志明、加尔各答、达卡、首尔、多哈等城市。

3. 通信服务业

缅甸电信经营商共4家，分别是缅甸邮电公司(MPT)、卡塔尔电信公司(Ooredoo)、挪威电信公司(Telenor)和缅甸电信国际有限公司(Mytel)。缅甸邮局还与国内银行和移动支付行业(Mobile Money)合作经营金融服务，提供在线购物、预订机票和长途车票、快递等服务。缅甸通信业继实现从2G到4G的跳跃式发展后，继续保持高市场化、高竞争度的蓬勃发展态势。此外，缅甸投资 1.55 亿美元用于开发缅甸本国的卫星系统——Myanmar Sat-2 系统，并采用中国华为公司的技术和设备进行 5G 传输测试。

4. 旅游业

缅甸风景优美，名胜古迹多，主要景点有世界闻名的仰光大金塔、文化古都曼德勒、万塔之城蒲甘、茵莱湖水上村庄以及额布里海滩等。政府大力发展旅游业，积极吸引外资，建设旅游设施。根据缅甸酒店和旅游部统计数据，2017—2018 财年赴缅游客达 341.63 万人次，自仰光、曼德勒、内比都国际机场入境的中国游客为 9.84 万人次。据缅甸投资与公司管理局数据显示，截至 2017—2018 财年末，缅甸在酒店旅游业的外商累计投资 73 个项目，协议金额 30.26 亿美元。

二、对外经贸

(一) 对外贸易

缅甸的贸易伙伴主要是亚洲国家，外贸总额的 90% 来自与邻国的贸易。根据缅甸中央统计局最新数据显示，中国为缅甸第一大贸易伙伴，位居前 5 位的贸易伙伴依次为：中国、泰国、新加坡、日本和印度。2018 年缅甸贸易总额为 363.05 亿美元，同比增长 8.62%，占全球比重的 0.09%。出口总额为 167.95 亿美元，进口总额为 195.1 亿美元，贸易逆差约 27.15 亿美元(见表 13-3)。其中，主要出口农产品、畜牧产品、水产品、林产品、矿产品、工业成品及其他产品，主要进口石油与汽油、商业用机械、汽车零配件等。

表 13-3　2010—2018 年缅甸对外贸易情况

年份	商品出口/亿美元	商品进口/亿美元	贸易总额/亿美元
2010	86.61	47.6	134.21
2011	92.38	90.19	182.57
2012	88.77	92.01	180.78
2013	112.33	120.43	232.76
2014	114.53	164.59	279.12
2015	114.29	168.85	283.14
2016	118.31	157.05	275.36
2017	138.79	192.53	331.32
2018	167.95	195.1	363.05

资料来源：世界银行。

2018 年 10 月 1 日—2019 年 9 月 30 日外贸进出口目标为 311 亿美元，贸易逆差为 5 亿美元。截至 2019 年 7 月 5 日，缅甸进出口总额已达 266 亿美元，其中进口 139 亿美元，出口 127 亿美元，贸易逆差 12 亿美元。作为东盟成员国之一，缅甸近年来在不断与中国、泰国、新加坡、缅甸、印尼、越南等传统贸易伙伴稳步发展经贸关系的基础上，与韩国、日本、印度等国在投资贸易领域逐步扩大合作。由于缅甸通过了美国的普惠制（GSP）审查，已重新获得美国的普惠制待遇，缅甸有5000多种产品可以免税进入美国市场。此外，缅甸还是欧盟提供关税优惠的受惠国，除武器外，缅甸其他商品可向欧盟国家出口，并享受普惠制（GSP）待遇。

由于工业基础相对薄弱，产业也主要集中在第一产业，缅甸主要出口商品有天然气、大米、玉米、各种豆类、橡胶、水产品等初级农产品以及矿产品、木材、珍珠、宝石等资源密集型的初级矿产品，而进口商品有燃料、工业原料、机械设备、零配件、五金产品等制造业产品和一些生活用消费品等。缅甸启动了国家出口战略计划，实施期为5年（2015—2019年）。大米、豆类、油料作物、水产品、林产品、纺织产品、橡胶、旅游业等被列为重要出口鼓励商品，恰恰中国对上述产品进口需求量较大。该战略实施有助于实现缅甸政府减贫、农村地区发展、国民经济平衡发展等目标。

（二）投资

外来投资方面，2010年缅甸吸收外国直接投资净流入约9亿美元，2017年净流入达到40亿美元（见图13-4）。2018年1月，缅甸成立了促进营商环境委员会，以推动缅甸营商环境改善，提升国际排名。世界银行发布的《2020年营商环境报告》显示，缅甸营商环境在全球190个国家和地区中排名第165位，排名靠后。为进一步改善营商环境，缅甸政府采取了多项改革措施，如简化行政手续、放宽市场准入和提升金融服务水平等。

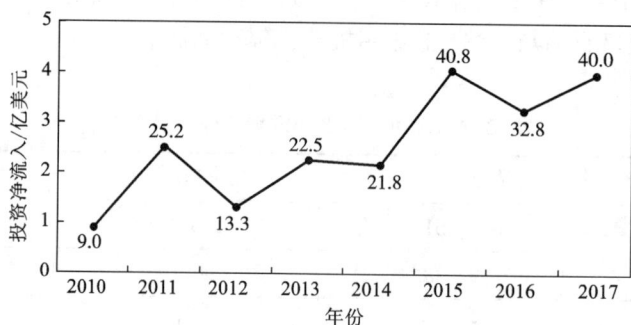

图13-4　2010—2017年缅甸外商直接投资净流入

数据来源：世界银行。

近年来，缅外国直接投资流入呈下降趋势。2017—2018财年（2017年4月1日至2018年3月31日），缅外资流入57亿美元，较上一财年减少9亿美元。缅2018—2019财年吸引外国直接投资58亿美元左右，与上财年基本持平。截至2020年1月，缅甸共批准了来自50个国家和地区的1943个外资项目，累计金额达839.64亿美元。据投资委之前公布的数据，自1988—1989财年以来，经投资委批准的外资项目，包括迪洛瓦经济特区在内共有1836个，外资金额累计达819.36亿美元。但正在运行的只有1489个，实际利用外资金额为672.23亿美元。过去30多年中，共有338个已获得投资委批准的项目被取消，金额达147.12亿美元。从30多年来的投资情况看，外资共涉及12个领域。其中，石油和天然气领域占27.04%，位居首位；电力领域占26.15%，位居第2；制造领域占14%；交通与通信领域占13%；房地产领域占7%；饭店与旅游领域占3%；矿业领域占3%（见表13-4）。从

2018 年的数据来看，共有 49 个国家和地区在缅甸的 12 个领域投资了 1470 个项目，总投资额为 760.28 亿美元。前五个累计直接投资来源地分别为：中国（199.50 亿美元）、新加坡（190.12 亿美元）、泰国（110.47 亿美元）、中国香港（78.11 亿美元）和英国（43.41 亿美元）。

表 13-4 缅甸吸收外商直接投资前五大行业分布

排序	行业名称	项目数	投资占比/%
1	石油天然气	154	27.04
2	电力	13	26.15
3	制造业	732	14.00
4	交通与通信	47	13.00
5	房地产	39	7.00

（三）经济特区与工业园区

1. 经济特区

缅甸目前正在推进土瓦经济特区、迪洛瓦经济特区及皎漂经济特区的建设。

（1）经济特区法。缅甸先颁布了第 2011/8 号法律《缅甸经济特区法》，又颁布了第 2011/17 号法律《土瓦经济特区法》。2014 年，缅甸将这两个法律合并，出台了新经济特区法。该法共 18 个章节，许多章节都比现行政策更为宽松灵活、更具吸引力。该法规定，特区土地使用年限为 50 年，期满后可延期 25 年；特区投资者从开始商业运营之日起 8 年内免除所得税，第 9 年到第 13 年减免 50% 所得税等。缅甸新的经济特区法有利于吸引投资，提升工人收入，增加国家税收，同时也有助于促进地方经济辐射性发展。《经济特区法》还规定了对投资者和投资建设者的优惠政策。投资者在免税区开始商业性运营之日起的第一个 7 年期间，免除所得税；在业务提升区开始商业性运营之日起的第一个 5 年期间，免除所得税；在免税区和业务提升区投资的第二个 5 年期间，减收 50% 所得税；在免税区和业务提升区投资的第三个 5 年期间，如在一年内将企业所得的利润重新投资，对投资的利润减收 50% 所得税。投资建设者在经济特区开始商业性运营之日超的第一个 8 年期间，免除所得税；在第二个 5 年期间，减收 50% 所得税；在第三个 5 年期间，如在一年内将企业所得的利润重新投资，对投资的利润减 50% 所得税。该法还对土地使用、保险业务等做了相关规定。

（2）土瓦经济特区。该特区主要由泰国公司开发。该项目于 2013 年因财政困难而被搁置，2015 年 7 月经过缅甸、泰国、日本三方协商才重新启动。2017 年 5 月，日本国际协力机构（JICA）开始重新制定土瓦经济特区项目总体规划。2018 年 9 月，缅甸工业部部长钦貌秋表示，缅甸经济特区中央委员会正与土瓦经济特区管委会就加快实施该特区项目进行谈判。该区内划分为 9 个区域，分别是高技术工业区、信息通信区、出口产品生产区、港口区、后勤运输区、科技研发区、服务区、二级贸易区、政府临时指定的区域。投资人在该特区内可从事的行业有①原料加工、机械化深加工、仓储、运输、服务；②投资项目所需的原材料、包装材料、机器零配件、机械用油可以从国外进口；③进出口贸易；④生产除药品和食品以外的产品，其他未达到质量标准但可以使用的产品，如果产品符合特区管委会的规定，可以在国内市场销售；⑤经特区管委会批准，投资人和国外服务商可以在特区内设办事处。在土瓦经济特区，缅甸及泰国政府和民间正在推进大规模港口和工业区的建设。

（3）迪洛瓦经济特区。该特区主要由日本公司开发建设，位于仰光省丁茵—皎丹镇区，2013年11月30日启动项目开工仪式，目前正抓紧施工。该项目由缅甸—日本私人企业及政府组织联合组建的"缅甸—日本迪洛瓦开发有限公司"负责实施。合资公司中缅方占51%股份，日方占49%股份。缅方股份中，迪洛瓦特区管委会占10%，缅甸私人企业联合体"缅甸迪洛瓦经济特区控股公共有限公司"占41%；日方股份中由3家企业组建的MMS迪洛瓦开发有限公司占39%，日本国际合作机构占10%。缅甸投资和公司管理局年报显示，2014年11月25日至2018年3月31日，共有105家公司在迪洛瓦经济特区投资15.2亿美元，其中制造业领域的81家企业投资12亿美元，贸易领域的6家企业投资1.11亿美元，服务业领域的8家企业投资9000万美元，交通运输和物流领域的8家企业投资7700万美元，住房开发领域的1家企业投资3000万美元，酒店领域的1家企业投资1200万美元。另据缅甸—日本迪洛瓦开发有限公司提供的资料显示，截至2019年5月1日，在签订土地预订协议的106家企业中，90家为外资企业，13家为合资企业，3家为缅甸本土企业。其中，104家已获得投资许可，89家已开工建设，70家已开始商业运营。入驻企业主要来自日本（54家）、泰国（15家）、韩国（8家）、中国（5家）、新加坡（5家）等国家。

（4）皎漂经济特区。2015年12月30日缅甸皎漂特别经济区项目评标及授标委员会在内比都宣布，由中国中信集团与泰国正大、中国港湾、中国招商局集团、中国天津泰达、中国云南建工组成的跨国企业集团联合体中标皎漂特区的工业园和深水港项目。皎漂经济特区位于缅甸西部的若开邦，濒临孟加拉湾，是缅甸政府规划兴建的三个经济特区之一。为开发皎漂经济特区，缅甸政府于2014年9月面向国际社会公开招标。2015年12月29日，缅甸联邦议会批准了皎漂经济特区的用地计划。2015年12月31日，中信集团联合体中标皎漂经济特区深水港和工业园两个标段。2017年4月，中缅双方在北京签订皎漂精金特区深水港和工业园区建设项目实施换文。皎漂特区工业园占地约1000公顷，项目计划分三期建设，规划入园产业主要包括纺织服装、建材加工、食品加工等。深水港项目包含马德岛和延白岛两个港区，共10个泊位，计划分四期建设，总工期约20年。2018年11月8日，中信集团董事长常振明和缅甸计划与财政部副部长、皎漂经济特区管理委员会主席吴赛昂签署了缅甸皎漂经济特区深水港项目框架协议。皎漂深水港项目将由缅中双方共同投资的缅甸公司以特许经营方式开发建设和运营，其中中方占股70%，缅方占股30%。皎漂经济特区的成功开发，将促进缅甸经济和社会的快速发展，改善当地人民的就业和民生。此外，在特区可以建深水港、钢铁厂、化肥厂、原油炼油厂、油气厂、火电厂、天然气发电厂等工业项目，从项目所在地通往边境地区的公路、铁路，输变电线路、油气管道，包括住宅、旅游景点和度假设施在内的基础设施，以及经管委会批准的不违反现行法律的其他经济项目。

2. 工业区

缅甸为鼓励私营部门从事制造业，培育产业集群，在全国各大城市及其附近地区建立了生产活动基地。缅甸现已建成60多个工业区，占地面积约101.17平方千米，另有7个工业区正在兴建中。其中在仰光省设立的工业区共有29个（东部10个，南部1个，北部18个）；在曼德勒省设立的工业区共有3个。主要的工业区有明加拉当工业园（MIP）、兰黛雅工业城（HTYIC）、缪达工业园新城（MIPC）等。兰黛雅工业城（HTYIC）是仰光最大的工业区，面积达 567 公顷，区内前五大行业是谷物（221 家）、盥洗用品（127 家）、食品（83 家）、服装（74 家）及建筑材料（28 家）。区内约有 50 家外商独资企业，其中中国公司和韩国公司各有 20 多家，位居前列。

3. 经济合作区

（1）中缅瑞丽—木姐跨境经济合作区。2017 年中国政府与缅甸政府正式签署《关于建设中缅边境经济合作区的谅解备忘录》，意味着中缅边境经济合作区建设在国家层面取得实质性进展。中缅瑞丽—木姐跨境经济合作区（以下简称中缅边合区）是以中国瑞丽和缅甸木姐各 300 平方千米，共计约 600 平方千米的范围共同构成跨境经济合作区，是立足滇缅、服务两国，面向东南亚、辐射南亚次大陆，集出口加工装配、进口资源加工、仓储物流、金融服务创新、服务贸易和边境事务合作功能为一体的综合型跨境经济合作区。

（2）中缅跨境电商产业园区。2016 年 12 月 16 日，首个中缅跨境电商产业园区在云南省瑞丽市启动建设。园区项目建设投资 8.5 亿元，旨在促进中缅贸易转型升级，推动中缅边贸产业迈上新台阶。中缅跨境电商产业园区的目标是实现"四个结合"：以跨境传统外贸存量和现有电商产业增量相结合；以瑞丽市姐告自由贸易区内存量与区外增量的跨境电商服务相结合；以瑞丽和畹町物流仓储中心存量与 B 类保税区国际物流中心增量相结合；以农村电商平台存量和跨境电商平台增量相结合。

（3）保山市曼德勒缪达经济贸易合作区。保山市—曼德勒缪达经济贸易合作区是曼德勒缪达工业园新城中的一个"园中园"，规划总用地 1905 亩，估算总投资 30 亿元，总建筑面积约 60 万平方米，主要建设标准厂房、仓库、产品展示中心、办公用房、生活用房、自来水厂及绿化等配套基础设施。合作区以纺织服装、小家电、汽摩配组装、食品加工、物流服务为主。2017 年 1 月签订了土地租用合作开发协议，租用年限 70 年。2017 年 7 月取得缅甸投资委员会（MIC）投资许可证。项目规划分期建设，先期实施项目占地面积约 551.88 亩，总建筑面积约 14 万平方米，主要建设标准厂房、仓库、员工宿舍等，现已完成备案工作。先期实施项目采用中长期出口卖方信贷融资模式投资开发，向中国出口信用保险公司投保，现已获得中国信用担保公司出具的担保函；中国建设银行云南省分行已通过银行贷款审批，贷款金额 5850.29 万美元。项目已开工建设，预计 2020 年底先期实施项目全部投入使用。自 2017 年 4 月合作区成立至今，已有 2 家企业入驻生产，8 家企业签订入驻协议，40 家企业达成投资意向。

第三节　贸易和投资管理

一、贸易管理

（一）主管部门

缅甸贸易主管部门为缅甸商务部，负责办理批准颁发进出口营业执照、签发进出口许可证、管理举办国内外展览会、办理边境贸易许可、研究缅甸对外经济贸易问题、制定和颁布各种法令法规等。下设贸易司和边贸司，边贸司在各边境口岸设有边境贸易办公室，负责办理边境贸易各种事务。缅甸私商须通过进出口贸易注册办公室领取营业执照，申领进出口许可证,并在国家政策许可范围内从事对外贸易活动。

(二)法规体系

现行与贸易管理相关的法律和规定有《缅甸联邦进出口贸易(临时)管理法》(1947年)、《缅甸联邦贸易部关于进出口商必须遵守和了解的有关规定》(1989年)、《缅甸联邦关于边境贸易的规定》(1991年)、《缅甸联邦进出口贸易实施细则》(1992年)、《缅甸联邦进出口贸易修正法》(1992年)、《缅甸联邦进出口贸易法》(2012年)、《重要商品服务法》(2012年)、《竞争法》(2015年)、《〈竞争法〉实施细则》(2017年)等。

(三)相关规定

1988年以来,缅甸政府实行市场经济,允许私人从事对外贸易,对外贸易实行许可证管理制度。1989年3月31日,缅甸政府颁布《国有企业法》,宣布实行市场经济,并逐步对外开放。缅甸政府放宽了对外贸的限制,允许外商投资,农民可自由经营农产品,私人可经营进出口贸易,并开放了同邻国的边境贸易。根据2015年启动实施的国家出口战略计划,缅甸优先促进6种出口商品和5种服务领域。6种出口商品包括大米、豆类与食油作物、水产品、纺织品、林业产品和橡胶;5种服务领域包括旅游、金融、经贸信息、质量管理和物流。缅甸商务部于2015年7月宣布对鲜花、豆类、水果、咖啡豆、胡椒、玉米、药品、畜牧水产与农村发展部允许出口的鱼类、服装、高价值水产品以及传统食品的出口无须再申请出口许可证。同时,还将取消化工产业及其相关物资、医用手术器械(须持卫生部证明)教学用具、油墨、相关化妆品的物资、轮胎配件、丝绸等商品的进口许可申请。2017年6月12日,缅甸商务部发布公告,允许外资企业从事化肥、种子、农药、医疗设备和建材等5类商品的贸易。2017年10月9日,缅甸政府重新批准活牛出口,标志着缅甸长达15年的活牛出口禁令被取消。2018年5月,缅甸商务部发布通告,允许外资企业在缅甸从事批发和零售业务(小型市场及便利店除外),但拟从事相关业务的外资企业需要向商务部申请相关执照。

(四)贸易壁垒

1. 关税壁垒

缅甸财政部于1996年6月1日起把进口商品商业税降为10%,从2004年6月15日起恢复征收原定的2.5%~20%的税率。恢复征收原有税率的商品中,部分重要商品继续适用10%以下的税率,如化肥、药品、计算机及其配件、汽油及柴油等。边贸方面,从2004年8月4日起也开始按上述税率进行。另外,东盟6个老成员国为了帮助缅甸等4个新成员国发展经济,根据AISP的优惠政策,对4国出口的商品,按产品分类部分降为零关税。缅甸出口泰国的460种商品的关税降至0~5%。2003—2004财年,缅甸共向东盟国家出口了价值13.26亿美元的商品,其中,对泰出口占80%,达10.5亿美元,主要是水产品、林产品和天然气等;泰国对缅甸出口了价值9880万美元的机油、食品及日用品。缅甸商务部规定,通过空运和水运对泰出口的商品,须向缅甸商务部贸易司提出申请,而边境贸易则须向边贸司或大其力、妙瓦底、高东、丹老等边贸管理站提出申请,经其商务部批准同意后,才能享受零关税待遇。

2.非关税壁垒

缅甸商务部1999年发布的(99)第9号通令规定,禁止经注册的进出口商和合作社按照正常贸易方式通过边境地区进口以下商品:味精、饮料、饼干、口香糖、蛋糕、巧克力、肉食及水果罐头、干面条、白酒、啤酒、香烟、新鲜水果、塑料家用品和日用品、据现行法律限制的其他商品。

不允许从边境地区出口的货物有:①农业产品,如米、碎米、糠、白糖、红糖、棕糖、花生、花生油、芝麻、芝麻油、豆渣、白菜、菜籽油、向日葵、葵花籽油、棉花和棉制品(纺纱)。②矿产品,如石油、宝石、金、玉石、珍珠、钻石、铅、锡、钨矿产、白钨、锡钨混合物、银、红铜、锌、煤炭和其他矿产品。③动物和动物制品,如象牙、水牛、黄牛、大象、马和珍稀动物、皮、碎虾米。④柚木、武器弹药、古文物、林产品、橡胶。

缅甸商务部1999年发布的(99)第10号通令规定,禁止经注册的进出口商、合作社按照正常贸易方式通过海运或边境地区出口以下商品。

(1)禁止按正常贸易方式(Overseas Trade)通过海运出口的商品有大米及其制品(大米、碎米、米粉丝和米糠等)、糖(白/棕/红)、花生和花生油、芝麻和芝麻油、花麻和花麻油、菜籽和菜籽油、葵花和葵花油、油枯、棉花和棉花制品(棉花、纱线)、石油、珠宝和首饰、金、玉、珍珠、钻石、铅、锡、钨、锡钨混合矿、银、铜、锌、煤、其他矿产品、象牙、水牛、黄牛、大象、马和珍稀动物、皮革、虾皮、武器弹药、文物、橡胶等。

(2)禁止按正常贸易方式通过边境地区出口的商品有大米及其制品(大米、碎米、米粉丝、米糠)、糖(白/棕/红)、花生和花生油、芝麻和芝麻油、花麻和花麻油、菜籽和菜籽油、葵花和葵花油、油枯、棉花和棉制品(棉花、纱线)、石油、珠宝和首饰、金、玉、珍珠、钻石、铅、锡、钨、锡钨混合矿、银、铜、锌、煤、其他矿产、象牙、黄牛、水牛、大象、马和珍稀动物、皮革、虾皮、武器弹药、文物、橡胶、柚木等。

3.限制进口措施

缅甸经贸部1998年4号通告规定,实行先出后进,进出口平衡。出口总价值的80%必须优先购买政府规定优先进口的物品(甲类货物),即工业原料及工业用辅助原料,剩下的20%才能购买商人想买的物品(乙类货物)。

(三)检验检疫

1.《缅甸植物检疫法》

缅甸进出口检验检疫工作由农业部主管。《缅甸植物检疫法》(1993年)规定禁止有害生物通过各种方法进入缅甸;切实有效抵制有害生物;对准备运往国外的植物、植物产品,必要时给予消毒、灭菌处理,并发给植物检疫证书。无论是从国外进口的货物,还是旅客自己携带的物品入境时,都必须接受缅甸农业服务公司的检查、检疫。任何人未取得进口许可证,都不准从国外进口植物、植物产品、细菌、有益生物和土壤。必要时对即将运往国外的植物或植物产品进行杀虫和灭菌工作,发给无菌证书。根据接收国的需要,规定进行检验的方法。《缅甸联邦对从事进出口贸易的最新规定》对进出口需要申报进行植物检疫的商品做了详细规定。

2.检疫证书

缅甸农业局农业与灌溉部的植保处依照植物病虫害检疫法负责签发植物卫生证书和进口

证书。植物卫生证书由仰光的总部、塔木和缪斯(Muse)办事处签发。最近缅甸根据 WTO 的要求已经开始采用电子证书。同时，也已开始采用国际植物卫生措施标准(1SPMs)第 15 条关于木质包装材料的标准，用于出口到欧洲国家和韩国的一些集装箱。现在，缅甸需要建立出口作物生产的非疫区，同时，在大湄公河流域和周边国家引入"一站式"检验的相关程序。

出口商品的植物卫生证书、从国外进口的植物和植物产品的进口证书由植保处的植物检疫科签发。缅甸农业服务局植保处对负责进出口商品的管理人员进行教育培训。

(四)海关管理制度

《缅甸海关进出口程序》(1991 年)对禁止进出口的物品做了详细规定，《缅甸海关计征制度及通关程序》对进出口关税、通关程序做了详细规定。与海关管理相关的法律法规还有《海洋关税法》(1978 年)、《陆地海关法》(1924 年)、《关税法》(1953 年)、《国家治安建设委员会 1989 年第 4 号令》、《商业税法》(1990 年)、《进出口管制暂行条例》(1947 年)、《外汇管制法》(1974 年)。

据缅甸海关总局消息，从 2016—2017 财年开始，缅甸海关改变以缅甸央行每日公布的美元参考汇率为基础的征税方式，而采用每周汇率为基础征税。每周汇率指的是把上星期缅甸央行所公布的美元参考汇率计算取平均价，每周更换一次。此举是为缅甸海关自动化清关系统(MACCS)做准备。该系统可有效提高海关工作效率，促进贸易发展，且对东盟单一窗口系统有很大帮助。

中国海关与缅甸海关正在推动输华产品零关税税目扩大事宜。目前，缅甸 95% 的输华产品享受零关税待遇，若此项协议达成，缅甸 97% 的输华产品将享受零关税待遇。

二、投资管理

(一)管理部门

缅甸投资委是主管投资的部门，主要职能是根据《缅甸联邦共和国外国投资法》和《缅甸公民投资法》的规定，对申报项目的资信情况、项目核算、工业技术等进行审批、核准并颁发项目许可证，在项目实施过程中提供必要帮助、监督和指导，同时也受理许可证协定时限的延长、缩短或变更的申请等。

缅甸投资委员会由相关经济部门领导组成，国家计划与经济发展部下属的投资和公司管理局主管公司设立及变更登记、投资建议分析及报批、对投资项目的监督等日常事务。

为了提高外商在缅的投资注册效率，缅甸于 2013 年在仰光、2014 年在曼德勒开设国内外投资注册等业务的一站式窗口。窗口单位有计划发展部、商务部、税收部、缅甸央行、海关、移民局、劳工部、工业部、投资与公司管理局、投资委等，主要为获准的国内外企业提供注册、延期及其他服务。

(二)投资领域的规定

2016 年 10 月颁布的《缅甸投资法》及 2017 年 3 月发布的《投资细则》对在缅投资有关事宜做出了规定，明确了可以投资或鼓励投资的项目。此外在 21 个领域对外商投资进行限制或禁止，如果外国企业拟从事限制或禁止领域的投资，须对国家和人民有利并经政府批准。

此外，缅甸政府不允许外国企业从事玉石、宝石相关矿业开采项目。投资项目须获联邦政府同意，并经投资管理委员会批准。

(三) 投资方式的规定

新外国投资法规定，外国企业在缅甸投资方式有独资、与缅甸国民或相关政府部门或组织进行合作、根据双方合同进行合作。1988 年外商投资法规定在所有的合资公司里，外商至少要占到本公司 35% 以上的股份，但新投资法并未对比予以规定。酒店以及房地产项目可以采取 BOT (建造—运营—转让) 方式，而自然资源的开发和开采则可以采用 PSC (产品分成合同) 方式。投资最低金额仍参照生产制造业 50 万美元，服务业 30 万美元的标准，具体由投资委根据投资项目行业和规模来确定。在土地利用方面，根据现行的缅甸土地法，任何外国的个人和公司不得拥有土地，但可以长期租用土地用于其投资活动。新投资法规定，土地使用期限为 50 年，并可视情延长 2 个 10 年。2018 年 8 月 1 日，新《缅甸公司法》正式生效。该法通过规范公司管理的相关规定，通过电子化公司注册流程来增加公司管理的灵活性和可靠性，且放宽了对外国投资者在本土的"缅甸公司"持股的比例要求。董事必须履行他们的职责，以确保公司得到妥善管理，符合公司利益相关者和股东的最大利益。

(四) 优惠政策

2012 年 11 月，缅甸颁布新《外国投资法》。2013 年 1 月，实施《外国投资细则》，大幅增加外商投资优惠政策，如外商可自行支配税后收入，通过涉外银行汇往国外；外商对土地使用年限最长可达 70 年；在鼓励领域，对外商实行税收优惠、免除关税、享受国民待遇和减免贸易税等政策。2014 年 1 月，颁布新《经济特区法》，大力推进土瓦、迪洛瓦和皎漂三个经济特区吸引外商参与规划建设。《外国投资法》提供了很多激励和担保措施。如：按照《外国投资法》批准的企业将享受 5 年免税期，其中包括企业开始商业运营的当年。如果企业申请，而且投资委认为项目符合国家利益，也可将免税期延长。为提高审批效率，加快审批进程，2017 年缅甸投资委员会公布了 10 个优先批准的投资领域。此外，缅甸投资委员会设在各省邦的分支机构有权审批投资额低于 60 亿缅币或 500 万美元的项目。

1. 行业鼓励政策

缅甸政府鼓励外商企业投资能够促进当地就业、增加出口、无污染的加工制造型企业。对于符合外商投资领域的加工制造业，外商企业可向政府或缅甸私营企业、个人租赁土地，在签订土地租赁协议后，直接向缅甸投资管理委员会 (MIC) 申请注册外资公司。一般情况下，在填报资料提交后 2 周，缅甸投资管理委员会 (MIC) 可给外商企业颁发外资企业注册执照。2017 年 6 月，缅甸投资委员会公布了鼓励投资的 10 个行业，欢迎国内及外国投资者在这些领域投资，并且对投资者提供必要的协助。这 10 个领域包括：①农业及相关服务行业，包括农产品加工业；②畜牧业及渔业养殖；③有助于增加出口的行业；④进口替代行业；⑤电力行业；⑥物流行业；⑦教育服务；⑧健康产业；⑨廉价房建设；⑩工业园区建设。

2. 地区鼓励政策

它主要是对特殊经济区域的规定及鼓励。缅甸规划建设的经济特区主要有缅甸南部德林达依省的土瓦经济特区、缅甸西部若开邦的皎漂经济特区以及仰光南部迪洛瓦经济特区。目前尚无保税区。缅甸于 2011 年 1 月颁布了《缅甸经济特区法》和《土瓦经济特区法》。为吸引外来投资,缅甸于 2014 年 1 月 23 日修订出台了新的《缅甸经济特区法》。

三、企业税收的相关规定

缅甸的财政税收由 5 个部所属的 6 个局管理,其财税体系包括对国内产品和公共消费征税、对收入和所有权征税、关税、对国有财产使用权征税 4 个主要项目下的 15 种税费。不同税收由不同部门管理,其中 89% 以上的政府各项税收由缅甸国家税务局管理。缅甸纳税实行属地税制,企业每月按照财税部要求纳税。

(一)主要税赋和税率

1.所得税

2016 年 2 月,缅甸颁布了《缅甸 2016 年联邦税收法》,并于 2016—2017 财年正式执行。依据新税收法,2016—2017 财年缅甸税收指标为 62197.58 亿缅元(约 48.6 亿美元)。其中,本国产品和国民消费的税收指标为 24869.39 亿缅元,收入所得税收指标为 23704.34 亿缅元,海关税收指标为 4750 亿缅元,自然资源开发税收指标为 8873.84 亿缅元。根据 2018 年颁布的《缅甸联邦税法》,年收入在 480 万缅元以下的个人无须缴纳所得税。

2.利润税

1976 年颁布《利润税法》,税基是私人公司和自营者的收入、利润、资本所得,《所得税法》没有征收项目的适用于该法,当选择两种税赋之一时,公民必须提供相关证明给当地财税部门。税率为 3%~50%。

3.商业税

1990 年制定了《商业税法》,代替了原来的货物和服务税法,适用于所有部门,它是在产品生产和销售过程中征收的税赋,既适用国内产品也适用进口产品。2015 年 4 月颁布的《缅甸税收法》修正案对一些特殊商品进行了新税法规定,免征贸易税商品共 102 种,主要为农副产品、特定部门用品及服务类行业等。除石油、天然气、柚木、硬木、玉石和珍贵宝石外,其他进口商品免征商业税。

4.资本利得税

在缅甸,通过销售、交换及转移资产所获得的收益应缴纳资本利得税。资产不仅包含土地、房屋、车辆,也包括股票、债券及契约等。除了在缅甸石油和天然气领域投资经营的公司,其他资本利得者,须缴纳 10% 的资本利得税。如果纳税人是在缅甸工作的外国居民,所得税应以外汇缴纳。

根据 2018 年《缅甸联邦税法》的规定,上述对石油及天然气行业征收的资本利得税仅适用于石油及天然气行业的上游企业。该行业的中、下游企业(如管道公司)处理资产时适用的资本利得税税率为 10%。

5.印花税

1935 年颁布了《印花税条例》,印花税包括确定(根据法院收费条例)和非确定(根据缅甸印花税条例)的印花税。缅甸政府对不同类型的、需要加盖印花的契约文书征收印花税。对于应纳税并以外币计价的合约,应将合约价值按缅甸央行发布的当日汇率转换为缅币之后计税。

第四节　中缅经贸发展

　　缅甸是中国与东盟以及南亚连接的重要枢纽，在共建"一带一路"倡议中占有独特的地理位置，是连接"21世纪海上丝绸之路"与"丝绸之路经济带"的关键节点国家之一。2011年，中缅宣布建立全面战略合作伙伴关系。中缅经贸合作有中国—东盟自由贸易区、大湄公河合作以及澜湄合作机制，是中国"一带一路"孟中印缅经济走廊和中缅经济走廊的连接支点。2018年9月，两国政府签署了《关于共建中缅经济走廊的谅解备忘录》。2018年底，为响应中国的"一带一路"倡议，缅甸成立了"一带一路实施委员会"。该委员会的职责是协调各政府机构落实缅甸与中国实施的"一带一路"合作项目，对"一带一路"合作项目给予指导，制定有关实施方案，呈报联邦政府，获取合法确认，将关于"一带一路"项目的需要磋商事宜及时汇报总统，组织专家团队对"一带一路"项目进行研究。该委员会共有27名成员，由国务资政昂山素季任委员会主席，第一副总统敏瑞任委员会副主席，委员会成员均为政府部长或省邦首席部长，旨在积极推进中缅经济走廊建设，深化各领域互利合作，推动中缅全面战略合作伙伴关系向前发展。

一、简介

(一)进出口贸易

　　中国为缅甸第一大贸易伙伴、第一大出口市场和第一大进口来源地。据中国海关统计，2018年中缅双边贸易额达152.4亿美元，同比增长13.1%，其中中国对缅甸出口105.5亿美元，从缅甸进口46.9亿美元，同比分别增长17.9%和3.6%(见图13-5)。缅甸对中国出口以初级产品、自然资源类商品为主，出口前五类产品分别是木及木制品、植物产品、矿产品、塑料制品和水产品，占缅甸对华出口总额的80%以上。近年来，缅甸出口中国的珠宝、贵金属及制品也明显增加。缅甸自中国进口的产品以制造业产品为主，进口前五类产品分别是机电产品、纺织原料及制品、贱金属及制品、车辆及部件、化工品，占自华进口总额的80%左右。

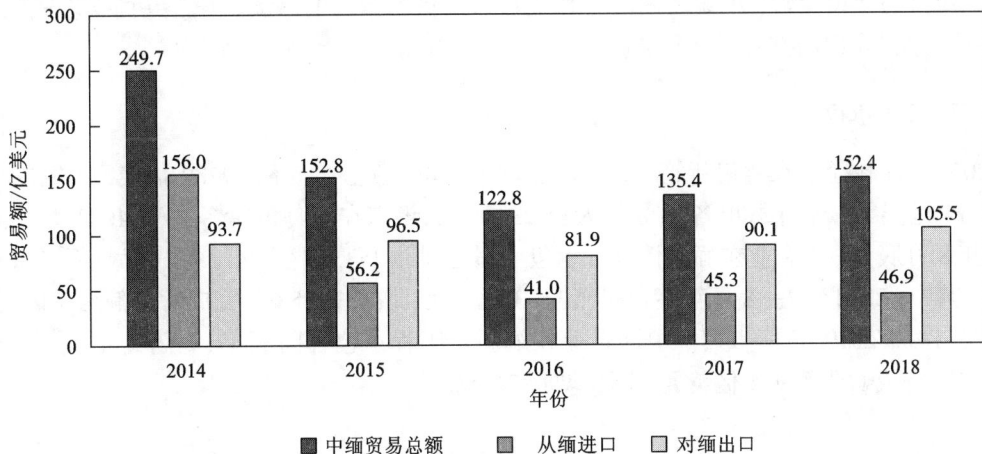

图13-5　2014—2018中缅贸易情况

从贸易方式来看,2018 年中国与缅甸的贸易方式以边境贸易(简称边贸)为主。其中,中缅边贸额为 67.5395 亿美元,同比增长 7.263%。5 个中缅边贸口岸中,木姐口岸的贸易额为 58.2882 亿美元,在中缅边贸中占比 86.302%,位居第一;清水河口岸的贸易额为 5.7209 亿美元,在中缅边贸中占比 8.47%,位居第二;雷基口岸的贸易额为 2.345 亿美元,在中缅边贸中占比 3.472%,位居第三;甘拜地口岸的贸易额为 1.1664 亿美元,在中缅边贸中占比 1.727%;景栋口岸的贸易额为 0.019 亿美元,在中缅边贸中占比 0.028%。

2019 年中国和缅甸进出口额是 1289.1 亿元人民币,同比大幅增长 28.5%,其中,出口 849 亿元,增长 22.1%,进口 440.1 亿元,增长了 42.8%。

(二)投资合作

中国企业对缅甸投资存量基本呈增长态势。截至 2018 年底,中国对缅甸直接投资存量 46.8 亿美元。中国目前对缅甸投资企业有 234 家,持股或境内投资者大部分是国有企业等大型企业,投资领域主要集中在油气资源勘探开发、油气管道、电力能源开发、矿业资源开发及纺织制衣等加工制造业等。投资项目主要采用 BOT、PPP 或产品分成合同(PSC)的方式运营。2018 年以来,中国和缅甸签署了一系列重要经贸合作协定,特别是 2019 年签署的《中缅经济走廊合作计划(2019—2030)谅解备忘录》《关于制定经贸合作五年发展计划》《缅甸与中国政府经济技术合作协定》等。作为共建"一带一路"在缅甸的先导示范项目和样板工程,中缅油气管道的起点位于缅甸若开邦城市皎漂,经云南省瑞丽市进入中国境内。其中,中缅天然气管道的缅甸境内段长 793 千米,中国境内段干线长 1727 千米。整条中缅天然气管线,从皎漂首站,经瑞丽计量站入境,途径西南地区的省会城市昆明、贵阳,最终到达广西的贵港末站。2013 年 7 月,中缅油气管道天然气管道正式投产输气,位于皎漂的天然气发电站也正式投产发电。2015 年 1 月 30 日,经过近 5 年建设的中缅原油管道工程,在缅甸皎漂马德岛举行试运行仪式,马德岛港同时正式开港。两项工程总投资约 24.5 亿美元,由中石油集团、缅甸国家油气公司共同出资建设,所占股份分别为 50.9% 和 49.1%,项目运营期为 30 年,设计年输量 2200 万吨。截至 2019 年 1 月 31 日,中缅油气管道项目累计为缅甸贡献直接经济收益 20975 万美元。项目用工累计超过 290 万人次,施工高峰期当地用工有 6000 多人。2019 年中缅油气管道天然气进口量突破 50 亿立方米。随着中缅经济走廊的提出及沿线标志性项目的建设运营,中缅之间的合作交流迈向更为紧密的崭新阶段,共商、共享、共建的"一带一路"合作助推两国互利共赢。

(三)工程承包

2017 年中国企业在缅甸新签承包工程合同 142 份,新签合同额 19.89 亿美元,完成营业额 16.14 亿美元;累计派出各类劳务人员 2343 人,年末在缅甸的劳务人员 4682 人。截至 2018 年 8 月底,中方企业在缅累计签订承包工程合同额 253.4 亿美元,完成营业额 176.8 亿美元。其中,2018 年 1—8 月新签合同额 11.3 亿美元,增长 77.5%;完成营业额 6.3 亿美元,下降 33.1%。2019 年 1—9 月,中国企业在缅新签工程承包合同额 47.7 亿美元,同比增长 238.1%;完成营业额 9.4 亿美元,同比增长 34.5%。

二、合作重点与注意事项

(一)合作重点

缅甸目前最需要投资的九大产业主要是轻重工业、服装纺织、水力发电、旅游休闲、教育行业、农林牧渔、医药卫生、基建交通和房地产业。中国企业到缅甸的主要投资领域为①道路和港口基础设施开发。其将继续成为连接中国西南部与缅甸的最有潜力的绿地项目。②纺织与服装。为获得欧盟和美国的普惠制优惠,在缅甸投资轻制造业可以获得服装等方面的优惠权益。投资潜在目标为酒店和娱乐服务设施以及旅游相关行业。

(二)注意事项

1. 贸易方面

应先确认缅方公司是否在缅甸商务部登记注册,具备取得《进口商注册证》或《出口商注册证》的资格(双方签订贸易合同后,缅方才能申请《出口许可证》或《进口许可证》)。进出口许可证未经缅甸商务部批准不得转让。目前缅甸的对外贸易主要以美元或欧元结算,结算方式主要是银行信用证和汇款。中国工商银行获准在缅甸设立分支机构,其为第一家中资银行经营机构,结算环境较之前已有较大改善,缅甸主流银行的信用证和汇款结算都可以正常进行。

2. 投资方面

缅甸法规有待完善,政策稳定性不足,给投资者带来许多不确定性。部分外国投资者为避开政策限制,借用缅甸人身份在缅开展投资经营活动。由于此类外国投资不受当地法律保护,因合作失败或与合作方利益纠纷而致外国投资者蒙受损失的现象时有发生。要考虑缅甸基础设施落后的情况。缅甸工业发展水平低,交通、通信等基础设施较为落后,电力供应不足,燃料短缺,给外国投资者带来了诸多不利影响。缅甸金融环境不佳,金融体制和服务相对落后,外商在缅甸当地银行融资难度大。缅甸的汇率和利率形成机制缺乏灵活性,对严重影响外商的投资收益有一定的不利影响。缅甸部分地区有安全隐患,要防范。随着来自其他国家的投资者的增多,面临的竞争压力将加大。要有应对居民及劳工不理性诉求的方案,对于劳动密集型投资项目,须妥善处理劳资关系,引导和管理好工会组织。对于涉及土地征用的投资项目,须充分做好调研准备工作,客观评估投资风险。

3. 承包工程方面

要充分挖掘市场潜力。缅方现大力发展基础工业,兴修水利工程,加大交通设施建设投入,合理开采石油矿产资源,经济社会发展有了较大起色,也给承包工程市场带来了巨大商机。

近年来,中资企业在缅甸的工程承包合作顺利发展,由于缅方资金困难,采用 EPC+F 模式的较多。中资企业相继中标了电站、火车站、房地产、通信设施以及输变电项目等工程建设项目。面临更加激烈的竞争,中资企业应利用自身优势,继续挖掘缅甸市场潜力,寻找新的合作机会。要与缅甸政府部门以及当地有实力、有影响的企业建立良好的合作与互信关系,帮助企业更加有效地开拓市场,并在项目实施过程中,获得对方的支持与配合,增强企业在缅甸承包工程市场上的竞争力。要尽量避免恶性竞争,多造福当地社会。中资企业在缅甸承揽项目,在追求经济利益的同时,应积极回报社会,参与社会公益活动,施惠于当地社会,同当地人民分享劳动成果,赢得地方支持。要实现长期、稳定发展,做好可行性研究,充分考虑困难与风险。在缅甸开展承包工程业务面临诸多特殊性和实际困难。缅甸基础设施不健全、国内物资匮乏、工业加工水平较低、缺乏质量管理标准和工业标准等客观因素增加了外国承包商在缅甸实施工程项目的不确定性。缅甸外汇储备短缺,政府对外支付工程款项需经过漫长复杂的审批程序,付款不及时或拖欠现象普遍存在。中资企业需充分考虑收汇风险以及汇率变动风险,减少损失。

【本章小结】

缅甸位于东盟北部,是从海上进入中国、印度和孟加拉国的入口处,对于中国的石油和天然气的运输具有重要的意义。通过缅甸进入云南,不仅可以减少上千海里的航程,而且可以避免马六甲海峡的潜在危险。缅甸是中国西南省份通向大海的捷径,也是泛亚铁路西线的必经之地。在东盟各国中,缅甸相对面积较大,人口也在不断增加,国内市场也在扩大。缅甸与中国有很长的边境线,有利于边境贸易的开展。在CAFTA、GMS以及澜湄合作等多重区域合作机制平台的推动下,在"一带一路"倡议下,尤其是中缅经济走廊合作的推动下,缅甸与东盟以及中国的经贸合作会更上一层楼。

【关键名词或概念】

《缅甸可持续发展规划(2018—2030)》
缅甸三大经济特区
中缅经济走廊

【思考题】

1. 缅甸的国家特色是什么,如何理解《缅甸可持续发展规划(2018—2030)》?
2. 缅甸投资环境的有利因素和不利因素有哪些?
3. 缅甸与中国货物贸易合作的特点有哪些?
4. 缅甸的经济特区建设遇到的问题主要体现在哪些方面?

【拓展阅读】

中缅经济走廊

2017年11月,中方提议建设"人字形"中缅经济走廊。它北起中国云南,经中缅边境南下至曼德勒,然后再分别向东西延伸到仰光新城和皎漂经济特区,将缅甸最落后地区和最发达地区连接起来,打造三端支撑、三足鼎立的大合作格局。作为"一带一路"倡议的重要组成部分,中缅经济走廊是我国在提出"六大经济走廊"后,第二次提出与单个国家建立经济走廊。

2018 年 9 月，中缅双方签署共建中缅经济走廊谅解备忘录，成立中缅经济走廊联合委员会，并根据行业设立 12 个工作组。同年 12 月，缅甸成立由国务资政昂山素季任主席、第一副总统敏瑞任副主席的"一带一路"实施领导委员会。委员会成员包括多名联邦政府部长及省邦首席部长，旨在积极推进中缅经济走廊建设，深化各领域互利合作，推动中缅全面战略合作伙伴关系向前发展。2018 年 10 月，中缅签署了木姐—曼德勒铁路项目可行性研究备忘录，相关工作已陆续开展；11 月签署的皎漂深水港项目框架协议，标志着双方合作进入新的阶段，该项目对改善地区互联互通、促进当地经济增长和增进中缅友好关系将发挥重要作用。

2019 年 2 月 18 日，缅甸"一带一路"实施领导委员会召开首次会议，委员会主席、国务资政昂山素季在会上表示，"一带一路"倡议不仅涵盖基础设施建设，而且涉及领域广泛，缅甸地处"一带一路"沿线，对缅甸和整个地区来说，参与"一带一路"都是有益机遇。2019 年 2 月 21—22 日中缅经济走廊联合委员会第 2 次会议及第 2 届中缅经济走廊论坛期间，中方根据中缅经济走廊规划提出了 24 个项目，缅方同意加快包括皎漂经济特区、克钦邦、掸邦边境贸易区 9 个项目的工作。2019 年 4 月第二届"一带一路"国际合作高峰论坛期间，中缅双方共同签署《中缅经济走廊合作计划(2019—2030)谅解备忘录》《关于制定经贸合作五年发展计划》《缅甸与中国政府经济技术合作协定》。2019 年，中缅双方在中缅经济走廊框架下，共同推动仰光产业新城、皎漂经济特区、中缅铁路等重大合作项目取得重要阶段性进展。

中缅经济走廊正在制定走廊总体规划和专项规划，未来中缅经济走廊建设将与《缅甸2030 可持续发展计划》配合，涵盖电力、道路、桥梁、电信、基础建设、农业、交通、研究和技术等领域，使中缅经贸合作跃上一个新台阶。

第十四章　东帝汶

【本章导读】

　　东帝汶民主共和国是21世纪第一个新生国家,目前还没有制造业基础和工业体系,基础设施薄弱,处于百业待兴状态。本章简述了东帝汶的基本国情、经济特色和对外经贸情况;介绍了东帝汶对外国投资的管理法规和相关优惠政策;重点介绍了东帝汶与中国经贸往来的情况。

【学习目标】

　　本章重点要求学生理解掌握东帝汶的国情和经济特色;了解"一带一路"下中国和东帝汶的经贸往来及合作发展前景。

第一节　国情概况

一、概况

(一)简史

　　16世纪前,帝汶岛曾先后由以苏门答腊为中心的室利佛逝王国和以爪哇为中心的麻喏巴歇(满者伯夷)王国统治。1512年,葡萄牙殖民者入侵帝汶岛。1613年,荷兰势力侵入,于1618年在西帝汶建立基地,排挤葡势力至东部地区。18世纪,英国殖民者曾短暂控制西帝汶。1816年,荷兰恢复对帝汶岛的殖民统治。1859年,葡、荷签订条约,重新瓜分帝汶岛。帝汶岛东部及欧库西归葡,西部并入荷属东印度(今印尼)。1942年日本占领东帝汶。二战结束后,葡萄牙恢复对东帝汶的殖民统治,1951年将东帝汶改为葡萄牙海外省。1960年,第15届联合国大会通过1542号决议,宣布东帝汶岛及附属地为"非自治领土",由葡萄牙管理。1974年4月25日,葡萄牙爆发"武装部队运动"推翻了独裁政权,开始民主化和非殖民化进程。1975年葡萄牙政府允许东帝汶举行公民投票,实行民族自决。1975年12月,印尼出兵东帝汶,1976年宣布东帝汶为印尼第27个省。1975年12月联合国大会通过决议,要求印尼撤军,呼吁各国尊重东帝汶的领土完整和人民自决权利。1982年联合国大会表决通过支持东帝汶人民自决的决议。1999年1月，印尼总统哈比比同意东帝汶通过全民公决选择自治或脱离印尼。5月5日，印尼、葡萄牙和联合国三方就东帝汶举行全民公决签署协议。10月，印尼人民协商会议通过决议正式批准东帝汶脱离印尼。1999年11月，东帝汶成立具有准内阁、准立法机构性质的全国协商委员会(NCC)。2000年7月成立首届过渡内阁。2001年8月举行制宪议会选举，9月15日成立制宪议会和第2届过渡内阁。2002年4月举行总统选举，东帝汶独立运动领袖沙纳纳·古斯芒当选。2002年5月20日，东帝汶民主共和国正式成立。目前东帝汶局势总体稳定。

(二)国家知识

国名：东帝汶民主共和国。

国旗：呈长方形，长宽比为2∶1。旗面为红色，左侧有一个黑色的等边三角形和一个黄色的等腰三角形重叠图案，黑色等边三角形上有一颗白色五角星。红色代表东帝汶人民争取独立自由的斗争，黑色的三角形代表必须击倒反启蒙主义，黄色的三角形代表东帝汶曾被葡萄牙、印尼等国殖民统治过的痕迹，中心有一颗稍微向左倾斜的小星星，代表引导着独立自由的光芒。见图14-1。

国徽：国徽中心图案源自东帝汶独立革命阵线旗帜，象征为取得独立而进行的不懈斗争。顶部是国名"东帝汶民主共和国"，两颗白星之间的字母是"东帝汶人民防卫"的缩写；底部饰带上为葡萄牙文："团结、行动、进步"。见图14-2。

图14-1 东帝汶国旗

图14-2 东帝汶国徽

国歌：《祖国，祖国，东帝汶，我们的国家》。

重要节日：建国日(5月20日，纪念2002年联合国向东帝汶移交政权，东帝汶正式独立建国)；独立公投日(8月30日，纪念1999年在联合国主持下就东帝汶独立问题举行全民公投)；独立日(11月28日，纪念1975年东帝汶单方面宣布独立)。

首都：帝力。位于帝汶岛东北海岸，是一深水港，面积达48.3平方千米，人口约30万；是全国政治、经济和文化中心，东帝汶80%以上的经济活动在此进行。

二、地理与人口

东帝汶位于东南亚努沙登加拉群岛最东端,是岛国。包括帝汶岛东部和西部北海岸的欧库西地区以及附近的阿陶罗岛和东端的雅库岛。西部与印尼西帝汶相接,南隔帝汶海与澳大利亚相望。国土面积14874平方千米,海岸线全长735千米。东帝汶境内多山,沿海有平原和谷地,大部分地区属热带雨林气候,平原、谷地属热带草原气候。年平均气温26℃,年平均湿度为70%~80%。年平均降水量1200~1500毫米,但地区差异较大。北部沿海地区每年5月至11月为旱季,12月至次年5月为雨季,年降水量500~1500毫米;南部沿海地区6月至12月为旱季,12月至次年5月为雨季,年降水量1500~2000毫米;中部山区年降水量2500~3000毫米。

据Countrymeters统计数据显示,2018年,东帝汶人口约132.25万,其中约30万人集中在首都帝力,占总人口的22.68%。东帝汶约91.4%的居民信奉罗马天主教,其余的人信奉基督教新教、伊斯兰教、印度教和佛教等;东帝汶土著人占大多数,78%为土著人(巴布亚族与马来族或波利尼西亚族的混血人种),20%为印尼人,2%为华人。东帝汶华人是东南亚国家中最小的华人群体,且主要聚集在首都帝力。

东帝汶主要矿藏有金、锰、铬、锡、铜等。帝汶海有储量丰富的石油和天然气资源,探明石油储量约1.87亿吨(约50亿桶),天然气约7000亿立方米。主要农产品有玉米、稻谷、薯类等。农业人口占总人口的90%,粮食不能自给。经济作物有咖啡、橡胶、椰子等。咖啡是主要出口产品。东帝汶多山、湖、泉、海滩,具有一定的旅游发展潜力,目前旅游资源尚待开发。

第二节 经贸发展

一、经济

东帝汶被联合国开发计划署列为亚洲最贫困国家和全球20个最落后的国家之一。2009年以来,东帝汶政局较平稳,社会治安状况持续好转,在石油产业的推动下,国民经济稳步发展。根据东帝汶统计总局数据显示,东帝汶国内生产总值(不包含石油收入)从2009年的7.27亿美元增长至2018年的15.69亿美元,年平均增长率为9.6%;人均生产总值从2009年的676.6美元增长至2018年的1237.1美元(见表14-1)。

表14-1 2009—2018年东帝汶宏观经济数据

年份	国内生产总值/亿美元	经济增长/%	人均GDP/美元
2009	7.27	12.1	676.6
2010	8.82	21.3	806.4
2011	10.55	19.6	947.5
2012	11.48	8.8	1013
2013	13.96	21.6	1210

年份	国内生产总值/亿美元	经济增长/%	人均GDP/美元
2014	14.47	3.7	1232.5
2015	15.97	10.3	1334.7
2016	16.56	3.7	1358.2
2017	16.1	-2.8	1294.7
2018	15.69	-2.6	1237.1

资料来源：东帝汶统计总局。

2019年12月，世界银行发布了2019年《东帝汶经济报告》。报告预测，2019年东帝汶经济增长4.1%，2020年经济增长5.7%。2020年东帝汶非石油产业增长4.6%，低于东帝汶政府预测的7.2%。

(一)第一产业

农业是东帝汶经济的重要组成部分，农业人口占总人口的90%，但东帝汶农业不发达，粮食不能自给。东帝汶在多个地区进行了河床整治，重整了灌溉系统，促进了水稻种植面积和产量的增加。主要的农产品有玉米、稻谷、薯类等，经济作物有咖啡、橡胶、椰子等，其中咖啡是主要出口产品。东帝汶年产咖啡7000~10000吨，咖啡是政府收入和外汇的重要来源。东帝汶50%以上的劳动人口从事农业活动，2018年东帝汶农业增加值占GDP的17.5%。

(二)第二产业

1. 采矿业

东帝汶主要矿藏有金、锰、铬、锡、铜等。帝汶海有储量丰富的石油和天然气资源，探明石油储量约1.87亿吨(约50亿桶)，天然气约7000亿立方米。该国80%以上的财政收入来源于油气收入。大阳升油气田是东帝汶未来开发的重点，已探明原油储量2.26亿桶，估值140亿美元；天然气约1452.65亿立方米，估值400亿美元。为从油气产业中直接获利，东帝汶正推动落实2011—2030年发展战略规划，南部石油城建设是其中的重点。为扩大油气收入，东帝汶政府2005年7月设立石油基金，2008年7月成立国家石油管理局。截至2019年6月，东帝汶石油基金滚存至174.5亿美元。

2. 制造业

作为一个极为年轻的国家，东帝汶没有工业基础，国内仅10%左右的劳动人口从事工业生产，主要从事纺织品生产、饮用水装瓶和咖啡加工等。2018年东帝汶制造业增加值仅占GDP的1.7%。

(三)第三产业

服务业是东帝汶经济的另一个重要组成部分，大部分服务业集中在帝力。2000年以后，由于国外援助不断涌入东帝汶，贸易、餐饮、旅店等为国际机构服务的行业都得到了较快发展。建筑业首先受益,其他相关行业的投资也迅速增加。东帝汶近40%的劳动人口从事服务业。2018年东帝汶服务业增加值占GDP的55.6%。

二、对外经贸

(一)对外贸易

根据东帝汶统计局公布数据,2018年,东帝汶对外贸易总额6.11亿美元,同比下降0.25%。其中进口5.65美元,同比下降3.91%;出口0.46亿美元(含再出口0.23亿美元),同比增长86.27%。贸易赤字5.19亿美元。根据东帝汶统计总局公布的月度数据显示,2019年东帝汶的进出口数额较上年有所增长,具体见表14-2。

表14-2 2014—2019年东帝汶进出口贸易统计

年份	进出口总额/亿美元	出口/亿美元	进口/亿美元	差额/亿美元
2014	5.9273	0.3907	5.5366	−5.14595
2015	5.2971	0.3844	4.9127	−4.52833
2016	6.7350	1.6180	5.1170	−3.49903
2017	6.1307	0.2486	5.8822	−5.6336
2018	6.1155	0.4630	5.6525	−5.18944
2019	7.5073	1.5374	5.9699	−4.4325

资料来源:东帝汶统计总局。(其中2019年数据由月度数据整理而来)

2018年,东帝汶主要进口来源地为印尼(1.59亿美元)、中国香港(0.79亿美元)、新加坡(0.76亿美元)、中国(0.65亿美元)、越南(0.25亿美元)、泰国(0.17亿美元);主要出口目的国为美国(639.3万美元)、加拿大(388万美元)、印尼(315万美元)、德国(220万美元)、中国(219万美元)、日本(105万美元)。

东帝汶的主要出口商品是石油(不经过本国出口)、咖啡等;进口货值前五类商品分别为成品油、汽车、纸或纸板制品、电气产品、机械及配件。2018年,东帝汶咖啡主要出口到美国、加拿大、德国、印尼、日本、葡萄牙、澳大利亚、新西兰、中国、韩国等(见表14-3)。

表14-3 东帝汶咖啡出口十大目的国

国家	数量/千克	金额/万美元
美国	1477740	631.08
加拿大	882000	388.04
德国	937200	219.84
印尼	2744080	202.06
日本	201272	104.74

续表14-3

国家	数量/千克	金额/万美元
葡萄牙	499200	95.96
澳大利亚	188572	79.8
新西兰	103236	47.02
中国	144000	34.78
韩国	68230	27.1

资料来源：东帝汶统计总局。

（二）吸引外资

2011 年，东帝汶国会审批通过《2011—2030 年中长期战略发展规划》，旨在推动经济自由化和提升竞争力，创建由私营经济主导的市场经济，为企业投资建厂创造条件，吸引私人投资，促进出口，发展国有企业，为国内外投资者提供投资鼓励措施。2012 年 8 月，东第5 届宪法政府履职后，采取积极务实的经济发展政策，国家建设步伐逐步加快，道路、机场、码头、市政、通信、农业设施等项目得以着手规划实施，为外来投资创造了更有利的环境。

根据联合国贸易和发展会议数据库显示，2018 年，东帝汶吸收外资流量为 0.48 亿美元；截至 2018 年底，东帝汶吸收外资存量为 3.65 亿美元。根据世界银行统计，东帝汶吸收外资的主要来源为新加坡、泰国、葡萄牙、澳大利亚、新西兰、英国、韩国和美国等，主要投资领域是旅馆、基础设施建设、咖啡种植和旅游等。

表 14-4 2012—2018 年东帝汶吸引外资流量和存量

年份	2012	2013	2014	2015	2016	2017	2018
流量/亿美元	0.39	0.50	0.49	0.43	0.05	0.07	0.48
存量/亿美元	2.44	2.84	3.16	3.50	3.46	3.39	3.65

资料来源：联合国贸易和发展会议数据库。

（三）东帝汶与东盟的关系

东帝汶是东南亚国家中唯一没有加入东盟的国家。目前东帝汶是东盟的观察员国，只能参加东盟的各种会议，没有表决权。据亚洲开发银行统计，尽管有石油和天然气带来的收入，东帝汶仍有近42%的人口生活在国家贫困线以下，该国只有45%的人口能用上电。据东盟今日网站报道，东帝汶唯一在产的气田会在 2020 年枯竭，东盟成员国地位所提供的长期经济安全对东帝汶新当选的联合政府而言十分重要。东盟成员国地位将推动东帝汶外来投资和旅游市场，缓解该国经济对油气资源的依赖。2019 年 5 月，东盟高官会（ASEANSOM）及相关会议举行了东帝汶申请加入东盟的第 7 次东盟协调理事会工作组会议，认为东帝汶要加入东盟，就要遵守加入东盟的各项条款与义务，其中最重要的是满足东盟有关政治—安全、经济和文化—社会等三个主要支柱的条件。这是新加坡等国反对的主要原因。另外还有两个主要问题：一是虽然东帝汶因拥有石油和天然气资源而无外债，但其却是人力资源严重缺乏的国家。二是在东盟所有成员国开设使馆也是加入东盟的主要条件之一，但受财力和人力困难的影响，东帝汶仅在印尼和马来西亚设有使馆。总之，东帝汶加入东盟已经得到大多数东盟成员国的支持，成为东盟成员国对它来说只是时间问题。

第三节　贸易和投资管理

一、贸易管理

(一)基本情况

目前，东帝汶法律体系还不完善，主要有 2006 年的《商业注册法》、2008 年的《税收和关税法》、2009 年的《餐饮业管理条例》、2011 年的《商业活动执照法》、2011 年的《食品产业化条例》、2011 年的《进口汽车管理条例》等。2017 年 3 月 27 号东帝汶国家议会通过了新《商业公司法》。此外，还有一些部长决议。

东帝汶鼓励货物进出口贸易，只要持有合法证明文件，办理海关清关等手续都比较方便。出口不征关税，进口关税平均 2.5%，只对少数产品实行关税限制。比如，对进口军火征收 200% 的关税，对进口豪华游艇或私人飞机征收 20% 的关税，对进口单价超过 7 万美元的小轿车征收 35% 的关税。

(二)检验检疫

东帝汶检验检疫的相关法律法规分别为 2003 年 12 月颁布的《进出口货物检验检疫卫生法》和 2006 年 9 月颁布的《检验检疫管理条例》。东帝汶检验检疫法律参照外国相关法律制定，内容较完备，包括了对活的动植物及相关产品的相关规定。东帝汶要求进口动植物需要出口国检验检疫部门出具检验检疫安全的证明等。东帝汶本国目前检验检疫条件还有很大的提升空间。

(三)海关管理制度

东帝汶海关管理方面的法律法规包括 2003 年颁布的《受海关管控的旅客携带入境物品的法律和税收适用规定》和 2006 年颁布的《关税条例》等。

二、投资管理

2009 年以来，东帝汶民主共和国总体上政局较平稳，社会治安状况持续好转。在石油产业的推动下，国民经济稳步发展。东帝汶重视吸引外资，政府也在不断完善国内法律体系以改善投资环境。自 2002 年建国以来，东帝汶已颁布实施了《劳动法》《私有投资法》《石油基金法》《石油活动法》《商业注册法》《进出口货物检验检疫卫生法》《矿产法》《环境管理法》《旅游法》《税务法》等一系列法律。

（一）投资方式和投资行业的规定

无论是本土企业还是外商投资企业，均可以普通合伙、有限合伙、有限责任或股份公司形式存在，除此之外，外国企业也可以注册成立本土分支机构。东帝汶政府鼓励外资与当地人合资(不是硬性规定)，但大部分外国人在东帝汶都采用独资方式。政府对外国人在东帝汶建设开发区、出口加工区或工业园区暂无特殊规定，也暂无有关外资并购安全审查、国有企业投资并购、反垄断、经营者集中审查等方面的法律。

根据规定，外国投资者可投资于除邮政服务、公共通信、受保护的自然保护区、武器生产与销售等由国家控制的领域以及法律禁止的其他活动(如犯罪活动和不道德的活动)以外的任何领域。

（二）税收政策

东帝汶政府在 2008 年对税收政策进行了改革，致力于将东帝汶打造成为世界上税收最低的国家之一。通过减税和简化税收手续，刺激国内经济发展，促进国内和外来投资，鼓励私有经济领域发展，并减轻低收入者的负担。东帝汶现有的主要税种有：

(1)劳务税。需缴纳劳务税的领域包括提供酒店服务、酒吧和餐馆服务、电信服务等 3 个领域，税率为 5%。如果提供以上服务的经营单位每月的发票总额低于 500 美元，则免税。

(2)消费税。东帝汶针对某些进口商品征收一定的消费税，如啤酒，每公升缴纳 1.9 美元；葡萄酒和其他发酵类饮料(如苹果酒等)，每公升缴纳 2.5 美元；酒精类酒，每公升缴纳 8.9 美元；烟草及烟草制品，每公斤缴纳 19 美元；汽油、柴油等石油制成品，每公升缴纳 0.06 美元；单价超过 7 万美元的摩托车和乘用车，超过部分征收 35% 的税；武器弹药，按应税额的 200% 纳税；香烟、打火机、烟嘴等，按应税额的 12% 纳税；私人游艇和私人飞机，缴纳应税额的 20%。

(3)营业税。其中进口到东帝汶的应税商品税率为 2.5%；在东帝汶销售的应税商品、在东帝汶境内提供的应税服务的税率为 0。

(4)进口税。进口税率为进口商品价值的 2.5%。部分进口商品给予免税待遇，如每人最多可携带 200 根香烟和 2.5 升消费类饮料，价值 300 美元的非销售目的个人用品等；根据相关国际公约，外交物资、联合国物资、特殊代表机构的物资免税；东帝汶出口产品在不增加价值的情况下复进口免税等。

(5)工资收入税。如果雇员是居民自然人，每月工资不超过 500 美元，免税；每月工资超过 500 美元，则超过部分按 10% 纳税。如果雇员是非居民自然人，按每月工资收入的 10% 纳税。

(6)所得税。新税法规定的应缴纳所得税的收入是指纳税人一年的总收入减去法律允许扣减部分后的收入。收入来源包括商业收入、财产收入、中奖收入以及任何可以增加经济能力的收入，除了工资收入算作工资收入税外，其他都应该成为应税收入。对居民自然人，年应税收入低于 6000 美元，免税；超过 6000 美元，税率为 10%；对于非居民自然人，税率为 10%。对于法人，税率为 10%，所得税纳税人允许每个纳税年度扣除资产和商业建筑的折旧，还可以扣除无形资产的分期摊还，抵减部分应税额。

(三)外国投资优惠政策

为了吸引外来投资,东帝汶政府出台了一系列的关税和营业税减免的优惠政策,如在不同地区投资,可免除一定年限的国有土地租金;又如,雇用当地劳工,可减免一定比例的应纳税额等。

(1)免除关税和营业税的有资本商品和设备;制造业所需原材料;半成品商品;应用于商品或提供服务等再生产用的组件和配件;用于为没有公共电力供应地区生产企业提供电力燃料(汽油除外)。

(2)免租金的国有土地和财产。乡村地区的项目免除 7~12 年的租金;Oecussi 和 Atauro 地区的项目可免除 9~15 年的租金。

(3)税收鼓励措施。外国投资企业每雇用 1 名正式的东帝汶员工,可减免 300 美元应纳税额,减税的期限根据投资地点的不同而不同。

(四)劳工输入管理

根据东帝汶有关法律规定,在东帝汶合法务工、经商者须持有工作签证。外国公民不得以旅游签证在东帝汶务工、经商。2014 年 12 月,东帝汶政府对工作签证规定进行了微调,要求申请者提前在国籍所在国办妥部分申请文件的公证和领事认证。

(五)经济特区

2013 年,东帝汶政府通过决议,在欧库西地区设立经济特区,除享受原有税收优惠政策外,还可享受一企一策的特殊约定优惠待遇。2014 年,东帝汶政府出台第三号法律,确定了把欧库西作为东帝汶经济发展的引擎及建立 ZEESM 经济特区的决定。2016 年 12 月,东帝汶国民议会批准《2017 年度财政预算》,向欧库西特区管理当局拨款约 1.72 亿美元,并批准给予特区管理当局以人、财、物方面的支持。目前,欧库西的有关道路、桥梁、机场项目已由印尼公司中标并进入施工阶段。

第四节　中东经贸发展

一、中东经贸合作

2002 年 5 月,东帝汶与中国签署了《中华人民共和国与东帝汶民主共和国关于建立外交关系的联合公报》。中国成为第一个与东帝汶建交的国家,并对原产于东帝汶的进口货物适用最惠国关税税率。自建交以来,双边经贸关系发展顺利,两国经贸合作联委会机制业已建立,经贸合作日益紧密,两国经贸合作已从援助合作扩大到投资与工程承包等多领域合作,且合作规模不断扩大,取得了不少新成果。2017 年 5 月,东前总统、前总理、时任规划与战略合作部长夏纳纳率团出席第 1 届"一带一路"国际合作高峰论坛,并且同中方签署"一带一路"合作谅解备忘录。近年来,东帝汶积极实施国家发展战略,推进经济多元化,这与我国"一带一路"建设高度契合,双方都在积极谋求拓展并深化各领域务实合作,实现更多互利共赢。中东经贸合作未来前景可期,大有可为。

(一) 贸易

中—东两国贸易额在 2003 年仅为 107 万美元，2015 年首次突破 1 亿美元，达 1.067 亿美元；2016 年中国成为东帝汶第二大贸易伙伴。两国贸易的一个特点是中国对东帝汶出口占贸易额的绝大部分。据中国海关统计，2018 年中东双边贸易额为 13500 万美元，同比增长 0.75%，其中中国向东帝汶出口 13200 万美元，比 2017 年略有增加；中国从东帝汶进口 301 万美元，同比增长 115%（见表 14-5）。中国对东帝汶出口的商品主要包括机电零部件、水泥、钢铁制品、陶瓷产品、纺织品、家具等。中国从东帝汶进口的商品主要包括机电零部件、农产品、木制品等。

表 14-5　2012—2019 年中国—东帝汶双边贸易额

年份	2012	2013	2014	2015	2016	2017	2018	2019
进出口总额/万美元	6315	4778.3	6044.8	10670	16448	13400	13500	16751
中国出口/万美元	6247	4738.6	6034.8	10600	16419	13260	13200	14295
中国进口/万美元	68	39.7	10	70	29	140	301	2456

数据来源：中国海关。

据中方统计，2019 年 1—9 月，中东贸易额为 1.227 亿美元，同比增长 42.6%。其中，中国对东出口 1.01 亿美元，同比增长 44.40%；自东进口 0.217 万美元，同比下降 9%。

(二) 投资

在投资方面，中国对东帝汶投资总体处于起步阶段，规模较小，且投资主体以民营企业和个体为主，国有大中型企业亦有参与。投资领域主要涉及餐饮、旅店、零售百货、五金建材、物流等。随着中资企业开展承包工程竞争日趋激烈，已有部分企业尝试在商业、农业领域进行投资，如投资建设高层商厦，开展农业产业园区建设，还有开展渔业捕捞合作，建设水产产业园等。东帝汶由于经济发展水平有限，尚无能力对中国投资。据中方统计，2019 年，中国企业对东投资 1630 万美元；截至 2019 年底，中国对东帝汶直接投资存量 8085 万美元。

(三) 工程承包

承包工程合作是中东经贸合作的一大亮点，中资企业以合理价格开展承包工程业务，既为东帝汶带来先进技术和管理经验，又为东帝汶节约了大量资金。目前，在东帝汶从事工程承包的中国企业有 20 余家，包括近 10 家中央企业。截至 2018 年底，我国企业累计在东帝汶签订承包工程合同超过 20 亿美元。其中，2008 年由中核 22 公司以 3.5 亿美元中标的东帝汶国家电网项目，是东帝汶建国迄今最大的政府投资项目。目前，该项目建设已完工并由中核 22 公司负责运营维护。2015 年初，由中铁国际中海外—中铁一局东帝汶联营体公司以 2.98 亿美元中标的东帝汶南部高速公路（苏艾高速公路）第一标段项目，已成为东帝汶国家建设的明星工程项目。该项目于 2016 年 1 月正式开工，南起苏艾北至比科，设计标准为双向四车道,设计时速 100 千米,总长 155.7 千米。一期项目于 2018 年 11 月竣工通车,全长 30.4 千米。据中方统计,2019 年,中国企业在东新签工程承包合同额 10.11 亿美元;完成营业额 2.59 亿美元。

二、无偿援助

自东帝汶恢复独立以来,中东两国政府签署了多个经济技术合作协议,中国向东帝汶提供了一定数量的无偿援助。如成套项目援建、物资援助、技术援助等。中国援建东帝汶的成套项目主要有:外交部办公楼、总统府、100 套军人住宅、国防部和国防军司令部办公楼、小学校、军人住宅新增防洪工程、外交学习中心、国防军包考军营打井等。此外,援东数字电视地面传输系统项目、粮食加工和仓储设施项目已正式开工。在物资援助方面,自两国建交后,应东帝汶政府请求,中国政府先后向东帝汶赠送了急需的药械、农机具、农药、渔具、蚊帐、警服、警用通信器材等多批物资。在东帝汶发生粮食危机时,中方 3 次向东提供大米和食用油等紧急人道主义援助,并向东提供了一批抗疟药品等。在技术援助方面,2019 年是中国援东派遣医疗队 15 周年,自 2004 年起,中国政府向东连续派遣了 8 批近百名医疗专家,免费为东 30 余万患者提供了优质医疗服务。15 年来,中方通过传授经验技术,开展学术交流,提供短期赴华培训名额和赴华攻读硕士学位等深造机会,为东培养了大批医疗卫生领域人才,推动了东医疗服务水平提升。中国援东杂交水稻农业技术项目自 2008 年实施,中国向东派遣了杂交水稻专家,并在东示范种植和推广杂交水稻技术。该项目共 7 年分为 3 期,使东杂交水稻种植面积不断扩大,产量不断增加,成效显著。2016 年 10 月,援东农业技术合作(玉米全程机械化)项目开始实施,项目为期 3 年,对提高东农业机械化水平,促进东玉米产业发展具有重要推动作用。2017 年 7 月,中东两国签署经济技术合作协定,支持在医疗和教育领域开展合作,以帮助东改善医疗条件,促进教育发展。

【本章小结】

东帝汶民主共和国是 21 世纪第一个新生国家,基础设施薄弱,处于百业待兴状态。国内经济以农业为主,但粮食仍不能自给,没有工业体系和制造业基础,主要依靠进口满足国内需求。目前东帝汶政局较平稳,社会治安状况持续好转。在石油产业的推动下,国民经济稳步发展。为了改变现状,发展国内经济,东帝汶政府出台了《2011—2030 年中长期战略发展规划》,旨在推动经济自由化和提升竞争力。中东两国建交以来,双边经贸关系发展顺利,经贸合作已从援助合作扩大到投资与工程承包等多个领域,且合作规模不断扩大。在"一带一路"的推动下,中东经贸合作发展前景看好。

【关键名词或概念】

《2011—2030 年中长期战略发展规划》

【思考题】

1. 东帝汶的国家特色是什么?
2. 东帝汶投资环境的有利因素和不利因素是什么?
3. 简述东帝汶与东盟的关系。
4. 东帝汶与中国经贸合作的重点有哪些?

图书在版编目(CIP)数据

东南亚经济与贸易 / 高歌,廖万红主编. —修订本.
—长沙:中南大学出版社,2021.3
ISBN 978-7-5487-3779-7

Ⅰ.①东… Ⅱ.①高… ②廖… Ⅲ.①经济-东南亚
-高等学校-教材②进出口贸易-东南亚-高等学校-教
材 Ⅳ.①F133②F753.306

中国版本图书馆 CIP 数据核字(2021)第 039409 号

东南亚经济与贸易(修订版)

DONGNANYA JINGJI YU MAOYI (XIUDING BAN)

主编 高 歌 廖万红

□**责任编辑**	彭辉丽
□**责任印制**	易红卫
□**出版发行**	中南大学出版社
	社址:长沙市麓山南路　　　邮编:410083
	发行科电话:0731-88876770　传真:0731-88710482
□**印　装**	湖南省汇昌印务有限公司

□**开　本**	787 mm×1092 mm 1/16	□**印张** 18.5	□**字数** 473 千字
□**版　次**	2021 年 3 月第 1 版	□2021 年 3 月第 1 次印刷
□**书　号**	ISBN 978-7-5487-3779-7
□**定　价**	45.00 元